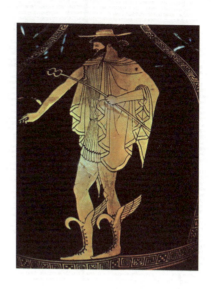

HERMES

在古希腊神话中，赫耳墨斯是宙斯和迈亚的儿子，奥林波斯神们的信使，道路与边界之神，睡眠与梦想之神，亡灵的引导者，演说者、商人、小偷、旅者和牧人的保护神……

西方传统 经典与解释 **HERMES**
Classici et Commentarii

施特劳斯集
The Collected Works
of Leo Strauss

刘小枫 ◉ 主编

论柏拉图的《会饮》

Leo Strauss on Plato's *Symposium*

[美]施特劳斯 Leo Strauss ｜ 著

[美]伯纳德特 Seth Benardete ｜ 编

邱立波 ｜ 译

华夏出版社

古典教育基金·"传德"资助项目

"施特劳斯集"出版说明

1899 年 9 月 20 日,施特劳斯出生在德国 Hessen 地区 Kirch-hain 镇上的一个犹太家庭。人文中学毕业后,施特劳斯先后在马堡大学等四所大学注册学习哲学、数学、自然科学,1921 年在汉堡大学以雅可比的认识论为题获得哲学博士学位。1924 年,一直关切犹太政治复国运动的青年施特劳斯发表论文《柯亨对斯宾诺莎的圣经学的分析》,开始了自己独辟蹊径的政治哲学探索。三十年代初,施特劳斯离开德国,先去巴黎、后赴英伦研究霍布斯,1938 年移居美国,任纽约社会研究新学院讲师,十一年后受聘于芝加哥大学政治系,直到退休。任教期间,施特劳斯先后获得芝加哥大学"杰出贡献教授"、德国汉堡大学荣誉教授、联邦德国政府"大十字勋章"等荣誉。

施特劳斯在美国学界重镇芝加哥大学执教近二十年,教书育人默默无闻,尽管时有著述问世,挑战思想史和古典学主流学界的治学路向,生前却从未获得显赫声名。去世之后,施特劳斯才逐渐成为影响北美学界最重要的流亡哲人:他所倡导的回归古典政治哲学的学问方向,深刻影响了西方文教和学界的未来走向。上个世纪七十年代以来,施特劳斯身后才逐渐扩大的学术影响竟然一再引发学界激烈的政治争议:自由主义知识分子觉得,施特劳斯对自由民主理想心怀敌意,是政治不正确的保守主义师主;后现代主义者宣称,施特劳斯唯古典是从,没有提供应对现代技术文明危机的具体理论方略。为施特劳斯辩护的学人则认为,施特劳斯从来不与某种现实的政治理想或方案为敌,也从不提供解答现实政治难题的哲学论说;那些以自己的思想定位和政治立场来衡量和评价施特劳斯的哲学名流,不外乎是以自己的灵魂高度俯视施特劳斯立足于古典智慧的灵魂深处。施特劳斯关心的问题更具常识品质,而且很陈旧:西方文明危机的根本原因何在?施特劳斯不仅对百年来西方学界的这个老问题作出了超逾所有前人的深刻回答,而且提出了切实可行的应对方略:重新学习古典政治哲学作品。施特劳斯的学问以复兴苏格拉底问题为基本取向,这迫使所有智识人面对自身的生存德性问题:在具体的政治共同体中,难免成为"主义"信徒的智识人如何为人。

如果说中国文明因西方文明危机的影响也已经深陷危机处境,那么施特劳斯的学问方向给中国学人的启发首先在于:自由主义也好,保守主义、新左派主义或后现代主义也好,是否真的能让我们应对中国文明所面临的深刻历史危机。

"施特劳斯集"致力于涵括施特劳斯的所有已刊著述(包括后人整理出版的施特劳斯生前未刊文稿和讲稿;已由国内其他出版社出版的《霍布斯的政治哲学及其起源》《思索马基雅维利》《城邦与人》《古今自由主义》除外),并选译有学术水准的相关研究文献。我们相信,按施特劳斯的学问方向培育自己,我们肯定不会轻易成为任何"主义"的教诲师,倒是难免走上艰难地思考中国文明传统的思想历程。

古典文明研究工作坊

西方典籍编译部甲组

2008 年

但为君故，沉吟至今

——中译者题记

目　录

中译本说明……………………………………………… 1

前　言…………………………………………………… 1

一　几点导引性的提示………………………………… 6

二　场　景……………………………………………… 28

三　斐德若……………………………………………… 57

四　泡赛尼阿斯（上）………………………………… 83

五　泡赛尼阿斯（下）………………………………… 105

六　厄里克希马库斯…………………………………… 129

七　阿里斯托芬………………………………………… 165

八　阿伽通……………………………………………… 198

九　苏格拉底（上）…………………………………… 240

十　苏格拉底（中）…………………………………… 273

十一　苏格拉底（下）………………………………… 298

十二　阿尔喀比亚德…………………………………… 346

索　引…………………………………………………… 398

中译本说明

施特劳斯流亡美国后,除文字著述外,大多数时间都在课堂上勤勤恳恳讲授西方历代经典。本书是唯一由门人动议整理出版的课堂讲授记录稿,似乎显示出某种特殊的重要性。

讲授记录稿虽说文风平易,但作者在古今经典中深入浅出的手法,时常让译者有"瞻之在前,忽焉在后"之感。这次翻译,既是学习的契机,也是学力的检验:笔者愿下继续努力的决心,也虚心接受来自各方面的批评。

中译本接受刘小枫同志近年倡议,若干专名译法都有改变,如将习惯的"悲剧"(tragedy)和"喜剧"(comedy)分别译作"肃剧"和"谐剧",将"智者"(sophist)译作"智术师",将《理想国》(Republic)译作《王制》等,不再一一列举。

中译本保留原书索引。为方便读者查考,以[ ]标识原书页码,每条索引后的页码数,对应的是原书页码。

本书受刘小枫同志委托翻译,时在 2008 年 10 月底。那是我们第一次会面,在成都。别后不久,他便为我寄来他从头到尾有密密麻麻手批的施特劳斯原著和他翻译的柏拉图《会饮》(重订本专刊稿)电子版。两者均使我有了足够倚靠,文字理解方面的困难大大减少。需要说明的是,施特劳斯的讲疏所用的《会饮》英译本有些地方与刘译本不同,为忠实于施特劳斯的讲疏原文,凡有出入的地方,我都依据英文原文,尽管这个英译本施特劳斯本人也并不满意。特别值得感念的是:第一、第二章初稿完成后,曾将译文交刘小枫同志审定,每一页每一段几乎都留下了细密的、让我怵惕惊心的修改痕迹。这些修订成了此后各章译文修订的标尺。我在庆幸修订后的译文有些进步的同时,也希望交到读者面前的这个成品可以少些邯郸学步的痕迹。

译稿初成于北京大兴,修订于井冈山等地,其间得益于佳山秀水的灵感良多:原本充满艰难险阻的文字旅程,皆因与山间旅人短暂而会心的交谈,弥漫了莫可名状的快乐和震撼。那期间邂逅的情境和人物事出偶然,却值得终生纪念。

这部拙译除了照例献给一直鼓励鞭策译者的父亲广杰先生和母亲李秀娥先生外,还得献给……美丽的井冈山。

邱立波

2009 年 6 月于北京大兴旅次

前　言

　　[vii]上世纪六十年代中期,皇后学院(Queens College)吉尔丁
(Hilail Gildin)教授提议:施特劳斯(Leo Strauss)1959年的《会饮》
(*Symposium*)课程讲稿应以适合阅读的形式出版。施特劳斯教授
接受了这个提议,但同时也说,他在课堂上所读的《会饮》英译文
需加修订,以与原文更加贴合。1966年夏,我在他要求下着手修
订工作。刚拿到修订好的文稿时,施特劳斯并不满意,但在第二
次校读后,他同意出版。因为某些原因,这份文稿一直没有问世,
后来就丢失了。1999年夏,这个规划被再度提起,于是又从头做
了一遍。为使讲稿显得流畅,进行了极少数改动;比较重大的修
正更多出现在开始的几次讲课里,而非结尾部分,因为为了巩固
已经确立起来的东西,施特劳斯教授经常在早先几堂课的开始部
分重复某些要点。有时,这类重复包含着崭新的表述或见解,这
些都被认真保留下来。本书依据的[录音]记录稿不完整;更换磁
带也造成了长短不一的空档。如果空档能用比较确定的方式补
足,我们就加以补足;但更多情况下,这些空档无法确切推测,对
这些中断之处,我们作了说明。但缺失部分到底多长,则无法
确定。

　　施特劳斯教授开设这个《会饮》课程,部分是为了向他的朋友布
兰肯哈根(Peter Heinrich von Blanckenhagen)表达敬意。布氏当时
已在纽约艺术研究所(the Institute of Fine Arts in New York)谋到职
位,并将于1959年秋离开芝加哥。从[录音]记录稿看,他们过去经
常讨论这篇对话,课程期间也一直在讨论。我相信,在施特劳斯教

授开设的柏拉图对话课程中,这是偏离严格意义的政治性对话最远的一次:他讲过《治邦者》(Statesman),但没讲过《泰阿泰德》(Theaetetus)或《智术师》(Sophist)。但通过他对《会饮》的诠释,人们可以发现,上述区分某种程度上是个错觉。因为,施特劳斯教授无需偏离爱若斯(Eros)①的自然本性和经验,就有能力表明,政治哲学仍是充分理解爱欲的指南。狭义上的政治塑造了对话的结构,因为阿尔喀比亚德(Alcibiades)从一开始就与苏格拉底和阿伽通(Agathon)一道被单独挑选出来(这点在阿波罗多洛斯[Apollodorus]看来意义重大),[viii]最后又是阿尔喀比亚德突然打断这场聚会,迫使它变成一场会饮,他通过赞颂苏格拉底使一连串关于爱若斯的讲辞变得圆满。这场聚会的年代也使毫无政治意义的场景和主题有了政治性,因为它发生在阿尔喀比亚德发动西西里远征前不久。阿尔喀比亚德随后的、使得这次冒险最终归于失败的撤退,起源于赫耳墨斯(Hermae)神像被毁和亵渎宗教秘仪事件后席卷整个雅典的歇斯底里情绪,因为阿尔喀比亚德被认为跟这次事件有牵连。施特劳斯把《会饮》看作柏拉图对那次渎神事件的解释,因为苏格拉底通过代言人第俄提玛(Diotima)证明,爱若斯不是一个神。政治和神学于是汇聚一地,并为理解施特劳斯始终都在关心的那个问题提示了路径。

施特劳斯能从表面看似琐屑的事物中洞悉最极致的意味,这种能力在解释《会饮》时体现得淋漓尽致。他表明,阿伽通和阿尔喀比亚德两人都提醒人们注意苏格拉底的肆心(hubris②),这种肆心既体现在苏格拉底关于爱若斯的教导中,也体现在他与阿伽通

---

① [译按]若非特别注明,本书中关键词 eros 一词的译法循以下规则:Eros 音译为"爱若斯";eros 译为"爱欲";斜体的 eros 相应用楷体表示。

② [译按]hubris 一词含有"张狂""自负"之义,作者指出,该词为"审慎"(prudence)的对立面,译文中通译为"肆心","取'恣纵''放肆'之义"。参刘小枫,《凯若斯:古希腊语文教程》(上册),上海:华东师大出版社,2005,页44。

的竞赛中——在这场竞赛中,阿尔喀比亚德扮成狄俄尼索斯(Dionysus),成了裁判。苏格拉底与阿伽通为较量谁的智慧更胜一筹而展开的竞赛,因此也被施特劳斯解释为诗与哲学之争:对阿里斯托得莫斯(Aristodemus)来说,苏格拉底一直关注荷马在善(the good)面前所犯的肆心。阿里斯托芬真正深刻的讲辞和阿伽通表面看来愚不可及的讲辞,将谐剧(comedy)与肃剧(tragedy)为了反对哲学各自能调动起来的所有东西,在两人间进行了分配。施特劳斯指出,只有在阿里斯托芬、阿伽通和苏格拉底的讲辞中,爱若斯才不附属于任何东西。只有他们几个的讲辞是受神灵谕示的讲辞(inspired speeches),因为,斐德若(Phaedrus)通过自私审视爱若斯,泡赛尼阿斯(Pausanias)通过道德审视爱若斯,厄里克希马库斯(Eryximachus)通过科学审视爱若斯。在所有这些情形下,爱若斯都消失在另外的东西中;在阿里斯托芬停止打嗝开始说话前,爱若斯始终没有显现它自身。阿里斯托芬打嗝打乱了讲辞次序,把两位诗人拉到苏格拉底一边。施特劳斯把所有讲辞分为两个三人组合(triad),可这一见解并未影响他对前三篇讲辞的细致剖析。苏格拉底把人们对爱若斯的注意力从美的方面——也是寻常所理解的方面——转移到善的方面,斐德若的自私跟苏格拉底的这个转移有关联;泡赛尼阿斯在其讲辞各阶段对自由、哲学和道德的犹疑不定的鼓吹,浓缩了《王制》(Republic)准备解决的政治问题;而厄里克希马库斯对爱若斯与科学的调和,则预示了柏拉图已然不可思议地预见到并加以反对的现代性规划(modern project)。

　　[ix]施特劳斯遵从苏格拉底本人关于写作的评议,有时将柏拉图诸篇对话与动物园中的各种动物进行比较,因为在动物园里,参观者会有兴致将各种独特的展品分类归入不同群体(groups)。这些分类标准有的比较显眼,比如说:对话是否经转述,如果经转述,那么,是苏格拉底讲述的还是其他人讲述的;对

话的场景或时间是否确定;其中的人物是否为人所知。《会饮》是一篇隔了几层的经转述的对话;具有这一特征的还有《帕默尼德》(Parmenides),柏拉图的亲戚在此篇对话中讲述了苏格拉底的第二次哲学探险。斐多在《斐多》(Phaedo)中讲述了苏格拉底本人关于第一次[哲学]探险的叙述,《斐多》中通篇都在哭泣的阿波罗多洛斯则在《会饮》中讲述了苏格拉底的最后一次[哲学]探险。施特劳斯注意到,第俄提玛把爱若斯说成 daimonion[(命相)神灵①],说成诸神与有死者(motals)之间的桥梁,这一看法明显意在克服帕默尼德在苏格拉底的理式(ideas)中发现的困难,苏格拉底的理式除理式和理式的分有者外不容有任何其他成分。施特劳斯提出,爱若斯(或者说灵魂的本质)有意成为一种中介者,它既不可简化为某种范式性的理式,也不可简化为这一理式的摹本。灵魂学(psychology)因此便和存在论或宇宙论并驾齐驱,并提供了一条绕过帕默尼德悖论的途径。施特劳斯还注意到,《普罗塔戈拉》(Protagoras)包含了《会饮》中的所有人物,除阿里斯托芬外。他认为,阿里斯托芬取代了普罗塔戈拉的位置:这位谐剧诗人讲述了一个关于人之起源和自然本性的神话,它胜过智术师[普罗塔戈拉]的神话,因为它用一种普罗塔戈拉全然无法理解的方式,把人对神的不虔敬与人的开化(civility)放在一起,或者说把人的双重自然本性放在一起。《会饮》与《普罗塔戈拉》的联系势必把《高尔吉亚》(Gorgias)也带到这个行列中来,因为《高尔吉亚》讨论的是正义与修辞术(rhetoric)之间的关系,或者说理性(rationality)与惩罚的问题。《会饮》不仅通过与这些对话的联结获得了与《王制》的自然联系,还跟《斐德若》(Phaedrus)有关联,

---

　　①　[译按]在本书中,作者在不同语境下用到希腊文 daimonion 以及该词的各种西文变体形式,诸如 daimon,demon 及其形容词 demonic 等,在译文中,该词一般译作"命相神灵",有时视上下文译成"[命相]神灵"、"神灵",其形容词形式译成"神灵般的"(demonic)、"神灵事物"(demonic thing)。

因为后者的主题是爱欲(eros)因素中的说服、辩证术和写作。正是在这里,施特劳斯彻底公允的观点开始表现出力量;不是所有人都能看出《斐德若》与《法义》(Laws)或《会饮》与《厄庇诺米斯》(Epinomis)间的亲缘关系,将第一组两篇作品联系在一起的是写作,将第二组两篇作品联系在一起的是场合(occasion)的概念。施特劳斯并未在所有情况下将这类联系都阐发到极致,但他指出了门径,告诉人们在尝试将柏拉图各篇对话必然不完美的宇宙拼合起来作为对真实宇宙之摹仿时,应如何推进。

伯纳德特(Seth Benardete)

一　几点导引性的提示

[1]本课程讨论柏拉图的政治哲学,并以解说和解释《会饮》的形式展开。在引论部分,我必须回答两个问题:(1)我们为什么要学习柏拉图的政治哲学?(2)我为什么要挑选《会饮》?关于第一个问题,人们或许会说,上点儿关于柏拉图政治哲学的课是件合乎常理的事。业内人士认为,政治学专业的学生应具备一些政治思想史或政治哲学史的知识。如果是这样,那人们显然必须进行全面的学习,至少在研究生阶段如此;而政治哲学史的全面学习又要求就一些伟大的政治哲人开设专门课程,因此也要开设关于柏拉图的课程。这番道理很苍白,原因有二。首先,它会导致这样的后果,比如,人们也该上点关于洛克(Locke)或马基雅维利(Machiavelli)的课,但就我个人来说,我在开设这类课程时,只能是关于柏拉图的。其次,尽管就所有实践事务来说,在所有的或大多数情况下,人们绝对有必要遵从传统,绝对有必要去做大多数人都在做的事,但就理论事务来说,情形却绝非如此。实践事务中有一种先占者(first occupant)的权利,即已经确立的东西必须受到尊重。但在理论事务中却不能如此。换言之:实践的规则是"不要惹是生非"(let sleeping dogs lie),不要破坏已经确立的东西,但理论事务的规则却是"偏要惹是生非"(do not let sleeping dogs lie)。因此,我们无法遵从先例,我们必须提这样一个问题:为什么我们尤其要学习柏拉图?

看看当今世界的形势,看看铁幕的这一面,我们发现,有两股力量决定着当今的思想。我把它们称为实证主义(positivism)和历史主义(historicism)。这两股力量在今天暴露出来的缺陷,迫使我们寻求另外的出路。指出另外一条出路的人,看来非柏拉图莫属。

先看实证主义。实证主义断言:真实的知识只有一种形式,即科学性的知识。物理学是所有科学的典范,因此也是特殊意义上的政治科学的典范。但这说法更多是一种许诺,而非已然实现的成就。这种科学性的政治科学并不存在。[2]尽管如此,我们仍须严肃看待这一立场。它的动机大体可表述如下:制造了氢弹的同一种科学——科学方法,一定也有能力防止氢弹的使用。制造氢弹的科学是物理学,研究氢弹之使用的科学是政治科学。于是各位马上可以看到,这种推理,这种认为制造出氢弹的同一方法一定也有能力防止氢弹之使用的推理极其苍白无力。对任何事物(包括氢弹)的使用或不使用都意味着区分善与恶,这类区分现在被人们称为价值判断。按实证主义的观点,价值判断在科学领域之外。因此,这种实证主义的政治科学便许诺了一种严格说来它既无力提供也无意提供的东西。实证主义最具特色的论题可表述为:所有价值平等。实证主义的科学声称有能力区分可达成的目标和不可达成的目标。仅此而已。它无法并且实际上也没有提出更多的东西。它甚至无法说:追求不可达成的目标是愚蠢的,因此也是不好的。因为这将是一种价值判断。它能说的只是:这些目标不可达成。但它不能说:对不可达成的目标的追求比不上对可达成的目标的追求。实证主义者有时会拒绝承认这样的责难,即,按他们的观点,所有价值平等。但我只能说,他们这样做只是一种混淆视听的企图。他们实际上在说的是:就人类知识或人类理性来说,或就我们所知的东西而言,所有价值平等。这一点他们当然说了,并且,断言"就我们所知和将始终有能力所知而言"与断言所有价值平等,这两者之间并无实际区别。

实证主义立场可归纳如下:在科学的客观性与评价的主观性之间,无任何余地。思想、思考(thinking)和理解的原则都是客观的。偏好或行动的原则却必定是主观的。为了言简意赅地刻画我称之为历史主义的那种实证主义的替代方案的特征,我对实证主义的解释仅限于这些简要评说。这两个思想领域间有各种重叠,但我们不必深究。

在明显情况下,历史主义也承认价值中立的社会科学不可能存在。但它也断言,无论思想原则还是行动原则,说到底都是可变的,都是历史性的,因此在极端的意义上也是主观的。按这一立场的通俗形式,我们无法在西方文明的原则外追求更高的理解原则和优先原则(principles of understanding and of preferring)。不存在属于人之为人的理解原则[3]和优先原则,因为人之为人永远无法超越像西方文明这样具有历史限定性的人性状态。历史主义滋生于德国,因此,它在那里比在美国要发达得多。但即便在美国,各位也可看到各种形式的历史主义。我相信,贝克尔(Carl Becker)就是历史主义最有名的代表人物,①因为他否认任何客观历史的可能性。所有历史编纂都要以某个国家和时代的风气为基础,绝不可能超越这种风气。历史主义的困境,简单来说就是:历史主义的主张本身就不由地超越历史。如果我们说,每一种人在极端的意义上都是历史性的,那这一主张本身便不再有历史性,从而也就拒斥了这一立场。我无法进一步检视所有细节。在这里我只能断言,实证主义和历史主义都站不住脚。但这并非本课程的主题。假定它们都能成立,这无疑也是晚近的事。

---

　　① [译按]贝克尔(1873-1945),美国历史学家,已译成中文的著作主要有:何兆武译,《启蒙时代哲学家的天城》,江苏教育出版社,2005[此中译本初版题为《十八世纪哲学家的天城》,三联书店,2001];彭刚译,《论〈独立宣言〉:政治思想史研究》,江苏教育出版社,2005。

它们都基于早先的进路失败的经验。这个早先的进路,若用这类文献的不太精确的文字来表达,可称为绝对主义的进路。

绝对主义进路断言,恒久、不变和普遍有效的思想原则和行动原则是存在的。据说,这种进路已被人们更深刻的反思和更长久的经验摧毁。由此而顺理成章的是:如果作为实证主义者或历史主义者的我们想理解自身,就要先理解自身的基础,即理解过去的绝对主义进路及其失败经历。因此,历史主义者或相对主义者如果想反思自身立场、理解自身话语,就要理解那种已被他取代的、更老的立场,理解绝对主义的立场。换言之,如果要反思(关于这种反思,我在此几乎不能给出一个范例)时下正流行的各种观点的弊病,我们必须对相反的观点抱严肃的兴趣,对那种涉及恒久和普遍原则的、评价性的社会科学抱严肃的兴趣。这种社会科学至少到 18 世纪末还存在。价值中立的社会科学观念只是到 19 世纪最后十年才出现。关于这种旧式的社会科学形式,人们谈论最多的是自然法教诲(natural law teaching)。自然法教诲在柏拉图和亚里士多德的教诲中有其根源,但这种学说在他们那里并未得到展开。它最初是由亚里士多德之后的一个古希腊学派,即所谓廊下学派(Stoics)发展起来的,但我们几乎没有足够的证据论及廊下派的自然法学派。事实上,自然法社会科学的集大成者应是托马斯·阿奎那(Thomas Aquinas)。作为我迄此一直在讨论的那个思想运动的组成部分,托马斯·阿奎那最值得我们关注。

[4]但我们为何专注于与托马斯·阿奎那截然不同的柏拉图?为理解这点,我们必须考虑相对主义的另一含义,这一含义与价值中立的社会科学毫无瓜葛。如果我们关注一下各门严格意义上的科学(即自然科学)的进展,关注一下这些科学与早先的自然科学(即 17 和 18 世纪之前的自然科学)相比所具有的独特性,就可看到:这些科学处在一种开放视野中。没有哪个结果会被认为是最终的。人们公认:所有结果,所有理论,都要接受新证

据的检验,都要面向未来的修正保持开放。一种新现象出现了,即人类社会的最高权威(西方社会的最高权威是科学)具有这样一种独特的开放性格。有些人,如尼采,对此一语道破天机:

我们第一次不再拥有真理,只是寻求真理。

尼采头脑中想到的是所有教条,是所有体系,它们在过去、在此后的某些时候,都曾居于主导地位。新奇的事是一个虽然已不拥有真理的社会。在这种头脑开放的情境下,在这种拒绝说出"我拥有真理"(这对我们绝大多数人来说肯定会有某些吸引力)的情境下,有的只是外表的谦虚,只是外表的、符合常识的通情达理(commonsensical reasonableness)。如果从19世纪晚期和20世纪的这种表面上的独特之处往前追溯,我们就会发现,只有一位伟大哲人似乎在某种程度上赞成如下原则:对重要问题而言,问题比答案更清楚。那就是柏拉图。

所有人都知道或都听过这样一点:在柏拉图看来,人无能获得完全的智慧;哲学这一名字——追求智慧、爱智慧——本身就表明,严格意义的智慧人不能企及。换言之,哲学与其说是完整的体系,不如说是有关无知的知识。对此人们还可从历史角度这样表述:柏拉图创建了一个被称为学园(the Academy)的学派,该学派在历经柏拉图身后若干代人后,变成了一个新学园(the New Academy),一个怀疑学派。尽管传统的柏拉图主义是最教条的学派之一,但柏拉图也同样催生了一个最具怀疑精神的学派;这点可从如下事实得到解释,即虽然柏拉图本人既非教条主义者也非怀疑论者,但他的继承者却无法维持在这水平上。帕斯卡(Pascal)有句名言:我们知道得太少,无法成为教条主义者;但又知道得太多,无法成为怀疑论者。这个说法很漂亮地表达出柏拉图通过各种对话要传递的内容。我们这个时代在道德和其他方面经历了太多失望,对这个时代来说,柏拉图独具一格的开放性看来使他具有特殊的吸引力。我现在还不想展开这样的概念,即作为思想者,柏拉图严格说来既不能被刻画为教条主义者,也不能被刻画为怀疑论者。我将[5]暂时搁置这个话题,先作如下述评。柏拉图的开放性本身——即断言人并不拥有智慧,只能追求智慧——也在以某种方式锁闭问题。人类的知识是不完美的。人类的知识充其量只能有进展,不会有终结。这话本身当然是个定论。柏拉图与他的现代追随者们(或貌似的追随者们)之间的巨大差别在于:柏拉图知道,若无某种类型的终结性(finality),人根本无法生活或思考。柏拉图主张,我们永远都不能充分认识事物这一洞见本身的终结性便隐含了关于何谓好生活(包括何谓最佳社会)的问题的最终的答案。在试图理解柏拉图的思想时,我们必须理解这个问题。

　　我刚才的话有层隐含的意思,我愿加以明示:柏拉图从未写出一个哲学体系。在某种意义上,17 世纪以前,严格说来一直都没人写出过哲学体系,但是,柏拉图甚至没有(比如说,像亚里士多德那样)写过论文(treatises)。柏拉图只写对话。柏拉图作品的对话特点跟他的探究的独特开放性有某种关联。然而,这产生了一个极大的难题。在他的对话里,柏拉图本人从未作为角色出场,从未说过一句话。苏格拉底是说话的,另外还有其他人在说话,但我们有什么理由说苏格拉底讲的话就是柏拉图的观点?如果你说这点是显而易见的,那我只能非常简单地回答说:同样显而易见的是,对话中的苏格拉底是个反讽者(an ironical man)。用一个尽人皆知的反讽者做代言人,也就等于没有代言人。换个说法:没人会梦想把任何莎剧中角色的每句话都安到莎士比亚头上,不管这角色多有吸引力。在着手研究柏拉图时,保持这种清醒的怀疑态度是明智的。[柏拉图笔下]任何角色所表达的某种情感或思想——无论多有吸引力——是不是柏拉图本人的观点,我们不知道。柏拉图显然通过其对话表达自己的观点,但他不会仅仅通过自己笔下讲话者的直白话语来表达。由此便产生了很多我们将因地制宜地加以遵守的阅读规则。但一开始,这条规则在一般意义上可表述如下:柏拉图的对话要求人们以极度的谨慎来阅读。在一部柏拉图对话里,没有什么是多余的,没有什么东西没有意义。《斐德若》中的苏格拉底把好的写作(或完美的写作)与一种生灵(a living being)相比,该生灵每个部分无论多么不起眼,都对那个生灵的生命和活动具有一种必要的功能。柏拉图的对话有一种功能——这功能就是让我们理解。并且,柏拉图的对话可与有机体相比,就此而言,对话的每一部分都有一种让我们理解的功能。因此,我们必须考虑一部对话中的一切。关于为何选择柏拉图的问题,我大体先说这些,下面我们着手的[6]问题是:为何我们选择《会饮》?我们可以指望从《会饮》中学到哪些在其他所有对话中不太可能学到的东西?

暂时先说两条理由:哲学有很多竞争者,或者说,哲学有很多的替代者(alternatives)。但柏拉图认为,哲学最重要的竞争者和替代者是诗,而非科学。从柏拉图的观点看,今天被我们称为科学的东西完全是而且显然是从属于哲学的,因此不能成为哲学的竞争者。人们也不能说宗教是[哲学的竞争者],因为宗教(religion)不是一个希腊术语。有人可能不得不说虔敬。但虔敬跟哲学在柏拉图看来也不是竞争关系,因为恰当地理解的话,哲学就是真正的虔敬。哲学的竞争者是诗,尤其是有着最深最广感染力的肃剧,因为肃剧能从最深处打动最多的人。

在《王制》(the Republic)卷十开端,柏拉图谈到哲学与诗之间的不和。在《苏格拉底的申辩》(Apology of Socrates)中,诗人迈勒图斯(Meletus)作为苏格拉底的主要控诉人出现。他站在诗人立场上反对苏格拉底。诗人团体的利益一直以来都受到苏格拉底危害。对苏格拉底的正式控诉由一场非正式的控诉引领,尽管谐剧诗人阿里斯托芬确实没有发起这一非正式控诉,但它却表达在他的剧作《云》(*Clouds*)里。

哲学与诗争端何在?在于竞争谁的智慧最高。让我以阿里斯托芬的《云》为例:《云》中呈现的苏格拉底是个研究自然的学者,探究所有事物的自然本性或整全的自然本性,他也是个修辞术教师。这个苏格拉底败坏青年,他让青年看到支持不义的理据胜过赞成正义的理据。他超越了人的朝生暮死的日常生活,那种仅仅属人的生活,他认识到,那些被所有人视为神圣的东西具有约定的特征(conventional character)。尽管苏格拉底是修辞术教师,但最后仍不能赢得辩论——他不能说服大多数人。他的"思想所"(think tank),他的学校,最后被烧毁。阿里斯托芬暗示:与诗截然不同的哲学没能力说服或吸引大众。哲学超越了朝生暮死者,超越了世俗事物也超越了政治事物。然而,哲学找不到返回朝生暮死者、世俗事物和政治事物的道路。这样的哲人对哲学的生存处境(即政治生活)视而不见。他没有反思自己的作为,也缺乏自我认识(self-knowledge)——缺乏柏拉图式的广义的审慎(prudence),因为他不理解政治事物。这点又与这样的事实有关(我还是跟随阿里斯托芬的指示):哲学既是无爱欲的(unerotic)也是非音乐的(a-music),它是非诗艺的(unpoetic)。哲学对人们在生活中、在生存活动中经验到的各种人类事物视而不见。这些生存活动恰恰是诗的主题。诗把纯粹的理论[7]式智慧和人类处境交织为一体。它通过自我认识使完全理论式的智慧变得完整。诗是智慧的拱顶石。唯独诗才导向最全面的知识。顺便指出,在座各位都能在当下生活中意识到这个问题。我相信,你们中间任何人都不会看不到,关于现代社会,一个颇有才干的当代小说家要比卷帙浩繁的社会科学分析告诉我们的东西多得多。我不是质疑社会科学分析的重要性,但即便如此,如果你想得到一个既有广度又有深度的观点,最好还是去读小说,而非社会科学作品。

柏拉图和色诺芬(Xenophon)捍卫苏格拉底,他们对这个指控的反对如下:苏格拉底对政治远非视而不见,他才是政治事物本来面目的真正发现者。恰恰是苏格拉底才理解这样的政治事物,理解政治的特性便是对哲学的某种抵抗(recalcitrance)这样一个事实。我们看到,柏拉图《王制》中的苏格拉底在政治上是负责的。正是通过他的努力,赞成正义的理据最终战胜了赞成不义的理据。苏格拉底的哲学是种行动,一种服从"认识你自己"(know thyself)的德尔斐指令的行动。他的整个哲学就是自我认识或审慎。而且,苏格拉底绝不是一个无爱欲的人,他是爱欲专家(erotician)。说诗是哲学的拱顶石不对。相反,哲学才是诗的拱顶石。这点并不只是像我们在《会饮》中将看到的,意味着在竞争智慧最高位置时哲学打败了诗,还意味着名副其实的哲学比普通所谓的诗更有真正的诗艺。诗按各种人类事物的恰切秩序(即高是高,低是低)表达或解释人对这些事物的经验。但诗必须承认,人类事物并不就是最高事物或首要事物,真正的本原也不再是属人的。比如说,在荷马那里,本原(the principle,the *arkhē*)是大洋(Ocean)——俄刻阿诺斯(Okeanos)。但荷马没有也不能让我们看到,本原在人身上变得明显(becoming manifest),胜过在一切其他事物上,并且以不同的方式在不同的人身上变得明显。当你看赫克托(Hector)或阿基琉斯(Achilles)时,你不会在他们身上看到俄刻阿诺斯[大洋],不会在他们身上看到本原。柏拉图暗示,关于本原的终极知识与诗本身之间有一种天然的并置(a crude juxtaposition)。有鉴于此,柏拉图声称,按他对本原的理解,他有能力让真正的本原在人类、人的行动和他自己笔下的角色中显现出来(transparent)。他之所以能提出这样的声言,是因为他对人类灵魂有独特的意见,这个我们接下来会学习。在柏拉图那里,人类灵魂(在某种意义上,人也是如此)仿佛是一个各种最高本原(the highest principles)的共生体(the concrescence),是各种最高本原的共同生长。因此,如果你已经理解[8]了灵魂的本质,你就可以使这些最高本原在所有人和人类的所有类型中显现出来。这也正是柏拉图通过各种对话试图要做的事。柏拉图哲学对这些本原有更深入的理解,因而就能够在人身上看到这些本原的各种显现。

柏拉图对诗最广泛的讨论见于《王制》和《法义》(the *Laws*),但在这两篇对话里,我们并没有与诗人们谋面——其中没有诗人在场。苏格拉底与诗人会面、与诗交锋是在《会饮》中。这是《会饮》具有特殊重要性的第一个原因。为了不让各位认为这个问题涉及一个极特别的前提,即某种对柏拉图的同情,我可以担保说,这个问题无非就是人类理性的地位问题。哲人和诗人都相信人类理性,但诗人某种程度上还暗示,在理性之外还有某种比理性更高的东西,这种东西必须取代理性的位置。

《会饮》重要的第二个原因是:诗和哲学的共通主题是各种人类事物,但人类事物首先是政治事物,因为人类最重大、最令人印象深刻的目标是政治性的——自由与帝国。人们也可以说,战争与和平是明显的政治现象。别忘了,一部几乎堪称最伟大的现代小说的标题就是《战争与和平》(*War and Peace*)。即便在今天,赫鲁晓夫和艾森豪威尔在报纸头条上的出现频率也比芝加哥白袜(White Sox)①或英格丽·褒曼(Ingrid Bergman)最近的婚变要高。② 史普尼克人造卫星(Sputnik)与冷战的关系即

---

①　[译按]芝加哥白袜:美国素有盛名的棒球强队。

②　[译按]英格丽·褒曼(1915-1982):世界著名影星,生于瑞典。她一生有三次婚姻。1957年,她与第二任丈夫,著名意大利导演罗贝尔托·罗塞里尼(Roberto Rossellini)离婚,次年圣诞节前与瑞典人拉斯·施密德(Lars Schmidt)结婚。英格丽·褒曼曾抛下第一任丈夫,轰轰烈烈追求罗塞里尼,因此两人的离异再度成为轰动一时的新闻。施特劳斯的《会饮》课程讲授于1959年,这里应指此次离婚事件。

便最无知的人也一目了然。① 但政治事物的核心是什么? 人在光天化日之下以最从容不迫的方式最大规模地杀人。今天,最引人瞩目的事实是冷战:共产主义制度对自由民主制度,即不同政治秩序、不同政制(regimes)之间的一种敌对。不是俄国与美国,也不是俄罗斯文化和语言与英美文化和语言之间的敌对,这些东西都只是偶然的。

政治事物的重中之重便是那种被古希腊人称为 politeia[政制](柏拉图的《王制》,书名原文即是该词)的现象。这词的意思,如果宽泛地解释,指某种类似宪政(constitution)的东西。Politeia 规定政府的性格,规定政府的各种权力。然而,另一方面,politeia 更为重要的涵义在于,它也规定一种生活方式。一个社会的生活方式在根本上由这个社会的等级次序——现在也称为社会分层(stratification)——决定。这种社会分层最大众的形式表现在这样的问题中:哪种类型的人可在光天化日下占统治地位,并且以强求权力、服从和尊重为目的? 当社会作为一个社会通过各种行动呈现自己时,哪些习惯在作为整体的社会中得以养成并受到推崇? [9]有哪些道德品味通过政治秩序发挥作用? 通过当下的经验我们马上可以看出,这一意义上的政制具有多样性。它们间的相互冲突不过是人的各种心智的一种冲突。因此接下来的问题是:什么样的政制最好? 柏拉图和亚里士多德(还有此前的苏格拉底)等人最早给出的答案是:由智者(the wise)绝对地、不负任何责任地进行统治的政制最好。所谓不负任何责任,是指他们不必对其他人负责。认为智者应对不智者(the unwise)负责,这似乎违背自然。但柏拉图和亚里士多德也

----

① [译按]Sputnik,指前苏联发射的人类第一颗人造卫星"伴侣号"(Sputnik 在俄文中是"伴侣"的意思),于 1957 年 10 月 4 日发射升空。它的成功发射在政治、军事、技术和科学等领域均有重大影响,标志着人类航天时代的来临,也直接导致了美国和苏联在航天领域的军备竞赛。

知道,这种政制不可能存在。少数智者的体力太弱,无法强制多数不智者,而且他们也无法彻底说服多数不智者。智慧必须经过同意(consent)的限制,必须被同意稀释,即被不智者的同意稀释。换言之,政治事物包含某种东西,类似于一种不智的权利(a right of un-wisdom),一种愚昧的权利。这就是政治的悖论:不智的这样一种权利要得到承认。城邦——民众——要求最高程度的尊重,但它其实当不起最高的尊重。这是政治的两难。实施统治的,不是智慧的宣示,而是法律。智慧的统治只有通过如下方式才有可能:智慧的立法者设计了一部法典,这部法典后来又通过对全体公民的说服得以采纳。当然这些法律仅仅被采纳还不够,还必须有人能公正地运用并实施这些法律。意指 equitable[公正的]的古希腊词跟意指 gentleman[贤人]的古希腊词相同。① 正当种类的统治便是贤人的统治。在古希腊文中,这个词跟英文的 gentleman[绅士]意思不尽相同;前者更多指那种拥有乡村财富而非商业财富的城市贵族(urban patricians)。这便是众所周知的、古希腊思想的经济背景;在某些人看来,这也是一种众所周知的偏见。我现在关心的乃是关键性的、并不完全受这些问题影响的哲学方面。如从这个方面看,柏拉图-亚里士多德哲学的隐含意味便是:理性的社会,由完全理性的人组成的社会,不可能存在。城邦之为城邦的特征是,它对理性有一种本质性的、不可救药的抵抗。人们可以举出很多这方面的实例,我在适当时也会举出这方面的实例。政治事物中有某种严厉的

----

① ［译按］据布鲁姆(Allan Bloom)《柏拉图〈王制〉绎读》(*The Republic of Plato,translated with notes,an interpretative essay,and a new introduction*,The Basic Books,1991[1968])中的主题索引(页480),equitable[公平的、公正的;布鲁姆所用相应英文词为 fair 以及 fine,noble]所诠解的希腊文为 kalōn[美的,优雅的;高贵的;(道德上)正直的,公正的],gentleman 对应的希腊文为 kalōnkagathos[既美(公正)且好的]。

(harsh)东西,某种愤怒的东西。柏拉图在某些场合把法律比作一个愤怒的、冥顽不化的老人,总是絮絮叨叨说着同样的东西,绝不会敞开心胸考虑周围环境(《治邦者》[*Statesman*]294b8-c4)。正是出于这个原因,柏拉图把政治性的激情称为"血气"(spiritedness, *thumos*),血气也指某种类似怒气(anger)的东西。这种严厉和严峻(harshness and severity)对城邦的建构是本质性的,某种程度上,它也是城邦最重要的特征。

柏拉图在《王制》中教导说,这种他称为血气的机能[10]比欲望(desire)更高。各位不妨回想一下,在《王制》中,灵魂有三个组成部分:让我们称第一个部分为理性(reason),然后是两个非理性的部分,血气和欲望。欲望也被称为"爱欲"(eros),对我们目前的课程来说,这是个关键词。我想通过另外两点举例说明这个问题。按《王制》的教导,僭主,①最糟糕的统治者,正义和非正义的化身,都是爱欲的化身。另一个例证:柏拉图在《王制》卷二讨论人们建立社会的各种动机时,对生育只字未提。他谈了饥、渴和对庇护的需要。如果考虑到政治式激情——血气——和爱欲式激情的紧张关系,那么,《王制》整个论证便是基于一种深思熟虑的且以深思熟虑的方式夸大其词的对爱欲的贬低。血气与爱欲之间的张力,某种程度上对应于政治事物与非政治事物之间的张力。如果把柏拉图的《王制》看作政治对话,那我们姑且可以说,《会饮》则是最强调非政治色彩的一篇柏拉图对话,因为他在《会饮》中处理的那种元素是人身上跟政治元素有着本质张力的元素。

让我来解释一下。作为政治科学家,我们对政治现象有兴趣,但我们必须同时也对政治之为政治本身感兴趣。比如说,是

---

①　[译按]这里列举的几种人处于一种同义关系中,因此中译使用逗号加以区隔,以与非同义关系的并列词之间一般用顿号区隔的做法相区分。

什么使选举具有独特的政治特色？在柏拉图那里，最重要的是一个更抽象的问题：与对特殊政治现象的研究不同的那种政治事物是什么？如果不以某种方式理解非政治事物，人们就无法理解政治事物本身。你们在谈论政治事物时，你们的言下之意是，政治事物之外还有某种东西，你们必定对其有所意识。非政治事物可能跟政治事物毫不相关，如，关于消化的问题，关于月亮背面的问题，但它也可能跟政治事物有关。在后一种情况下，非政治事物要么低于政治事物，如经济事物，要么超逾政治事物——宗教。与政治事物有关的非政治事物是政治事物的基础，它要么是政治事物的条件，要么是政治事物的最终目的。在这两种意义上，非政治事物在传统上都被称为自然事物（the natural）。有可能存在某种自然的东西，这种东西在尊严上超逾政治事物，也给政治以指导。这正是谈论自然法和自然正确（natural right）的思想家们要表达的意思。自然的（natural）一词指的是政治事物的根基，但这些根基本身不是纯然政治性的。政治事物的根基某种程度上是自然，而自然又可以不同的方式来理解。还有一点，柏拉图某种程度上主张，人的自然本性，以及某种程度上整全的自然本性，就是爱欲。

[11]概括一下。《会饮》是关于哲学与诗之间的冲突的对话，在其中，诗人们处于为自己辩护的位置。他们不能在《王制》和《法义》中为自己辩护。其次，《会饮》的主题是政治事物的根基——自然事物。在某种意义上，自然事物与爱欲，诗和爱欲，有高度一致性。在某种意义上，我们感到这两个主题之间有某种关联：诗人似乎尤其擅长表达爱欲，而爱欲似乎也需要诗艺的对待。关于一般性的导引就说这些。

我从开头开始。所有书的开头都是一个标题。柏拉图的开头形式，首先是总标题，接着我们看到"或论酒"（or on wine）。然后是对对话所属[范畴]①的描述,这个描述可称为伦理的、辩证的或自然的,它也可称为尝试性的,或你认为合适的其他说法。今人的一般看法是,所有描述肯定不是出自柏拉图之手。我倾向于相信,这个描述的后半部分,即我们目前讨论的这篇对话中称为"伦理的"的部分,确实是后来学者的添加,跟柏拉图本人的风格有些不符。但这篇对话的另一个标题或许能追溯到柏拉图本人。对这另一个标题我想略说几句。这篇对话在副标题中被称为"论善"(on the good)。② 这表面上看来有些奇怪,因为《会饮》的主题是爱欲,不是善。尽管如此,还是应该认真看待"论善"这个题目,理由是在爱欲这个主题的发展过程中,善会逐渐成为最重要的主题。在《王制》中我们已看到,最高的知识被称为善。但在《王制》中只是间接提到的东西,在《会饮》中却用相对较大的篇幅加以展开。因此,"论善"这个副题有某种意义。

不过让我们回到标题,这里我还是要从最外围讲起。照目前的情况,有些流传至今、我们一直以为出自柏拉图之手的对话如今被当作伪作。我相信明智的做法是,先搁置这个论题不做判断,仍把所有流传至今的对话作为柏拉图的作品全盘接受。柏拉图的著述可分九组,每组包含四部作品(即九个四部曲)。其中三十五部作品是对话,另外一部则由十三封书信组成。三十五部对话中,二十五部以对话参与者的名字为题,七部(属于少数)以某个主题为标题,即《王制》《法义》《智术师》《治邦者》《苏格拉底的申辩》、《米诺斯》(*Minos*)和《希普帕库斯》(*Hipparchus*)。这七个

---

① [译按]此处方括号及其中内容为原文所有,应是整理者在录音稿基础上添加的文字。如无此类说明,中译方括号中的内容皆为译者为顺通文意而酌加。另外,引文(柏拉图《会饮》文本)中凡属原文的增补使用括号,中译者的增补使用方括号,以示区别。

② [译按]"论善",刘小枫《柏拉图的〈会饮〉》译作"论向善",见前揭,页1,注释2。

主题中——要么一眼就能看出,或者如果你仔细看一下的话——有六个是政治性的。如果你看到一本书叫《高尔吉亚》(*Gorgias*),你不可能知道其中有什么,但如果你听到一本书叫《治邦者》,便会对书中的内容有些概念。因此,说明主题的标题透露的消息更多些。[12]刚刚讲过,七篇对话中有六篇的题目是政治性的,即《王制》《法义》《智术师》《米诺斯》(他是个立法者)、《希普帕库斯》(一个雅典僭主);还有《苏格拉底的申辩》(作为一篇诉讼讲辞,它明显也跟政治行为有关)。剩下还有三篇对话。《情敌》(*Rivals*)(*Erastae* 或 *Anterastae*)这个题目交代了参与者,但参与者在此没有名字;唯一清楚的是他们的共同性质:他们是处于恋爱中的对手。《厄庇诺米斯》(*Epinomis*)得名于其在柏拉图著述中的位置:它是《法义》(*Nomos*,即 the *Laws*)的续篇。剩下的唯一一个标题便是我们在读的这本书的标题:《会饮》。这情况独一无二。它是唯一一篇在标题中交代事件场合的对话。为何不用某个参加者的名字? 答案是:参加者不止一位;除苏格拉底外还有六人,并且,天晓得,或许每个人都跟其他所有人同等重要。另外,还可提出这样一种尝试性的看法:《会饮》正如各位知道或马上会发现的那样,由六篇关于爱欲的讲辞(speeches)组成,最后一篇是苏格拉底的讲辞。人们倾向于假设,对话中可能存在一种从最少趣味或最少智慧的讲辞到苏格拉底的讲辞(即最有智慧的讲辞)的上升过程。在苏格拉底之前是阿伽通的讲辞。阿伽通是除苏格拉底外最重要的人。但我们不知道是否如此。在古希腊文中,阿伽通这个名字的发音跟"善"(the good)的发音即 agathon 很接近。如果对话副题果真是"论善",那这应该是个不坏的双关语。

总之,《会饮》是唯一一篇在题目中指明事件场合的对话。柏拉图为何特别提出会饮的场合? 柏拉图同时代的对手(不过说到底是他的朋友)色诺芬也写过一部《会饮》。后者劈头就说,它想用戏谑和插科打诨的方式表现贤人们的行为。这某种意义上对柏拉图的

《会饮》也属实:贤人们的戏谑行为。会饮可以引发戏谑和玩笑,但同时也容易引发高贵的讲辞。其他聚会方式都不如会饮那样容易引发精致和高贵的讲辞。各位一定会想到会饮上的媒介——酒,也一定会想到酒的各种作用。我只要指出两种柏拉图曾加以阐明的作用就好,这样我们就不必拿自己那点可怜的经验在柏拉图的心思面前贻笑大方。但我相信,各位一定可以从日常报章中认出如下现象。首先,酒会产生让人无所不谈的能力和意愿——会让人变得开放,坦诚。与此相联的是古希腊人所说的肆心(hubris),放纵(wantonness),人喝酒后会做一些清醒时绝不会做的事,会放肆地去冒险。换言之,这种场合的确特别重要。如果我们仔细听一场会饮,我们很可能会听到在其他场合听不到的有趣的事情。

[13]除对话标题的特点,还有个重要区别值得注意。对话可以是演示形式(performed),也可以是讲述形式(narrated)。演示的对话看起来像一出戏剧;一开始我们会看到一份角色名单。而在讲述的对话里,有个人会告诉我们:这场对话发生时他也在现场——当然,这种对话会显得累赘,因为它从头到尾都要说"他接下来说……",但也有某种重要的长处,因为讲述者可以说出某些事情。比如说,甲和乙在对话,乙在某个时候有个特别愚蠢的表达,在这种情况下,按常理,甲作为交谈者无法说"你怎么看起来这么傻"。但讲述者却完全可以说,"接下来,他用一种很愚蠢的表达方式,说……"。这里头可以有非常广泛的隐含意味。

柏拉图三十五篇对话中有二十五篇是演示形式。我们可以说那是常规情况。还有一种过渡形态,其中我们看到:讲述形式的对话几乎变成了演示的形式,这便是《泰阿泰德》(Theaetetus)。完全是讲述形式的对话有九篇,《会饮》是其中之一。一部讲述形式的对话,讲述者要么是苏格拉底,要么是其他人。[九篇中]有六篇讲述者是苏格拉底。如果讲述者是苏格拉底,在对话的开头,我们要么会看到单独的、苏格拉底的名字,要么会看到苏格拉底和他的谈话对象:《王制》、《卡尔米德》(Charmides)、《吕西斯》(Lysis)和《情敌》都是只有苏格拉底在讲,《欧蒂德谟》(Euthydemus)是苏格拉底跟克力同(Crito)在讲,《普罗塔戈拉》(Protagoras)是苏格拉底跟一个友伴(comrade)在讲。由苏格拉底之外的人讲述的对话有三篇,即《帕默尼德》(Parmenides)、《斐多》(Phaedo)和《会饮》。《会饮》由一个叫阿波罗多洛斯(Apollodorus)的人讲给一个友伴听。之所以叫他"友伴",是因为在古希腊文中,他没被称为"朋友",比单纯的相识又略近一些。"友伴"这个词在我们这个时代获得的政治内涵在古希腊文里已经出现,不过是在另外的意义上。一群寡头组成的小团体被称为友伴群/同志群(comraderies)。我这里只是简单提及,以后会看出它的某些重要方面。

《会饮》和《普罗塔戈拉》都是很直白地讲给同志们听的。

[更换磁带]……一个很平常的人,此人叫阿里斯托得莫斯(Aristodemus)。这是个很重要的角色,可能是书中最重要的角色,但他一言未发。这种情形在柏拉图对话中时有出现,也就是说,有些人一直在那儿保持沉默。如果不注意这个沉默的人、不注意这个人通过自己的出场表达出来的东西,就会误解整个[对话]情境。然后,阿里斯托得莫斯又把这故事告诉了弗依尼科斯(Phoenix)和阿波罗多洛斯。让我粗略地以这种方式来讲,但我相信,这个说法并非没有道理。阿里斯托得莫斯出席这个会饮是在许多年前。他比两个听故事的人年纪都大。他[14]很多年前跟苏格拉底在一起。阿里斯托得莫斯把这故事透露给苏格拉底的几个年轻朋友,阿波罗多洛斯则把这故事透露给一般大众。我们不得不提出这个问题:这个故事为何被隐瞒了这么久?为何只有一条单行道通向真相?也就是说,为何只能通过阿波罗多洛斯和阿里斯托得莫斯?这点必须联系阿波罗多洛斯和阿里斯托得莫斯的性格来考虑。阿波罗多洛斯是个热心人,总管不住自己的嘴

巴,总想谈论苏格拉底,谈论这个异乎寻常的人。但阿里斯托得莫斯的地位是什么?这点更难说。阿里斯托得莫斯知道这件事是在很多很多年前,只是到了现在,他才开始谈论它。早一些讲这故事不好吗?阿里斯托得莫斯难道最有可能去做某种有点儿不合宜的事?我相信我们可以回答这个问题,但要往后放一放,因为这里还没什么答案。我们知道会饮发生的时间。那年阿伽通得了[肃剧竞赛的]头奖。这个年份可以通过传统计算出来,我们推算的结果是公元前 416 年。讲述的时间是哪一年?我想先给出一个尝试性的答案,随后再做详细说明。

在给出这个尝试性答案之前,我必须先引入另一问题。公元前 415 年,雅典人发动对西西里的远征,对这一远征阿尔喀比亚德要负主要责任。这是一次可怕的冒险,但阿尔喀比亚德是这样一个天才,竟使远征很有可能成功。海上远征刚启程,雅典人就犯了个愚蠢的政治错误,准备召回阿尔喀比亚德。阿尔喀比亚德不愿被召回,逃到斯巴达。他毁了雅典,他给雅典造成的损毁无人可与之匹敌。原来,远征船队将要启程前夕,雅典人有天早晨醒来突然发现,他们几乎所有的界标——这些柱子顶端都饰有半身像,通常是赫耳墨斯的——都在前天晚上被污损了。这是严重的渎神行动,但也有某种政治内涵。赫耳墨斯像某种程度上跟民主制度联系在一起,因此人们有一种感觉,认为有人在进行颠覆活动。后来,居住在当地的外国人(metics)揭露,此前还发生过另外一些污损雕像的事件,但其中最大的丑闻是亵渎埃琉西斯秘仪(Eleusinian mysteries),在雅典,这是最受崇拜的秘密宗教仪式。有流言说,所有这一切的幕后黑手是阿尔喀比亚德。这就是雅典召回阿尔喀比亚德及阿尔喀比亚德逃亡的背景。他知道,用现在人的话说,在公众的歇斯底里之下,死刑是唯一可能的判决。

《会饮》有七个或八个角色,除去阿尔喀比亚德,还有两人卷入了这次极危险的事件:斐德若(Phaedrus)和厄里克希马库斯

(Eryximachus)。这点必须考虑进来。只有当[15]某人把秘仪向另一个事先没有加入秘仪的人透露出去时,对秘仪的亵渎才会发生。在《会饮》中,我们后来的确可以发现对秘仪的直白陈述,陈述者乃苏格拉底。我尝试性提出:通过贯穿《会饮》始终的戏剧情节,你们能看到关于公元前415年或416年所发生的那个事件的真实记述。不是粗俗的、歇斯底里的那种记述。无论如何,它很有尊严,但我们看到事情如何变得扭曲。

格劳孔(Glaucon)以为会饮发生在不久以前,阿波罗多洛斯对此感到诧异。格劳孔只知道在阿伽通家里有过那么一场会饮,苏格拉底和阿尔喀比亚德都到了。阿波罗多洛斯认为这想法匪夷所思。阿伽通多年前已离开雅典——聚会怎么可能在不久前?但阿波罗多洛斯为何要提到阿伽通?苏格拉底一直在雅典,他的境遇没有变化,那其他人呢,[比如]阿尔喀比亚德?假如会饮发生在公元前415年,人们只要这样说就够了,"你怎么会说聚会是现在发生的?因为所有人都知道,阿尔喀比亚德在公元前415年已经离开,此后再没回来过"。阿波罗多洛斯为何要提阿伽通得奖这样一个不那么有名的事件?答案是:在讲这个故事时,阿尔喀比亚德正在雅典,他已于公元前407年返回雅典。他是这样一个天才,竟能迫使他曾背叛的城邦允许自己回来,并宣告自己无罪。这也正是这个故事直到现在才讲的原因。曾经公开的歇斯底里情绪和可怕的义愤现在已经平息。曾危在旦夕的阿尔喀比亚德现在也恢复了原样。在朝拜供奉于埃琉西斯的德墨忒尔(Demeter)和珂芮(Kore①)的神龛(这个神龛正是那次宗教秘仪受亵渎的对象)时,他是朝拜队伍的领路人。

———————

① [译按]Kore[少女]是古希腊神话中宙斯与德墨忒尔之女珀耳塞福涅(Persephone)的别名。珀耳塞福涅被冥王哈得斯(Hades)抢入冥府为妻,故又称"冥后"。德墨忒尔和珀耳塞福涅(又被称为"地母"和"地女")是埃琉西斯秘仪的核心祭祀对象。

当然各位会问:像柏拉图这么严肃的人,为何开这种玩笑?这点只有随着我们进入主题后才能逐渐明显,但现在重要的是记住:《会饮》是一篇独一无二的对话,之所以独一无二,既因为它的标题,也因为这篇对话是由苏格拉底之外的另一个人用转述的方式在另一时间讲述的。这故事发生在若干年前,但现在我们最终听到了这个故事。

我要提另外一点,我想,这也许会有些帮助。当各位即将读这篇对话时,你们会发现它的主题是爱欲。这没有疑问。但一个年轻人,斐德若,对爱欲做了更特殊的规定,他几乎理所当然地把爱欲作为一个神——即爱若斯神(the god Eros)——提出来。爱欲被提出时,它不是作为人类灵魂的力量或你拥有的东西,而是爱若斯神。如果我们将柏拉图对话检视一遍,会发现数不胜数的主题。我们可以找到很多以一个或多个神为题材的对话,其中最特别的是《法义》,它是唯一一篇以神这个词开头的对话。在《王制》卷二,我们会找到某些几乎可以明明白白称为神学的东西。但[16]除了《会饮》,没有哪篇对话几乎通篇都是讨论某个神、某个女神或多个神。《王制》明显致力于正义,《法义》致力于法律。唯一致力于一个神(这个神[god]中的 g 是小写)的对话是《会饮》。从当时流行的观念看,神无疑是个比正义、法律、修辞或其他任何主题都无限更高的主题。我们必须把如下方面放到一起看:角色的独一无二性、叙述背景的独一无二性、主题的独一无二性。然后我们还要理解:这篇对话与公元前416 年或 415 年亵渎秘仪的事件有好玩的联系。亵渎祭祀诸神的秘仪,这是最严重、最危险的事。我想,这就是对与《会饮》有关的那件事的传统描述。

我们自然会问:如果情形果真如此,为何是爱若斯(Eros)而非其他神被单独提出作为柏拉图对话的主题?另外还有一些与之相随的问题:作为一个神的爱欲的含混性(the ambiguity of eros as a god），古希腊人理解一个神的方式，还有，我们所说的爱欲，这样一种人类灵魂的特质，究竟指什么。所有这些对理解这篇对话都至关重要。

今天先讲到这里。

二　场　景

[17]关于在政治科学课程上讨论柏拉图《会饮》的理由,我想再说几句。倘若科学的政治科学是理解政治事物的最高形式,我们就该合上柏拉图的书,回去念帕森斯(Talcott Parsons)或其他类似学者的书。① 但如果科学的社会科学不那么够用,那我们就要有点补充。今天,这类补充一般都由小说提供,或者说,由这样的言语方式提供:这种方式不是科学的、不是理性的,而是主观的。这就隐含着,在诗(包括小说)与哲学之间有一种可能的冲突。或许哲学也可以做一些诗宣称可以做并且某种程度上已经在做的事情。

第三个考虑:《会饮》的主题是爱欲。在科学的社会科学里,这主题也有相当地位。在座很多人想必都听说过拉斯韦尔(Harold Lasswell),②他把心理分析引入政治科学。这种方法在专业范

① [译按]帕森斯(1902-1979),美国著名社会学家,结构功能主义的代表。已译为中文的主要著作有:梁向阳译,《现代社会的结构与过程》,光明日报出版社,1988;刘进等译,《经济与社会:对经济与社会的理论统一的研究》,华夏出版社,1989;张明德等译,《社会行动的结构》,译林出版社,2003。

② [译按]拉斯维尔(1902-1978),美国著名政治学家,行为主义政治学的创始人之一,以将心理学、社会学和精神分析法等引入政治学研究知名。已译为中文的主要著作有,杨昌裕译,《政治学:谁得到什么? 何时和如何得到?》,商务印书馆,1992;张洁等译,《世界大战中的宣传技巧》,中国人民大学出版社,2003。

围内带来巨大成功。为了判断心理分析及其对政治科学的贡献，就不得不对有关爱欲的另一些备选解释有某种意识。柏拉图的《会饮》就提供了这样的备选解释。如果在座各位仍有人没看清政治科学家研究柏拉图《会饮》的必要性，那么人们还可以提出其他类似的理由，我很愿意召集这样的讨论。

回到《会饮》。我上次说这篇对话的主题是爱欲。在柏拉图对话的众多标题中，"会饮"引人瞩目，因为它别具一格。它指出了谈话的场合。标题的独特性格和主题的独特性格有联系。主题不止是爱欲；它还是爱若斯神。在柏拉图对话里，《会饮》是唯一一篇明确致力讨论一位神的对话。我们还必须考虑（我们上次已开始考虑这一点）《会饮》在柏拉图著述整体中的特定位置。柏拉图的对话没有哪一篇完全孤立。每篇对话都跟其他每一篇对话有关联，不过有时这种关联很间接。在试图理解某篇柏拉图对话时，最先要采取的步骤便是找出与这篇对话关系最密切的那篇。我上次提到一点：讲述者不是苏格拉底的对话有三篇，《会饮》是其中之一。另外两篇是《帕默尼德》和《斐多》。它们也是仅有的、[18]明确以青年苏格拉底为题材的对话。青年苏格拉底还曾是阿里斯托芬谐剧《云》的主题，这出谐剧，从苏格拉底传记角度看，比在《帕默尼德》和《斐多》中出场的苏格拉底要更早。

《会饮》是唯一一篇《云》的作者阿里斯托芬在其中出场的对话。《会饮》与另一篇对话《斐德若》的关系更明显更清楚。《斐德若》的副题是"论爱欲"，而《会饮》很明显也专门讨论爱欲。《斐德若》的主角是斐德若，你们将看到，他也是《会饮》中提出话题的人。因此很明显，这两篇对话关系密切。

关于这两篇美轮美奂的对话——《会饮》和《斐德若》——之间的关系，我还想说明一点，也许以后会显示出帮助。我认为《会饮》剧情发生的时间（即戏剧内的时间）是公元前416年。我想《斐德若》的时间要晚些。如我们将看到的，《会饮》中出场讨论的斐德若,后来又[在柏拉图对话中]出现了,是在若干年后的一场对话中,那场对话严格说是发生在他和苏格拉底之间的私人对话,地点是雅典外的某地。我现在只能给出一条线索。《斐德若》的结尾提到著名修辞术教师伊索克拉底(Isocrates),此人生于公元前436年,因此《会饮》发生那年他应该二十岁。但《斐德若》结尾部分对此人的提及不会发生在一个很年轻的人身上,不会发生一个二十岁的人身上。我认为,这条线索说明,《斐德若》的剧情发生时,伊索克拉底至少已二十五岁。目前这是唯一的信息,但此后会证明,这一点对理解斐德若的讲辞有某种重要性。他的讲辞在《会饮》中是第一篇。

我大体先做这些一般评议,现在转向文本。

依我看,你们打听的那件事,我并非没核实过。前天,我正好从法勒雍(Phaleron)往上去城里,路上有位熟人从后面认出我来,隔着老远喊我,一边喊一边赶趣:"嘿,法勒雍的阿波罗多洛斯,你干吗不等我!"于是我就停下来等他。他说:"阿波罗多洛斯,其实我最近一直在找你,因为我想打听一下那次聚会,就是阿伽通、苏格拉底和阿尔喀比亚德,还有其他所有人一起吃晚饭的那次——想听听关于爱欲的言辞,他们说了些什么。[向你打听的]理由是,有人已经跟我讲过,他是从斐利波斯(Philippus)的儿子弗依尼科斯(Phoenix)那里听来的,他还说你也知道。那人讲得一点不清楚,还是你给我说说罢。苏格拉底毕竟[19]是你的友伴,由你来转述你的友伴当时说的话,再合适不过了。"(172a1-b6)

我们在这里停一下。有一点我们马上就可以看出:这个场景和柏拉图另一部对话《王制》的开场有密切的亲缘关系。那个无名氏的姓名还没被提到,但那是格劳孔。《王制》在臻于制高点

时,提出了这样的主张:学问的最高点是善。而我上次也提到,
《会饮》的副题是"论善"。但《王制》的讲者留在城邦之外,在佩
莱坞港(Piraeus),而《会饮》却发生在城邦内。《会饮》不像《王
制》,其中没有新奇的东西,没有乌托邦。

　　我想就对话的开头本身略作交代,译文没将这开头表现出
来:①这篇对话开场的语气极其主观。这其中的内涵后文会表现
出来。开场时我们看到阿波罗多洛斯再次离家;两三天前,同样
的事也发生过。很可能他正在去雅典找苏格拉底的途中。格劳
孔(跟他打招呼的无名氏)几天前去过法勒雍(也是个海滨城市),
去找阿波罗多洛斯,也就是这个说话的人。格劳孔想知道一些会
饮的事,但在雅典当地,他找不到能告诉他这件事的人。所以他
只好出来,到郊区去探寻。各位在这里已经看到,关键人物是苏
格拉底、阿伽通和阿尔喀比亚德。苏格拉底,所有人都知道他是
谁;阿尔喀比亚德是个危险而充满魅力的政客(politician),是伯利
克勒斯(Pericles)之后最有政治天赋的人;阿伽通是个肃剧诗人,
我们后面会听到他说的话。格劳孔提到的是过去发生的一次聚
餐,不是一次聚饮。不是在一起喝酒,而是在一起吃饭。在场的
人实际吃过东西,这是《会饮》跟《王制》的另一重要区别。《王
制》中有人曾答应请人们吃饭,但大家没吃到。《会饮》远不像《王
制》那样有禁欲(ascetic)色彩——他们吃了东西。这点极其要紧。
因此[《会饮》中]没有乌托邦。他们以某种方式获得了满足。

　　至于菲利波斯的儿子弗依尼科斯,他是色诺芬《会饮》中的人
物。但这菲利波斯是个小丑,是个专门逗乐的家伙。后面我们会
看到,菲利波斯很明显属于老辈人。弗依尼科斯和阿波罗多洛斯

---

　　①　[译按]对话开头一句英译如下:I seem to myself to be not unpracticed
in what you ask about. 事实上,中译文起始"依我看……"很好地表达出了施
特劳斯后文所说的"极其主观"。

则是年轻一辈。荷马的作品中也有一个弗依尼科斯,他是阿基琉斯(Achilles)的老师,受过父亲的诅咒。这里提到的弗依尼科斯因为投奔苏格拉底的缘故,或许也被父亲菲利波斯诅咒过。格劳孔求助阿波罗多洛斯一项特殊义务,想请他传播苏格拉底讲辞的知识,阿波罗多洛斯默认了[20]这项特殊义务。关于这一段,我们先说这些。

> "可是,"他说,"先告诉我,这次聚会(get-together)你本人究竟在不在场?"我说:"看来那人给你讲得根本不清楚,要不然,你怎么会以为那次聚会是前不久的事情,甚至我也在场?""是啊,"他说,"我本来就这么想的。""格劳孔,怎么会呢?"我说,"难道你不知道,阿伽通离开这里已经好多年了,而我跟随苏格拉底、每天耳濡目染他的言行,才不到三年?在那之前,我漫无目的地东游西荡,还以为自己在干正事,但其实比所有人都可怜,就跟你现在的情形差不多,因为你认为无论干什么,肯定比搞哲学(philosophize;或译'爱智慧')强!"他说:"别挖苦我啰,快告诉我,那次聚会是啥时候的事"。(172b6-173a5)

让我们在这里停一下。聚会(get-together)就是在一起(being together),而在一起还有别的意思,即性方面的在一起。这点绝非无关紧要。很有趣的是,这后来变成聚侃的条件。在所有在一起的形式中(即便连性方面的在一起也考虑在内),哲学成了爱欲论(eroticism)的最高形式,任何共同的、带有某种尊严的智识活动也因此变成了爱欲的最高形式。

格劳孔听说会饮是最近的事,而且他以为这次会饮只是最近才发生。但这不可能,因为阿伽通在多年前就移居外邦了。这是对格劳孔意见的反驳。但阿波罗多洛斯为何用这条证据?另外两个人(即苏格拉底和阿尔喀比亚德)怎样了呢? 苏格拉底仍在雅典,因此他的生存没丝毫改变。但阿尔喀比亚德当时肯定也在雅典,否则这话就没意义。我上次讲过,阿尔喀比亚德在公元前416 年离开雅典。远征西西里之初(公元前 415 年),出了个大丑闻,与雅典城邦和解后,他又于公元前 407 年重返雅典。因此这也提示了对话的时间。这点很要紧,以后我还会提到,因为公元前416 年到 407 年间,情势发生过变化。

各位可以看到,阿波罗多洛斯对哲学充满热情。[在他看来,]只有搞哲学(philosophizing)才算幸福,并且每个人都该搞哲学。但格劳孔对此不太当真。他更多地把阿波罗多洛斯的狠狠责备看成嘲笑。他是个事务型的家伙(businesslike fellow)。

> 我说:"那时咱们都还是小孩子咧,当时阿伽通的第一部肃剧得了奖,第二天,为了庆祝胜利,他就和自己的歌队搞酬神祭祀。"[21]他说:"这么说的确是很早以前的事了。但谁对你讲的这事,苏格拉底本人吗?""不是,向宙斯发誓",我说。(173a5-b1)

容我这样讲:神禁止苏格拉底把这事说出去。苏格拉底会把事情说出去,这不可能。

> "是个叫阿里斯托得莫斯的奎达特耐(Kydathenaion)人——小矮个,经常光着脚丫,弗依尼科斯也是从他那里听来的。他说那次聚会他在场,依我看,他当时是热恋苏格拉底的有情人中最热烈的一个。不过,后来我就从他(阿里斯托得莫斯)那里听来的一些话还问过苏格拉底本人,苏格拉底对我承认他讲的没错。""那么,何不给我也讲讲?"他说,"反正进城还有好一段路,我们一起走,正好边说边听。"

（173b5-8）

我们看到,这里很清楚地给出了《会饮》发生的时间:是在阿伽通第一次得奖之后。它发生在为庆祝得奖举行的酬神祭祀的第二天。各位应该记得,《王制》的祭祀活动与聊天同时进行。人们聊天时,老克法洛斯(Old Cephalus)出去了。而在《会饮》中,祭祀与谈天没有重叠,只有一种和谐关系,因为两者时间不同。天真的格劳孔认为,苏格拉底会说出会饮的事,但对阿波罗多洛斯而言,这根本不可思议。对会饮的讲述不是出自苏格拉底,而是出自阿里斯托得莫斯。阿里斯托得莫斯是什么人? 色诺芬《回忆苏格拉底》(*Memorabilia*)卷一第 4 章提到过他,据说他对那些祭祀神祇、相信卜筮的人极尽嘲讽之能事。换言之,这是个肆心的人——"肆心"一词很难译,它表示负面含义上的 pride[自豪/骄傲/自负]。这个阿里斯托得莫斯,一个有些怪异的家伙,跟阿里斯托芬来自同一个村社(deme)——这是雅典的地方行政单位。

阿里斯托得莫斯是确切讲述那场会饮的唯一消息来源。这里还提到了弗依尼科斯,但只是一笔带过。阿里斯托得莫斯才是消息来源,通过这个来源,老一辈的苏格拉底门徒(Socratics)将消息传达给年轻一代。阿波罗多洛斯是唯一将那个消息透露给外面大众的人。这点某种程度上又跟这样的事实有关,即阿波罗多洛斯很有热情,这样引人入胜的故事,他无法不讲出去。阿波罗多洛斯曾就某些要点向苏格拉底求证过。苏格拉底告诉他:"对,是这么回事。"苏格拉底的角色完全被动。在被问到时才说声"是",但他从未因自己的缘故讲过这故事。

[22]故事是在从法勒雍去雅典的路上讲的。在柏拉图著述里,雅典是某些东西的象征,它象征了很多东西,尤其象征言说的自由,象征人们畅所欲言的能力。这是一条从海滨走向内陆的上升之路,这种上升表现在不止一个方面。让我们继续往下看:

于是我们边走边说那次会饮的事，所以，我一开始就说，这事我并非没核实过。若你们非要我讲，我肯定给你们讲。因为，要我谈哲学和听人谈哲学，啥时候我都乐意，自己受益不用说，你们无法想象那有多愉快；但要是谈别的话题，尤其你们这班富人和生意人说的事情，我就会觉得百无聊赖，我也替你们那些同志感到惋惜，因为，你们相信自己在忙乎正事，其实是无所事事。也许，你们都会反过来相信我苦不堪言；我相信，你们的确这样相信。不过，对你们的情形，我倒不是相信，而是知道得很清楚。（173b9-d3）

尽管有传讲的冲动，由于苏格拉底的影响，阿波罗多洛斯对如下这点了解甚深——在别人感到一种需求或一种匮乏前，他必须等待。换言之，他不能在未被问及时说出这故事。他讲故事是应别人要求。在谈论哲学或听别人谈哲学时，阿波罗多洛斯会变得异常高兴。到目前为止，谈话者还只是听说有那么一些跟爱欲有关的讲辞，但某种程度上那似乎是一回事——除非我们假定，有关爱欲的讲辞就其自然本性而言便是哲学的讲辞。阿波罗多洛斯也对非哲学的讲辞充满愤怒，对转离哲学的人充满同情（compassion）。如果这些人是有钱人，就更值得怜悯，因为他们没有理由拿贫穷作借口。不过，虽然时常听哲学方面的讲辞，阿波罗多洛斯的处境却糟透了，他最不开心。三年前他第一次遇到苏格拉底，由此转向哲学，这使他从原先的悲惨（wretchedness）转化为如今彻底的不幸（complete misery），他原先并不知道自己的悲惨，如今却知道自己彻底不幸。换言之，他刚好不是个幸福的榜样。我们还注意到：这个极为卑微的人自视甚高。他的谈话通篇都是"我"和"谈"（narration）这两字。在以后会提到的另外一段文字里，这点很要紧。

友伴:哎呀,你还是老样子,阿波罗多洛斯,总是责骂自己,也责骂别的每个人。我看哪,在你眼里,每个人,首先是你自己,都悲惨得很,只有苏格拉底除外。我真不知道,你怎么会得了个"软蛋"(soft)的绰号,因为你说话总是这样,像头野兽一样,对自己和别的每个人都恼火,就是不对苏格拉底恼火!(173d4-10)

[23]如果换个问法,问阿波罗多洛斯为何得了个"疯狂"(crazy)的绰号,这将没有意义,因为他明显是疯狂的;但让人大惑不解的是,这个激情洋溢的人怎么会被叫作"软蛋"。另外各位可以看到,这个友伴甚至比格劳孔对阿波罗多洛斯更好。或许他对阿波罗多洛斯了解更深罢。但格劳孔已经要求阿波罗多洛斯讲故事了,这位朋友为何又要求他讲? 格劳孔到法勒雍是为了听关于会饮的讲辞。可能阿波罗多洛斯在把故事告诉格劳孔时发现,还可以对别人再讲讲。可能是他引诱那位友伴和那位友伴的同伴要求自己讲。这位友伴认为阿波罗多洛斯没有同情心,"像头野兽一样发怒",除了对苏格拉底,对每个人讲话都很粗鲁。因此,他提的问题恰如其分:"你怎么会得了个'软蛋'的绰号?"他为何被唤作"软蛋"? 因为,屈服于感情(emotion)就是柔软(soft)。对苏格拉底如此之充满热忱、对其他人如此之充满怒火,就是柔软。今天这一点并不是那么显而易见。

阿波罗多洛斯:亲爱的朋友,就算是那样的罢,我变得疯疯癫癫,而且不通世故,不就因为我对自己、对你们有那样的看法!

友伴:这会儿为这拌嘴不值得,阿波罗多洛斯,我们又不是来和你争吵的,还是快应我们的请求给我们讲讲,那次聚会都讲了些什么。

阿波罗多洛斯：好吧，事情经过大概是这样的……算了，不如试着按他（阿里斯托得莫斯）给我讲的从头对你们讲一遍罢。（173e1-174a2）

这是引入性对话的结尾。阿波罗多洛斯承认自己发怒而且不通世故。各位或许会注意到这样的反讽：事实是，他说，我对自己和每个其他人都评价很低，这证明我疯了。因为，对自己和所有其他人都评价高，这是神智健全的表现，也是很好的实践法则。阿波罗多洛斯的友伴不否认这个题目的严肃性，但觉得现在跟他郑重其事地讨论这种题目不值得。一个无名的友伴竟比苏格拉底的友伴更有见识，这实属罕见。

让我们暂时先在这里打住，考虑几个更大的问题。首先是简单复述上次已详谈过的内容。会饮的三个参加人（斐德若、厄里克希马库斯和阿尔喀比亚德）提醒我们注意公元前416至415年间的大丑闻，即亵渎宗教秘仪的事件。正是这个重大渎神之举导致了第二年对阿尔喀比亚德的指控，也导致了随后发生的一系列重大政治悲剧，[24]阿尔喀比亚德后来因此投奔了雅典的敌邦。《会饮》告诉我们在亵渎宗教秘仪的事件中到底发生过什么。真正的故事与公众歇斯底里的感觉完全相反。被泄露出来的宗教秘仪并非来自埃琉西斯（Eleusis）的秘仪，而是由一个来自曼提尼亚（Mantineia）的完全不同的女祭司传授的秘仪——这点我们以后会看到，并且泄露这些秘仪的正是苏格拉底本人。阿尔喀比亚德完全无辜。他只是在整个事件结束以后才出现。因此才会有奇怪的关于时间的故事；故事是公元前407年讲出来的，当时阿尔喀比亚德已跟雅典和解。和解的达成以如下事实告终：去往埃琉西斯（即秘仪所在地）的古老游行队伍，是在阿尔喀比亚德的领导和主持下行进的。公元前416年的歇斯底里已烟消云散；如果我们可以用这样一个词的话——一切都很好（fine）。如今，这个故事可以很安全地讲出来。我不赞同有些人对麦卡锡参议员(Senator McCarthy)的评价,但各位都知道对此事的流行说法,也都知道,在美国,很多事若干年前无法从容不迫地谈论,但现在,歇斯底里的情绪烟消云散以后,就可以谈了。与雅典曾发生过的事相比,美国的事很小。没人会因为跟共产主义者有些可疑的关系被判死刑,但在雅典,他们却被成打地杀死。讨论这方面的事不消说也很危险。这就是《会饮》的反讽背景。

一旦反思一下哲学或科学在柏拉图的观点里是什么,那么,[他在作品里]影射一种对宗教秘仪的亵渎和干犯关系,就不再令人奇怪。哲学或科学试图揭开一切秘密,在此意义上,也就是试图亵渎所有秘仪——去发现真相,宣告真相。但这里有个难题。阿波罗多洛斯宣告了真相,而这又跟如下事实有关,即他并不很清楚自己在做什么。阿波罗多洛斯不是个理论人(theoretical man)。严格意义的哲学尽管关注揭开真相,却不会把所有秘密一视同仁地向每个人揭示,也不会有传讲的热心。苏格拉底就从未讲过《会饮》的故事。

另外一点:《会饮》共有七个讲者。第一个是斐德若,然后是泡赛尼阿斯,然后是厄里克希马库斯,然后是阿里斯托芬,然后是阿伽通,然后是苏格拉底。接下来讲的是阿尔喀比亚德,但他的讲辞不再和爱欲有关。就爱欲发表讲辞的是前面六人。所有七个讲者都有一个明显共同的特征:他们都是雅典人。这点非常显著。如果我们想想《王制》,比如说,其中有个很重要的角色忒拉绪马霍斯(Thrasymachus),他显然不是雅典人,并且,我们从另外的史料知道,甚至克法洛斯及其全家也都是异乡人。或者再想想描写苏格拉底之死的《斐多》。《斐多》的两个关键谈话者——即西米阿斯(Simmias)[25]和克贝斯(Cebes)——都来自底比斯(Thebes[又译"忒拜"])。《会饮》写的是雅典人的事。除阿里斯托芬外,《会饮》中所有的讲者都在柏拉图的另一部对话《普罗塔戈拉》中出现过。这两部对话根本就同属一类。在柏拉图对话里,《普罗塔戈拉》是唯一一部将当时智识界的精华——即普罗塔戈拉、希琵阿斯(Hippias)和普洛狄科(Prodicus)这三位顶尖智术师——聚集在一起的对话。其中颇多奇妙的火花。《会饮》与那有关。《会饮》中的角色都出自智术师门下。作为《会饮》的背景,这点很重要。《会饮》集合了雅典智识界的精华。这点我们绝不可忘记。

我认为,《会饮》与《普罗塔戈拉》之间的关系很重要,也很明显。我可以提这样几点。比如说,《普罗塔戈拉》一开场,苏格拉底与一个叫希波克拉底(Hippocrates)的雅典青年有一段简短的交谈。希波克拉底的全名是阿波罗多洛斯之子希波克拉底(Hippocrates the son of Apollodorus)。当然,这个阿波罗多洛斯不是《会饮》中的阿波罗多洛斯,两人只是同名而已。接下来马上是另一个场面:当苏格拉底走到那间所有智术师都已聚在那里的房子时——这房子属于一个可称为文化饕餮者(culture vulture)的人,即卡利阿斯(Callias)——他们被拒之门外,门是关着的。但在《会饮》中,门已经大开了。这一对立也指出一种亲缘关系。最后但绝非最不重要的是,各位在读《普罗塔戈拉》时,可以看到苏格拉底来得相当晚。这个群星璀璨的团体中的人几乎全到齐了。但有两个人在苏格拉底之后到,即克里提阿(Critias)和阿尔喀比亚德。在《会饮》中,阿尔喀比亚德也是最后才来。这类线索还有很多,等遇到时我会随时提到。目前我先讲这几点。

还有一处小地方:这部对话出现了四个雅典人,他们作为智术师而闻名。这让人想起另一个集会场面,我想在这里顺带为对此感兴趣并会从中有所发现的人提一下——这些人不会对此感到遗憾的。除《会饮》外,还有一部[苏格拉底]与四个雅典人的对话,这四个雅典人都很杰出,但不是因为出于智术师门下,而是因为他们作为父亲——四位雅典父亲——所具备的较谦卑的品格(humbler quality)。这就是《拉克斯》(Laches),建议各位结合《会饮》读一下。它虽然表面上跟《会饮》风马牛不相及,但其实关系密切。

《会饮》的所有讲者,除阿里斯托芬外,都在《普罗塔戈拉》中出现。何以阿里斯托芬没在《普罗塔戈拉》中出场?原因很简单,他是个反动派(reactionary),是所有新奇事物的敌人:既是智术师和现代肃剧的敌人,也是阿伽通这类人的敌人——阿里斯托芬曾嘲笑阿伽通的柔软(softness)。但在《会饮》中没有敌意——相反,有的是完美的和谐。会饮场景发生[26]的因素——节庆、酒,与众多品味高雅的人物相得益彰。尽管如此,我们将会看到,《会饮》中仍有重大差异存在。

阿里斯托芬攻击过欧里庇得斯和阿伽通的新肃剧,并把这种新肃剧与埃斯库罗斯(Aeschylus)古老的旧肃剧加以对照。埃斯库罗斯——[代表]马拉松老战士,[类似]美国的退伍军人协会(American Legion)。欧里庇得斯——美国生活中有什么可与之类比?我不知道。以旧肃剧的名义攻击新肃剧的记载,出现在阿里斯托芬的剧作《蛙》(Frogs)。在《蛙》中,掌管酒和戏剧的神狄俄尼索斯下到冥府,在那里见证了一场发生于埃斯库罗斯与欧里庇得斯之间充满恶意的辩论,辩论的目的是争夺肃剧中的最高地位。他们的行径完全就是泼妇。狄俄尼索斯在二人中间做裁判。最终,他作出裁决的着眼点不是诗的品质,而是两位肃剧家的政治判断。欧里庇得斯与阿尔喀比亚德对立;埃斯库罗斯则愿意接受阿尔喀比亚德。狄俄尼索斯选择了支持并属意阿尔喀比亚德的埃斯库罗斯。于是,在《蛙》中我们看到两位肃剧诗人的竞赛,这场竞争由酒神狄俄尼索斯参照阿尔喀比亚德做出了裁决。这正是《会饮》的样板。在《会饮》中,肃剧诗人间的竞赛已经结束,胜利者是阿伽通。通过后来的发展,我们看到的是肃剧诗人、谐剧诗人与苏格拉底间的竞赛。[《会饮》的竞赛]范围无限扩大了。在《会饮》中,狄俄尼索斯明确被说成是裁判,因为我们在开始时看到阿伽通说过"让狄俄尼索斯当裁判"［参175e］。但真正的裁判是谁？某种意义上可说是狄俄尼索斯，实际却是阿尔喀比亚德。狄俄尼索斯的位置被支持苏格拉底的阿尔喀比亚德替代了。因此各位可以看到，柏拉图如何优雅地回击阿里斯托芬。在肃剧诗人的竞赛中被作为参照点的那个人，决定在《会饮》中支持苏格拉底，你阿里斯托芬曾在你的谐剧中极不公平地挖苦和攻击过这个苏格拉底。我们可以说，《会饮》是柏拉图对阿里斯托芬《蛙》的回应。阿里斯托芬在《会饮》的七个讲者中处于中心位置，在柏拉图的其他对话中，他再也没有作为角色出现过。《会饮》是柏拉图对阿里斯托芬和所有诗人的总回答，因为我们将会看到，苏格拉底同样也战胜了肃剧诗人。

《会饮》记录了苏格拉底与所有其他希腊式智慧——智术师和诗人的［智慧］——间的竞赛，苏格拉底在竞赛中被最天才的雅典治邦者授予花冠。这位治邦者授予苏格拉底花冠的着眼点是苏格拉底的整个生活，不只是他的长篇大论（tirades）。但是，我们不得不补充一点：后面我们会看到，阿尔喀比亚德醉了，并且正式竞赛时（即大家讲述时）他不在现场，而在《蛙》中，当欧里庇得斯与［27］埃斯库罗斯辩论时，狄俄尼索斯在场。结论是什么呢？我们不能遵从狄俄尼索斯或阿尔喀比亚德；我们必须自己来判断，看看谁是对的。关于这个问题就讨论到这里，现在我们得回到开头。很可能，《会饮》与《普罗塔戈拉》和《蛙》的关系可以揭示很多问题。我们看到一个宏伟的壮举：对于阿里斯托芬有着巨大艺术价值的一出谐剧［《蛙》］，柏拉图声称用［《会饮》］这本书超过了它——不仅因为《会饮》理论上更真实，也因为它是一部诗作（a work of poetry），这点必须看到。换言之，柏拉图的《会饮》也必须包含阿里斯托芬谐剧富含的那种谐剧式娱乐因素。

　　他［阿里斯托得莫斯］说，那天他碰见苏格拉底，见他刚洗过澡,穿了双便鞋——这些在他都不常见——他问苏格拉底去哪儿,打扮得这么漂亮(so beautiful)。"去阿伽通家吃晚饭,"苏格拉底说,"昨天他庆祝得奖,我怕人太多没去,但答应他今天去,所以,我特地打扮了一下。去一个漂亮人(a beauty)那里,就得打扮漂亮点。哎,对了,你呢,"他说,"和我一道去,当个不速之客,好不好?"阿里斯托得莫斯说,"你要我去我就去。""那就跟我一道去罢,"他[苏格拉底]说,"这样我们就可以把那句谚语变换一下了:'阿伽通办宴,好人不请自来。'尽管很有可能,荷马化用这句谚语不仅以辞害意了(corrupted it),而且还践踏了这句谚语[对这谚语颇为肆心](committed an outrage[hubris] against it):他把阿伽门农(Agamemnon)写成打仗非常英勇的好男儿,把墨涅拉奥斯(Menelasu)写成'软绵绵的武士'(soft spearman),但有一次,阿伽门农搞献祭摆筵,荷马让墨涅拉奥斯不请自来,这就是让一个不大好的人赴比他好的人的宴。"(174b3-c4)

这句话之所以是玩笑话,部分原因在于这样的事实:好人多半(这个"多半"[in all probability]乃文稿整理者的修订,原稿中没有)是不请自来地(即未经邀请地)去赴好人的宴席。"好的"(of the good①,agathōn)在古希腊文中的发音正像是 Agathon[阿伽通的名字]。因此这句话的意思就变成:好人不请自来去赴阿伽通的宴席。这个插曲出自荷马。现在让我们考虑这一点:苏格拉底难得漂亮(is rarely beautiful)。"漂亮"(beautiful;或"美")某种程度上

---

① [译按]一般而言,good 在此译本中译作"善",但有时视上下文也译作"好";相应地,the good 一般译作"善的事物"或"善",有时译作"好人"或"好东西"。同样,beautiful/beauty 在此译本中也视上下文译成"漂亮(的)"或"美(的)";the beautiful 一般译成"美的事物"或"美",有时译作"漂亮人"或"漂亮东西"。

当然是本书的关键词,不同的译者给出了不同的译法——这可以理解,因为这个词在英文中的意思比在古希腊文中要窄。古希腊文的"漂亮"首先包含了英文中的意思;另外,它还有行为公平这个意义上的"公平的"(fair)的意思。在英文中,我相信各位不会说什么"漂亮的行为",但德文和法文这么说却没问题。古希腊文的"漂亮"意味着可爱(lovable),尤其是视觉上的可爱,但也可指在心灵之眼看来可爱的东西。这个词意指我们会称为道德的东西。需要稍加限定的是,[28]对我们所说的道德、高贵和正义,古希腊文有自己的表达法。正义的事就是你有义务去做的事——如偿还债务等。但高贵某种意义上超越了道德义务(duty)的要求,你不能期望所有人都做到高贵。因此,高贵的地位比仅仅是正义要高。当柏拉图想制造各种反讽效果时,"漂亮"的这两方面涵义总会以某种方式表现出来,比如说,一个人虽然看起来很漂亮,但性格却很龌龊。古希腊文中的这类反差比我们说"英俊的扒手"或相反的情形时,更引人瞩目。

苏格拉底难得漂亮。他只为特定场合才让自己漂亮一下。他在拜访漂亮的阿伽通时就是个漂亮人。主人阿伽通是个漂亮人,并且是出了名的漂亮。在苏格拉底的建议下,阿里斯托得莫斯未经邀请就跟他一起去赴宴了。苏格拉底为了表示善意,说两人都是自愿去阿伽通家赴宴的,但其实他接受过邀请;他把自己跟阿里斯托得莫斯算作一类——共赴阿伽通的宴会。苏格拉底是漂亮的。他并且暗示,阿里斯托得莫斯也是漂亮的。但阿里斯托得莫斯显然没有为这场合而穿着[漂亮]。按谚语的说法是"好人办宴,好人不请自来"。苏格拉底打破了这条谚语,因为他把"好人"(the good)换成了"漂亮人"(the beautiful)。"善的事物"(the good)并不等同于"美的事物"(the beautiful),这正是《会饮》的重大主题,而这一点已经在开头宣布过了:爱欲到底是对美的爱,抑或是对善的爱。目前为止,我们只知道这两个人都很漂亮;

但不知道他们是不是都好。苏格拉底把好换成了漂亮。他的做法很糟,但没有荷马对待那条谚语那么糟。荷马的讲法是,一个坏人未经邀请就去赴一个极好的人的宴席。苏格拉底一语双关地改造了那条谚语,但不像荷马那么糟。用漂亮代替好是一种败坏(corruption)、一种破坏,但像荷马那样用坏代替好不仅是一种败坏,更是一种侮辱。但苏格拉底并不漂亮。他已经尽量使自己变得漂亮,可这里有若干局限,若干来自自然的局限。阿里斯托得莫斯也不漂亮。我们怎么知道的? 因为他个子矮小。按古希腊人的看法,矮小的人不可能漂亮,只可能好看(nice)。因此,我们得出最最精确的结论:阿里斯托得莫斯不漂亮。两个不漂亮的人未经邀请去赴一个漂亮人的宴席。换言之,苏格拉底的做法跟荷马异曲同工,他表现出的肆心跟荷马同样重大。这个主题——苏格拉底的肆心——接下来将变得很重要。让我们从这里继续。

听众:苏格拉底改头换面去阿伽通家,但阿里斯托得莫斯却没有;[29]他没穿鞋。您可以解释一下其中一个对另一个的代替吗?

施特劳斯:在场的人中阿里斯托得莫斯最不起眼。他没讲话。我们下面会看到,他在某处有个引人瞩目的座位。他本人还有他的外表不引人瞩目。阿里斯托得莫斯某种程度上是爱欲的真正形象。爱若斯并不才华横溢(brilliant)。爱若斯是个总在寻求的存在者(a being in quest)——[他是]贫乏(needy)的。他是奢侈的对立面,睡在硬地板上,暴露在各种各样的困境中。苏格拉底相比来说要伟大得多,有名得多,因此他受到了邀请。阿里斯托得莫斯没有受到邀请。阿里斯托得莫斯爱苏格拉底,就像其他人爱他那样,就像阿波罗多洛斯爱他那样。我们以后还会回到这个问题,但我希望指出这个问题的一般特征。

关于爱欲有六篇讲辞。前面五篇某种意义上都是错的(wrong)。它们都受到了驳斥。但不可能有绝对的错误(error);

每种理论都包含一点儿真实(truth)。你们很容易看到,若是你们冒天下之大不韪说"太阳现在没发光",这明显不是真的,尽管如此,这句话还是包含某些重要的真实陈述(verities),诸如"有一个太阳"和"太阳是发光的"等等。无论如何,若没有首要的真实,就没有不真实(untruth)。因此,这些讲辞没有哪篇是彻头彻尾不真实的。这点也以复杂的方式反映在各个人物身上。每个人物都是有爱欲的个体,苏格拉底也是。但苏格拉底是在最高层次上呈现(presents)爱欲的特征,其他人却只能部分地表现(represent)爱欲的特征。苏格拉底是个十足的爱欲者,其他人则不是十足的爱欲者。因此,我们必须看看阿里斯托得莫斯属于哪种典型的爱欲类型。首先你至少可以说,阿里斯托得莫斯爱苏格拉底,但苏格拉底不爱阿里斯托得莫斯。苏格拉底是个有情人(a lover),但他是另外某种东西的有情人。

柏拉图的《书简二》(这封信一般,或许普遍地,被认为是伪托作品,但这不妨碍我们阅读和欣赏它)中有段话说:没有柏拉图的作品存在,有的只是变得年轻漂亮的苏格拉底的讲辞(314c1-4)。苏格拉底式讲辞(Socratic speeches)不只是现实中存在的那个苏格拉底的讲辞,还有那些已经经过转化的,经过美化和变得年轻的苏格拉底的讲辞。

> 他(阿里斯托得莫斯)说,他听到这话就说:"像我这样不请自来,苏格拉底,只怕不像你说的那样罢,倒像荷马说的,聪明人摆宴,一个低俗的人不请自来。既然带我去,你得给我找个说法。要我是不请自来,我才不干,得说是你请我的。"
>
> "两人结伴走,"苏格拉底说,"咱俩到时总会想出该怎么说。我们走吧。"(174c5-d3)

[30]［更换磁带］

……漂亮人去漂亮人那里,但荷马的版本是,坏人、低俗者、下等人去好人那里。阿里斯托得莫斯知道,作为肃剧诗人阿伽通肯定有智慧,他清楚自己没有这类天赋。尽管知道这个事实,他仍然颇有傲骨。他不想像个乞丐那样送上门去。

> 说过这番话后,他［阿里斯托得莫斯］说,他俩就上路了。正往前走的时候,苏格拉底不知想什么自个儿想得入神,落在了后面,阿里斯托得莫斯等他赶上来,(苏格拉底)叫他先走。(174d4-7)

他们显然没边走边谈。这是个极好的主题,经常会出现。它背后的难题是:智识活动和身体活动并非那么形影不离。但对此必须明智地加以理解。比如说,在《法义》中,很大一部分对话明确是边走边进行的。在这里,苏格拉底突然把注意力从阿伽通家转向他自己。正如柏拉图在另一篇对话《卡尔米德》中所呈现的,从柏拉图的观点看,这意味着自我认识(self-knowledge);这不是病态的苦思冥想;自我认识是去辨识自己的优缺点。这需要以某些标准为前提。因此,自我认识基于——某种程度上也在于——关于善的认识。所以,当苏格拉底把注意力转向自身时,也就意味着他把注意力转向了善。他转向了一种静默的沉思(a silent meditation)。阿里斯托得莫斯再次服从苏格拉底,没有去打扰他。苏格拉底因为沉思停了下来,当时他们已到了阿伽通家附近。

> 他［阿里斯托得莫斯］走到阿伽通家时,见门大开着。他说,他觉得自己的情形有点可笑。他一到,一个男童马上出来迎他,把他引到客人们躺卧的地方,当时客人们正准备吃晚饭。阿伽通一望见他就招呼道:"哟,阿里斯托得莫斯,来

得正好,快来一起吃晚饭! 要是你为别的事来,这事情也下次再说。昨天我还到处找你,想请你来,就是找不到你。可你怎么没把苏格拉底给我们带来?"(174d7-8)

你们看,问题以极优雅的方式解决了。阿里斯托得莫斯不需要给出什么理由,他不需要说任何话,因为阿伽通这位亲切的雅典诗人有一种漂亮高贵的道道(a beautiful, noble line①)。

[31]听众:从苏格拉底这面说,这似乎不太得体(nice)。原先他已答应阿里斯托得莫斯要带他一起来,现在却让他自己走。

施特劳斯:但如果苏格拉底预见到,像阿伽通这样极有教养的人会殷勤款待阿里斯托得莫斯,那会怎样? 这种假设不能说没道理。我前面提到,这个场面让人想起《普罗塔戈拉》中类似的场面:他们到卡利阿斯家去,当时所有智识分子都已集合在那里,但门却关着。一个阉人看着门。他不想让任何智识分子进门。但这里门是大开的,一种自由(liberal)得多的气氛弥漫其中。这是自由(freedom)的气氛,与东方专制主义的气氛(考虑到前面提到的阉人,有人会这么说)迥然不同。但我们必须补充的是,《普罗塔戈拉》中没有聚餐,这里的聚餐却强化了自由的气氛。但苏格拉底在哪里? 众所周知,若无苏格拉底陪伴,阿里斯托得莫斯不会在任何地方出现。

> 我回头一看,他[阿里斯托得莫斯]说,不见苏格拉底在后面。我就说,我确实是和他一道来的,是他邀请我来吃晚饭的。
>
> "来得太好了,"阿伽通说,"可苏格拉底哪去了?"

---

①　[译按]从上下文看,此处原文似有可能为 a beautiful, noble lie[一个漂亮高贵的谎言]。立此存疑。

"刚才还走在我后面,去哪儿了,我也觉得奇怪。"

他[阿里斯托得莫斯]说,阿伽通招呼一个男童:"小家伙,快去看看,把苏格拉底领来!你呢,"他说,"就挨着厄里克希马库斯躺罢。"(174e9-175a5)

这里没特别的话要说,但我们必须记住一点:我们会逐渐看到一幅排定座次的画面,这幅画面不可小视。阿里斯托得莫斯将坐在厄里克希马库斯身边,厄里克希马库斯是那六个人中的一个,他是个很重要的人物。这一点的用意我们将在下文看到。让我们继续。

他[阿里斯托得莫斯]说,一个男童给他洗了脚,让他躺下;另一个男童过来禀报:"那位苏格拉底刚刚到,站在隔壁家前院,我请他进来,他不肯。"

"好奇怪,"他[阿伽通]说,"再去请,别让他走了!"

他[阿里斯托得莫斯]说:"算了,让他去。他习惯了那样子,有时一个人跑开一会,直呆呆地站在随便哪个地方。我想,过会儿他就会来。所以不必打搅他,让他去。"(175a6-175b3)

阿里斯托得莫斯知道苏格拉底的习惯,从而保护了他。阿伽通却试图打扰苏格拉底。顺便说一句,在古希腊,仆人都由男童充当,这点并非无关紧要,因为对男童的爱某种意义上是《会饮》的一个重大主题。

[32]"好吧,"他[阿里斯托得莫斯]说阿伽通说,"要是你这么想,我们就依你。喂,小家伙们,给我们所有人上吃的!把你们要摆的都摆出来,这里没人指派你们——我就从

不指派——你们今天就只当我和这里的客人都是你们请来的,好好招呼我们,争取得到夸奖!"(175b4-c1)

这段话也是为了交代气氛:完全没有任何命令,只有一种字面意义上的完全的不管不问(anarchy)。门大开着,没人发号施令。完全的自由。自然,阿伽通假装比他实际所是更不管不问。他何以不得不对男童们下这道命令? 所以说,这个优雅的人身上其实有某种矫揉造作的成分。所有人都已经在那里了。阿伽通显得特别亲切;在获得这样一份大奖后,谁会不亲切呢? 我们可以认为:他并不总是处于这样一种欢乐情绪中,就我们所知,他也可能向仆人们发号施令。苏格拉底最后到场,当晚餐进行到一半时才到。

> 他[阿里斯托得莫斯]说,于是他们开始吃晚饭,但苏格拉底还没有来。阿伽通好几次要吩咐人去接苏格拉底,都让阿里斯托得莫斯拦住了。(175c3-4)

各位可以看到这样的冲突:阿伽通自称主张完全的自由,却试图严重干扰苏格拉底的自由,阿里斯托得莫斯再次保护了苏格拉底。

> 过了一会,他[苏格拉底]到了,比起往常,这次还不算待得太久,大家饭才吃到一半。于是,阿伽通——他一个人躺在最后,刚好一个人——说道:"到这里来,苏格拉底,躺我这边,好让我挨着你,可以沾点你在隔壁门廊刚发现的智慧。你肯定已经发现了智慧,并且带在身上,不然,你还会在那儿呆站。"(175c6-d2)

这里第一次提到座次问题。阿伽通坐在最后。因为按讲辞次序,苏格拉底排最后一位,所以座次与讲辞的次序不同。厄里克希马库斯挨着阿里斯托得莫斯坐在某个地方。目前我们只知道这些。阿伽通的话以玩笑开始:"你苏格拉底或许发现了某些智慧的思想,因此我急于通过跟你接触听听这些思想。"

　　苏格拉底坐下来,然后说:"要能像你说的那样,咱俩挨着坐,智慧就从盈满的人身上流到空虚的人身上,像酒杯里的水通过一根羊毛从较满的杯子流进较空的杯子,那就好啰。因为,要是智慧也会这样流,我挨你躺就太值啰。我的(智慧)既浅陋,又跟梦一般不可靠;你的智慧耀眼得很,且前景无量;你年纪轻轻,[33]就显出如此光彩夺目的聪明才智,就在前天,三万多希腊人已经亲眼目睹你的才智。"(175d3-e6)

让我们在这里打住:"苏格拉底,你是个张狂骄傲的(insolent pride)人。"(175e7)①让我们看看,阿伽通这句话是不是粗鲁,又或者,他是不是说出了某种恰当的东西。苏格拉底怎么说?他说,如果区区身体接近和身体碰触——别忘了,《会饮》跟爱欲有关,因此也跟身体接近有关——如果区区身体接近是智慧的最佳传播渠道,那再好不过。这样智慧就会从较满的一方流向较空的一方。"如果智慧的自然本性是这样,坐在你阿伽通身边就太实惠了。"试想:智慧的自然本性是这样的吗? 非也。因此,坐在那里既不实惠,也得不到荣誉。所以,阿伽通后来说苏格拉底的话他实在该受。② 各位还能在这里看到:"由于智慧的自然本性并非

———————

　　① [译按]这句话在《会饮》中紧接在上段引文之后,原文中此句未收入上节引文。
　　② [译按]当指上文所引"苏格拉底,你是个张狂骄傲的人"。

如此,所以对是不是靠着你坐,我并不在意。"这话很难听(nasty)。各位还可看到(尽管只是暂时的),诗的智慧与哲学智慧在光彩程度上的对比。诗的智慧不成问题(not questionable)。首先,诗的智慧是光彩的(splendid);哲学智慧则不然。其次,哲学智慧是可疑的(dubious)、成问题的,而诗的智慧则不然,它是反讽的。诗的智慧何以并不模棱两可?肃剧诗人可以成功打动众人,其中必有某种东西。

这里阿伽通没像某些人常做的那样,说你在反讽,而是说你张狂(insolent)、傲慢、目中无人。某种意义上苏格拉底是这样,我们将在下文找到好几个例子。通过这句话,我们一开始就可看出苏格拉底是个肆心者(hubristic)。但正如我说的,一般人对苏格拉底言语的反应是说他在反讽,而非说他张狂。这两者有何关系?何谓反讽?从外在方面说,反讽是指掩饰(dissimulation),装糊涂(dissembling)。但由于苏格拉底的影响,在柏拉图和色诺芬那里,这个词还有高贵的掩饰之意。那么,何谓高贵的掩饰?是指一个优越的心灵(superior mind)对自身之优越性的掩饰。这是某种类似礼貌的东西。一个不愿炫耀财富者看起来不过是个平常纳税人。这是反讽,因为这是一种高贵的掩饰。苏格拉底始终都这样做,因为在所有对话里,他明显比几乎任何人都更智慧。他说自己一无所知,他总在提出问题。"在你看来,何谓勇气?"这话的意思似乎是:他不知道什么是勇气,但对方肯定知道。这就是反讽。亚里士多德在《伦理学》(Ethics)某处曾说,大度的(magnanimous)人对大众持反讽态度,意思是,在与大众交谈时,他隐藏自己的优越性。但这跟张狂有何关联?这可不是个毫不相干的问题,并且我[34]认为各位都知道,要是从"反讽"一词的日常用法出发,最终的答案是什么。一个人出于礼貌隐藏自己的优越性。他的优越性可以被感觉到,但无法听出来。当对方感觉到这种优越性时,反讽便不复在考虑之列。在日常生活中,当我们说某人反讽时,往往是说,这是个在礼貌和自谦的伪装下讨厌的家伙。现在是不是清楚了,如果反讽的意思是对一个人的优越性的掩饰,那么,当这掩饰被另一个人注意到时,反讽不就变成了张狂?反讽中有某种指向张狂的东西。我们绝不可忘记苏格拉底的这个方面。

从"张狂"这个词的通俗意义上说,苏格拉底当然不张狂。但这里我们关注的事情某种程度上要更微妙。反讽属于这样一类事物:它只有在未被察觉时才可达到其目的。这会不会让各位想起一个在另外的场合曾碰到的问题? 有些事物,无论是否被察觉,都会发生效力,但有些事物只有在未被察觉时才会发生效力。所谓的智术师学说(doctrine of the sophist)在各种正义之外的德性与正义之间做了区分。以节制(temperance)为例。如果医生规定你不要喝鸡尾酒,否则会有麻烦,那么,服从这个处方便会有效果,不管是否有任何人察觉到这一点。换言之,你可以在极端私密的情况下喝鸡尾酒,但会尝到因此而来的恶果。有些规则出于其后果我们必须遵守。再以逃税为例。某人逃了税,如果他是个极聪明的税务律师,如果他很幸运,那这次逃税就能不被察觉。严格说来,侵犯正义的犯罪,只有在罪犯被擒、被察觉时,才会受到惩罚(至少在人间是如此)。反讽奇怪地跟正义有某种共同之处。反讽的效力完全仰赖未被察觉;有没有被察觉到,是行反讽之事的关键因素。因此,阿伽通提到[苏格拉底的]张狂是正中鹄的。让我们继续。

　　"关于智慧的事,咱俩待会儿再打嘴巴官司,让狄俄尼索斯当裁判。但现在请先好好用饭。"(175e7-10)

看,狄俄尼索斯将是我们的裁判。在某种意义上,这条规则对整件事都适用。狄俄尼索斯将判断哪种智慧最高。这里阿伽通只在有限的范围内理解这一点。要么是阿伽通的智慧,要么是苏格拉底的智慧。就整个晚上来说,智慧竞争发生在苏格拉底与其他所有人之间。但它也表明,苏格拉底与阿伽通之间的竞赛异常重要,因此在后文会看到,阿伽通最后一通讲辞有某种决定性意义。

> [35]接下来,他[阿里斯托得莫斯]说,苏格拉底躺到榻上吃饭,其他客人也还在吃;他们献上祭酒,齐唱赞神歌,履行了所有例行仪式,然后开始会饮。他[阿里斯托得莫斯]说,泡赛尼阿斯首先开口说了下面一番话:"哥们儿,今天这酒要怎么个喝法才对咱们最轻松? 就我来说,不妨告诉诸位,因为昨天喝酒的缘故,我现在实在是难过,需要透透气。我想,在坐诸位大多也是如此,因为昨天你们都来了。诸位想想看,咱们怎样才能喝得舒服点。"(176a1-b1)

你们当中曾喝醉过的人(我相信这样的人是少数)都知道这席话实在中肯。当然,这是个消极的提议,为积极的提议——即用讲辞代替喝酒——铺平了道路。

> 阿里斯托芬紧接着说:"这是个好主意,泡赛尼阿斯,咱们是得尽量悠着点喝! 因为我昨天也是醉得不行。"他[阿里斯托得莫斯]然后说,阿库美诺(Acoumenus)的儿子厄里克希马库斯听了他们的话,说道:"你们说得漂亮! 不过,我还得听听诸位中有个人的意思,看他想不想喝。阿伽通,你怎么样?"
>
> "我也不行,"他[阿伽通]说,"今儿也不胜酒力。"
>
> "看来,我们几个今天算运气,"他(厄里克希马库斯)说,"要是你们几个海量级的今天都不行;因为我、阿里斯托得莫

斯、斐德若和其他几位,我们酒量一直不行。我没把苏格拉底算在内,因为他两样都行,我们把他算在哪边他都会满意。既然在坐各位今天都不贪酒,我不妨正儿八经说说醉酒是怎么回事,不会有人烦我罢。我一向认为,从医术来看,十分清楚,醉酒对人实在有害;要是照我的意愿,我自己就不愿饮酒过量,也不劝人饮酒过量,尤其在前一天的酒还没有醒过来的情况下。"(176b2-d4)

我们得好好看看这些人。泡赛尼阿斯和阿里斯托芬都说昨天的酒还没醒。但厄里克希马库斯把话头接了过去,作为医生,某种程度上他可以说最内行。"我所从事的科学告诉我,醉酒很糟。"另外,他酒量很小。科学和必然性完全意见一致。我们从中知道了某些事,这些事对个别人后来性格的展开很要紧。比如说,斐德若酒量也很小。厄里克希马库斯和阿里斯托得莫斯都正身处恋爱中。他俩有相似处。阿里斯托得莫斯酒量也不大,这表明了他跟苏格拉底[36]之间的区别。但其他人酒量都很大。这里没有道德原则的考虑,他们只是无法忍受连续两晚都喝。苏格拉底绝对算特例:他不嗜酒,但如被迫要喝,他比所有人都能喝,还不会产生有害效果。[苏格拉底的]特异之处一开始就有显现。

你们还能看到与事件进程有关的东西,这并非无关紧要。厄里克希马库斯通过事先静悄悄的民意测验已经发现,阿里斯托得莫斯、斐德若和另一些人都不愿意再喝。泡赛尼阿斯和阿里斯托芬都已说明自己的意见。唯一没被问及的是苏格拉底,但这并非失礼,因为所有人都知道苏格拉底能喝。

　　这时米利努人(Myrrhinus)斐德若插嘴说,"我向来听你的话,尤其在你说到医术的事情时;今儿其余各位,要是他们

好好想想,也会听你的。"听见这话,所有人一致同意:这次聚会不往醉里喝,喝多喝少各人随意。(176d5-e3)

你们注意到斐德若这段讲辞的特征以及他使用的语言了吗?首先他们提议不要喝酒。对此全体一致接受。重要的是——这决定的全体一致性(unanimity)。友爱的、完全和谐的氛围,某种程度上正是爱欲的氛围。这一点有某种重要性。斐德若很年轻,我们将看到,他某种程度上起了带头作用。他插话进来是在比他年长的友人厄里克希马库斯接过话头并成为与会者的主席之后。当然,吹箫女实际上被赶走了。她应当代表女性;这是一桩严格意义的男性事务。只有男性在场。

听众:在另外仅有的一篇有女人出现的对话即《斐多》里,女人也被赶走了。

施特劳斯:这个发现不错。但出于对女性和柏拉图的公允,我们得马上补充一句:在[这部对话的]高潮时有一篇最高级别的讲辞,这篇讲辞由一位女性呈现给我们,因此她们厉害地回来了。

听众:我的印象是:酒量大的人能喝,没机会喝会不舒服,酒量小的人不能喝,被迫喝也会不舒服。在这两种情况下,能力和欲望一致。苏格拉底有能力喝,但没喝酒的欲望,在这两种情况里他都会不舒服。是不是有这样一种情形被排除掉了,即有人有欲望喝,但没能力喝? 或者说,他喜欢喝,但酒量很差,容易醉?

[37]施特劳斯:这看法很好。当然,有一点很清楚:每个人都可以尽自己的喜好喝,没什么定规。这会儿,商议,聚会在继续进行。这里特别强调的要点是:平常会饮的所有方面——饮酒加吹箫,可能还有其他事——从一开始就被人们一致决定清除出去了。但重要的是,在参加投票或操控《会饮》

的人中,有些人是因为昨天宿醉的影响才这样做。换言之,他们并不总是那么刻板。对苏格拉底来说,即便情形跟昨天一样,他自己也不会有任何不同。当然,酒量很差的人也会投票反对猛喝,但这不是因为他们比酒徒们酒量更大,而是因为他们酒量更小。

三 斐德若

[38]我重复一下:《会饮》是唯一一部明确献给一位神的柏拉图对话,当然,它也是一部苏格拉底对话。苏格拉底是围绕主题的主要讲者。苏格拉底否定那种存在物——被公认为是一个神的爱欲——的神性。他否定唯一一个成为柏拉图对话之主题的、被公认为是神的那个存在物的神性。这迫使我们想起对苏格拉底的指控。苏格拉底受到的指控是,否认雅典城邦崇拜的诸神的存在。在此之前对苏格拉底发难的是阿里斯托芬的《云》,《云》中呈现的苏格拉底所说的最重要的话就是:宙斯不存在。在柏拉图所写的《申辩》中,阿纳克萨戈拉(Anaxagoras)说太阳是块石头,也就是说,太阳不是一个神。在《申辩》中,苏格拉底没有驳倒对他的某个指控,即他不相信雅典城邦崇拜的诸神的存在。他以两种方式回避了指控:首先,指控苏格拉底的人犯了傻,说他引入了新的神灵事物(demonic things)。苏格拉底问:"何为一个[命相]神灵(a demon)?[命相]神灵乃一个神和一个人的产物。因此信仰[命相]神灵,也就顺其自然地相信了诸神。"苏格拉底的另一个要点则是援引德尔斐的阿波罗(the Delphic Apollo)[神谕]。苏格拉底终其一生都侍奉德尔斐的阿波罗,因为这个神命令苏格拉底把生命献给他。但其实到德尔斐去的不是苏格拉底,而是他的年轻友人凯若丰(Chaerophon),后者想问问阿波罗是不是有任何人比苏格拉底更有智慧。神谕

的回答是没有这样的人,但苏格拉底并不相信,他试图反驳神谕。这就是他对德尔斐城神祇的侍奉。对上述指控来说,这个反驳没太大说服力。

有一部伟大的柏拉图对话明显也在讨论这个问题。此即《法义》。《法义》是仅有的一部用神这个词开头的柏拉图对话。在《法义》卷十,柏拉图呈现了那种人们可能称为柏拉图神学的东西,以及他关于诸神的政治学说。那一卷的目的是用宇宙诸神(the gods of cosmos)取代城邦诸神。该受谴责的不虔敬,乃是对宇宙诸神的不虔敬,却非对城邦诸神的不虔敬,因为后者只是想象的虚构(figment of imagination)。我们可以说,柏拉图用自然神学取代了城邦神学。

《会饮》与《苏格拉底的申辩》不同,在《会饮》中,我们可以看到[39]苏格拉底关于一个神的坦白陈述。他是唯一一位否认爱若斯(eros)是神的讲者。当时的场合是会饮,是人们在喝酒或被当作是在喝酒的场合,因此,即便对张狂(insolence)、对人们通常认为的不虔敬来说,这也是一个绝佳的时机。柏拉图为何选择爱若斯神实现这个目的?因为,无论是在雅典还是在大多数古希腊城邦,爱若斯都不是公共崇拜的对象。因此,它不会像宙斯那样受法律保护。但当然,[柏拉图选择爱若斯神]还有另一个理由。爱若斯神身上被神化(deified)的东西,即爱欲现象,是一种自然现象,我们对自然现象的知识并不仰赖神话。它是一种极重要的人性现象,极有力也极亲切,是一种新神。我要提醒各位,对苏格拉底的指控是,他引入了新神。

人们设想宙斯在人之上(above men),但爱若斯却并非这样子在人之上,它内在于人(in men)。因此,有人可能说,信仰爱若斯神是对人的至高权能的神话式表述(mythical expression of man's sovereignty)——一位很哲学化的解释者克吕格(Gerhard Krüger)早在1939年就已经在其《洞见与激情》(*Einsicht und Leidenschaft*)

一书中提出过这点。① 现在的问题是,这样做够不够。上述观点的基础是:古希腊理性主义或者说古希腊的启蒙运动,与现代启蒙截然不同,它能够并且被迫(compelled)赋予自己的观点以神话式表述。现代启蒙运动是全然非神话的(unmythical)。即便现代启蒙运动使用了隐喻式表述(metaphoric expression),像普罗米修斯(Prometheus)等,那也是全然没必要的。然而根据上述观点,古希腊启蒙运动没能力给出这种非神话的表述。

现在让我们花点时间考虑一下这个问题,因为它跟我们的主题干系重大。《会饮》的讲者都受过启蒙(enlightened),都是智术师的学生。他们不信神话,但他们用神话的语言表达自己。关于这意味着什么这样的历史问题,我现在不想深入;我只想把自己限制在这个问题上:按一般接受的观点,智术师们最具特色的论题是什么?答案是:自然与约定(convention)的根本区别。自然与约定有区别,某种程度上甚至相对立。诸神之所以存在,仅仅因为礼法(nomos)。诸神通过各种默会的或明确的人的法令(human enactments)得以存在。自然与约定间的对峙暗含了自然的至高地位。人的最优秀品质均来自自然,来自与其自身成就截然不同的天赋。因此,在这些人看来,自然可被称为神圣的。古希腊启蒙运动中没有人的至高权能,没有对自然的征服。法律、习俗、技艺(art)、技术(technology)——所有这些均从属于自然。各种人类事物只是整全内的极为狭小的领域。人类事物无论在大小上还是在尊严上,均居次要地位。各种起源性本[40]原(originating principles)都不是属人的。因此,所有这些人都会以这样那样的方式承认,人类行为的种种标准是自然的。他们的分歧在于这些标

---

① [译按]克吕格(1902-1972),德国哲学家,施特劳斯和伽达默尔青年时期的同窗兼友人,他与施特劳斯的通信可参见《回归古典政治哲学》(朱雁冰等译,华夏出版社,2006);若干事迹可参见伽达默尔著,《哲学生涯》(陈春文译,商务印书馆,2003),页231。

准的内容——比如说,他们否认正义是自然的——但任何人都不否认,存在某种出于自然(by nature)就是好的东西。由此产生的推论是:所有人类活动,尤其是具有最高声望的人类活动——政治活动——都低于理论活动,低于对整全的理解。理论活动作为智识活动,超越政治事物,且永远都不可能完全整合进政治事物中。在智识的完善与政治的或社会的完善之间存在张力。因此人们还可以说(尽管是以脚注的方式来说),根据古典启蒙运动,智识进步与社会进步之间没有和谐可言。无论如何,从这种老式的、前苏格拉底的理性主义(通常也被称为智术师式的[理性主义])中,必然得出的是:不可能有大众启蒙运动(popular enlightenment)。正因为这个原因,所以他们全都被迫(或多或少)用神话的方式来表达自己的学说。用纯粹历史的和外在的术语来说,人们只能陈述这样一个重大事实(这个事实被某种十八世纪的神话掩盖了):古希腊城邦并不自由,因此,关于一个人可以当众教授哪些东西,存在种种必要的界限。避开这种限制的一种方式即神话式讲辞。这方面最明显的范例是柏拉图对话《普罗塔戈拉》中的普罗塔戈拉神话。

　　我说过,《会饮》表现了苏格拉底的肆心。它以近乎完全坦率的方式表现了苏格拉底的离经叛道。柏拉图在《会饮》中进一步要做的事,是把苏格拉底的这一特殊个案与一桩发生在雅典的、跟不虔敬有关的最大丑闻(即公元前416年或公元前415年亵渎宗教秘仪的丑闻)联系起来。按当时的传言,这一丑闻的罪魁祸首是阿尔喀比亚德,整件事后来继之以严重的迫害。但是,到了这场对话被讲述出来的公元前407年,[雅典城邦与阿尔喀比亚德之间]却达成了一种和解。在公元前407年,事情的内幕可以讲出来了。它之所以被讲出来,是因为现在可以讲了。按阿里斯托得莫斯的暗示,关于那些可怕事情的流行传言都是错的。阿尔喀比亚德是无辜的。他在整件事情结束后才参与进来。冒犯神的(offender)是苏格拉底。但苏格拉底没有以流言所说的那种方式去冒犯神。我们可以说,其中根本就没有巫术(black magic),或者说根本没有对雕像的污损等等,没有任何粗俗不堪的事情。实际发生的事情非常精妙和高雅,它发生在最高雅的上流社会的一次会饮中。

如苏格拉底本人在《申辩》中暗示的,最早指控他的人是阿里斯托芬,指控出现在阿里斯托芬的谐剧《云》中。在《会饮》中,柏拉图向我们表明,阿里斯托芬当时在场,他[41]是整件事的目击者。柏拉图站在苏格拉底一边对阿里斯托芬的真实指控进行了回应,这件事远非上述粗俗不堪之事所能及。[阿里斯托芬的]真实指控是:哲学低于诗。在《会饮》中,苏格拉底跟阿里斯托芬——实际上跟谐剧和肃剧、跟所有的雅典式智慧——形成对照。《会饮》的原型是阿里斯托芬的另一部谐剧《蛙》,在那里,阿里斯托芬描述了肃剧诗人间的竞赛。柏拉图远远超越于此。不再有两个肃剧诗人间的竞赛。这场竞赛已告终结,胜利者是阿伽通。现在我们看到的是所有雅典智慧形式之间的竞赛,凯旋者则是苏格拉底。

关于《会饮》与柏拉图另一部对话《普罗塔戈拉》的联系,必须再说几句。我上次说《会饮》中所有讲者都是雅典人,连两个讲述者(阿波罗多洛斯和阿里斯托得莫斯)都是。在柏拉图的对话中,这异乎寻常。我只要提醒各位注意《王制》就够了,在那里,作为异乡人的忒拉绪马霍斯起了很重要的作用。《会饮》明显是一桩雅典人的事务。《会饮》中所有讲者——除阿里斯托芬外——在《普罗塔戈拉》的那场有众多最璀璨的智术师出席的聚会中,都曾露面。当苏格拉底走进最璀璨的智术师们所在的卡利阿斯家中时,他发现斐德若和厄里克希马库斯(《会饮》中分别排名第一和第三位的讲者)跟智术师希琵阿斯在一起,而泡赛尼阿斯和阿伽通(后面两位分别是《会饮》中排名第二和第五位的讲者)在一起。

苏格拉底进来以后,阿尔喀比亚德等人才进来,在《会饮》中他也是最后才来。《普罗塔戈拉》和《会饮》间的这种关系意味着什么?《普罗塔戈拉》中,普罗塔戈拉被表现为传授好忠告(good counsel)和德性的教师。关于德性有某个难题,它来自存在着许多德性(比如,勇气与正义)这个事实。但该难题某种程度上被这样一个事实给解决了,即存在一种最高的德性,这种德性被称为知识或科学。但知识或科学不能保证行动的善(goodness of action)。众所周知,我们可能知道哪些事比较好,但却去做比较坏的事。通过设想知识是对快乐的计算,这个难题最终(至少在表面上)被解决了。这其中的假设是:我们都只寻求快乐。我们想不通过道德转变(moral conversion)就获得最大限度的快乐,只靠更多的精明和计算——也就是说,只靠更多的智力,靠科学,一种对快乐的计算——来获得快乐。这就是《普罗塔戈拉》的主题。

苏格拉底反驳了普罗塔戈拉的主张。普罗塔戈拉不是个可以给人好忠告的人。在对话中,他的行动总是指向错误的选择。比如说,他知道作为[42]一个智术师自己的行为不得人心(unpopular)。他认为,通过坦承自己是个智术师,通过揭示自身行为的秘密,他可以避开所有难题。但他失败了,没能做到。他被迫讲了个神话故事。另一方面,苏格拉底则证明自己是个能给人好忠告的人。通过若干暗示,苏格拉底被表现为一个——像奥德修斯一样——能保守秘密的精明机智的人。《普罗塔戈拉》与《会饮》间的关系是:《会饮》中的苏格拉底没被表现为一个能提出好忠告的机智的人。《会饮》从未提及奥德修斯,有的只是讲辞的完全坦率,对一种秘仪的揭示。关于两篇对话的关系,这是个很重要的部分。

上次我们开始读这篇对话,在某个段落中我们发现苏格拉底的无声沉思。对此我想略说几句。各位都记得,苏格拉底最后到,因为此前他陷入了静默的沉思。下文阿尔喀比亚德还会说起另一件类似的事。我想依照老路,从一个人最通俗的方面说起。对苏格拉底最明白的描述来自色诺芬。在《回忆苏格拉底》(*Memorabilia*)(流俗意见认为乃有关苏格拉底的回忆录)第 1 章,针对苏格拉底不虔敬的指控,色诺芬为他进行了如下辩护:苏格拉底没有秘密,他始终在公开场合,没有任何类的骗人把戏(monkey business)。他一直在与人交谈。当然这种交谈不可能没日没夜,因为他有时也不得不停下来,也得睡觉、回家。当然,与此相对的是静默的沉思。在这种状况下,你不知道一个人在想什么。这说明了问题的所在。我们不知道,苏格拉底后面说的话,是不是就是他在静默的沉思中发现的思想。

跟阿伽通搭上话以后,苏格拉底提到自己的智慧低下,不引人瞩目。苏格拉底的智慧不可能以阿伽通(肃剧诗人)的智慧打动人的方式令人感动和着迷。

关于我们上次的讨论,还有另外两点:第一是座次问题。我现在必须指出这一点,因为我不确定在座每个人都重读了《会饮》。座次是这样的:打头的是被称为讲辞之父的斐德若。接着是些被遗漏的人,即他们虽然在座,但因没有讲辞,其名字未被提及。接着是个名叫泡赛尼阿斯的人。紧接着是谐剧诗人阿里斯托芬,接下来是医师厄里克希马库斯,再接下来是主人阿伽通,再接下来是苏格拉底。这点我自上次与冯·布兰肯哈根教授会面后才知道,此前我一直认为阿伽通坐在最后。现在我很高兴地知道,正好相反,坐在最后的是苏格拉底。这很可能[43]是因为不速之客阿里斯托得莫斯占了苏格拉底的位子。这就是座席次序,这个坐次也是讲辞次序,但有个重要例外:后面我们会看到,厄里克希马库斯和阿里斯托芬交换了讲辞次序,因为阿里斯托芬一时不能讲话。

有人提出,我们在对话开头看到了对各种人物的描述,对这些人物作出分类的着眼点是饮酒(drinking)[方面的特点]。我们发现,有些人既不能喝也不愿喝,有些人虽然能喝但不愿喝(因为宿醉未醒),还有个人虽有酒力,但喝不喝无所谓——这就是苏格拉底。吉尔丁(Gildin)先生①指出,上述区分还不完整。的确如此。哪种情形被省略了?当然是那些有酒力也愿意喝和没酒力但愿意喝的人,之所以把他们省略掉,是想让全体意见一致。肯定没人断然急着要酒喝。既没酒力、对喝酒也无所谓的人也被省略了,我想这是因为这些人不值一提。但我们还可想出另一种人。我们看到的是一些有酒力但因宿醉不愿意喝的人。那么,有酒力但出于原则不愿意喝酒的人怎样?我相信这些人也不合时宜,因为他们会憎恶喝酒的享乐,他们很可能同样也会憎恶爱欲。这只是我暂时的想法。

目前大家的一致决定是,整个晚上都用于侃谈,以示与猛喝相区别。接着又有个提议:利用这次在一起的机会谈谈爱欲。在开场的这个次部(section),苏格拉底一直保持沉默,就像他此前很长时间都不在场那样。这跟《会饮》的总体特征相称。在所有苏格拉底对话中,即在所有出现苏格拉底的对话中,他都是主要人物。但《会饮》中苏格拉底以可见方式占主导的篇幅还不到一半。首先,关于当晚的程序有个消极提议。提议者是泡赛尼阿斯,阿里斯托芬附和,厄里克希马库斯总结,这个次序跟座次一致。这三个讲者都不是年轻人,并因为某种原因坐得离左边最远。斐德若讲话是在这三个人之后,原因也很简单,因为他年轻,为人谦虚。苏格拉底没出席昨天的豪饮。这些人中酒量最大的是阿里斯托芬、泡赛尼阿斯和阿伽通,苏格拉底更不必说。斐德若和厄里克希马库斯都不胜酒力;他们都是体弱者(valitudinarians②),这

---

① [译按]这里的吉尔丁应指上堂课的最后一个提问者(参原文页36-37),此人很可能就是建议出版此讲课稿的施特劳斯弟子 Hilail Gildin(参伯纳德特为此书写的编者"前言",原文页 vii)。

② [译按]原文如此。该词一般拼作 valetudinarian。

点对后来发生的事有某种重要性。厄里克希马库斯之所以那样是因为职业的缘故,他是个医师。我们已经明确了决定的一致性和议事程序(parliamentary procedure)。现在让我们读下去。

　　"那好,"厄里克希马库斯说,"既然大家都同意喝多喝少各人随意,不得强劝,那么,我想进一步建议,把刚才进来的那个吹箫女打发走算了;让她[44]吹给自己听,或者如果她乐意的话,也可以吹给这院里的女人们听。这样,今天我们就可以在一起好好侃。要是诸位愿意侃,那么,关于侃什么的问题,我倒有个建议。"

　　在坐的人都说愿意侃,催厄里克希马库斯把建议说出来。于是,厄里克希马库斯说:"我的话要用欧里庇得斯《墨兰尼普》(*Melanippe*)里的那句来起头,'这个故事不是我的',我要说的话是斐德若的。斐德若好几次怨怨不平地对我讲:'说起来就让人生气,厄里克希马库斯,诗人们作歌作颂把别的神都写遍了,独缺爱若斯这如此古老、如此了不起的神;以往的诗人一大堆,何曾见过哪个诗人为爱若斯写过一篇颂辞?不妨瞧瞧那些个可爱的智术师们,比如那个了不起的普洛狄科,写了多少辞赋一类的东西来赞颂赫拉克勒斯(Heracles)和别的什么——更让人称奇的是,前不久我见到一个有智慧的男人写的一本书,大肆赞颂盐的益处;你还可以看到有人赞颂其他许多类似东西的辞章。人们居然会为这种东西花费力气,但直到今天还没有哪个人敢写一首值得看的诗来赞颂爱若斯,导致一位如此伟大的神被人冷落,这难道不可气吗?'我觉得,斐德若的话完全对。因此我愿意主动地为爱若斯作奉献、取悦他。我并且想,在座各位何不也趁现在这个时机赞美一下爱若斯。要是你们也这样认为,今天我们就有得讲了。我提议咱们从左到右顺着来,各人尽自己所能作篇优美的颂辞来颂扬爱若斯。斐德若该打头炮,因为他躺在最上头,又是论说之父(the father of the logos)。"(176e4-177d5)

爱若斯从未被赞颂过,至少未被合适地赞颂过,因此,这次会饮将是对爱若斯神的第一次充分的赞颂。这个提议再次得到一致接受——然而,接受的方式与上次不同。第二次接受跟第一次对消极提议的接受有显著区别。这个区别现在只能简述如下:在第二次,我们没看到民主决议,只看到由苏格拉底作出的独断专权的决定(a dictatorial, authoritarian decision)。他决定时没问任何人的意见。这是他的奇特的 hubris[肆心]的又一个迹象。当然,苏格拉底感觉到了这次聚会的意义,因此觉得没必要举行投票。接下来斐德若成了第一个讲者,既因为他是提议者,也因为他坐在桌子的前头。他的座次排第一,因此讲辞也是第一。

是故,这里引入了话题——爱若斯神。为何特别提爱若斯?因为他在雅典没得到崇拜。讨论它更轻松,更少危险。[45]提出话题的是斐德若。柏拉图为何让斐德若提出话题,并且让他为作为整体的《会饮》提出话题? 为回答这个问题,我们得知道斐德若的观点,对此我们还不了解。我们紧接下来看到一个临时的回答,那里说苏格拉底除爱欲技艺(erotic art)外,不懂其他任何技艺。我前面说过,爱若斯是个所有人都有所经验的神。对太阳神赫利俄斯(Helios),人们也可以这样说,但这不明显;太阳可能是块石头。爱若斯是唯一所有人都对之有所经验的神,关于他,可以确定地说:他是个神,亦即他是活生生的、超人的(living and superhuman),是一种比我们强大的活的力量。这个所有人都可经验的超人存在者是可爱的。无论如何,爱若斯某种意义上是最重要的神,尽管最重要的未必就意味着最高的。

"没有谁,厄里克希马库斯,"他[阿里斯托得莫斯]说苏格拉底说,"会投票反对你。"(177d6-7)

各位可以把这个情境与涉及消极提议的类似情境加以对比。厄里克希马库斯很得体,他环顾四周,要了解其他人的想法。这里苏格拉底没有询问任何人就给出了结论,这是个张狂的决定。各位必须把张狂这个主题记在脑子里,这很重要。

"正如我肯定不会反对一样——因为,我除了懂爱欲的事情(erotic things),别的都不懂,阿伽通和泡赛尼阿斯肯定也不会反对——阿里斯托芬更不会反对,因为他整天泡在狄俄尼索斯和阿佛洛狄忒(Aphrodite)那里——我看,其余在座各位都不会反对。"(177d7-e3)

阿里斯托芬的全部活动都献给了对酒的赞颂和对爱的赞颂。他的主题是两个神:狄俄尼索斯和阿佛洛狄忒。其中一个——狄俄尼索斯——与爱本身无关,而苏格拉底却专一地委身爱欲。

"只是,我们这些躺在后面的有点划不来;不过,躺在前面的要是讲得头头是道、漂漂亮亮,咱们也值了。好吧,斐德若开始罢,为咱们赞颂爱若斯,祝好运!"

其他人一致赞成这番话,跟着苏格拉底怂恿斐德若。每个人当时讲的话,阿里斯托得莫斯已经记得不太清楚,他对我讲的,我也记得不大全。好在我还记得值得特别记住的话(logos),且让我给你们细说。(177e3-178a5)

各位可以看到,指定的主题除了爱若斯神,还有对爱若斯神的赞颂。如果诗人的任务确实是崇慕和夸赞爱若斯神,人们就能说,那天晚上的所有人都是肃剧诗人和谐剧诗人的拥趸(partisans)。[46]这不是一个字字照搬的转述,因为阿里斯托得莫斯忘记了一些东西,阿波罗多洛斯也忘了一些。任何人都不能把这篇对话用于正式(official)目的。

接下来,我们从第一篇讲辞(即斐德若的讲辞)开始,对于他为何会提出这个话题,他的讲辞也将给我们一个答案。

这里泛泛提到[阿里斯托得莫斯]略而未述的其他讲辞。在斐德若讲辞的结尾将找到这些略过的讲辞的位置;它们都紧接着斐德若之后,在泡赛尼阿斯之前。这些讲辞肯定跟斐德若的讲辞有联系,至少是间接的联系。

现在我们面对斐德若,第一位讲者。论题就是他选的。他给的理由是:爱若斯是个如此伟大的神,但从未得到应有的赞颂。上次有人提到这里有某些疑难,我自己也有这个问题——索福克勒斯在《安提戈涅》(Antigone)中对爱欲的赞颂又算什么? 嗯(Well),如果各位读过《安提戈涅》,可以发现那里对爱欲的赞誉不如这里那么高。斐德若曾在两部对话中作为重要角色出现:一是《会饮》,另一部叫作《斐德若》。当然,这并不能证明他个人很重要:智术师希琵阿斯很可笑,重要程度远不及颇受苏格拉底敬重的普洛狄科,但柏拉图从未写过《普洛狄科》,倒写过两部题为《希琵阿斯》的对话。柏拉图为何选中斐德若? 嗯,斐德若有两种品质:他是个谦虚的人、一个年轻人,而且他英俊;从日常情形看,这是最令人称意的组合。但在这两个方面他也是苏格拉底的对立面。我们看到,苏格拉底既丑陋又不谦虚。还有一个原因。斐德若学习自然学(physics)和修辞术。这种组合让我们想起年轻时的苏格拉底。在这部对话里,斐德若显得跟医师厄里克希马库斯连在一起。我们看到,《会饮》中的斐德若是个颇受启蒙思想影响的青年。他不信关于诸神的旧传说。《斐德若》中的斐德若不知道凭哪个神的名字起誓。他说,或许可以凭眼前的树起誓,这不会有什么区别。斐德若也曾被指控于公元前416年亵渎宗教秘仪。因此我们可以借用如今的说法,把他看成个先锋派(an avant-gardist)。现在让我们读下去。

首先嘛,如我说过的,他[阿里斯托得莫斯]说,斐德若头一个讲,他是这样开头的:爱若斯是个伟大的神,在人们和诸神中最神奇,许多方面都值得称颂,尤其从出身来看。"因为,这位神年纪最大,"他[斐德若]说,"这本身就是一种尊荣。凭据就是:爱若斯没有父母,[47]从没有谁,诗人也好、讲故事的人也好,提到过爱若斯的父母。但赫西俄德(Hesiod)说过:

最先产生的(come to be)是混沌——
'随后[是]
胸脯宽阔的大地,所有一切(all)永远安稳的住所,
然后是爱若斯。'

赫西俄德说的是,继浑沌之后产生了这两者:大地和爱若斯。帕默尼德谈到创生(genesis)时说:

所有诸神中,她[创生]最先设计出(devised)爱若斯。

阿库西勒俄斯(Acousilaus)也同意赫西俄德的话。"
(178a6-c1)

斐德若对赫西俄德的诠读,有一种表面的同义反复,但他并未亦步亦趋地诠读赫西俄德。我们首先看到这样的诗句:混沌之后产生了这两者——大地和爱若斯。接着斐德若改换了一些东西,他省略了"胸脯宽胸的大地,所有一切永远安稳的住所"。大地既然是产生的(come into being),就不能永远存在,当然,它也不像赫西俄德错误地所说的那样,是所有事物的住所。比如说,大地既不是诸神也不是众星的住所。爱若斯最古老,因为他没父

母。所有其他神都有父母。爱若斯之前没有任何神存在,他是自己这个类别的始祖。根据赫西俄德,爱若斯是最先出现的两者中的第二个。所以在赫西俄德那里爱若斯的地位没那么高,但按哲人帕默尼德的看法,爱若斯确然就是第一个神,爱若斯由创生[设计]发明(invented by genesis),通过使之产生(by bringing into being)得到[设计]发明。

有一条一般规则(这条规则我只是从实践中得来,无法引述章节),柏拉图著述中最重要的东西总出现在中间。最重要的东西并不意味着绝对意义上最重要者。它意味着某段上下文中的最重要者。在这段文字里,帕默尼德最重要,因为唯有他一口咬定爱若斯是第一个神,而赫西俄德却让爱若斯成为次于大地的神。帕默尼德对爱若斯的赞颂最高,因为他说爱若斯是第一个神,是最古老的神;其次,帕默尼德的说法比赫西俄德更理性。他给出了爱若斯的来由(cause)——创生——一个非神性的来由,当然,这是因为,如果爱若斯是第一个神,创生就不可能是第一位[神]。赫西俄德没给出任何来由,只是说他们一下子存在了(jumped into being)。各位知道,帕默尼德是唯一一位被柏拉图用一部书的书名来崇敬的大哲。柏拉图以此表明,帕默尼德是所有早期哲人中最重要的一位。根据帕默尼德的诗,爱若斯和其他所有神都属于创生的世界,属于产生和消亡(come into being and perishing)的世界。但按帕默尼德诗的第一部分,创生——产生——不可能存在(cannot be),因为产生[48]意味着从无到有(from nothing to being)的运动,而无不存在;所以,创生也不可能存在。这就暗示,诸神作为已然产生者不可能存在。只有不可变的存在者(unchangeable being)才存在。帕默尼德用不可变的存在者取代了诸神。

作为第一篇讲辞,斐德若的讲辞是最狂热(frenetic)的讲辞。但是,在开端与终结之间、在种子与蕴含着新种子的果实之间有密切的关联。斐德若的讲辞及其对帕默尼德的提及与苏格拉底的讲辞之间有密切的亲缘关系。苏格拉底不再接受单纯的帕默尼德式观点,但他的讲辞仍揭示出自己思想的渊源是帕默尼德。

对爱若斯的第一篇颂辞说,爱若斯是最古老的神,而最古老的就是最高的。这对所有早期思想来说是条公理。它在人性(human nature)中有一种深刻根源,所以我们仍在说"过去的好时光"(the good old times)。人们对古老本身有某种尊崇,但这一点需要长篇大论的分析,单凭我们对稳定的渴望不足以解释它。但在古时候,"好的(the good)等于古老的"可视为首要的公理,它被质疑是以后的事。如果好的便是古老的,那么最好的就必定是最古老的。爱若斯是最古老的神,必定也是最好的神。斐德若随后就会得出这样的结论。

> "所以,从许多方面看,人们都同意爱若斯[在众神中]年纪最大。不仅年纪最大,他[爱若斯]对我们来说还是最美好的事物(the greatest goods)的起因,因为我不晓得,还会有什么比一个人从年轻时就得到可爱的有情人(lover)或有情人得到可爱的情伴(a beloved)更好。"(178c1-5)

爱若斯年纪最大,所以他也是最美好事物的起因。这是条基本原理,但斐德若是个受过启蒙的年轻人,他不能让这条基本原理停留在简单等式的水平上。他还需要额外的论据来证明年纪最大的便是最好的。斐德若以下述方式给出他的论据:善(goodness)是德性,但德性的起因高于德性,因此是最好的。而爱若斯就是德性的起因,这点他接下来就会证明。

> "就那些想要生活得高贵的人而言,对于给人终其一生的指引的那种东西,无论家世、名望、财富,还是其他任何东

西,都无法像爱欲那样漂亮地予以灌输。我的意思是什么呢?意思是,对可耻的事物有羞耻,对美的事物有荣誉般的追逐,因为,要是没有这些,无论城邦还是个人,都不可能取得什么伟大、美好的成就。因此我认为,一个正在爱恋的男子,无论是谁,要是缺乏男子气,受人欺辱连声也不敢吭,最让他觉得羞耻的,肯定既非被他父亲,也非被他的友伴或其他什么人瞧见,[49]而是被自己的情伴瞧见了。我们看到在情伴那里也是如此:要是情伴做了什么丢人事,正巧被自己的有情人看见了,同样会羞耻得不行。所以,要是有可能,全由有情人和情伴来组建一个城邦或一支军队,他们不可能不把自己的城邦治理得更好,因为,人人都会远离所有羞耻之事,还要在彼此面前追逐荣誉;另外,要是这样的人一起打仗,哪怕他们人数很少,也差不多可以战胜所有人。因为,一个有情人要是临阵逃跑或丢盔弃甲,固然怕被其他的人看见,但更怕被自己的情伴看见;面对这样的选择,他宁愿一次次地战死。再说,自己的情伴置身险境时,没有哪个有情人会丢下他不管、不去救他;没有人会坏[胆小](bad[cowardly])到那种程度,以致爱若斯也无法激发他的德性,使他能像天性最好的人(the best by nature)一样;总之,正如荷马所说,这个神在有些英雄胸中'鼓起勇气',爱若斯对有情人也如此,使他成为有勇气的人。"(178c5-179d3)

到这点为止,斐德若的论据是什么?爱若斯年纪最大,因此也最好。现在他说,我会摆脱所有神话来独立证明这点。还有什么能像爱欲这样产生德性?没别的了。不是名望,不是财富,也不是家世。爱若斯最好,因为它能产生德性。这点无论在有情人那里还是在情伴那里都是如此。这就是[斐德若的]论点。那么,他怎样理解德性?这里的德性主要指勇气,指男子气(manliness）。爱欲产生男子气。

爱若斯有两面。这种追求德性的动机分两种：一种是羞耻感（sense of shame），一种是对荣誉的爱。斐德若强调哪个方面？羞耻。爱若斯产生羞耻感，从广义上讲带来德性，但从狭义上讲带来的是男子气。这点如何表现出来？斐德若通过什么例子证明这点？是在有情人一方，情伴一方，还是两方都有？在有情人一方。下面让我们更准确地表述一下这个论点：爱若斯使有情人产生羞耻感，这让他变得勇敢。这是此篇讲辞的重点。这种效果怎样产生？它怎样表现出来？是在有情人被情伴看到时。因此问题就来了：如果有情人没被情伴看到，爱若斯是不是也能产生这种效果？这个问题不是马上就能看清，但斐德若接下来说："没有人会差（low①）到那种程度，以致爱若斯也无法激发他的德性，使他能像个天性最好的人一样。"这个受爱欲激发的人不是天性最好的人。这个人甚至不等于天性最好的人，他只是类似天性最好的人。天性最好的人会跟最恶劣的环境斗争；有情人也会这样做，但只有在被人看到时才会这样做。天性最好的人只是去做而已。因此，对爱若斯的赞颂有让人吃惊的条件限制（qualified）。

[50]斐德若实际在说：在德性缺席时，爱若斯可充当一个过得去的替代物，会产生某些看来像是德性的东西。斐德若对此是不是很清楚，这不是我们的问题。这对讲辞的其余部分有决定意义。

"再说，惟有相爱的人才肯替[自己爱的人]去死，不仅男人这样，女人也如此。在这方面，珀利阿斯（Pelias）的女儿阿

---

①　[译按]施特劳斯在这里引述原文时使用的词（No one is so *low* that…）与经伯纳德特修订的相关原文（no one is so *bad*[*cowardly*] that…）略有差异。

尔刻斯提(Alcestis)向希腊人提供了充分的见证:只有阿尔刻斯提肯替自己的丈夫去死,虽然她丈夫有父有母。阿尔刻斯提对丈夫的爱欲超过了父母对儿子的疼爱,相形之下,父母与儿子有如路人,只有名字相属而已。阿尔刻斯提成就的行为,不但人们、连神们也视为壮丽之举。成就过壮举的人何其多,但从神们那里得到稀罕奖赏的——即让其灵魂从阴间回到阳间——数都数得出:神们让阿尔刻斯提死后还魂,表明他们非常赞赏阿尔刻斯提的举动。由此可知,连神们也特别敬重爱欲的火热和德性。"(179d4-d2)

迄今为止,我们一直把爱欲和德性看成两回事。爱若斯产生德性。现在斐德若谈到一种与爱欲有关的德性。比如说,跟爱欲有关的德性不同于他前面说到的跟城邦有关的德性。这里他又转向女人,转向女人对男人的爱。前面提到的事例都暗指男童恋(pederasty)。对这个有些不同寻常的论题,我想稍作说明。不消说,一般人都认为,男童恋是古希腊风习,柏拉图和苏格拉底都曾因这一缺陷受人诟病,所以,为之提出一种辩护很平常。我相信这完全错误。

[更换磁带]

今天,一个有原则的人(a man of principle)不会一直强调说自己有原则。对这些事我们不必大惊小怪(squeamish),但另一方面我们也必须有原则。我已经提出的看法是:除其他方面的内容外,《会饮》其实以极戏谑优雅的方式批评了男童恋,它没有赞颂男童恋。有些讲者称赞男童恋高于异性恋(heterosexual love)。但[《会饮》之]美妙(the beauty)在于,他们试图为自己的习惯找一个根基,但他们没能做到。在苏格拉底的讲辞中,男童恋只在某种程度上才跟犯罪行为和下流行径无关。醉醺醺的阿尔喀比亚德没羞没臊讲的那个故事,只能增益对苏格拉底完全有礼有节

（perfect propriety）的赞颂。这个故事是对恰当行为的不恰当讲述。在苏格拉底和柏拉图看来，男童恋这样一种背离自然的行为会指向某种真实而自然的事物。对这种事物，我只能给出一个词（它并非一个答案），那个词就是——哲学。

[51]各位在这里看到，斐德若本人转向了双性恋（bisexual love），表面上，他承认双性恋跟同性恋有同等的尊严。这只是一家之言，因为下个讲者就主张，男童恋在尊严上比异性恋高很多。

爱欲战胜了对死亡的恐惧。这点此前我们就看到过。爱欲可以战胜男子气的最大障碍——对死亡的恐惧。但按此前的讲辞，这不过意味着，爱欲是一种用于产生德性和男子气的低级手段，它能让人羞于像懦夫那样行事。换言之，爱欲的地位不及自然，不及最好的自然本性（the best nature）。这里出现了一个转折，开始讲一种新的理据（logos）。阿尔克斯提没考虑羞耻心问题，意思是她不考虑其他人会说什么，但她被真正的东西（the genuine thing），被友情（friendship）缠住了。她是她丈夫真正的朋友，而她丈夫的父亲和母亲只与她丈夫在名字上有共同之处。这表明，爱欲就本性而言在为所爱者而死的行为中臻于极致。爱欲不是获得德性的工具，而是德性的对象，德性的目的。比如说，跟爱欲有关的德性不同于跟城邦有关的德性。它是一种英雄式的德性。阿尔克提斯的丈夫是阿尔戈英雄（Argonaut）中的一员。斐德若讲辞中提到的另两个例子，俄尔甫斯（Orpheus）和阿基琉斯，也在这一理据（account）中起到作用。这种英雄式的爱甚至得到诸神的羡慕，诸神虽然不朽，却不拥有这种爱。但这里有个难题。斐德若在这里提到的都是希腊人。难道这种对英雄式的爱的羡慕只限于给希腊男子？这种英雄式的爱欲不也需要见证者吗？哪怕这些见证者只是诸神？

> "俄阿格洛斯(Oeagrus)的儿子俄耳甫斯被诸神遣离阴间时,没有如愿以偿;诸神没有让俄耳甫斯得到他一直追逐的妻子本身,只让他瞧了一眼妻子的虚影;因为诸神觉得俄耳甫斯太柔软(soft):作为里拉琴师,他不像阿尔刻斯提那样敢于为爱欲而死,一心只想活够岁数进入阴间。所以,诸神惩罚俄耳甫斯,让他死在女人们手里。"(179d2-e1)

欧律狄刻(Eurydice)的丈夫俄耳甫斯受到诸神惩罚,因为他不敢为爱欲去死。在这里我们看到,爱欲的有些命令需要得到诸神的强化。跟爱欲有关的德性在于自我牺牲,对此存在着来自外部的惩罚和奖励。

[斐德若所举的]三个例子的第二例中,爱欲没有让有情人变得勇敢。这样的爱欲不是自足的。但当然,有人也可以说,这个有情人碰巧是个歌手,是个诗人。或许我们可以说,诗人没能恰当地用他们诗赞颂爱若斯,因为他们首先没能恰当地用自己的行动赞颂他。俄耳甫斯受到惩罚,[52]不只因为他没有为所爱的人去死,也因为他一直试图既进入阴间(Hades)又避免死亡。结论是什么? 结论是:如果他死了,就不会受惩罚。但如果他仅限于逃避死亡,只是为欧律狄刻的死唱唱哀歌,也就是说,如果他只是无病呻吟(valetudinarianism),也不会受惩罚。各位别忘了,赞颂英雄式死亡的是体弱的(valetudinarian)斐德若。现在让我们转向第三个例子。

> "忒提斯(Thetis)的儿子阿基琉斯际遇就不同,诸神尊敬他,把他送去福人岛。阿基琉斯从他母亲那里得知,如果他杀了赫克托,自己也得死,如果不杀,就会平安回家,享足天年。但他仍然勇敢地做出选择,去救自己的有情人帕特洛克罗斯(Patroclus),替他复仇,不仅为有情人赴死,还紧随有情

人被杀死。因为对阿基琉斯的这个做法很倾慕，因为阿基琉斯懂得看重自己的有情人，所以诸神给了他特别的荣誉。埃斯库罗斯把阿基琉斯写成帕特洛克罗斯的有情人，是在瞎编。阿基琉斯不仅比帕特洛克罗斯俊美，甚至比所有英雄都俊美，胡子都还没有完全长出来，肯定比帕特洛克罗斯小多了，荷马就是这么说的。"（179e1-180a7）

阿基琉斯的情形完全不同。到目前为止，斐德若已表明爱欲对有情人而非对情伴的影响。但这里我们首次发现了这样的事例：情伴因为被爱而受到鼓舞，愿意为有情人去死。阿基琉斯是个情伴，他为有情人帕特洛克罗斯而死。斐德若的这个断言带悖论色彩。他反对埃斯库罗斯的说法（埃斯库罗斯说阿基琉斯是个有情人），为自己的断言辩护，认为这才是正常情况。阿基琉斯是个情伴，因为他最美。在斐德若的前提下，我们该如何理解阿基琉斯的这种极端悖论之举？

"实际上，虽然诸神最敬重的就是涉及爱欲的这种德性；但神们更惊叹、赞赏和奖赏的，是情伴对有情人表现的爱欲，而非有情人对情伴表现的爱欲；理由是：一个有情人比一个情伴更富于神性，因为他［有情人］身上有这个神。由于这个原因，神们更敬重阿基琉斯而非阿尔刻斯提，要送他去福人岛。"（180a7-b5）

各位理解这番推理吗？诸神为何更看重情伴而非有情人？让我试着解释这一点：诸神更倾慕情伴身上跟爱欲有关的德性，而非有情人身上的跟爱欲有关的德性，因为［爱若斯］神在有情人身上，不在情伴身上。你们可用两种方式解释这一点：要么，珍爱有情人的情伴是虔敬的——他屈尊于神——要么，［53］不爱的人比在爱的人更难获得这种存在于死亡中的德性。诸神本身见证了这一事实,即未神激发的(god-inspired)德性高于受神激发的德性。没爱欲优越于有爱欲。《斐德若》(我认为,它以戏剧化的方式紧随《会饮》之后)的整个故事源于演说家吕西阿斯(Lysias)的一篇讲辞,其中说到,无情人(nonlover)比有情人更受偏爱。让我举个例子:如果今天有个女孩问:我该跟哪种男人交朋友? 跟有情人,还是无情人? 吕西阿斯会说:跟无情人[交朋友];正因为他没激情,所以不会做任何出格的事。这种对无情人的偏爱吸引了斐德若。悖论的是,没激情的斐德若居然希望爱若斯受到赞颂。对此我们必须试着去理解。正如讨论荷马的那个事例中表现出来的那样,有情人比情伴年龄大。最古老的神在较年长者和同性恋者身上,不在较年轻者身上。但在诸神眼中看来(或许我可以加一句,在人们看来也是如此),较年轻者——[爱若斯]神不在他身上,他也未受神激发——反而优越(superior)。有情人通过自己的追求认识到被追求者的优越。

斐德若什么意思? 我们知道,他提出两个相互矛盾的主张,一个见于179b,一个见于179e。他一开始说只有有情人才愿意为情伴去死。接着又说作为情伴的阿基琉斯愿意为他的有情人去死。阿基琉斯从诸神处获得独一无二的荣誉。但如果我们不考虑这份神圣荣誉,如果我们从俄耳甫斯半心半意的行为中吸取适当教训,结果会怎样? 情伴不会为有情人去死,他将只是其他人的爱的受益者(the beneficiary)。情伴,尤其是漂亮的情伴,会得到很多人的爱,从而成为[很多人的爱的]受益者,恰恰因为[爱若斯]神不在他身上。[爱若斯]神在有情人身上,但最大的好处却加在(accrues to)情伴身上。这其实是体弱者的胜利,或更准确地说,斐德若在有意无意之间让爱欲屈从于获利的标准(criterion of gain),屈从于一种自私的考虑。因此,他的讲辞在所有讲辞中最低。我想再提一下《斐德若》中为斐德若所赞许的吕西阿斯的讲辞,那里说,年轻人应偏爱无情人而非有情人——一条算计(cal-culating)规则。我认为,吕西阿斯在《斐德若》中的讲辞完全就是对斐德若这里的讲辞的一个反思,它受到我们后面听到的讲辞的修正。换言之,斐德若在[会饮]那晚经历的诱使下,彻底放弃了对爱若斯的赞赏。在擅算计的接受者那里,无情人比有情人更受偏爱。现在,让我们读一下斐德若讲辞的结尾。

> [54]"所以,我认为,爱若斯在诸神中间年纪最大、最受敬重,也最有权引导人在生前和死后拥有德性和福气。"(180b6-8)

我们看到,即便在结尾处,[斐德若]对爱若斯的赞颂仍有限制。何以斐德若认为爱若斯尚未得到充分赞颂,对此我有一个临时的答案。在斐德若看来,有情人给予情伴的好处从来不曾得到充分赞颂。斐德若的讲辞出于情伴的立场,这点很要紧,因为下一位讲者是个有情人,视角完全不同。

或许我现在该说明一下,在我看来整部《会饮》是个什么样子。我不但愿意甚至渴望得知,我错了。在我看来似乎是这样:《会饮》共有六篇关于爱欲的讲辞,阿尔喀比亚德最后的讲辞是关于苏格拉底的,因而跟爱欲本身无关。六篇讲辞很自然地分为两部分,即前面三篇和后面三篇。斐德若、泡赛尼阿斯和厄里克希马库斯的讲辞是一组,阿里斯托芬、阿伽通和苏格拉底的讲辞是一组。我相信,作为对爱欲的赞颂,前面三篇讲辞有缺陷,因为它们让爱欲服从某种外在于爱欲的东西:斐德若让爱欲服从获利,泡赛尼阿斯让爱欲服从道德德性(moral virtue),厄里克希马库斯让爱欲服从 techne[技艺],服从科学或曰技艺。另外三篇讲辞没让爱欲服从外在的东西,它们赞颂爱欲本身。苏格拉底也没让爱欲服从外在的东西,因为他表面上让爱欲服从的那种东西乃是爱欲的自然目的(natural end of eros)。如果爱欲的自然目的是最高状态的智慧,那么爱智慧就没有让爱欲服从某种异于爱欲的东西。我认为,后三篇讲辞的分工是:阿里斯托芬讲辞的特点是丑,阿伽通讲辞的特点是美的化身(beauty incarnate),在苏格拉底那里,爱欲既不是丑,也不是美。苏格拉底讲辞的结论或关键词既非丑亦非美,而是善(the good)。我相信,这跟斐德若的讲辞有关联。获利之爱,在一般人看来(我相信至今仍有人这样看)是低劣的东西,丑陋的东西。道德德性与美的关联显而易见,因为在古希腊文中两者是同一个词。Techne——科学、技艺——在较低的层次上也与苏格拉底说的善相应。

　　我现在愿概括一下我相信是斐德若讲辞中的重大教训。斐德若的讲辞无疑很重要,因为他是提出话题的人,他提出这一话题的理由是:爱若斯从未被充分赞颂过。这个晚上将用来进行这样的赞颂。斐德若的讲辞是开端,正如苏格拉底的讲辞是终结。斐德若跟年轻时的苏格拉底一样,在自己的生活中将自然学和修辞术结合在一起。接下来我们看到,斐德若[55]诉诸的最终权威是帕默尼德。他完全赞同的人只有帕默尼德一个。对荷马,他不很赞成,对埃斯库罗斯和其他人,他明显不赞成。帕默尼德认为,通常由诸神占据的位置应让纯粹可理解的本原来占据。斐德若的讲辞可与所有其他讲辞分开,就这点而言,他的讲辞类似于苏格拉底讲辞,因为后者以另外的设置也可与所有其他讲辞分开。尽管斐德若的提议低劣而贫乏,但他和苏格拉底之间仍有某种关联。他们都说情伴高于有情人;都说最古老的是最高的。但他俩当然也存在差别。柏拉图把最古老的理解为最根本的——灵魂。灵魂高于身体。最后但并非最不重要的是,斐德若乞援于帕默尼德。而对帕默尼德哲学的修正,将成为苏格拉底在其讲辞中所讲的东西的一个背景,即那种所谓的柏拉图式的理式(ideas)的背景,那种异质的理式宇宙(the heterogeneous ideal cosmos)将取代帕默尼德式的宇宙,取代同质的宇宙——纯粹理智(the pure intelligence)。以后当我们读到相关内容时,我会试着对此加以解释。

如果带着某种小心和专注读这篇讲辞,我们可以看到,斐德若对爱欲的赞颂极其怪异。他首先明确说,在德性方面,有情人(更不必说情伴)不及天性最好的人。接着又说,这些有情人的动机更多是来自羞耻感,而非对荣誉的热爱。他们在意的是在情伴面前举止高贵,如果无人在场他们会怎么做我们则一无所知。最后,他赞颂的德性其实只有一种,即男子气或曰勇气,但这种德性从某个角度看是所有德性中最低的。斐德若的讲辞之所以独特,还因为他异乎寻常地强调死亡,强调牺牲。这点对接下来的两篇讲辞也很重要,因为其中回避了对这种严酷事物的任何影射。斐德若做了个区分。他从一般意义的德性(即主要与城邦有关的德性)转向与爱欲有关的德性——这种德性不仅来自爱,还与爱有关。但我们也在这里看到,这种爱未必会在那种从勇气观点来看是最高的东西(即愿意赴死)中达到极致。我们看到了俄耳甫斯的例子,俄耳甫斯拥有这种高级别的爱,但他却不能让自己为欧律狄刻去死。这种爱欲的德性(erotic virtue)在情伴身上最欠效果。为了让这种爱欲的德性回到自身,需要外在的奖惩,来自诸神的奖惩。在斐德若的臻于极致的论点中,[爱若斯]神在有情人而非情伴身上,可情伴却证明自己拥有比有情人更高的地位。这是一种很奇怪的爱欲,[56]本身没有爱欲的人地位反倒高。我提出的解释是:斐德若由以看待爱的现象的角度是情伴,是从其他人的爱中受惠的人。这个男人(或女人)本身不需要这种德性。他们的吸引力,他们的美完全足够了。斐德若的观点,简而言之,就是关于获利的利益的观点,是关于获利的算计的观点。斐德若还说爱若斯是最古老的神。最古老的意味着最值得崇敬的。但何以爱若斯最值得崇敬? 因为他对情伴最有用,对像斐德若这样的人来说最有用。对人之为人本身来说,爱若斯并不是最有用的,关于这点,在后面第四篇即阿里斯托芬的讲辞里,我们可以看到一个重大转折,在那里,爱若斯第一次被说成最爱人的神(the most hilanthropic god),这个神爱的是人之为人本身(loves man as man)。

讲到这里,阿波罗多洛斯说,"斐德若的讲辞大致如此",这样一个评语他在其他场合再没说过。斐德若之后,还有一些阿里斯托得莫斯不大记得的讲辞。斐德若的讲辞与所有其他人的讲辞之间存在脱漏(hiatus)。斐德若的讲辞可与所有其他人的讲辞分开。这篇讲辞在所有讲辞中篇幅最短,但其值得称道之处在于,它指出了很多问题。斐德若讲辞的所有动机后来以经修正的形式重返苏格拉底的讲辞。这里仅以斐德若讲辞中的关键一点——情伴高于有情人——为例。苏格拉底对此怎么说的?他也是这样说的,尽管他想到的不是作为一个人的被爱者(beloved[情伴])。从有情人到情伴之间是一条爱的单行道。爱本质上只能是单面的(one-sided[单相思])。在亚里士多德的"不动的施动者"(the unmoved mover)学说中,我们看到了对这个问题的最高理论展开。不动的施动者作为情伴而非作为有情人(lover)运动。这便是苏格拉底在其讲辞中指出的东西,他把某些我们约略称为理式的东西变成爱的最高目标。理式不爱人,但人爱理式。说到底,必须有这样的本原存在:这些本原是自足的,或者说对其他东西没有任何需求,因此也不爱或不渴望任何其他东西。这点对柏拉图和亚里士多德的形而上学都适用。今天的人们区分两种对爱的理解——欲爱与挚爱(eros and agape)。挚爱(《圣经》对爱的理解)意味着从丰盛中产生的爱的降临(comes down)。

四　泡赛尼阿斯(上)

[57]有个问题我想现在就说一下：没有一部柏拉图对话不是抽取掉某种重要事物的。每篇对话都有意是单面的。在《斐德若》和《王制》中，各位都可看到灵魂的三分法。有一种低等的爱欲，有一种高贵的爱欲，在它们之上的是理性或理智(reason or intellect)。《斐德若》中被称为低等爱欲的东西在《王制》中被称为欲念或欲望(appetite or desire)，高贵的爱欲在《王制》中被称为血气(spiritedness)。这种三分法在《会饮》中没有出现，你们看到取代它的是另一种简单意义上的爱欲三分法：一是以生育为目的的异性爱；二是对不朽声名的爱，这种爱跟《王制》中的血气有某种亲缘关系，但两者并不相同；第三种是对智慧的爱。这两种三分法关系如何乃是一个问题。谁能真正回答这个问题，谁就可以说理解了柏拉图的人的学说(doctrine of man)。彻底理解这一作品极其困难。即便我提出的这个图式(schema)是真实的，它也只构成了很一小部分，因为我们还必须理解各位讲者的性格特点(characters)。比如，柏拉图为何把捍卫道德德性的任务委托给一个特定类型的年长的有情人？他为何把对获利的捍卫(让爱欲服从获利)委托给一个年轻的情伴？这些对爱的不同态度都与特定的人的性格有关，因此，除了理解态度本身，还必须理解这些性格。

［这种把态度与性格合并起来的做法］①使事物的自然本性被揭示出来。但这也意味着，它没有将事物的自然本性按其自我呈现的样子呈现出来，只将它呈现为被意见遮蔽或半遮半掩的东西。柏拉图再现了（reproduces）事物的自然本性，就如它们第一次显现的那样；他摹仿它们，就如它们第一次自我展示的那样。在这种情况下，柏拉图总是在一种人类语境（a human context）中进行讨论——无论他讨论的是什么。［在柏拉图笔下，］人类（human beings）在谈论着可争论的现象。谈论这一现象的人，总是一个人类个体，一个有专门名字的人，他是这个或那个社会中的一员。柏拉图这样做的原因如下：哲学式探究，思辨（speculation），理论活动（theoria），在对论题的沉思中处于遗忘自己、迷失自己的危险中。正由于这个事实，思辨才变得极其非哲学（unphilosophic）。哲学（或者，无论你们把这种追求称作什么）必须始终知道［58］自己在干什么——它必须始终是自我认识（self-knowledge）——因此，它必须始终对搞哲学的人（the philosophizer）加以反思。

哲学不能让自己停留在试图发现知识是什么——所谓的认识论的问题；它还必须提出下面的问题：为何求知（Why knowledge）？在人类语境中知识意味着什么？这些问题因柏拉图给出的对哲学的描绘而保持活力。《会饮》的人类语境是：爱欲将作为一个神得到赞颂和崇慕。这点是强加给爱欲的。作为具有批判力的科学人（critical man of science），我们自然会提这样的问题："爱若斯是个神吗？"他当得起这赞颂吗？说不定爱（love）跟其他很多现象一样乏味。因此，柏拉图有义务以某种方式证明爱欲值得赞誉。我们对爱欲的好感或偏见最初只是意见。不过，简单反思一下会发现，这种意见并非全无根据。人们只要把爱欲跟有些类似于爱欲的身体愉悦、跟饮食的欲望相比较就足够了。荷马把

---

① ［译按］方括号及其中内容为原文所有。

爱的愉悦称为阿佛洛狄忒的金子般言与行（the golden words and deeds of Aphrodite）。把这种说法用到饮食上显然不合适。但问题还不止这些。与饮食相联系的是自我保存，爱欲则与整个种（the species）的保存有根本关系。因此，这样的爱欲把人提升到关心自我保护之上。爱欲自身包含自我牺牲的可能性，这点在饮食的考虑中谈不上。因此，正如斐德若在其讲辞中指出的，爱欲与英雄品质（heroism）有自然的关系。一个为了饮食敢于无所不为的人或许让人印象深刻，但没人会把他看成英雄般的人。

《会饮》对爱欲的分析不仅受到"要赞颂爱若斯"这条命令的修正。我提到它对公元前 416 年的影射，当时极为严重的渎神事件，到公元前 407 年又获得某种程度的宽恕。那件事的背景是对苏格拉底的指控，该指控意味着这样的问题：哲人生活跟城邦生活之间存在张力。通过把公元前 416 年和公元前 407 年相联系，柏拉图指出，在研讨爱欲时，我们必须时刻不忘人的最高类型的活动——政治活动和哲学活动。这又提出了以爱欲与政治生活之间的关系为一方，以爱欲与哲学之间的关系为另一方的问题。关于政治生活，我们在《王制》中已看到，在最高层面的纯粹政治性的考量中，人们对生育保持沉默。在《王制》卷二，柏拉图就人类组建社会的欲望给出了很多理由，他提到饮食和庇护，但对生育却只字不提。后来在卷九，僭主（即政治生活最坏的堕落）被等同于爱欲。不仅如此，在[59]《王制》的灵魂学中，爱欲跟欲望（古希腊文为 epithumia）一样——正如我们在《会饮》下文将看到的那样——被呈现为人身上最低级的部分，它低于血气，更低于理性。我们能够说，城邦使法律，使礼法成为必需，而爱欲本质上并不合法（not…legal）。我想，每个人都肯定承认——爱欲最终和最基本的关怀不是合法性（legality）。不过我们可以说，爱祖国难道不是对爱欲的一个修正吗？于是出现了这样的困难：爱祖国的反面是什么？让我们说，那是叛国（treason）。但叛国罪的首要目标是什么？这目标难道是出卖某个特定的祖国(a given country)？抑或，它难道不是至少同样多地出卖既定的秩序(the established order)？政治罪行从来不是真正针对祖国的罪行；作为政治罪行，它们的反对目标是国体(constitution)。然而，政体(polity)从来不会让你面对赤裸裸的祖国(the country naked)。我们面对的祖国总是覆盖着某种政治形式的外衣。并且，正如每种关于忠诚的讨论表明的，要求于人的忠诚并不涉及赤条条的(unclothed)祖国，而是涉及按其国体得以界定的祖国。因此，对祖国的爱，在具体形式上是对经其政体修正和建构的那个祖国的爱，而政体又通过法律来自我表述。这就是说，若无强制的要素——法律，从而没有惩罚的要素，祖国不可想象。因此，政治根本上带有某种严酷性(harshness)，这表明了爱欲与政治生活之间的张力。

举一个柏拉图的例子(在讨论柏拉图式问题时，这个例子一直是最好的)：《王制》描述的最好政体的成败系于高贵的假话(the noble lie)。这话的意思不是说，在不完美的政体中我们不需要假话，而是说，不完美政体的基础是低贱的假话。有一种人为和不真实(untruth)的因素对政治生活至关紧要。另一方面，哲学则是对真理(truth)的爱。对这一区别，有一种旧式的说法：在gymnasion(健身房[gymnasium]的古希腊词①)中，赤裸的灵魂遭遇(confronted with)赤裸的真理。在其他语境中，gymnasion 一词也用来指智识裸露(intellectual stripping)的场所。爱欲跟裸露有关。哲学是最高层面的裸露，是心智的裸露。政治生活绝非一种裸露的生活。我还能用下面的说法表示这一点：政治生活理所当然是一种公共生活。爱欲生活则是私人生活，因此，两者之间有一种根本的张力。关于这点我有例证：有一个人曾以某种方式要求绝对的政治化，这就是马克思(Marx)。马克思曾说共产主义社

---

① [译按]gymnasion 原意为裸体锻炼的场所。

会可以带来人的集体化（collectivization of man）。所有的私有性（privacy），所有的私人财产，所有的不幸，都与劳动分工有关，因此，完美的社会应该彻底取消劳动分工。但同一个马克思至少在早期著述中也提到这样的事实：劳动分工的根源[60]是人的两性现象（bisexuality）。他曾连篇累牍地说，最基本的劳动分工行为是性行为（sexual act）。由此得出的悖论式结论将会是，完美的共产主义社会将不得不取消性别差异，并通过试管来造人。这个结论是不是马克思想要的，我们在这里不想追究，但它表明，如果你彻底考虑一下公众、公共性（publicity）和集体化的问题，你会极清楚地看到，人身上存在某种根本的和绝对的东西，无法在最大众的层面加以通约——此即爱欲生活（the erotic life），在这方面，爱欲生活与心智生活一致——这种东西无法加以集体化。

政治事物（它与强制有亲缘关系）与哲学（它像爱欲一样，与强制不相容）之间的这种差异，对柏拉图对话的外在方面也起到某种作用。我曾讲过，读柏拉图对话时，必须始于最显而易见的角度，即标题，进而考察一下这些对话是讲述的还是演示的。还有一个稍稍更微妙的区别：有些对话出于自愿，有些是出于强制。这一区别反映了政治事物与哲学事物之间的区别。如果各位找一部最具强制性的对话看看，这点会很清楚。这当然就是《苏格拉底的申辩》，在《申辩》文本中，这场对话被称为[苏格拉底]与雅典民人（the Athenian demos）的对话。《王制》也有几分是强制性对话。对话一开始，玻勒马霍斯（Polemarchus）想用全力（by main force）把[苏格拉底]他们带回去。各位从一开始就能看到，《会饮》却是一部异乎寻常的自愿的对话。苏格拉底自己打扮好去了阿伽通家。

通过这种联系，我想顺带指出《会饮》的这样一个特点：歌颂爱欲时，雅典智识界的精英济济一堂。苏格拉底当时五十三岁，正处在生命巅峰，谈话的主题是爱欲，它既解说了对话的氛围，也与另一部同宗的(kindred)对话《斐多》形成强烈对比,后者跟苏格拉底的死有关,其中没有任何要歌颂的东西。但两者具有密切的亲缘关系,因为——我们后来将从苏格拉底口中听到——爱与死具有亲缘关系。

对即将发生的事,我们已有某种展望,尽管还很不充分。首先我们有了一个可以从中观看爱欲的特殊视角。这个视角确实是最低的,因为它出于自私的获利这个角度。我们必须了解会有哪些不同观点出现,也必须考虑这个观点跟讲者的性格有什么联系。有两件事与斐德若的性格有关:一是他年轻,至少是个潜在的情伴,二是他体弱。各位都还记得他附和(goes with①)医师,他不喝酒,他也怕喝醉。所以,只需发现这几个[61]项目——年轻、作情伴(beloved)兼体弱者——的内涵,我们就可以发现四种可能性,另外三种可能是:年老、作情伴兼体弱者;年轻、作有情人兼体弱者;年老、作有情人兼体弱者。我们必须看看,看这些可能性中有没有任何一种会出现。但远远更为重要的是,看看还有什么其他的性格特征的形式可以替代如体弱者的位置。最后,我们必须看一看,隐含在上述分类中的类型划分(typology)是不是完整。柏拉图是否成功地讨论了与爱欲有关的所有性格特征以及通往爱欲的所有可能路径。到那时,并且只有到那时,我们才能说柏拉图有没有通过这篇对话对爱欲做出定论。

[回答问题:]正如我们在很多书中看到的,许多有情人正因为年轻,所以极无心计(very uncalculating)。我想说,一个擅算计的年轻的有情人是例外而非常规。在算计与爱欲之间有某种矛盾。我们知道有些人可以把两者结合在一起,但这不是最明显的

---

　　① [译按]go with 既有"同……一致"之义,也有"与……相伴"以及"与[某人]恋爱"的意思。考虑到斐德若与医师厄里克希马库斯之间的恋情,这里很可能语带双关。

爱欲现象。这就好像一个男人这样谈论某个女人：她是绝世佳人，因为她有万贯家财。算计（calculation）是一回事，而爱是另一回事。如果我现在用经院学术语指称爱欲，[可把爱欲说成]自然倾向（natural inclination），算计并非自然倾向，反之亦然。人们可以粗略地把所有政治学说分为两类：他们要么说政治社会基于自然倾向，要么说政治社会基于算计。亚里士多德的学说是最有名的赞成前者的例子，该学说主张城邦是自然的，这意味着，人身上有一种以政治社会为目标的自然倾向。

听众：是不是必须把斐德若主张的爱是算计的概念看作他本人那方面的蓄意？在我看来，斐德若似乎并没有充分意识到阿基琉斯的整个事例所暗示的爱的观念。

施特劳斯：我不相信斐德若理解自己所说的话的隐含意味。这种反讽局面很大程度上是无意间（involuntary）造成的。但它也并非完全无意，理由可证明如下：比如说，从《斐德若》中我们看到，他极好怀疑，不相信古老的传说。不过，无论他关于阿基琉斯等说了什么，这些说法都以古老传说为基础。在这种情况下，我相信，他知道自己在做什么。同样，我们看到《普罗塔戈拉》中的相仿的神话，在其中，普罗塔戈拉有意识地用反讽语气谈到这些事，但在他的反讽之外，还有一种他没有意识到的反讽。

泡赛尼阿斯以一段简短的话开始讲辞。他认为，斐德若似乎笼统地说，爱欲有助于产生德性，这是荒谬的，因为我们知道在很多情形下爱欲也导致恶行（vice）。泡塞尼阿斯区分了导致德性的爱与带来恶行的爱。从这个观点看，[62]斐德若讲辞明显不完善，因此我们看到了泡赛尼阿斯的讲辞。让我们回忆一下我们所知道的泡赛尼阿斯。跟斐德若截然相反，泡塞尼阿斯酒量很大，是个有情人。他爱肃剧诗人阿伽通，阿伽通酒量也很大。他和阿伽通两人都是极受苏格拉底推崇的智术师普洛狄科的学生。所以这里有一种智识上的亲缘关系。除苏格拉底的讲辞外，泡赛尼阿斯的讲辞最长;斐德若的讲辞最短,因此他们实在彼此对立。

乍看起来,泡赛尼阿斯的独到论点有二。第一,有两种爱欲,一种高贵,一种低贱(base)。由此,高贵爱欲带来德性,低贱爱欲造成恶行。第二,高贵的爱欲,恰当的爱欲,是由本土法律(law of the land)规定的。斐德若对法律只字未提。自然,首先关注获利的人只在必要时想到法律。泡赛尼阿斯的第一个论点(即存在两种爱欲形式)针对斐德若的讲辞,因为斐德若认为没有什么能像爱欲那样导致德性(即导致勇气)。斐德若的上述论点受到这样的批判:爱欲也很可能导致恶行。我们不必从报章中寻找事例;我们手边就有著名的帕里斯(Paris)和海伦(Hellen)的例子。如果他们的恋情不是爱,那就很难说还有什么是爱了。但帕里斯并非因为勇气而出众。解决这问题的关键是:高贵爱欲导致德性,低贱爱欲导致恶行。但现在德性是指整体的德性,不仅指勇气,这似乎是个改进。

第二个论点认为,爱欲的正当形式由法律规定,这针对的是斐德若的如下主张:跟爱欲有关的、愿为另一个人慷慨赴死的德性会得到诸神奖赏,若无此种德性,会受诸神惩罚。斐德若这个主张受到的批评是,这类德性的善(goodness)有赖于古老传说的真实性,但斐德若本人并不相信古老传说。因此,泡赛尼阿斯以一种断然的语气说:"不,德性来自一种人类之爱,来自那种肯定会发生效力,并在此时此地发生效力的爱。"

斐德若说,爱欲天生造就勇气。泡赛尼阿斯说,高贵爱欲与低贱爱欲截然不同,高贵爱欲导致整体的德性,但这需要法律支持。这意味着,与那种认为爱欲不需人为支持、本身就能造就最高德性的观点(这一观点当然见于苏格拉底的讲辞)相比,斐德若和泡赛尼阿斯对爱欲的赞颂都很脆弱。各位如把斐德若的结语与泡赛尼阿斯的结语加以比较就可发现,泡赛尼阿斯对爱欲的赞颂其实更脆弱。但我们绝不可[63]忘记,斐德若有某种泡赛尼阿斯不具备的反讽。接着往下看。

> 他[阿里斯托得莫斯]说，斐德若的讲辞大致如此。斐德若说完后，又有其他几个人讲，讲的什么他记不大起了。他跳过那些人，接着讲泡赛尼阿斯的讲辞。他说，泡赛尼阿斯是这样讲的："依我看，斐德若，你向我们提出的这论题(logos)——命令我们只能无条件赞颂爱若斯——可不美哦。"(180c1-5)

泡赛尼阿斯不仅反驳斐德若的论点，还反驳他提出的主题。

> "要是爱若斯只有一个，那倒还挺好；可爱若斯不是一个，这就不好了。既然不止一个，更为正确的方式是，一开头就讲清楚，要赞颂的是哪个爱若斯。所以，我首先就要纠正这一点，指出应该颂扬的爱若斯是哪个，再以与这位神相称的方式赞颂他。大家都清楚，没有爱若斯，就没有阿佛洛狄忒。若阿佛洛狄忒只有一个，爱若斯也就只有一个；但既然事实上有两个阿佛洛狄忒，爱若斯也必然有两个。阿佛洛狄忒作为女神怎么会不是两个呢？一个肯定年长些，她没有母亲，是天(Uranus)的女儿，所以我们称她为属天的(Urania)；另一个较年轻，是宙斯和狄俄涅(Dione)的女儿，我们把她叫做属民的(Pandemus)。所以，必然的是，作为其中一个阿佛洛狄忒的帮手的爱若斯该正确地叫属民的爱若斯，另一个叫属天的爱若斯。"(180c6-e3)

泡赛尼阿斯很在意讲辞的准确性，这源于他跟普洛狄科的关系，因为后者很关心语义问题(semantic problems)。该受颂扬的是哪个爱若斯？爱若斯不止一个，但该受颂扬的却只有一个。泡赛尼阿斯不像斐德若,他起初没有提任何神话。泡赛尼阿斯提到的是一种隐含在雅典官方宗教礼仪中的共同意见(common opinion)。这不是古老传说,而是当下的意见。受崇拜的阿佛洛狄忒有两个,一个属天,一个属民。属民(pandemian)一词未必含有贬义,因为属民意味着为全人类共有。没有爱若斯便没有阿佛洛狄忒。但这当然还有另外的意思。爱若斯是阿佛洛狄忒的一个条件。这样,爱若斯至少跟阿佛洛狄忒同龄,不像人们有时所说的,是阿佛洛狄忒的儿子。但阿佛洛狄忒有两个,因此爱若斯肯定也有两个。这点未必来自上述条件。另外,我前面说过,我们必须以正确的方式命名事物,因此我们必须给这两个爱若斯取不同的名字。狄俄涅当然也是个女神。但高贵的阿佛洛狄忒比另一位阿佛洛狄忒古老,因此,高贵的爱若斯也比另一位爱若斯古老。我们还看到,[64]爱若斯不再只是最古老的神。斐德若的主张不见了。最好的不再只是等同于最古老的。这很自然,因为泡赛尼阿斯将要捍卫当下的雅典法律。

我认为泡赛尼阿斯的论证(当然是政治性的或曰大众性的论证)是:首先,每个雅典人都知道有两个阿佛洛狄忒;其次,没有爱若斯便没有阿佛洛狄忒。因此,既然阿佛洛狄忒有两个,那爱若斯肯定也是两个。他得出了新结论。

听众:泡赛尼阿斯坚持有两个阿佛洛狄忒,其中一个是最好的。如果他说没有阿佛洛狄忒便没有爱若斯的话,上述主张会更有说服力,但他不能这么说。

施特劳斯:如果我对你的理解是正确的,[你的意思是]如果在那个时候,已经有了没有阿佛洛狄忒的两个爱若斯,如果阿佛洛狄忒是古老神话的一种残余物,那么,为何他不把她一股脑抛弃?这样这个问题会明确得多。我印象中西蒙尼德(Simonides)说过,阿佛洛狄忒是爱若斯的母亲,但这里否认爱若斯有个母亲。

这个困难一开始就出现了(180c)。泡赛尼阿斯说,如果爱若斯只有一个,斐德若的主张就不会有问题。但现在的情况是不止一个。既然不止一个,指出哪个爱若斯该受赞颂将会是更正确的。爱若斯不止一个,也就是说,可能有多个爱若斯。但接下来的问题是,泡赛尼阿斯凭什么说爱若斯只有两个? 有时,一篇讲辞的逻辑空白是后来解决的。苏格拉底就提到了三个爱若斯。就泡赛尼阿斯来说,可能存在两个以上爱若斯的问题始终没有解决。

> "每个神当然都应得到颂扬,但尽管如此,人们得先说清,每个神各自被分派到的东西(lot)。"(180e3-4)

这句虔敬的、认为所有神都应得到赞颂的话,跟很多事情相矛盾,过去如此,将来也如此。

> "每一种行为也是如此。一个行为做出来时,这做本身就其自身来说,并没有美丑。比如,我们现在的所为,喝酒、唱歌、交谈,这些事情本身都不关美的事。在行为之中,以怎样的方式去做,才见出[这行为]属于哪类事物。做得美、做得正确,所做的就可证实是美的;做得不正确,所做的就是丑的。去爱(loving)以及这个爱若斯[神]也是如此,不能笼统地说美,值得赞颂;只有(漂漂亮亮地)激励人去漂漂亮亮爱一回的那个(爱若斯),才美、才值得赞颂。"(180e4-181a6)

这当然是很重要的主张,也有很重大的后果。每种行为都可以被做得高贵或低贱,那么,这个命题本身也是如此吗? [65]是不是每种行为都可以或高贵或低贱地去做? 非也。比如说,谋杀就无法做得高贵。因此有些行为本身就低贱。要想理解泡赛尼阿斯,这点我们得牢牢记住,因为泡塞尼阿斯对高贵性如此在意,所以他只想赞颂高贵的事物,并主张所有行为都可以是高贵的。换言之,极端重视爱欲的道德性的这个人,其实不道德。

> "[源于]属民的阿佛洛狄忒的(爱若斯)十分普泛(pan-demus),做起事来随意,低贱的人爱的就是这位爱若斯。首先,这类人爱的不是女人就是男孩;其次,他们爱的更多是他们的身体而非灵魂;再说,(他们爱的)都是些要多傻有多傻的人,因为他们仅仅盯住[爱的]成就(accomplishment),根本不关心爱得美还是不美。因此,这些人不管做什么,都是随意而行,不管[这爱]是好,还是相反。理由是:他[这个爱若斯]源于那个年纪轻得多的女神,她的血缘中既有女性也有男性。[源于]属天的(阿佛洛狄忒)的(爱若斯)[就不同了]——首先,她的血源中没有女性只有男性,所以,这只是对少男的爱欲。其实,这个爱若斯年纪较长,不分有肆心(has no share in hubris)。这就是为什么,那些受这种爱欲激发的人都会转向男性,珍爱天生更强壮、有更高程度理智的人。"(181a7-c6)

泡赛尼阿斯首先描述了低贱的爱欲。低贱的爱欲也指向女人;其次,它更多指向身体而非灵魂,更喜欢愚不可及的情伴。为何?因为低贱的爱欲只关心我们所说的性的成就(sexual success)。所以,沉湎于这种粗俗(vulgar)爱欲的人,他们的行为到底是好是坏,带有偶然性(这有点儿彼此相悖)。在这样的基础上,你能做得好吗?我们显然注意到,单纯关注性的成就未必能导致德性。尽管低贱的爱欲只关注性的成就,它也可能做得好。我认为,这点跟泡塞尼阿斯的总命题有关:没有什么行为值得让人以普遍的方式带着敬意来谈论。尽管这是对的,但低贱的爱欲只能偶然地带来好行为,因此它低贱。这种爱欲之所以低贱,是因为它不以善为目标。造成这点的原因何在？较年轻的阿佛洛狄忒有一个母亲，所以，她跟与她相伴的那个爱若斯一样，都是双性的。其次，她较为年轻，较年轻者更欠理智（more unreasonable）。因此她追求对无理智者的爱，追求极为年轻的男童。

还有几点。泡赛尼阿斯在180c2谈到另外的爱若斯时，他没有提到"爱若斯"这个词，只是加以暗示。当然这点在译文中没有表达出来。但更重要的结论是：[66]没有哪种行为本身就高贵或低贱。每种行为都既可以高贵地做，也可以低贱地做。但我们如何加以区分？我们看到一点提示。我们看到一种用男性表达的高贵爱欲，这种爱欲在自然本性上更强壮，拥有更高程度的理智（intelligence）。爱那些天生就更强壮、更有理智的人要比爱较虚弱和缺乏理智的人更高贵。问题的重点在下文迅速转向单独的理智。同性间的爱更高贵，因为它关注的性别更高贵。说出这番话来，我得请在座的女士们原谅，这不是我的话。这些话甚至也不是柏拉图的；它们是泡赛尼阿斯说的。让我在此作一个概括式陈述：泡赛尼阿斯追求的是对男童恋的辩护。

［更换磁带］

它指向高贵，因为它指向理智（intelligence），指向 nous［理智］。我们在这里已经看到一个难题，这个难题最终导致了泡赛尼阿斯的失败。让我们假定高贵的爱是对有理智的人的爱，接下来会怎样？最高贵的爱便是对最有理智的人的爱。一般来说，哪些人是最有理智的男人？［录音有空白。］他试图为男童恋找根据，结果适得其反。说得明白一点：我们在哪里可以找到《会饮》中描述的最高贵的爱？在一言不发的阿里斯托得莫斯那里，说得更直白一点，在阿波罗多洛斯那里。

"从这男童恋本身中，人们可以辨认出那些纯粹受这种［男童恋的］爱欲驱使的人，因为，他们要爱的与其说是那些少男,不如说是那些开始拥有理智(nous)的人,[只不过开始拥有理智的]这个时间与他们萌发胡子的时间碰巧接近。我相信,那些有情人之所以要[情伴]到了这个时期才开始爱他,是因为他们已做好充分准备,想要[与情伴]终生厮守,白头偕老,而非利用情伴年少无知,骗他,耍他,然后一脚踢开他去追另一个。应该有禁止爱小男孩的法律,免得人们在一个未知的结局上浪费太多热情。少男的完善就灵魂和身体的德性和恶行方面而言,在何处达到终点都还是未知数。好人们都自愿订出这样的法律来约束自己,但对属民的有情人们,就应该强制他们这样做,就像我们尽可能[用法律]强制他们,不让他们招惹民女那样。正是这些人让爱欲成了不光彩的事,以至于有些人甚至说,取悦有情人是可耻的;其实,他们说的时候针对的只是属民的有情人们,这类人让人看起来实在不得体、不义,因为可以肯定的是,无论什么行为,只要做得遵礼守法,本来是不会招来非议的。"(181c7-182a6)

[67]泡赛尼阿斯与斐德若反其道而行,他不从情伴角度而从有情人角度看问题。这点我认为是清楚的。泡赛尼阿斯最担心的不是男孩们被低贱的有情人败坏,而是有情人会浪费时间。他关注的是有情人的私利。斐德若则关心情伴的私利。这中间差异很大,因为有情人与情伴间[的利益]没有完美的一致(perfect paralle-lism)。出于有情人的这种私利,好人(good men)强加给自己一种法律。各位在这里绝不可联想到康德或卢梭,这将是误导,尽管他们的表达与此相同。泡赛尼阿斯的意思是:好人们不会只出于自然被[爱欲]引向那些十六岁以上的人。如果他们是这样的话,就不需要一种法律了。因此,他们必须强加给自己一种法律。献身高贵爱欲的人与献身低贱爱欲的人之间,并没有基于自然的差别,因为好行为与坏行为之间也没有自然的或曰内在

的差别。举例来说，低贱爱欲既关注自由女子也关注女奴。但礼法（nomos）或曰法律说明了问题。这是因为，法律是最卓越的（par excellence）自由人的作品，是父亲们的作品。这些父亲不但保护自己的妻子，也会自然地保护男童。正因为这些父亲关心自己年幼之子的福祉，所以他们会让败坏男童成为不体面的事（disgraceful）。他们甚至超出这一点，说所有这类爱都不体面。通情达理的有情人会预见到这些，他们会用这条法律约束自己，不去追求男童。

如果高贵爱欲和低贱爱欲没有内在或曰自然的差别，只有对后果的考虑——你在一种情形下变得不体面而在另一种情形下则不——那么，难道人们不会表明，爱女人是低级的（inferior），并且这种低级不只是因为爱女人比爱男童更麻烦吗？爱少男（adolescent）为何比爱女孩和女人更优越？让我们看他怎么说。倘若所谓的高贵爱欲中没有缺陷，倘若高贵爱欲全然是一种自然现象，那就不会需要法律。但高贵爱欲是礼法以某种方式建构起来的。这种礼法我们几乎只能在雅典看到。只遵从实定法当然还不够。支撑实定法的原则是什么？是 nous［理智］吗，是理智吗？但我们发现理智不会起作用。

"此外，在所有别的城邦，关于爱欲的法律都定得明白易懂，因为这些法律制定时没限制条件。但在［雅典］这里和斯巴达，这类法律却很复杂。在厄利斯（Elis）和玻俄提亚人（Boeotian）那里，在任何一个［68］人们不善言辞的地方，人们不加限制地在法律中规定说：取悦有情人是高贵的；不管老人还是年轻人，没人说这种行为可耻。我猜，他们这样做是为了让自己在通过言语说服年轻人时不会遇到什么困难，因为他们不善言辞。但是，在伊俄尼亚（Ionia）以及所有人还生活在蛮夷治下的其他许多地方，法律却规定这种事情可耻。

因为,在蛮夷们看来,出于他们的僭主统治的考虑,[男童恋]这种行为和哲学[或:爱智慧]以及爱健身一样,都属可耻;依我看,这显然是因为,统治者以为被治者中间产生了非分之想、强有力的友谊和圈子,对自己很不利。但某些东西尤其是爱欲却惯于培育这些东西。即便在我们这儿,僭主们也曾从实际中懂得这样的教训:正是由于亚理斯脱格通(Aristoto-geiton①)的爱欲和哈莫第乌斯(Harmodius)的友谊经证实牢不可破,他们的政权才被推翻了。所以,凡把取悦有情人规定为坏事的地方,这种法律之所以得到制定,都是因为那些法律制定者的恶行,因为统治者欲求无度,而被统治者则缺乏男子气;但是,法律不加限制地把它[取悦有情人]当高贵行为的地方,则是因为法律制定者灵魂的懒散。但在我们这里,法律对这种行为的规定比其他地方高贵得多,当然,就像我说的,这种法律也不易理解。"(182a7-d6)

到目前我们只看到了这一个主张,并且是个很典型的主张。这里有两个极端,一条中间路线(a mean)。一个极端是绝不允许求欢(grant favors),这是蛮夷的极端。未开化的希腊人则允许人们任意求欢。雅典人在慎重考虑后答应求欢。雅典和斯巴达的跟爱欲有关的法律受到赞许。厄利斯和玻俄提亚的法律没有任何限制——这是未开化的希腊人的典型特征——而生活在蛮夷治下的希腊人的典型特征是实际的禁止,但这也是蛮夷们本身[特征]的一种反映。对最古老事物的赞颂被代之以对体制所定的事物(what is established)的赞颂。作为一个政治人,泡塞尼阿斯选择了最负盛名的雅典和斯巴达。

---

① [译按]原文如此;此处英文拼写有误,应为 Aristogeiton (Ἀριστογείτον)。

高贵爱欲与低贱爱欲有区别,因此,德性与恶行也有区别。德性本身是彻底禁绝和彻底自我沉溺之间的中间路线。这就是泡赛尼阿斯讲辞的主题——道德德性(moral virtue)。泡赛尼阿斯讲辞的特征是,他试图从道德德性的角度看待爱欲。但这不是一个完全公正无私的人(disinterested man)的讲辞。这席讲辞出自这样一个人之口:他想为自己的行为争取自由,他说这些行为是合法的,但我们在后面将看到,这些行为并不合法。他不得不使它们变得合法。他整篇讲辞以对雅典礼法的赞颂为幌子,其实通篇都在暗示如何改进雅典礼法。这样的讲辞可称为协商(delibe-rative)[69]讲辞,我认为,在柏拉图的著述中,泡赛尼阿斯的讲辞是唯一的协商讲辞。据亚里士多德,讲辞可分三类:庭辩的(foren-sic)、演示的(epideictic)和协商的。庭辩讲辞与法律状况下的宣告无罪或定罪有关。演示讲辞是一种力量展示,不承担实用目的,如餐后讲辞。协商讲辞是政治性讲辞,关乎战争与和平、财政和法律等。泡赛尼阿斯的讲辞是篇政治讲辞,也就是说,这是一篇受利益激发,而且可能是受讲者的私利激发的讲辞,这一点可从如下事实中表现出来:泡赛尼阿斯关心的是那种允许情伴答应有情人们的求欢的法律。这里出现了张力。对斯巴达来说(在有些版本中,斯巴达被略去了),这是件尴尬事。泡塞尼阿斯提出一种区分:要么他们不善言辞,要么他们既能够也做到了善言辞,像斯巴达人那样,对男童恋很敏感。生活在蛮夷治下的希腊人丢掉了哲学和对健身的爱(182c1),但未开化的希腊人也没有哲学。泡赛尼阿斯之所以提斯巴达,是因为斯巴达可以为他的法律增光;如果把雅典和斯巴达都包括进来,对法律的赞颂就更有分量。但接下来,因为一个很好的理由,他必须抛弃斯巴达。这不是因为男童恋的做法必然存在差异(尽管我们在其他几部柏拉图对话中看到的证据表明,差异是存在的)。主要问题是,在雅典,高贵的爱欲与心智教养之间的关联完全不同。在身体教养方面,雅典的做法至少跟斯巴达一样好。在泡赛尼阿斯的讲辞中,男子气或勇气通篇都没有出现。在泡赛尼阿斯和他的情伴阿伽通那里,都有某种根本性的柔软(softness)。他不是个体弱者(valetudinarian)。

　　厄利斯和玻俄提亚的法律由有情人本身制定,因此有情人享有充分自由。它不是由父亲们本身制定,尽管父亲们可能是有情人。但他们制定法律时担当的身份(capacity)是什么?这里提出的解释不充分。对青年男子的爱为何高于对男童和女人的爱?让我这样来说:在厄利斯没有法律禁止这类事情;因此有情人对限制不感兴趣。厄利斯法律的毛病在哪里?不清楚。因此让我们看另一群住在小亚细亚、生活在蛮夷治下的雅典人。自由。自由需要最有能力拿起武器的人结成爱的纽带。最有能力拿起武器的那些人当然既不是女人也不是男童。于是我们看到了一种截然不同的观点。此前我们看到的是 nous[理智]——理智(intelligence);现在我们看到,nous 或曰理智绝不会让男童恋正当化,因为它会让人们爱更有智慧更年长的人。但如果问题关系到政治自由,关系到最有能力捍卫这种自由的人,那么,在仍有能力继续战斗的人之间,在较年长的一代人(在罗马人那里是四十五岁)[70]和较年轻的一代人(比如说十七岁)之间,便有了某种关联。我们必须看看这个理由是否充分。

　　通过 182c3-4 中的各种事例可以发现,爱欲能造就崇高的(lofty)灵魂,但爱欲不是唯一造就崇高灵魂的东西。这里我们看到另一种考量。自由被用作对男童恋的支持,但这种支持为何不起作用?自由何以不充分?每个继续读泡赛尼阿斯讲辞的人都可知道答案。爱欲与自由的关系为何不保险?因为这种观点假设有情人要充当奴隶。nous[理智]——心智(mind)——失败了。自由也不起作用,因为这种关系带有奴性。

　　另外还有几点,我们可以简单考虑一下。第一是泡塞尼阿斯谈到蛮夷时提到的那种狭义的政治利益。"凡把取悦有情人规定为坏事的地方,这种法律之所以得到制定,都是因为那些法律制定者的恶行"。这样的法律源于统治者的贪婪,源于他们不断攫取的欲望,也源于被统治者的缺乏男子气。这个说法极有趣。被统治者,即便是被僭主统治的人,也跟统治者或僭主一样是立法者。这里当然包涵真理的要素,这个要素被现代科学意义上的政治学的某些潮流夸大得如此过分。比如说,本特利(Bently)的政治统治理论认为,①不存在纯粹的僭主。受统治的人们总会对统治者施加某些影响。正是在这种观点的鼓动下,泡赛尼阿斯才说,立法者,即便是僭政下的立法者,既有统治者,也有被统治者。在另一种情形中——泡赛尼阿斯在此谈到未开化的希腊人,那里制定的法律是完全高贵的,即没有任何限制——法律被制订是因为立法者灵魂的懒惰。在这里各位看到,泡赛尼阿斯没有在统治者与被统治者之间做任何区分。为何？很显然——这些[未开化的]人是共和派(republicans),统治者与被统治者之间的区分不存在。他们是真正的自由人。关于男童恋他们怎么说？他们说你想怎样就怎样吧。因此,自由不需要高贵的爱欲。我们看到的另一条证据表明,泡赛尼阿斯企图为男童恋寻找依据的第二个尝试——这次尝试不是凭 nous[理智],不是凭理智(intelligence),而是凭自由——也破产了。那么他会在哪里找依据？柏拉图没说,"这是我的价值判断";每个白痴都会这样说。他会问,你这个价值判断的理由何在？为何说男童恋是好的？法律为何允许它存在？你必须给出理由。有些人想加入男童恋行列,有些人因为男童恋被禁感到难受,这些事实肯定不是改变法律的理由。肯定有好理由存在。给我一个好理由。是理性吗？不是。自由吗？不是。因为自由会导致无差别的放任,没有任何雅典选民的实质部

---

① [译按]可能指 Arthur F. Bently(1870-1957),美国著名政治学家,主要著作有:*The Process of Government*,Chicago:University of Chicago Press,1908。

分会追求这一点。因此,泡赛尼阿斯必须寻找第三条原则。

[71]泡赛尼阿斯下文诉诸的第三条原则,不是理性,不是自由,而是道德德性。我们必须看一看,对十七岁男孩的道德教育,能否通过对三十或四十岁男人百依百顺的办法得到改善。这是实践命题;各位必须彻底思考一下。泡赛尼阿斯想要得出的结论是:这里有个得体的男人(a decent man),比如说三十岁,还有个十七岁的有潜力变得得体的男孩。他们成为朋友,以便这个男童可能变得得体。很好。但为何要有这种身体关系?有任何人能在男孩的道德改善和这些身体关系之间发现关联吗?因此泡赛尼阿斯没找到答案。厄里克希马库斯也没能力找到答案。只有阿里斯托芬成功地给出了一个答案,但我们必须对此加以留意。但就我迄此对泡赛尼阿斯讲辞的理解而言,我想说,他企图通过三条原则(即理性,政治自由和道德德性)来区分高贵的爱欲与低贱的爱欲。但他一无所成。当然这绝非此篇讲辞的全部意义,因为,既然道德自由是他的主题,那么,关于道德德性是什么的问题,他必须进行分析,至少是给出一些分析的线索。这个分析要证明:理性和自由以奇怪的方式成为道德德性的要素。因此,这其中存在一种现实的统一性。各位也看到了这篇政治讲辞的自私动机。与作为情伴的斐德若相比,泡赛尼阿斯作为有情人有全然不同的利益或曰私利。为达到爱欲上的成功,他需要得体男人的好名声。因此他必须自夸道德德性。

听众:泡赛尼阿斯讲辞的问题究竟是两个还是一个,即同性恋问题?还是他真的认为存在两种不同种类的、无法从内在加以区别的爱呢?

施特劳斯:这两件事是统一的,因为他说,与低贱的爱欲截然相反,高贵的爱欲本质上是同性间的。正如我一开始讲的,柏拉图从不以纯理论的形式呈现一个问题。柏拉图在此描述的不是毫无激情地讨论这个问题的一位教授,而是一个与问题的某种解决方案利益攸关的人。在柏拉图看来，正当的私利只是一种，即有德性的人之为有德性的人（the virtuous man as virtuous man）的私利。有心计的情伴的私利与年长的有情人的私利当然完全不同。让我们把问题变换成异性的关系来说：假设有个魅力十足钓大款的（gold digger）女秘书，她的私利就完全不同于对她陷入爱河的年长男性的私利。对这些事我们绝不可势利地一笑了之，我们必须考虑到，这些可能性在本质上属于爱，尽管这些事情不很高尚，也必须加以理解。古希腊的事例某种程度上更微妙，但某种程度上也更[72]堕落，因为它不是异性间的，而是同性间的。通过这个中介，爱的真正意义逐渐显现。这里我只谈一点：苏格拉底在最后讲辞中说，根据自然，身体的爱欲只有在异性间以生育为目的的爱中才正当，这正是所有明智的人的一贯主张，尽管他们这样说，但这种说法并非总能对人类实践有普遍影响。柏拉图和苏格拉底在此基础上添加的内容是：在他们所了解的各种更有尊严的同性爱形式中，人们可以辨认出，某种追求比对生育的关注要高得多。最早指出这个区分的是斐德若。他说，恋爱中的人如此神圣，以致爱可以拯救他们。这其实是对苏格拉底的说法——爱欲即人的灵魂——的一种更激进的表述。即便在这些有问题的形式中，仍存在某种追求，尽管惯常的爱侣根本意识不到这种追求，但它仍跟两性的正当（the right of two sexes）有关。古希腊哲学在讨论人的时候，无不把男人和女人的差异考虑进来。它从不把人作为纯精神的存在，这一差异对哲人们来说极端重要，因为它跟哲学有某种关系。各位都还记得柏拉图《王制》中的教诲，即两性是平等的，但这一点必须谨慎地加以理解。柏拉图并不怀疑女人可成为政治统治者，成为女王。但在哲学方面，问题就来了，并且这个问题恰好跟男女两性在生育活动中的独有差别有关。女人与生育的关系更密切。为了公平对待柏拉图，人们必须说，如果忽略所有浮光掠影的事实，分别观察一下哲学史和政治史,我们会看到,哲学史上的顶尖人物都是男性。历史上的顶尖人物颇有一些女性。她们某种意义上更世俗(earthy)。这不只是古希腊的偏见,不过,我们绝不可忘记:《会饮》中真理的教师是个女人。但尽管如此,两性差异仍是全部柏拉图著述的重大主题,《会饮》中尤其如此。泡赛尼阿斯、厄里克希马库斯和阿里斯托芬三人的讲辞都有个特定主题,即从字面上和狭义上探究男童恋的问题,这些尝试都失败了。但柏拉图没有局限于此;我们只说一点:泡赛尼阿斯从道德角度看待男童恋问题,厄里克希马库斯从医术(medical art)角度看待这个问题。这些事物——道德德性和技艺——都应放到这一关联中加以分析。

五 泡赛尼阿斯(下)

[73]我们都是社会科学家,就此而言,必须把[人的问题]①放在心上。社会科学试图理解人和人类事物,但科学本身是一种人的活动。因此,自然科学某种程度上要以人为前提,问题是,作为科学之前提的人是不是必须用科学的方式去理解？人,作为科学家理解问题的起点,或许不是科学的对象。科学的理解活动的起点可能是——借用当今一个很流行的说法——人的境遇(situation)。人们可以说,这是每篇柏拉图对话的初始主题。经验表明,人的境遇当然就是处在种种个别境遇中的诸多个体的经验。在柏拉图这里,它几乎总是苏格拉底的境遇。作为有着这样和那样的身体特征和性格特征的个别哲人苏格拉底,作为雅典公民等等,在他的个别境遇中,作为哲人的他超越了他的个别境遇。柏拉图可以选择的可能解决方案无穷无尽。比如,他原本可以选择一个在苏格拉底与[其妻]克珊蒂帕(Xanthippe)之间展开的境遇。他没这么做,我们对此或许可以略加讨论。甚至色诺芬也从未记录过苏格拉底与克珊蒂帕之间的谈话,不过他倒是记录过苏格拉底和儿子之间关于克珊蒂帕的谈话;苏格拉底曾与克珊蒂帕本人谈过话,这毫无疑问。柏拉图和色诺芬所做的,是选择一些境遇

---

① [译按]方括号及其中内容为原文所有。

以便催生各种哲学课题的展开。

在我们的境遇——《会饮》——中，我们发现了雅典的智慧精英。这些人超越了传统信仰，因而有一种非同寻常的言论自由（freedom of speech）——坦率——近乎肆心。甚至苏格拉底也在《会饮》中被表现为肆心者。他没有被表现为一个具有审慎忠言的人，而是被表现为向最伟大的力量低头的人。这一点在与其他备选人物（alternatives）的鲜明对比中显示出来，至少在与雅典备选者的鲜明对比中显示出来。出于某些原因，柏拉图在《会饮》中更愿意只把苏格拉底与其他雅典人相对照。这些备选者丝乎以一种［由低到高］上升的次序出场。第一个发表讲辞的是斐德若，他看待爱的现象，或毋宁说爱神（god of love），是从情伴的角度，从爱的受益者的角度，从那个爱若斯神不在他身上、完全未受激发的人（the simply uninspired）的角度。［74］其他所有讲者都是受激发者（inspired），要么受爱欲激发——有情人——要么作为诗人受缪斯（muse）激发。各位还记得，斐德若的论点是爱欲导致德性，这个德性指勇气和男子气。我们知道事情没这么简单，爱欲也会导致恶行和怯懦。解决这个难题最简单的办法是说爱欲有两种，一种高贵，一种低贱。这便是第二个讲者泡赛尼阿斯的论点，这个论点被第三个讲者厄里克希马库斯接受。但既然这种区别高贵爱欲与低贱爱欲的问题的解决办法被放弃了，那就可以说，柏拉图默默地拒斥了这种解决办法。它只是一个暂时的解决办法。这点跟爱欲有时会导致恶行这个无法否认的事实如何协调起来，在下文苏格拉底不得不谈及该论题时，我们一定会找到答案。

泡赛尼阿斯是年龄较长的有情人，他的讲辞的角度是有情人。他的论点有二。一，爱欲有两种，一种高贵一种低贱；二，高贵的爱欲是本土法律（the law of the land）关注的问题，是 nomos［礼法］关注的问题。第一个论点反驳斐德若的认为爱欲肯定导致德性的主张；第二个论点反驳斐德若的下述主张：跟爱欲有关的德性、关心爱欲不关心城邦的德性,由神的奖惩支持。关于这些奖惩,我们只能通过传说知晓,这是斐德若本人也会承认的,因此奖惩的说法不很有说服力。高贵爱欲的支撑是人世法律,是此时此地正生效的法律。泡赛尼阿斯没有像斐德若那样把立足点放在神话上,而是放在雅典信仰仪式的事实上。有两个阿佛洛狄忒,而且没有爱若斯(eros)便没有阿佛洛狄忒。因此,与两个阿佛洛狄忒对应的爱若斯肯定也有两个(two erotes)。泡赛尼阿斯不说没有阿佛洛狄忒便没有爱若斯。重要的是,对于若无阿佛洛狄忒爱若斯存不存在——即若无女爱神,男爱神[a male god of love]存不存在——的问题,泡赛尼阿斯没有定论。但泡赛尼阿斯没有充分意识到这点。对此苏格拉底会有结论。泡赛尼阿斯为何没意识到这点?他整篇讲辞表明,他需要广为接受的意见(accepted opinion)的支持,需要法律的支持。高贵的爱欲与低贱的爱欲的区别之所以需要法律支持,是因为这个区别不是完全基于自然。泡赛尼阿斯不敢说,天性最好的人有高贵的爱欲,天性较差的人有低贱的爱欲——斐德若曾谈过天性最好的人,阿里斯托芬也会再度提到人的自然等级,但泡赛尼阿斯和厄里克希马库斯对此都一言未发。我们一定会逐渐找出原因所在。就泡赛尼阿斯而言,我要说,他之所以绝口不提人的自然等级,是因为他的主张跟道德德性有关,而这样的道德德性是所有人[75]都可平等地达到的。就道德德性而言,自然等级并非要害。泡赛尼阿斯一直在谈的是节制(moderation)与正义。

在《王制》中我们看到有四种德性——智慧、勇气、节制和正义。节制和正义是仅有的两种所有人都能平等达到的德性。勇气专为高等人(the higher-ups)保留,智慧专为上层阶级的精华即哲人保留。

关于nomos[礼法]的意义,我还必须补充一点。Nomos比今天的法律意思要宽广得多。它还包含我们所说的风俗和惯例

(custom and usage)。因此,当谈到跟爱欲有关的雅典法律时,绝不可认为它们是由某种法律官员实施的成文法,它其实是风俗。换言之,违反这些风俗,你会蒙受羞耻(that by virtue of which you earn disgrace)。我偏爱[nomos]这个简洁的词汇,因为重要的是认识到,nomos 与通过适当途径制定并跟风俗有明显差异的成文法之间的这个区别,并非放之四海而皆准,这种区别变得像今天人们所相信的那样泾渭分明,是长期发展的结果。

再来看泡赛尼阿斯的主张:没有爱若斯(eros)便没有阿佛洛狄忒。这话的意思不是说,爱若斯(Eros)是阿佛洛狄忒的儿子。斐德若认为爱若斯没父母,对此泡赛尼阿斯并未质疑。爱若斯确实跟阿佛洛狄忒有关联,而后者有父母。厄里克希马库斯对这点也不怀疑。第一个对这一主张——即爱若斯没父母,或更准确地说,爱若斯是诸神中最古老的——提出质疑的是阿里斯托芬;其次是阿伽通,再次是苏格拉底。这凑巧也是《会饮》第一部分与第二部分之间的区别之一。第一部分基于爱若斯是最古老的神这一前提,第二部分则基于对这个前提的否定。泡赛尼阿斯主张,没有哪种行为本身就高贵或低贱,每种行为都既可以做得高贵也可以做得低贱。然而,在高贵与低贱之间我们需要一个区分的原则。这个原则一般说是自然。我们在区分何谓高贵何谓低贱时,着眼点是何者依据自然。与此相应,泡赛尼阿斯认为,nous[理智]——理智、心智(intelligence,mind)——天生(by nature)高于无理性或曰非理性(unreason or nonreason)。由此推论,爱通情达理者(the reasonable),爱更有理智者是高贵的,爱有欠通情达理者是低贱的。但我们在泡赛尼阿斯那里看到情形不是如此,因为按这条标准,真正的爱欲将指向成人和有智慧的人,绝不会指向年轻人———一般而言,年轻人被假定为有欠智慧者。或者,就像我们假设的,爱 nous[理智]与爱正当年的身体之美绝无必然关系。[76]由此推论的话,一个丑陋但有理智的年轻人作为情伴要比漂亮但愚蠢的年轻人更可取。泡赛尼阿斯没有说,天性好(by nature good)的那些人会被自然地引向少年男子;他其实说的是,有些男人会被引向自然本性较好的东西,即理智。但这并未让他说的那种男童恋正当化。他夸奖的那些人避开男童,与其说因为男童比年轻人更欠理智,毋宁是因为怕丢脸(disgrace)。男童们受到他们父亲的保护。限制像泡赛尼阿斯这种人对男童恋的欲望的不是自然,而是审虑(deliberation)。这些人把一种法律,一种 nomos[礼法]强加给自己。这种法律某种程度上是对此前法律的回应,此前的法律由那些保护自己男孩的父亲们制定。

我们看到,这样一种法律绝不是必然的或普世的,也不取决于自然。我们在厄利斯和玻俄提亚就没看到存在这样的法律。原因是:制定法律的父亲们也是潜在的有情人。以后者的身份,他们可能允许完全的放纵(perfect license),但以通情达理的父亲身份,他们会不遗余力对这种放纵加以限制。因而,不体面(disgrace)是这些人远离男童的原因。不体面会落到低贱爱欲上,但不同的城邦情形又不同。于是,我们转向理智而自由的城邦的法律,这两个城邦拥有可据以判断任何城邦的决定性品质,这样的城邦[首先]是理智的(intelligent)或曰高度文明的,其次是自由的。这些城邦便是雅典和斯巴达。泡赛尼阿斯开始提到的是两个城邦,但接着就把斯巴达扔下了;这与以下事实相关:他的讲辞通篇都没提及男子气和勇气。泡赛尼阿斯是个软蛋(a softy);这一点具有某种重要性。他爱另一个软蛋,即诗人阿伽通。这就提出一个很大的问题(这里只能稍微提一下):在柏拉图眼中,诗本身在多大程度上是柔软的一种形式(a form of softness)。目前我只想提一下诗人俄耳甫斯,因为我们知道,俄耳甫斯并非以勇气著称。

小结一下:理智没有使男童恋正当化,但政治自由(political freedom)或许可以。我们在雅典人和毫无约束实行男童恋的西方其他自由民族那里都能看出这点,但在蛮夷治下的希腊人中则看不到。可麻烦在于,政治自由(political liberty)没有像这样把关于高贵之爱的限制正当化。只关注自由的那些人不做任何区分地鼓励男童恋。同样,按泡赛尼阿斯本人的理解,自由与男童恋所隐含的奴役(enslavement)之间也有冲突。爱欲甚至没有导致高尚的思想和自由。泡赛尼阿斯的情伴阿伽通曾在马其顿的阿克西劳斯(Archesilaos of Macedonia)的宫廷中生活,各位或许记得,阿克西劳斯的斑斑劣迹在《高尔吉亚》中得到极为有力的描述。

[77]区分高贵的爱欲与低贱的爱欲的基础是什么?迄此我们对该问题还没有答案。让我们转向文本。

> "但在我们这里,法律对这种行为的规定比其他地方高贵得多,当然,就像我说的,这种法律也不易理解。"(182d 4-5)

此前泡赛尼阿斯一直在讨论法律,包括西方未开化的希腊人的法律和东方波斯人治下的希腊人的法律。出于不同的理由,这两类法律都是错的。现在他转向雅典法律。在这儿,自家雅典的一切都好。下文第一部分他将展开的论点是:雅典法律宣称,爱是高贵的,向有情人献殷勤也是高贵的。

> "不妨想想一般人的说法:公开地去爱比秘密地去爱更高贵,尤其是去爱那些出身最高贵和最好的人,哪怕他们长得比别人丑,反过来,对有情人的普遍激励(universal exhortation)令人惊异,好像有情人不会做什么可耻的事情;如果有情人抢到了情伴,那会被看作是高贵,若没抢到则会被看做丢脸。为了夺得所爱的人,有情人什么匪夷所思的事都可以做,法律对此完全不予限制,还会加以表彰。"(182d5-e3)

各位看到，泡赛尼阿斯现在在历数雅典法律（即风俗）的重要意涵。这种笔法让人想起亚里士多德的《修辞术》(*Rhetoric*)，在其中他历数了比如何谓高贵、何谓正义等等。这里历数的是法律条款，从中可以看出人们的一般思想。雅典法律鼓励有情人，这点通过隐含意味表现得极为清楚。它不鼓励情伴，这点我们下文会看到。这里提到五条法律，中间一条是对有情人的普遍鼓励。

> "……为此，要是有谁胆敢为了追求任何别的目的、为了实现别的愿望这么做，就会受到那种针对哲学的最严厉谴责。比如，要是有谁为了想从别人那里搞到钱，或得个官位以及任何诸如此类的势利，就甘心去做有情人对情伴做的那类事——百般殷勤、苦苦央求、发各种誓、睡门槛，甘心做些连奴隶都不屑做的事——那么，无论朋友还是敌人，都会阻止他，敌人会骂他谄媚、贱，朋友会责备他，为他不好意思。但所有这些事情要是换了有情人来做，人们就会叫好，而且法律也允许这样做，不认为有什么坏处，理由是他做的是很高贵的事。"(182e3-183b5)

[78] 对导向爱欲的成功的各种行动，雅典法律赋予有情人令人惊异的自由，但对于追求任何其他东西，比如金钱或权势，这种自由便不存在。最大的奴颜婢膝(servility)，在其他追求中被认为是奇耻大辱的东西，在爱的情形中却会受到赞颂。如果有谁为了比如说钱财发假誓，会受到针对哲学的最严厉的谴责，也就是说——如果各位查阅柏拉图的《申辩》，你们会发现，那 [针对哲学的最严厉谴责] 就是不信诸神。发假誓在爱的情形中不会被看成不虔敬，但如果为追求钱财发假誓，就会成为不信神的确凿证据。各位在这里也可以看到，泡赛尼阿斯为何明智地把"没有任何行为是完全低贱的"这样的原则作为出发点。在爱的情形中，奴颜

媚骨、摇尾乞怜都是高贵的;甚至发假誓在爱的情形中也不低贱。

> "最绝的是,至少像很多人说的那样,只有有情人发誓不算数才会得到诸神原谅——他们[诸神]否认性爱方面的誓算是一种誓言。可见,无论诸神还是人们,已经为有情人打造了每一种可能性,就像我们这里的法律所说的那样。由此来看,人们可以相信,在我们这个城邦,无论做有情人还是做有情人的朋友,都被合法地认为很高贵。"(183b5-c4)

各位可以注意到,迄今为止引述的雅典法律鼓励所有形式的爱,并不只是鼓励高贵之爱的献身者——[泡赛尼阿斯]没提到这方面的限制。斐德若说,为情伴去死,尤其为有情人去死,会得到诸神的高度奖赏,不去死则会受到诸神的严厉惩罚。泡赛尼阿斯说,有情人发假誓会受到诸神原谅。其中的隐含意味很清楚。在泡赛尼阿斯看来,有情人不需要激励,只需事后宽恕,这尤其是因为他对终极的牺牲只字不提。泡赛尼阿斯提到了假誓,但丝毫没提让有情人[为情伴]去死的任何义务。

> "不过,父亲们会随时让监护人看管自己的被爱欲挑动的儿子,不允许他们同自己的有情人们交谈,他们向监护人规定这些事情,如果孩子的同龄人和友伴们发现这类事,他们也会责备他。孩子的长辈不会非难那些挑错的人,说他们讲得不对。要是人们看到这些事,就会反过来相信,在我们这里,这类事被合法地认为最丢人。"(183c4-d3)

现在我们又看到另一面。鼓励有情人的雅典法律不鼓励情伴见到有情人,不管[79]驱动有情人的是高贵的爱欲还是低贱的爱欲。法律甚至不让双方交谈。如果各位了解在西方世界的心理分析出现前的老式的社会秩序,这一点便不难理解。那时有一种叫斗争道德(battle morality)的东西,这种东西给男性有情人的自由极大,给女性情伴的自由极少。我相信那时的人会说,在爱和战争中每件事皆公平(fair)。雅典显然也有与之类似的东西。在某种意义上,法律根本就不始终一致(inconsistent),尽管在某种意义上又并非如此,因为,就像在商业事物中那样,法律只是说买方该小心——在爱的情形中,则是女方该小心。雅典的立法者们既是父亲又是有情人,在这两种不同身份下,同一位立法者会有不同的利益,他们根据这种利益的区别制定法律。泡赛尼阿斯将他自己作出的一种区分归于雅典法律,企图由此克服其中的自相矛盾。这是他下文要做的事。

> "依我看,道理其实该这样:这类事不能一概而论,像我开头说的那样,单就事情本身来看,无所谓高贵还是可耻,做得高贵便高贵,做得可耻便可耻。做得可耻就是取悦低贱的人,并且以低贱的方式取悦他,但做得高贵则是取悦好人,而且以高贵的方式取悦他。那种有情人,即属民的有情人,是低贱的;他爱的是身体而非灵魂。他[属民的有情人]的爱不持久,因为他爱上的事物也不持久。随着他所爱的人身体如花凋谢,他马上'高飞远走',从前说过的话、发的誓,统统不算数;但品格好的有情人会终生不渝,因为他与持久者厮守在一起。"(183d3-e6)

雅典法律作出的首要区分涉及什么东西对情伴适当。有情人有完全的自由。泡赛尼阿斯在这里提到一种关键区别。高贵的有情人爱一种得体的品格(decent character)。不是他的理智或勇气,而是他的得体品格。在此基础上,泡塞尼阿斯相信,他能使这个区分立得住。情伴眼中什么东西高贵取决于有情人的品质。

在这里泡赛尼阿斯开始回答决定性的问题:区分高贵的爱与低贱的爱的根基是什么? 各位还记得,高贵的爱有如下征兆:(a)爱男性而非女性,(b)爱灵魂而非身体,(c)爱少男而非男孩。这其中主导的观察点是心智或曰理智。但我们已经看到,这不起作用。在这里,事情起了变化。在这里,观察点是持久的青春(abiding bloom)或卓越。因为身体的青春不能持久,所以灵魂比身体更受偏爱。换言之,持久性,延续性,成了区分高贵的爱与低贱的爱的标准,这具有某种意义。但这没有导向狭义的对[80]男性的爱。为何男性对女人不能有持久的爱? 泡塞尼阿斯把最持久的卓越看成有着最长存活时间的人的灵魂的卓越。那些人是谁? 他们是少男。较年长的男子比年轻男子活的时间少。但要再次说明的是,这也适合于青春少女。泡赛尼阿斯仍无法说明,为何对少男的爱要优于对成年男子和女人的爱。他在这里看到的仍然是,高贵的有情人爱的是得体品格而非身体。但我们必须牢记,这并不必然意味着有情人拥有一种得体品格。泡赛尼阿斯的观察点是持久性,从持久性出发,他走向了人身上相对最持久的东西,品格。

"我们的法律想通过好的和高贵的方式对他们进行考验,想让他们取悦一些人、回避另一些人。因此,我们的法律鼓励一些人追逐,鼓励另一些人逃避,这就挑起了一场竞争,并且考验有情人属于哪类,情伴属于哪类。"(183e6-184a5)

雅典法律命令情伴根据那些有情人的要求,表现出一种得体品格。你不可以同意低贱有情人的要求。各位还可看到,泡赛尼阿斯关心的是对情伴适当的东西。接着他从高贵的有情人与低贱的有情人之间的区别转到有情人与情伴之间的区别。雅典法律一方面命令有情人,另一方面命令情伴,目的是让每一方看清其情侣的品格是高贵还是低贱。雅典法律说,在你看清楚之前必须等一段时间,这样可以对有情人的品格进行考验,某种程度上也可以对情伴进行考验。

> "正因为如此,我们的法律规定:首先,太快被捕获(be caught)是不体面的,得有一段时间[来考验]——时间往往被视为漂亮的考验;其次,为金钱或政治权势委身于人是可耻的,不管是迫于压力无力抗拒,还是因为得到了钱财或政治成就的好处。一个人对这些东西不加鄙视[就是可耻的],因为,这些东西要么靠不住,要么不持久,何况,真正的友谊天生就不是由这些东西得来的。"(184a5-b5)

如泡赛尼阿斯所说,出于这个理由,即因为高贵的爱乃是对持久性和得体品格的爱,所以我们的法律规定情伴要逃脱,不要被捕获(get caught)。这样有情人可以得到考验。[法律]命令有情人[81]去做的只是追求和捕获。我们看到,对有情人来说,迅速捕获情伴是高贵的;但对情伴来说,迅速被捕获是低贱的。被钱财或政治晋升捕获则是彻底低贱,不管被捕获的时间是长是短。因为在人们心目中,金钱和政治权力既不稳固也不持久。但什么东西才稳固持久? 品格。因此,不光是情伴,就连有情人也必须具备得体品格。这样,高贵的爱欲关系便是一个具有得体品格的成年男子与一个具有得体品格的少男之间的关系。高贵的有情人和高贵的情伴之间没有张力。但人们还是想知道,如果这就是爱欲关系的本质,追求的游戏是否还如此必要。

> "所以说,按我们的法律,唯有一种方式可以让情伴以高贵的样式取悦有情人。"(184b5-6)

　　问题是,按雅典法律,情伴怎样才能高贵地答应有情人的求欢?如果双方都具备得体品格,如果在经历了一个得体的时间段的等待后,情伴能确信有情人的得体意图,难道问题还没解决?不过,这段长时间等待考验的是有情人的韧性(tenacity)而非得体。因此问题还没解决。很明显,低贱的有情人也可以像高雅的有情人那样有韧性。

> "我们的法律其实是这样的:正如人们都同意的,从有情人方面说,无论用什么奴颜媚骨的手段甘愿做情伴的奴隶都不算谄媚、无可指责,因此,[从情伴方面说,]也只有一种甘愿的奴役状态不受指责,即与德性有关的(奴役)。我们的法律规定:一个人甘愿依顺另一个人,如果是因为他相信通过这人可以让自己无论在智慧还是其他品德方面变得更好,那么这种甘愿依顺本身便不可耻,也不能算谄媚。"(184b6-c7)

　　各位都记得,泡塞尼阿斯说过两种法律,鼓励有情人的法律和阻止情伴的法律。这种解决方案没提供任何让人满意的东西,因为考验韧性不是一种对得体的考验。现在他引入了另一条雅典法律。再重复一遍:第一条雅典法律授权有情人去做所有在其他追求中不能做的事,去做每种奴颜媚骨之事,但同时又阻挠情伴。现在他援引的这条新法鼓励情伴为有情人充当奴隶(thralldom),以便由此获得德性。想想看,假如有个雅典青年把伯利克勒斯当成德性楷模,他可以为伯利克勒斯做所有在其他人际关系中或许被认为失当的事。用亚里士多德《政治学》中的例子说,他甚至可以为他擦鞋,[82]给他刮脸。这一般都是奴隶做的事,但在这种关系中却不会有什么问题。此前我们看到的是奴役在有情人那里受到鼓励。现在我们看到的另一条法律则鼓励年轻一方即情伴做奴隶,这条法律不得不跟德性有关,跟爱欲论(eroticism)无关。让我们看这条法律能否圆满解决问题。

> "人们必须把这样两条法律合在一起:其中一条涉及男童恋,另外一条涉及哲学和其他德性,要是合到一起,情伴给有情人带来满足将会变成好事。"(184c7-d3)

这就是泡塞尼阿斯试图确立的命题:情伴答应有情人的求欢是高贵的。他正在朝这个目标努力。他试图用有关爱的雅典法律来实现该目标,但那还不够好。现在他又说,我们必须把这样两种法律合在一起——跟爱欲有关的法律以及跟获得德性有关的法律。

> "有情人与情伴无论什么时候在一起,双方都应各依其法,一方要不惜一切公正服待取悦他的情伴;另一方要反过来不惜一切公正地服待这个让自己变得又智慧又好,还能给自己带来理智和其他德性的人,另一方自己也需要获得教育和其他智慧。只有这两条法律结合在一起,人们才可以说情伴取悦有情人是高贵的;否则,就根本说不上高贵。"(184d3-e4)

现在让我们试着理解这个。有一点是清楚的:目前阶段的雅典法律不足以实现泡赛尼阿斯的目的。于是,以赞美雅典既定法律为幌子,他对雅典法律提出了一种微妙的改变。他的讲辞是篇协商讲辞,是篇关于改变法律的讲辞。我在上次课结尾处提到,在柏拉图对话中,这是唯一一篇协商讲辞。按照一种流俗的解释,每篇协商讲辞都必须提出问题:谁期待从中受益?这里的答案很清楚——是动议者。有情人要求,加在情伴身上的禁令应该废止,否则就为情伴另立新法。这条新法是两条矛盾法律的相容表述(consistent formulation)。泡赛尼阿斯为何想要改变法律?因为,跟每个有他那种品格的人一样,他要为自己的行为找到合法支持。他是得体的——的确是——但人们也可说他是柔软的。有两种法律,一种关于男童恋,另一种关于哲学。前者鼓励有情人,阻止情伴;后者则鼓励情伴。但关于男童恋的法律关注的是保护男童的德性。关于哲学的法律关注的是[83]让男童们获得德性。这条法律授权男童与德性出众的可敬男子在一起。当然,它并非出于这个目的鼓励男童们。那么,解决方案是什么?少男追寻德性,有情人拥有德性。驱动少男的是对德性的爱;然而,驱动有情人的却不是对德性的爱,而是对正当青春的年轻人的爱。两个伴侣的动机是异质的。所谓的圆满的德性式关系由异质的动机所建构。某种意义上,人们可以把这种关系跟买卖关系相比,因为买卖关系某种程度上也会带来一种让人满意的关系。尽管如此,买卖双方即便完成了交易,他们之间的关系是否和谐仍是个问题,因为他们的利益彼此对立。

各位回想一下,泡赛尼阿斯在183e曾赋予少男一种高贵品格,说他们拥有德性。

"为这个理由,即便受蒙骗,也绝不会不体面;但如果为其他所有理由,无论是否受蒙骗,都有失体面。要是有人先以为自己的有情人是个富翁,为了钱财取悦于他,但后来又发现自己受蒙骗,其实那人是个穷光蛋,到头来自己什么也没捞到,这也同样不体面。因为,从此人的所作所为可以看出他本身什么样:他这人为了钱可以对任何人做任何事,这不高贵。同样道理,要是有人委身于另一个人是因为他人好,以为同有情人建立友谊会让自己变好,后来发现自己受了蒙骗,那人其实很坏,没有一点德性,即便受了如此蒙骗,这样做仍是高贵的。因为,这同样也让人看出这人本身什么

样:他只是为德性的缘故,想变得更好,才无所不用其极,因此,没有什么比这更高贵。"(184e4-185b4)

追求德性的少男可能会落入只是假装有德性的成年男子之手。如果少男答应这样的伪君子的求欢,也不是不体面。给情伴的自由进一步扩大了。情伴没必要确信这个有情人真有德性,只要相信他有德性就行。少男可以用任何方式答应任何人的求欢,只要他相信这样做他获得了德性。各位必须承认,泡赛尼阿斯通过这种方式彻底得到了一切。关于男童恋的雅典法律与关于获取德性的雅典法律的奇妙结合带来了这个结果。

"因此,只为德性而千方百计取悦有情人,再怎么都高贵。这种爱欲与属天的女神有关,本身也是属天的。[84]无论对城邦还是个人,这种爱欲都宝贵得很,因为它可以迫使有情人和情伴极力关注自身的德性。至于所有其他的有情人,则统统属于另一个(阿佛洛狄忒),也就是属民的[女神]。以上这些,斐德若,算我就爱若斯即兴呈交给你的[颂辞]。"(185b4-c3)

对有情人和情伴的德性获取来说,高贵的爱欲很宝贵(worth much)。这似乎意味着,双方仍需去获取德性,我们面对的不是一种已经获得德性的既定品格的情境。实际上双方都不拥有德性;双方要在彼此合一的过程中获得德性。这点也可从如下的表述中看出:爱欲既不是获取德性的绝对必要条件,也不是其充分条件。这点我想没有疑问。在这里,爱欲与幸福或极乐(bliss)毫不相干。泡赛尼阿斯最后说到属民的(vulgar)阿佛洛狄忒,但没有说到属民的爱欲本身。他说的最后一个词——这个词最好译成"我呈交"(I contribute, sumballomai)——跟他谈到两种法律的结合(the bringing together[sumbalein])时用的词汇相同。我想,他这是在最后一次提示这种关键的结合——即把两种迄今为止毫无瓜葛的雅典法律新颖地结合起来。

　　下面,让我们尝试从整体上理解这篇讲辞。斐德若对爱欲与道德的冲突全然不予考虑,或者说他从容应对这一冲突,但泡赛尼阿斯的起点是爱欲与高贵之间的冲突,所以他说有两种爱欲。高贵爱欲表现为得体的男子爱得体的年轻人,其着眼点在后者的得体举止(decency),而从得体的年轻人的角度说,他们之所以爱得体的成年男子,目的是由此获得得体的举止。但得体的有情人为何爱得体的年轻男子? 为何不是得体的年轻女子? 拥有得体举止的年轻人为何要答应得体的有情人百般花样的爱欲求欢(e-rotic favors),以便由此让自己获得得体的举止? 对此我不想展开,但稍稍用些想象力,各位一定能明白这个通往德性之路的美妙假设。得体的有情人为何要寻觅百般花样的爱欲情事,尤其是从得体的年轻人那里寻觅? 各位看到,这实在是个美妙的情境。泡赛尼阿斯想让他这种爱欲方式变得合法和适当。他并非厚颜无耻,他不过是个胆小鬼(coward)罢了。泡赛尼阿斯在对此一无所知的情况下驳倒了自己想要确立的那种智术化了的(sophisticated)男童恋。在接下来的两篇讲辞中,我们将看到另外两种对男童恋更进一步的辩护。但这就是泡赛尼阿斯讲辞的全部了吗? 通过他的讲辞,人们还能看到什么?

　　泡赛尼阿斯的立场源于爱欲(作为一方)与高贵事物和法律(作为另一方)之间的冲突。出于这个理由,他必须凭借得体的品格来再现高贵事物或法律,再现这些我们称为道德的东西。正如各位在《法义》卷一末尾[85](650a-b)会看到的,品格是政治科学的主题,而在亚里士多德的《伦理学》中我们发现,政治技艺的主要任务是让公民们变得善,将他们塑造成行止高贵的人。品格与法之间有一种本质关联。从古希腊的观点看,法的功能不只是缔

造和平,还要让人变得高贵。我们已经看到,与爱欲有关的高贵
乃是压制与放任这两个极端间的中间道路。按照亚里士多德,这
正是道德德性的特征。关于道德德性,或许我们能期望从泡赛尼
阿斯的讲辞中学到些什么。

　　为确立两种爱欲之间的区分,泡赛尼阿斯相继提出了三种不
同的原则:理智(nous[理智])、自由和道德德性。道德德性不能
让爱欲论(eroticism)变得正当。理智排除了对男童和女人的爱,
却支持对年龄较长的男子的爱。自由可以导向对所有手持武器
的人即战士的爱。自由或许可以让泡赛尼阿斯的要求变得正当,
但正如他指出的,唯独自由的原则会导向野蛮的爱欲论,不会导
向他关心的智术化了的爱欲论。他援引的古希腊例证表明,自由
不排除男童恋。出于自己的目的,他接下来便需要把 nous[理智]
和自由这两种原则结合起来。

　　泡赛尼阿斯要求两种法律——关于哲学的法律以及关于男
童恋的法律——的一个结合。前一种法律事关爱智慧,即事关理
智的现实化(actualization),后一种法律事关爱身体的青春。身体
与理智、身体完美与自由,中间有联结物吗? 自由,政治自由与身
体之间有关联吗? 这是我们必须提出的问题。自由被视为城邦
的可欲状态。为什么? 自由需要同意(consent),而同意是某种与
理智原则根本不同的东西(参见《法义》684c)。同意恰恰意味着,
理智本身不是唯一的指导原则。因为,倘若理智是唯一指导原则
的话,那么,我们会有智慧者的独裁(dictatorship)。自由刚好意味
着相反之物。没有独裁,只有同意,即只有非智慧(nonwisdom)对
政治生活所作的得体贡献。在柏拉图看来,城邦本质上是通过自
由联结起来的,所以它的首要关切是身体的安康。各位对此意下
如何? 说城邦之为城邦首先关心身体的安康,这难道不是明显的
错误吗? 在《王制》卷二,柏拉图谈到猪的城邦,它除满足人的身
体需求外没有任何目的。他把这称为真正的城邦,在另一些地方

又把它就称为城邦。城邦之为城邦关心的是身体。

　　为充分实现自身目的,城邦必须把自由与[86]智慧结合起来。以自足城邦为目的的德性便是道德德性。充分发展的城邦把心智需求的满足与身体需求的满足结合起来。但泡赛尼阿斯的完美爱欲结合(erotic association)的意图也与此相同。然而,他的完美爱欲结合有个根本缺陷:有情人的动机与情伴的动机并不相符。而对城邦和道德德性来说,情形亦复如此。身体的种种动机与心智的那些动机不一致。身体的各种需求通向社会。社会本身需要政治德性或曰凡俗德性,这种德性只是德性———一种阳光下的德性(a daylight virtue)———的影子。然而,心智需求却需要真正的德性(《王制》卷六)。这也是《王制》的重大主题之一;这四种德性,勇气、智慧、节制和正义,时时处处都有同样的名字。无论出现在哲人水平上还是出现在较低水平上,它们都意味着某些极为不同的东西。我们可以说,未经教化的那部分人的正义和节制,只是真正德性的一个影子,一种非常拙劣的摹仿。适用于这个最完美城邦(柏拉图《王制》的那个城邦)的东西,在日常城邦中也依然适用。各种各样的现象有表面的相似性,或许其外部行为还相符,它们被认为是同一的,但实际情形并非如此。道德德性是这样两种异质道德的结合体。在柏拉图看来,如果是这样,对道德德性便不可能存在自然欲望。有一种保护身体的自然欲望,有一种保护心智的自然欲望,但上述这种出于必要但绝非自然出现的结合,却不会成为一种自然欲望的对象。道德德性与极乐(或幸福)之间没有关联,当然也并不等同。这一点在亚里士多德那里绝没有彻底改变,就此而言,托马斯·阿奎那也是一样。我可以请各位去查阅,比如说托马斯·阿奎那《反异教大全》(Summa contra gentiles)卷三第34章,那里对这一点有阐述,随后还说:"[颁布]施行正义的命令,其目的是为了维护人际和平,由此,每个人可以安宁地拥有属于自己的东西。"目的不在[施行正义的]这些行动;目的是和平与安宁。人无法从爱或德性本身发现自己的目的。有人也许反对说:泡赛尼阿斯没有提所有的道德德性,他其实更强调与理智有关的各种德性——智慧、nous[理智]和审慎。他几乎没暗示正义和节制,他只提到男子气的缺乏(unmanliness),没提男子气本身。对此我的回答是:泡塞尼阿斯呈现的道德或道德论(moralism)经过了某种爱欲论——一个成年男子对一个害怕自己会行止不当的年轻人的爱——的修正。泡塞尼阿斯的立场基于一种明确的癖性(idiosyncrasy)。但他的讲辞[87]提醒我们注意苏格拉底讲辞中提到的道德德性的地位问题。在苏格拉底讲辞中,我们得考察爱欲与道德德性间的关系。其次,泡赛尼阿斯的立场是一种特殊立场,但除苏格拉底外的其他讲者也是如此。苏格拉底讲辞对这些特殊立场提供了综合,无论是在教诲方面,还是在讲者的生活和品格,或者我们现在称为态度的方面。

目前我们只知道斐德若和泡赛尼阿斯的讲辞。现在总结一下,让我们看看他们的爱欲与他们有关爱欲的讲辞之间的关系。斐德若讲辞的立足点是情伴。每种爱欲之所以受欢迎,是从很漂亮又审慎的求欢接受者的角度观看的结果。因此,他表面上把爱欲放到最高位置。但实际上,被他放在最高位置的是那些天性最好的人,那些要么因漂亮要么因洞察力而天性最好的人。斐德若对法律是满意的,因为法律鼓励有情人追求并服侍情伴,法律不鼓励情伴去追求,这正合他的心意。因此他的讲辞篇幅最短。另一方面,泡赛尼阿斯讲辞的立足点则是与其他人竞争的有情人,因为这个有情人无法胜过所有其他有情人。他必须提升自身的品质,尤其是自己的可敬度。为了对抗更有吸引力的竞争者,他需要外部支持。因此他必须求助于法律。但不幸法律不能完全满足他的目的,因此,他建议改进法律。因为法律不完全在他这边而他又需要法律,所以他的讲辞是除苏格拉底外最长的。这一点非常引人瞩目:第一篇讲辞最短,第二篇讲辞次长。接下来让我们看过渡部分,然后看厄里克希马库斯的讲辞。

听众:如果泡赛尼阿斯只想把自己特定类型的爱欲论正当化,为何他还对允许所有人享有最大自由的法律不满?

施特劳斯:你的意思我想是这样:这里引人瞩目的事是强调爱欲中的奴役,而不是某种勉强给定的东西。但是,既然按他的理解自由对道德德性至关紧要,这岂不意味着爱欲本质上跟道德德性相冲突?这样一来,他追求的东西越发具有不可能性。泡赛尼阿斯从未用过自由(freedom)一词;他只是间接描述过它。理由是,如果要想着自由,并给它一个正式安排的位置,他就不能为爱欲辩护了。接下来问题会变成:在这种奴役中,难道没有一种要素,在真正的爱欲学说中肯定会加以保留?这种要素在苏格拉底讲辞中有没有得到保留?有两种可能性:(1)它未被保留,于是柏拉图的爱欲学说便出现根本[88]的缺陷。[录音中断]我不太确定柏拉图是否没有这样的意思,即以浓墨重彩揭示出试图去调和、试图让爱欲屈从道德德性所具有的矛盾特性。泡赛尼阿斯说:"每种行为都既可以高贵也可以低贱。"对道德之为道德本身来说,这也是个首要问题。各位必须把两种东西结合起来,凡陈述道德德性立场的人,都会提出两条原则:(a)每种行为都可以是道德的;(b)有一种属于道德的奴役(thralldom),这种奴役在尊严上高于自由。我们必须把这一点牢牢记在心里。我们必须牢记,在柏拉图爱欲分析的语境中,这个要素是如何产生出来的……

在下篇讲辞中各位将看到,有人企图让爱欲屈从于技艺(art)。在最后三篇讲辞中,完全没有让爱欲屈从某种外在之物的企图。苏格拉底讲辞中有某种高于爱欲的东西,但那不是外在的。

听众:我似乎觉得,您特别强调这样一点:泡赛尼阿斯的讲辞根本上是在捍卫男童恋……

施特劳斯:这毫无疑问,泡赛尼阿斯本人也说得很清楚。我们必须面对这一点。我想这是整个论证的一部分。尽管斐德若的立场还有某种模棱两可,但泡赛尼阿斯、厄里克希马库斯和阿里斯托芬都是男童恋的捍卫者。在最后两篇讲辞中,情形会再次发生变化。这意味着,如果仔细研究这三篇[支持男童恋的]讲辞,我们就可以弄清楚柏拉图为何认为男童恋是错的。我想泡赛尼阿斯的问题已经相当清楚:恰恰是这种谐剧式讲述(comical presentation)使他一方面出于德性的目的结合[爱欲与道德德性],另一方面又做了一些与之无关的事……在下篇讲辞中,这一点将以一种远为智术化的方式得到表现。

如果我们遵循泡赛尼阿斯讲辞的宗旨,遵循它在六篇讲辞中的独特特性——一方面强调雅典法律,另一方面又是如下事实:与最初声称只是重新解释雅典法律相反,他提议对之加以修改——我相信必然会得出这样的结论,即这是篇协商讲辞。一篇协商讲辞当然不是一篇超然的理性分析。要说它跟比如说阿伽通的讲辞一样有诱惑力(seductive),这肯定讲得通,但它还不止于此。尽管除阿里斯托芬外,每个讲者心里可能都想着一个个人——而且我相信苏格拉底心里特别想到了斐德若——但它的意义也不止于此。确切地说,如果我们想理解各篇讲辞对特定个人的影响,那这些个人所用的手段(engine)必须根据其自身来加以理解。我确定存在一种关联,但尽管如此,我们也必须理解——虽然每篇讲辞都含有修辞要素——我们还是必须按每篇讲辞自身呈现的样子来看待它,把它看作颂扬爱若斯的一篇讲辞,看作是[89]按讲者的视角来描述爱若斯的一篇讲辞。在涉及诱惑(seduction)的情形中,这点很清楚。阿伽通后来把爱若斯描绘成具备所有德性的纯粹的美。

对六位讲者,我会画这样一个图:

1. 斐德若:获利　　　4. 阿里斯托芬:丑
2. 泡赛尼阿斯:道德德性　　5. 阿伽通:美
3. 厄里克希马库斯:技艺　　6. 苏格拉底:哲学

听众:从阿伽通的观点看(我想泡赛尼阿斯的看法也是如此),泡赛尼阿斯与苏格拉底之间有某种冲突。在我看来,似乎泡赛尼阿斯要说的是:把有情人作为具备德性的人接受下来是高贵的,哪怕这个有情人并非如此。也就是说,在这些事上受骗是高贵的。在某种意义上,可能他实际想说:接受一种摹仿的德性是件好事。我想知道的是:他如此强调礼法,理由是不是就在这里。也就是说,他力图宣称:他拥有的德性是出于礼法,这种德性或许不是最真实的德性,但接受它是高贵的。

施特劳斯:这里头的层次数不胜数。很明显,你说的这种情况可能高于低级的怀疑(low suspiciousness)。尽管这种情况不能担保它自己本身很高。我们都容易满足,这很合理,我们称许很多东西,如果反思一下、不带任何感情来看,就会发现,尽管它们自身可能有一种高贵要素,其实却并不很高。泡赛尼阿斯被自己的欲望和理解力彻底蒙蔽了。因此我们必须区分:什么是他的讲辞有意想说的,什么是我们在柏拉图高超技艺的指引下有能力从他的讲辞中洞悉到的。他肯定没超越他描述的所谓完美的爱欲结合(erotic association)。我相信,柏拉图想让我们从这个完美的爱欲结合中看出某种东西,这种东西原则上不适用于完美的爱欲结合,只适用于城邦。城邦作为各种异质元素的奇异混合,不像完美的爱欲结合,因为在完美的爱欲结合中,双方受同一种情感鼓动。在苏格拉底讲辞中,双方都爱某种东西,那就是真理。对真理的爱欲同时激励着两个人,从而让最高的爱欲结合成为可能。如果我这些话让你觉得我在贬低泡赛尼阿斯讲辞中的美,那我很抱歉。但我们可支配的时间这么短,我只好从整体上考察

《会饮》,只好考虑整部作品的立意,否则别人会指责我在政治学系花这么多时间开这样一门课。

听众:我想知道,阿伽通在开始时说,"如果你碰我一下,我就会获得智慧",苏格拉底在从总体[90]上反驳这句话的时候,他是不是已经回答了泡塞尼阿斯的主要观点,即道德德性通过这种爱欲接触得到传递。

施特劳斯:是的,这当然近乎阿里斯托芬式的无礼。这点我就不展开了,因为我知道你已经读过相关文献。

[回答问题:]问题是,什么让心智与身体的合一成为可能?如果你回答说是道德德性,那也不能说没道理。因此我们可以回顾柏拉图《王制》中的一个主张:把最高事物与最低事物结合起来的是哲学。这一点也很令人费解,但指出了问题所在。《会饮》对此保持沉默。但我前面说过,在苏格拉底讲辞中我们发现关于三种爱欲的学说,这三种爱欲没有一种是低贱的(base),只有高的与低的(low)。低的东西并不低贱。所有[爱欲]都是自然的,我们必须看一看,能否在那里找到作为自然欲望之对象的道德德性。用经院语言来说就是,尽管这样说会让很多用更诗意的措辞考虑这些问题的人感到不悦,但柏拉图的爱欲学说就等于他的自然倾向(the natural inclinations)学说。我想,跟其他人比起来,泡赛尼阿斯讲辞更公开地将这问题揭了出来。不消说,总体而言,所有六位讲者都是得体的人。

[回答一个关于城邦和算计的问题:]这正是他[柏拉图]在《王制》中对这个问题的表述方式。爱欲与算计彻底不同。爱欲是一种着魔(possession),因此在《斐德若》中他用了疯狂(madness)的说法。然而,当他在《王制》卷二谈到创建[城邦]时,对爱欲却未置一词;他把[创建城邦的]这种情形,描述为某种可以并且也应该完全以算计为基础组成整体(be put together)的东西。《会饮》中与此最接近的是斐德若。苏格拉底用来表达德性的那

个词(这个词可译为审慎[prudence]或实践智慧[practical wisdom])包含算计因素,苏格拉底绝非全然反对这种因素。真正的德性是算计与着魔恰好吻合(coincide)的德性。通观柏拉图所有对话,我们发现,有一种现象,也只有这一种现象,可以解决他在某部特定对话中提出的这个问题,那就是哲学。要么他采纳(takes)正义,他向我们展示了正义的城邦——说到底,我们没有在任何城邦发现正义,不管这个城邦多么有德性;正义的唯一完美形式是哲学。要么他采纳自由。真正自由的人唯独只有哲人。爱欲亦复如此。爱欲只有在哲学中才充分成为自身。这并不意味着,爱欲是某种可将其他事物加诸其上的东西(be something superimposed),犹如泡赛尼阿斯试图把其他事物加诸其上那样。与所有狂热者(enthusiasts)相反,苏格拉底说,爱的目标不是美。光彩(splendor)的因素绝对[91]无足轻重。在这个意义上,当阿里斯托芬描述一种丑陋的造物(ugly creature)时,他是正确的。阿伽通描述的只是漂亮的[爱若斯。对苏格拉底来说,爱欲]①既不丑,也不美,它是善。我们可以说,善是人之得体的首要主题。然后他试图表明,异性间以生育为目的的欲望不能获得它想要的东西。对持久的、超越了人之死亡的善的欲望,只有在 theoria[理论生活]中才会出现。

---

①　[译按]方括号及其中文字为原文所有。

六　厄里克希马库斯

[92]上次讨论泡赛尼阿斯讲辞时我曾提出……如果把柏拉图著作视为整体,这篇讲辞是不充分的。随着阅读的不断深入,人们总可以温故而知新。既然我不拥有对柏拉图著作整体的解释,我知道,不论我说些什么,都只是暂时性的。在座有人对我的解释提出异议。这些异议都基于种种强有力的印象(powerful impressions)。这些印象绝非——或者说几乎不会——没有依据。它们需要检验,但检验的根据是什么? 依据就是柏拉图的主导意图(guiding intention)。那这个主导意图又是什么?

首先,《会饮》总体上的主导意图是:将对爱若斯神的赞美作为一个问题提出来——爱若斯是个神、应该得到赞美这个提议,是斐德若强加给众人的,这个提议在此后要接受检验。在确立柏拉图的主导意图时,第二个重要的考量是:就泡塞尼阿斯讲辞的主导意图来专门考虑他的讲辞。有两点很关键:第一点是区分高贵爱欲与低贱爱欲,这一区分不是斐德若提出的,也不是阿里斯托芬和其他后面的讲者提出的。[第二点,]与这一区分联系在一起的还有对雅典法律的赞颂,这一赞颂隐藏了修改雅典法律的一种暗示。这些都是泡赛尼阿斯讲辞的独特特征。[泡赛尼阿斯讲辞中]有一个我很看不上眼的主题(如果我可以这样说的话):他特别强调爱欲中奴役(slavery)或曰奴隶身份(thralldom)的要素。难道泡赛尼阿斯提出的不是爱欲中的本质要素,最终一定不会被忘记的要素？对奴役或曰奴隶身份的强调，不正是泡赛尼阿斯的特殊贡献吗？我相信，爱欲中的这个要素是一种屈从（surrender），一种无视人之尊严也无视人之高贵的屈从。这种服侍或苦役意味着什么？有情人是情伴的奴隶，以便情伴答应有情人的求欢。这种情形在183b5中被明确描述为某种可怕的东西；但从上下文看，这还不是最糟糕的。比这更可怕的是一种假誓。尊严扫地的哀求已经够坏，但虚假的誓言更坏。这便是上下文的语境。

泡赛尼阿斯想揭示的是爱欲中不道德的要素。爱欲在某种意义上不道德，但仍然高贵。泡赛尼阿斯想借助高贵和法律将爱欲正当化。因此，他必须先指出困难，指出爱欲与高贵——或你们可以说，[爱欲]与道[93]德（morality）之间的对立；我知道，道德的内涵与高贵多少有些不同，但古希腊人用道德一词表示的就是高贵。泡塞尼阿斯必须通过提出没有一个行为本身是高贵的或低贱的这个原则，揭示爱欲与道德之间的对立，道德总是会说，某些行为本身就要么高贵要么低贱。对这种奴役的强调就属于爱欲与道德之间的对立或张力的语境。这点可以如下极简单的方式来理解：按泡赛尼阿斯以及他这类人的理解，德性意味着贤人品格（gentlemanship），贤人则是奴隶的反面。那么，如果有爱欲的人行事像个奴隶，他的行为就与贤人相反，这当然就有问题。但这并不排除这样的事实：这种奴役正是爱欲的本质——无视人之尊严的屈从。不过，恰恰在泡赛尼阿斯看来，高贵的爱欲与低贱的爱欲是截然对立的。这势必影响到奴役的涵义。为了什么缘故而屈从？难道是为了屈从者的身体满足吗？难道屈从于男童恋的风习，是为了获得并传播道德德性？这是个荒诞的提议。然而尽管如此，在这种无视人之尊严、无视高贵或美而屈从的观念中，仍有某些东西保留在最高层次，也就是说，保留在苏格拉底认为最高形式的爱欲就是搞哲学（philosophizing）的提议中。搞哲学就是无视人之尊严甚至高贵而屈从于真理，因为真理不是纯粹的高贵或漂亮,某种意义上它毋宁说是丑陋的。

[泡赛尼阿斯讲辞的]另一要素在讨论爱欲中的欺骗要素时提出。泡塞尼阿斯讲辞中有两处提到欺骗,一处靠近开头,一处靠近结尾。首先,发假誓当然是欺骗的一种形式。有情人的假誓是高贵的。过后,从情伴这方面来说,受骗也是高贵的。换言之,爱即便存在于一种欺骗的要素中,仍然可以高贵。这是不是最高意义上的爱当然是另一问题。我想,能帮助我们更好地理解这篇讲辞里出现的问题的是城邦。各位可回想一下《王制》中的高贵的假话。统治者——哲人——欺骗了民人(demos),而民人受骗是高贵的。哲人进行这样的欺骗也是高贵的。说得更宽泛些:有情人就是治邦者,情伴就是民人。很容易看出,这种说法并非完全稀奇古怪,因为,在柏拉图对话《高尔吉亚》中,卡利克勒斯(Callicles)某种意义上是个政治人,他就被描述为民人的有情人。卡利克勒斯受制于他对民人的爱欲,正如据说他受制于对一个名叫德莫斯(Demos)的美少年的爱欲。回到主要[94]问题上来:平常的政客,包括所有我们称为治邦者的那些人,都有对民人的爱欲。这也有助于我们理解《王制》对爱欲保持沉默的事实,这根本上是因为,跟爱欲有关的最有趣的情形,即统治者对被统治者的爱欲,在最高层次上是不获承认的。正如《王制》卷六和卷七清楚提出的,哲人行统治不是出于爱欲,而是出于被迫(compulsion)。

概括一下泡赛尼阿斯的爱欲结合与我提到的城邦的对比:各位都记得,泡塞尼阿斯明白说过,完美的爱欲结合是成熟且得体的男子教育潜在的得体男子的结合。然而,这正是城邦声称自己要做的事。成熟的贤人教育潜在的贤人——[教育]下一代。但是,我们当然也看到了德性教育与男童恋的荒诞结合。泡塞尼阿斯要求一种关于哲学的法律与关于男童恋的法律的非实存的结合(nonexistent combination)。这些法律存在于雅典,但它们没有被结合在一起。在要求这两种不同法律的结合时,他提到两项独立原则:理智——nous[理智]——以及身体。他讲辞中总共提到三项原则:理智、自由和道德德性。他之所以要提及这些原则,是为了将男童恋正当化。我们看到,泡塞尼阿斯理解的理智不能让男童恋正当化,倒会让爱苏格拉底这样的老年男性正当化。至于政治自由,按泡塞尼阿斯的论证,政治自由的确能使男童恋正当化,但不能使高贵的爱欲与低贱的爱欲的区分正当化。第三项原则——道德德性,从泡塞尼阿斯自己的观点看是充分的。我认为,仔细考虑就会发现,道德德性本身是种联合(union),是这样两种不同事物——理智与自由——的结合。自由具有特殊的政治性,它是我们通常称为同意(consent)的东西。反过来看,政治事物,用自我保存(self-preservation)的现代式语言来说,首先是对身体的效力。因此,我们最终有两项原则:理智与身体。这两项原则的联合(这一联合很复杂也很费解)对道德德性做出了解释。其基本原理是:理智的需求与身体的需求——从而还有社会的需求——交汇在一起(meet)。理智需求与身体需求竟能交汇,这很奇怪,因为它们完全不同。它们的交汇简单来说就是,既为了与他人共处,也为了能思想,你必须有某种程度的节制(temperance)。如果你老是喝醉,你就既不能成为公民,也不能成为思想者。还要有勇气:如果你彻底胆怯,就不能成为好士兵,如果你彻底胆怯,也不能成为好思想者。你会一直担惊受怕,不会有自由心灵。因此,可以说,尽管听起来奇怪,但心智的需求与共同生活的需求某种程度上[95]可以交汇;就实践目的而言,两者几乎是同样的。但是从原则或实质上说,它们截然不同。在每种情形下,其目的也截然不同。道德德性出于理解、理论活动和社会的缘故,把自己呈现为目标——人类生活的简单、明了和同质的(homogeneous)目标。我们把这种立场称为道德主义(moralist)。虽然亚里士多德某种程度上也表述过这种观点,但其充分发展是在康德那里。作为对上节课讨论要点的总结,说这些就够了。尽管这是个进一步讨论的恰当场合,但我们必须得往下讲了。

先看开头的185c4。泡赛尼阿斯讲完后停顿了一下,这首先是对他讲辞长度的暗示。

> 泡赛尼阿斯暂时泡到这里——用智慧者教我的这种双声叠韵来讲——阿里斯托得莫斯说,该轮到阿里斯托芬讲了……(185c4-6)

谁讲了这句双关语——泡赛尼阿斯(Pausanias)和"泡"(pause[停顿])? 会不会是阿里斯托得莫斯复述时讲出来,然后被阿波罗多洛斯记住了? 这两人很不同,但也有共同处:他们都是苏格拉底的年轻有情人。我认为,这种含糊其辞,即我们不知道谁在开玩笑,并非出于无意。

> ……但不晓得是因为吃得太饱,还是别的什么原因,阿里斯托芬碰巧在打嗝,不能说话。但他还是说——此时医生厄里克希马库斯正躺在他右面的卧榻上——"厄里克希马库斯,帮帮忙,要么把我的嗝止住,要么先代我讲,我等嗝止住再说"。他[阿里斯托得莫斯]说厄里克希马库斯说,"好的,两件事都给你包了。这次我替你讲,等你嗝停了,你再替我讲。我讲的时候,你且长长憋口气,打嗝也许就止了,不然就得吞一口水。要是这嗝顽强得很,就得拿个什么东西搔搔鼻孔,打个喷嚏出来。这样来一两下,再顽强的嗝都会止住。""你快点讲,"阿里斯托芬说,"我照你说的做就是。"(185c6-e5)

这个插曲有趣,它很可能不是完全无意义。我们马上看到,他们讲辞的次序便是他们就座的次序。变化是在这里出现的:阿里斯托芬和厄里克希马库斯改变了讲话次序。这点不能小觑。通常这类改变意味着两个讲者可以互换——就是说,在某个重要方面他们是相同的,尽管不是完全相同。显然,柏拉图在厄里克希马库斯和阿里斯托芬的情形中强调这样一种相同(identity),且只在他们的情形中强调,自有其理由。这次交换还有个后果:厄里克希马库斯终[96]结了所有讲辞的上半场,下半场由苏格拉底终结。借助这个改变,我们看到苏格拉底和诗人们都在下半场。顺便提一句,下半场的人是仅有的大酒量者,酒量小的都在上半场。另外,柏拉图难道不能一开始就安排好,把斐德若、泡赛尼阿斯和厄里克希马库斯分在上半场,把阿里斯托芬、阿伽通和苏格拉底分在下半场吗?我们必须明白这一改变的戏剧意义。这个明智的(sensible)次序是偶然产生的。为何说这个次序比事先安排的好?把这三位最杰出的人放在一起会显得不礼貌。在(要求他们走到一起的)智慧与礼貌(或曰城邦和社会)之间,有种不均衡的状况。这种考虑在每部柏拉图对话里都会出现。通过这种方式,阿里斯托芬的讲辞成了整部对话的中心。阿里斯托芬通过身体上的不适获得了这个中心地位。在泡赛尼阿斯多少有失诚意地企图把身体完全放到第二位(即身体的满足应只为道德教化服务)后,身体开始提自己的主张。各位还可看到,厄里克希马库斯表明自己是个医生,他头脑非常清晰和准确,但也很迂腐(pedantic)。各位还可看到,他急于讲话。后面我们将看到,他与苏格拉底之间有某种反差。现在让我们看厄里克希马库斯的讲辞。

> 于是,厄里克希马库斯说:"好吧。依我看,这样做很有必要,既然泡赛尼阿斯开头讲得漂亮,但收尾却不恰当,那我必须设法给他的话收个尾(put an end)。"(185e6-186a2)

这对理解整篇讲辞很重要。泡赛尼阿斯讲辞与斐德若讲辞之间没有这样的联系。厄里克希马库斯的讲辞是泡赛尼阿斯讲辞的延续，或如他自己声称的，是其完成（consummation）。不过他的措辞很讲究，"我必须设法……"，接下来我们会看到，他并没给泡赛尼阿斯的讲辞做总结。给始于斐德若的一系列讲辞做总结的是阿里斯托芬。这三篇讲辞构成一个很重要的副主题（sub-theme）。

　　"他［泡赛尼阿斯］说爱若斯是双的，我看这是个漂亮的
　　区分；不过，我似乎从我们的技艺，也就是医术观察到，爱若
　　斯并非仅仅在美的方面摆布人的灵魂，也在许多别的事物方
　　面摆布人的灵魂，爱若斯也在所有其他事物中——在所有动
　　物的身体中，在所有大地上的生长物中，在几乎所有存在物
　　中。这神［即爱若斯］实在了不起，令人惊叹，把人和神的事
　　情整个儿全包了！为了也对这行技艺表示崇敬，我想就从医
　　术谈起。"（186a2-b3）

　　［97］讲者［厄里克希马库斯］是位医生，酒量很差，体质虚弱，他是智术师希琵阿斯（Hippias）的门徒，以自己的方式爱着年轻的斐德若，斐德若本人酒量也很差，也是希琵阿斯的门徒。厄里克希马库斯同意泡赛尼阿斯的说法，认为爱欲有双重性——高贵或低贱。泡赛尼阿斯和厄里克希马库斯是仅有的谈到这两种爱欲的人。他们是仅有的道德家。但是，泡赛尼阿斯说，爱欲无论高贵或低贱，只存在于人类灵魂中，并且指向漂亮男子，而医学却教导说，爱欲在其他事物中也存在，还指向很多并不高贵的事物。比如，有种爱欲指向身体的排泄。爱欲是种宇宙性本原（cosmic principle），至少影响着所有的人。这是厄里克希马库斯引入的新概念，这种概念在泡赛尼阿斯说高贵爱欲是属天的爱欲时已有预示（但仅是预示而已）。厄里克希马库斯提到的这种非人的甚至

是低于人的现象,被他称为属神事物(divine things),与人类事物有别。他没像斐德若和泡赛尼阿斯那样,提到神话或雅典祭礼。神话权威遭到抛弃。但神话权威不是简单地遭到抛弃。有另一种权威取代了它:技艺,医学。这种权威的现代类比物是科学。

斐德若借以看待爱欲的出发点是获利,泡赛尼阿斯的出发点是高贵或德性;厄里克希马库斯的出发点是技艺。他一口气把爱欲和自己的技艺都包揽进来,就像他说的,"为了也对这行技艺表示崇敬,我想就从医术谈起"。厄里克希马库斯给出了关于两种爱欲的宇宙学说(the cosmic doctrine),但这一宇宙学说由于他牵挂对自身技艺的赞颂而得到修正。如我们在下文将看到的,这意味着高贵的爱欲并非出于自然。对泡赛尼阿斯来说情形也是如此,高贵的爱欲不是出乎自然,是由法律产生的。在厄里克希马库斯这里,爱欲不是由法律产生的,是由技艺,由他从事的医术产生的。

听众:难道这里没暗示说爱欲是个神吗?

施特劳斯:我想,只有讨论到阿伽通时,这个主题才会以系统有序的方式显现出来。阿伽通是唯一把爱欲当一位神来赞颂的人。其他讲者在谈到爱欲时也都把他当神,但他们其实指的是一种自然现象。

听众:但厄里克希马库斯甚至连把爱若斯当神来谈论的迹象都没有。

施特劳斯:很大程度上是这样,就此而论,厄里克希马库斯是个受过启蒙的医生。但他为此付出很高代价,因为他的讲辞以对占卜术(the art of divination)的赞颂结尾。这一点正如阿里斯托芬(阿里斯托芬比他之前的任何讲者都更不虔敬),后者的讲辞以对虔敬的赞颂结尾。有一点很明显,厄里克希马库斯的讲辞始于一种实证精神,没有废话。接下来我们会看到他的[98]骄傲会不会受挫。在186b-e 中,他谈到人们通过医学揭示的、蕴含在身体自然本性中的爱欲。他这里说的身体指人的身体,因为医学是关于人的医学。厄里克希马库斯尚未超越人类事物。他后面会去超越,但他现在想的是人类事物。

> "身体的自然就有这两种爱若斯。人们公认,身体的健康和疾病是不同的、不相似的(dissimilar),不相似者欲望、爱恋不相似者。所以,对健康的爱欲是一回事,对疾病的爱欲是另一回事。正如泡赛尼阿斯刚才说的,满足(gratify;或译'取悦')好人高贵,满足放荡的人则不体面;就人的身体本身来说,同样如此:满足每个身体中好的和健康的部分是高贵的(人们应该如此),人们所谓医术管的就是这事,但(满足)身体中坏的、有病的部分却是不体面的,如果想精通这门技艺,就应当杜绝这些部分。"(186b4-c5)

泡赛尼阿斯曾说,答应好的有情人的求欢是高贵的,答应放荡有情人的求欢就低贱。对医学而言,满足对人身体中的健康部分的爱是高贵的,满足对人身体中的生病部分的爱就低贱。换言之,医学把好跟健康等同起来,把放荡跟疾病等同起来。然而,厄里克希马库斯引入了另一种考量:健康的身体爱 X,有病的身体爱Y。他说类似的东西爱类似的东西。类似的(similar)这个词在下文很重要,因此我在这里提一下。医生既不爱使他满足的东西,也不爱没使他满足的东西。无爱的(loveless)技艺规范了爱。这是个难题,必须谨记。正如在泡赛尼阿斯和斐德若那里德性不是爱,但要么产生爱要么规范爱一样。

到此为止,厄里克希马库斯解释的是:谁是有情人,或什么是有情人。有情人是身体。但身体爱什么?到目前为止我们还不清楚。

听众:医生允许和帮助人们满足欲望,这种行动中难道没有高贵的东西吗?

施特劳斯:这问题很重要。健康的身体是好的,就此而言,生病的身体是个坏身体。医生做的事要么高贵要么低贱。这很有趣,因为正在施爱的东西——身体——被称为好的或坏的,而无爱的技艺则被称为高贵的或低贱的。泡赛尼阿斯前面区分的是高贵的爱欲与低贱的爱欲。但在这里,厄里克希马库斯归根结底似乎想区分好的与坏的爱欲,区分高贵的或低贱的技艺实践。这个区分的意义到底如何,我们后面会看到。

听众:厄里克希马库斯同意泡赛尼阿斯的说法,认为满足好人是对的、满足放荡的人是低贱的。泡赛尼阿斯以一种自相矛盾[99]结束讲辞。这难道不是表明,厄里克希马库斯有能力就德性事物进行推论?

施特劳斯:即便我们远不及厄里克希马库斯有才智(intelligent),也能明白所有事情。但只听一遍某篇讲辞,不可能去回顾开头。你不可能一边讲着这篇讲辞一边研究它。这需要一种非凡的才智,苏格拉底的谈话清楚表明他具备这种才智。厄里克希马库斯理解这篇讲辞的概要可以给他的那么多的东西,或许还能再多一点,因为他有才智。但让泡赛尼阿斯左支右绌的那些难题对他并不显而易见,其中一个原因是他跟泡赛尼阿斯有同样的偏见;他也是个男童恋者。另外,由于他医术高超,所以人有点刻板(rigid)。吉尔丁(Gildin)先生的观点很重要。它可能意味着:这种情形或许与他对自身技艺的关注有关。

"医术就是,简言之,关于身体上的爱欲的胀和泄的知识;谁懂得分辨身体上的高贵的和低贱的爱欲,谁就是了不起的医术高手;谁若能对这些事物施以改变,从而获取一种[高贵的]爱欲来取代另一种[低贱的]爱欲,能将这些事物中本来没有但应该有的爱欲引发出来,或将本不应有却有的爱欲剔除出去,那他就是个好艺匠。"(186c5-d5)

这里的问题是:我们知道了谁或什么是有情人——要么健康要么有病的身体,但谁是情伴? 是胀(repletion)或泄(evacuation)。身体要么爱上正确的情伴,这种情况下爱是高贵的,要么爱上错误的情伴,这种情况下爱是低贱的。"胀"一词所出自的古希腊文动词也可指女性的怀孕(pregnancy)。这样各位可以看出它与爱欲现象的联系。医学在两个种类之间作出区分。它鼓励甚至允许或引发正确的种类,并剔除错误的种类。我们还看到作为知识的医学的一种区分。一种人辨认或诊断爱欲,另一种人则关心如何做事——此人被称为好艺匠(good craftsman)。这就区分出理论的与实践的方面,下面我们将看到,这种区分很重要。在身体的情形中,情伴是胀与泄。问题是,这种情形是否适用于灵魂?换言之,灵魂也爱胀与泄吗? 或许我们可以把胀与知识联系起来,而泄可能就是与无知有关的排泄,或者也可能是坏的排泄,即知识的遗忘。

> "他必须得让身体中最为交恶的(hateful)东西成为朋友,彼此相爱。而最为对立的东西也就是最为交恶的东西,冷对[100]热、苦对甜、燥对湿,以及所有诸如此类的东西。我们的医祖阿斯克勒皮奥斯(Asclepius)就懂得给这些[交恶的]东西灌注爱欲和协调,如在座的诗人们所说,而我自己也信服这点,他因此而创立了我们的技艺。"(186d5-e3)

我们看到,厄里克希马库斯丢掉了胀与泄的论题,或许是代之以更宽泛的某种东西——两极对立(opposites)。显然,胀与泄是对立两极,但他现在从不同的角度看待它,从身体内部的两极对立而非身体寻求的两极对立看待它。身体包含两极对立的要素。这正是需要胀与泄的基础所在。医学必须在这些对立要素间建立和谐,也就是说,必须爱交恶最深的要素。有情人就是情伴,情伴就是有情人。在爱欲这个论题中,有情人和情伴不再像斐德若和泡赛尼阿斯说的那样是有区别的。厄里克希马库斯现在丢弃了所有单方面的爱(one-sided love[译按:亦称"单相思"])。单方面的爱大概是,比如说,身体对食物的爱。厄里克希马库斯只关心有能力互爱的东西,即只关心身体的各种要素。

如果把这种想法简单地用于人类,似乎会产生匪夷所思的后果——最好的人必须爱上最放荡的人,与灵魂相关的技艺将会致力于在最佳者和最差者之间建立一种平庸的均衡。当然,在厄里克希马库斯本人的情形中,既然真正的爱似乎只在对立两极间才有,那么,由于他和斐德若是相似的人,那[他们之间]将会有低贱的爱。最让我们一下子就感到震惊的是,厄里克希马库斯对男性与女性(male and female[或译:阳性与阴性])[之间的对立]保持沉默。如果你要讨论爱,在他整个讲辞中这本来是最相关的对立。毕达哥拉斯派(Pythagoreans)曾提出这个著名的两极对立列表,阳性与阴性的对立在其中自然占重要位置。厄里克希马库斯最离谱的是对男人(men)——男性(male)——未置一词。我们的医生对各种生灵中常态的对立两极间的交合一言不发。何以如此?高贵的爱欲通常是对立两极间的爱,这种爱不是自然的作品,却是技艺的作品——这当然是对技艺的最高礼赞。如果高贵的爱欲不是来自自然,而是只能来自医术,那厄里克希马库斯也就暗示了另外的东西。如果对立两极从自然角度看彼此憎恨,这就意味着,从自然角度看,类似的东西彼此相爱。[这种情形]简单说来就是——男童恋。男童恋是自然的,当然,这一点正是他试图证明的。厄里克希马库斯关于爱欲的宇宙论学说,不仅被他对医学的关注否定,也被他自己的爱欲论(eroticism)否定。他关于爱欲的宇宙论学说经证明表达了这样两种关心:技艺和男童恋。这一次,各位看到的困难是:厄里克希马库斯的技艺跟他的爱欲论是对立的,因为他的技艺按理应在对立两极间建立和谐。

因此[101]对他来说,要同时赞颂爱欲和他的技艺是个大问题。

> "不仅医术,像我刚才说的,要完全受这位神支配,健身
> 和农作也如此。"(186e4-187a1)

这三种技艺——医学、健身和农作——在《法义》卷十(889
b-e)也被一并提到过,那里的语境是复述破坏分子(subversive
people)的学说:技艺低于自然,因此最值得尊重的技艺是医学、农
作和健身,因为这些技艺跟自然合作得最密切。在政治技艺中没
有自然的东西,政治技艺只处理种种人工造物(human artifacts),
像法律等等。这是从这样的观点衍生的:存在意味着身体存在(to
be means to be body)。厄里克希马库斯关于医学的讨论到此结
束,我们记住的只有一点:医学在于让自然本性对立的两极产生
爱,这意味着,从自然角度说,只有类似的事物才会彼此吸引——
彼此爱慕。把这点用到人类事务上就意味着,男童恋是自然的,
异性恋是借助医学由人工产生的,这是个很滑稽的假设。

接下来他谈了音乐中的爱欲。音乐也是在对立两极间建立
和谐,即使对立双方产生爱欲。

> "甚至只要稍微想一下(with even a little nous),谁都清
> 楚,音乐也跟它们[医术、健身、农作]一样,正如赫拉克利特
> (Heraclitus)或许也想说的那样,因为,若有人只从字面看,他
> 说得并不漂亮。他说,与自身分立者(one that in differing with
> itself),它也与自身相合(it agrees with itself),'有如琴弓与里
> 拉琴的和谐(harmony;或译"协和")'。要说这句话断言了,
> 一种和谐[自身]分立或源于仍然分立的事物,那是彻头彻尾
> 不合理性的(irrational)。但他[赫拉克利特]的意思也许是
> 说:原先分立的高音与低音经音乐技艺变得相合(agree-

ment）。要是高音与低音仍然分立，哪里会有和谐。和谐是
［音调的］调和（consonance），调和是一种相合，但只要分立的
事物仍然分立，和谐就不可能从它们中产生，起于快与慢的
节律也如此，这两者先前是分立的，后来达成了一种相合。"
（187a1-c2）

各位可以看到，这是对赫拉克利特的格言略带学究气的修
正。赫拉克利特错误地主张不和谐（disharmony）的持续性，对立
两极的持续性。厄里克希马库斯说，一旦你获得和谐，原初的不
和谐便不复存在。然而，赫拉克利特的说法其实是，和谐中欲望
的幸存对于使这种和谐成为一种真正的和谐至关重要。可以说，
赫拉［102］克利特的规则比这种多少受到厄里克希马库斯图解的
观点来得深刻。厄里克希马库斯之所以提及赫拉克利特不是偶
然的，因为赫拉克利特是帕默尼德旗鼓相当的对手（the opposite
number），而帕默尼德是斐德若及其讲辞的权威。可以说，各种迹
象表明，斐德若跟柏拉图一致，而柏拉图说到底更偏向于帕默尼
德而非赫拉克利特。

这里的特别要点在于：帕默尼德说过，爱若斯是所有神中的
第一个，是最古老的神。对这同一个问题，赫拉克利特的说法是
什么？战争是万事万物之父。某种程度上，厄里克希马库斯跟赫
拉克利特意见一致，因为厄里克希马库斯主张对立两极的战争是
最根本的事实。厄里克希马库斯实际想说，不谐是出于自然，和
谐则出于技艺，这个主张比他自己看似所想的更接近赫拉克利特。

"在这种情况下，音乐通过向［对立］双方插入爱欲和一
致（unanimity），把和谐注入所有这些事物，这跟医术在另外
场合的做法一样。音乐也是与爱欲事物有关的科学，它涉及
和谐与节律。并且，要从和谐与节律构成的体系自身中辨认

出爱欲的作用并不难,那里还没有出现二分的爱欲(twofold e-ros)。"(187c2-c8)

我们没发现任何单方面的爱,只有高贵的爱。我们在音乐中发现了一个只存在高贵之爱的领域,但在身体中,在可预见的此后的发展中,所有领域(只有一个例外)里都既有高贵的爱也有低贱的爱。有一个领域,其中只有高贵的,对此我们必须仔细考量。音乐和医学都产生爱;这种爱是对立两极间的相互的爱。音乐与医学间也有差别。它们都既有理论部分又有实践部分。理论音乐处理的对象都由技艺组成,这些对象不知道双重的爱,它们中间只有高贵的爱。厄里克希马库斯说,高贵与低贱的区分是一种普遍的区分,不管厄里克希马库斯看到没有,这种区分在一个很小的领域中不能适用。这便是理论音乐的领域,或用更简单的方式来识别的话,那是数学的领域。在柏拉图看来,所有技艺的根源,技艺中的技艺,是数学,更明确地说是算术。厄里克希马库斯看到了这一层。但有意思的是,他一点也没用上它。换言之,这里第一次提到了后来被苏格拉底描述为爱欲的真正对象的东西——那些纯粹的存在者(pure beings),各种理式(the ideas)。如果存在这么一个领域,其中只有高贵的爱欲,那这种爱欲必将是所有爱欲的模式(model)。真正的爱欲将会是对这一纯粹和谐领域的爱。但厄里克希马库斯不能接受这点。对他来说,[103]爱是相互的。纯粹数字的领域不爱数学家。

　　"但是,一旦有人把节律与和谐用于实际人生,无论通过制作[音乐]——那就是他们所说的抒情诗,还是通过正确运用已经谱成的旋律和格律——也就是人们所说的[音乐]教育,那么,在这里困难就来了。于是就得需要好匠人。"(187c4-d4)

前面 186d3-5 在讨论医学的实践技艺时,厄里克希马库斯提到过手艺人。尽管理论医学和理论音乐间有彻底的区别——理论医学也会与低贱形式的爱发生关系,而理论音乐对低贱的关系一无所知——但实践医学和实践音乐却有基本的亲缘关系。厄里克希马库斯提到教育。但他理解的教育没把健身术(gymnastics)考虑进来。他只是个医生。那么柏拉图认为医学和健身术的真正关系是什么?健身术是正面的(positive)技艺,医学是矫正的(corrective)技艺,正如教育是正面的技艺而惩罚是矫正的技艺一样。厄里克希马库斯只跟病体打交道,他强调技艺的尊严暗示了,从自然角度说只存在有病的身体,为救治这种自然的疾病,人们才需要技艺。

> "在这里,同样的论点又回来了:人们必须满足规矩的人,并且看看目前还不算规矩的人会不会变得规矩起来,必须保护这些人的爱欲——这就是漂亮的爱欲,属天的爱欲,与属天的缪斯(the uranian muse)有关的爱若斯。但对于跟属民的柏丽希姆尼亚(Polyhymnia)①有关的爱欲,人们无论把它用到什么之上,都得很小心,这样人们就可以从这种爱欲中获得快乐,不用去加入任何漫无节制(licentiousness;或译'放荡'),正如在我们的技艺中有一桩重要任务,即运用烹调术来漂亮地调配食欲,让人既可享受美味又不致害病。因此,在音乐、医术及其他所有跟人和神有关的事情中,人们都得在情况允许的范围内保护好每个爱若斯,因为在这些事情中有一双[爱若斯]。"(187d4-188a1)

烹调术必须由医术指导。烹调术是提供快乐的技艺;但我们

---

① [译按]缪斯女神(Muses)共九位,柏丽希姆尼亚是其中之一。

都知道,医术不能[提供快乐]。厄里克希马库斯这里处理的是作为音乐的一种分支(subdivision)的爱欲论。他只在人类之爱上花了很少一部分力气。泡赛尼阿斯和斐德若作为唯一主题的东西,在他的讲辞中仅占很小一部分。从音乐和医学中得出的教训是:高贵的爱是对和谐的爱,和谐由对立两极构成。因此,同意行为端正的人的求欢是高贵的,对目前尚未做到行为端正的人,考虑到他们将[104]会成为行为端正的人,同意他们的求欢,保留他们的爱,也是高贵的。同意放荡者的求欢是低贱的。这种低贱的爱应被根除,因为它是病态的爱。但他说的不是这个。高贵的爱——属天的爱——是对属天缪斯的爱。低贱的爱——庸俗的爱——是对柏丽希姆尼亚的爱,是对庸俗音乐(vulgar music)的爱。然而,后者不应遭到根除,而应受净化。为何这种与低贱的爱欲对应的低贱的缪斯不应被根除?以前他谈到医学时,曾说低贱的爱应被根除。高贵的缪斯不会给我们快乐,但低贱的缪斯却可以。

这里跟《斐勒布》(*Philebus*)(这篇对话按传统次序被排在《会饮》前面)的原则有某种联系。《斐勒布》的主题是整体的与人相关的善(the whole human good),这善由两部分组成:知识和快乐。无论这主题在柏拉图那里意味着什么,厄里克希马库斯的论点以某种方式与之有亲缘关系。但还是让我们回到我们的论题上来:高贵的爱欲与低贱的爱欲的关系,正如医学与烹调术的关系。这种话在柏拉图的《高尔吉亚》中也或多或少讲过。由此,我们可以理解前面提到的苦与甜的对立。厄里克希马库斯在列举各种对立时,把苦与甜的对立放在中间,这已经预示这个例子极其重要。甜顺乎自然,苦背离自然:这不是个形而上学陈述,而是个经验陈述。甜的东西并不与味觉格格不入,苦的东西则与味觉格格不入。正如在泡赛尼阿斯的讲辞中,礼法或曰法律势必要结合进某些东西一样,与爱欲有关的技艺也必须把两种爱欲形式结合起来并克服它们的分离;但由这种技艺加以调和的对立两极(该技艺将这两极归纳为彼此相爱)是高贵的爱欲与低贱的爱欲,不是有情人与情伴。[调和有情人与情伴]这个问题并不存在,因为我们只有互相的爱。[把]缺乏快乐的爱欲与带来快乐的爱欲[结合起来],[把]导向善行的爱欲与导向身体快乐的爱欲[结合起来]——这便是与爱欲论相关的技艺(the art of eroticism)具有的功能。

厄里克希马库斯愿意给爱欲最高的礼赞。爱欲是通过自然移动万物的力量,因为每种事物的发生(every happening)要么由于类似物之间的爱,要么是由于对立物之间的爱。各位可以用吸引与排斥的力学术语对此加以描述,尽管这样会丢失某些东西。用与人相关的术语说,它要么由于同性间的爱,要么由于异性间的爱。但厄里克希马库斯不能在此止步,因为他必须区分高贵的爱欲与低贱的爱欲;当你谈到类似者之间的爱和对立者之间的爱时,难道它们都是高贵的? 在这种情况下,这种区分因为他对同性爱的偏好得到支持。高贵的爱欲是类似者的爱——男童恋。不过,他还希望赞颂自己的技艺,赞颂医术。高贵的爱欲的统治地位不是出于[105]自然,因为[自然中]也有一种低贱的爱欲。高贵的爱欲的至高地位是技艺的产物,它并非出于自然。男童恋的非自然特性使厄里克希马库斯可以同时赞美男童恋和技艺。这点我要解释一下。乍一看,各位也许会说:那些出于自然(by nature)彼此对立的东西——男性与女性,出于自然也趋向彼此相爱。这种结合顺乎自然,是健康的。那些出于自然彼此类似的东西——男性与男性——[出于自然]也趋向彼此分离。男性与男性的结合悖逆自然;它是病态的。如果技艺不应违背自然行事,就必须让这些类似之物分离。换言之,医学将用于治疗男童恋,而非用于治疗合乎自然的异性恋。但当然,厄里克希马库斯认为这不能接受。男童恋的原则可陈述如下:那些出于自然彼此类似的东西也会出于自然彼此趋近。这样的话,随之而来的当然就是:那些出于自然而对立的东西——男性与女性——趋向于彼此分离,为了让这些对立者——男性与女性——彼此相爱,我们需要一种技艺。为了人类的保存,必须通过技艺把男性与女性结合在一起。这将意味着,人的保存完全仰仗于医术,这是不折不扣的夸大其词。但另一方面,这种技艺跟厄里克希马库斯自己的爱欲论无关。他必须既赞美自己的技艺又赞美自己的爱欲论,他必须认为这两者彼此有亲缘关系。否则他就不会满意。如果原则规定——对立之物倾向于彼此分离,为使他们彼此相爱就需要技艺——如果这些原则要得到保留,如果他的技艺跟他独特的爱欲论要协调一致,那么,必定就存在某种对立,这种对立只有他的技艺(或只有技艺本身)才能克服。这种对立不是男性与女性的对立,而是德性与快乐的对立。他必须寻求对立两极的和谐,男性与女性的对立之间用人工办法达成的和谐不起作用。他在善行与快乐的对立中找到了他寻求的东西。但必须指出,克服这一对立的不是医学,而是音乐。如果德性与快乐是对立两极,那高贵与快乐也就成了对立两极,而快乐就成了低贱的东西。通过在高贵与低贱之间建立一种可行的和谐(a working harmony)来解决人类的问题,这是个苛刻的要求。我想,这点到目前已经很明显了。

厄里克希马库斯曾告诉我们有这样一个领域,在这领域中,两种形式的爱欲只有其中一种存在,这个领域我称为理论音乐的领域,它某种程度上可以让我们想到数学。这点已经被忘记了,或者,也许没有被忘记。他暗示,这个领域既不属于人事(human things)的范围,也不属于神事(divine things)的范围。在他看来,神事在实践中等同于自然事物。有[106]种学说认为,数学事物不是自然事物,当然,它们也不是人事,因为数学事物本身与人的安康无任何关系。我想重复一点。厄里克希马库斯一开始说,低贱的爱欲必须要清除,意思是要清除病体对加重其疾病的东西的爱。他现在说,低贱的爱欲必须加以保存,但要让它服从一个整体目标,服从高贵的爱欲,而那意味着快乐。他想同时赞美男童恋和自己的技艺。什么可以帮上忙？只能是：人出于自然是异性恋的；他的技艺则产生同性恋。但对任何明智的古希腊人来说，说某种事物违背自然是一种贬低。厄里克希马库斯不能同时赞美两者。他如果说男童恋顺乎自然，那他的技艺在以人工手段将男性与女性结合在一起时，便与男童恋不再有任何共同之处。技艺与男童恋彼此排斥，这点跟既是动物又是思维存在者的人的真实自然本性有某种关系。但这两种不同的功能又多多少少有某种程度的和谐，这种和谐排除了厄里克希马库斯既异想天开又自相反对的企图。在剩下的讲辞中，他讨论神事中的爱欲。目前为止，他说的都是人事中的爱欲，还作出了一个划分——医学中的爱欲与音乐中的爱欲。严格意义的爱欲学说只是音乐中的爱欲学说的一个分支。接下来他开始转向神事中的爱欲。我们将会看到，他说的神事就是自然事物，就是宇宙事物。

可以说厄里克希马库斯有四个论题：医学（处理可见的身体[或译：形体]）；音乐（处理不可见的声音）；天象术（astronomy）（处理遥远的可见形体）；占卜术（divination）（处理不可见的诸神）。这是一个从身边最明显可见的形体到最遥不可及的不可见诸神的上升过程。他其实在暗示，作为医生，他处理身边的可见的身体；在所有被提到的技艺中，他的技艺最可靠。在我提到过的克吕格（Krüger）的那本书中也说到这点。但绝不可忽略另一面，即如下的比例关系：身边的可见物与身边的可听物（the nearby audible）的比例，正如远方的可见物与远方的可听物的比例。［两组比例关系中］前半部分之间的联系很清楚。那［后半部分的］可听物之间又如何呢？在提及诸神时，可听的要素在哪里起作用？诸神被知晓是通过声音，通过听闻，通过传统。口口相传（hearsay）是关于诸神的知识的基础。不过我们也必须看到人事与神事之间的区别。医学和音乐处理人事，天象术和占卜术处理神事。天象术与占卜术的关系不像医学与音乐的关系。它更像是理论

医学和理论音乐与实践医学和实践音乐之间的关系。[107]让我
们接着往下看。

> "因为,即便在一年四季的构成中也充满这两种[爱欲]。
> 我刚才提到过那些事物——热与冷、燥与湿,要是它们在相
> 互关系中获得规矩的爱欲,得到一种和谐和适度的交合
> (blending),就会给人、给所有其他的牲畜草木带来风调雨
> 顺,而不会造成不义(injustice);但是,在季节交替中,要是带
> 着肆心的爱若斯(the Eros that goes along with hubris)在力量
> 上占了上风,就会带来很大损害,造成不义。瘟疫以及在牲
> 畜草木中出现的许多别的奇奇怪怪的病,一般来说都是这么
> 来的。比如说,霜、雹和霉变等就是因为这类情事的过度和
> 紊乱带来的,对这些爱欲现象——涉及星换斗移、四季交
> 替——的知识,人们称为天象术。"(188a1-b6)

换言之,人类关于神事的知识的第一个分支是天象术,这门
科学研究各种天体,它们被异教徒(the pagans)认为是神性的。厄
里克希马库斯在这里提到了高贵的爱欲,这种爱欲不是技艺的作
品,他也提到了与高贵的爱欲相对应的低贱的爱欲,这种爱欲当
然也不是技艺的作品。由热与冷、燥与湿构成的适度的爱欲可以
给人、畜和草木带来健康。这种高贵的爱欲不会做任何不义的
事。这些元素中过度的(dissolute)爱欲会导致瘟疫,造成不义。
如果各位把这段文字与前段文字对比一下,你们会看到,186d-e
说:最对立的两极——如冷与热——之间相互的爱本身就可带来
健康。但现在他又说不是这样,在这种相互的爱中,只有某种类
型的爱才可带来健康。何以有这种变化? 在上段文字中,他的起
点是两极对立的首要地位,即战争的首要地位。因此,两极间的
爱完全是技艺的作品。现在他作出一个区分。对立两极的战争

本身就是一种特殊种类的爱或结合。哪种结合可以成为对立两极的战争？类似物之间的爱。对立两极间的战争，所有热的东西的相互吸引，是热的东西从冷的东西中的分离（disunion）。我们现在来到了问题的根本处：在自然本性上，爱欲的统治具有普遍性。在天象术这种特殊情形中，技艺不能影响这两种形式的爱欲，既不能影响类似物对类似物的爱，也不能影响对立物对对立物的爱。技艺只能对它们进行预测，从而通过对人提出警告给人以帮助。

厄里克希马库斯这里使用的学说来自著名哲人恩培多克勒（Empedocles）。在亚里士多德的《形而上学》（*Metaphysics*）中（尤其该书985a21-28），各位可以读到恩培多克勒学说的简要概述。恩培多克勒这位哲人来自西西里某地，他写过一首诗，这首诗有很长一段[108]被保留下来。有趣的是，恩培多克勒那首诗写给一个名叫泡赛尼阿斯的年轻人，就如厄里克希马库斯的讲辞在某种意义上也是给泡赛尼阿斯的一样。让我们看看这些趣事意味着什么。恩培多克勒说，世界有四种元素，所有发生的事物，不是结合就是分离，不是爱就是毁灭。但这里的微妙处在于：战争只是另一种形式的爱，即类似物之间的爱。如果不同元素会聚在一起，宇宙会解体。类似物之间的爱导致混沌（chaos）；对立两极的爱导致有序宇宙（cosmos）。[厄里克希马库斯的]玩笑在于，把这点与男童恋和异性恋问题联系起来。在恩培多克勒看来，这两种形式的爱欲在整全中都是有效的，两种爱欲本身也都是神圣的。对作为理论家的恩培多克勒来说，其中一种爱欲对人畜有害、会导致混沌，而另一种爱欲（即对立两极间的爱）对人畜有益，这不是他关心的根本问题。两种爱欲同样必要，同样神圣；必须有解体，也必须有整合。恩培多克勒这席话的精髓，一位更早的哲人赫拉克利特已经有所描绘：

　　　　对神来说，万物皆高贵，皆善，也皆正义。但人的推测却是:有些事物不正义,另外一些事物正义。

从神的角度看,宇宙的毁灭跟其反面一样高贵、一样正义、一样善,但人从其狭窄的视角出发却说,一方高贵、另一方低贱。

换言之,这种恩培多克勒式学说是一种纯理论的学说。它完全超然于人类需要来看待宇宙;对实践目的而言,这种学说是不充分的。厄里克希马库斯试图在这之间建立联系:他必须称其中一种为高贵的爱,称另一种为低贱的爱。同性恋者或异性恋者如果爱自己的对立面,也就是说,如果他们认可人类生活的条件——这个宇宙,他们就是始终如一的(consistent)。如果他们爱自己的相似者,那他们就并非始终如一,因为这样一来,他们就促成了混沌的复归,随之会造成理性和技艺本身的毁灭。只有当对立两极结合起来,理性和技艺才能存在。厄里克希马库斯采用了众所周知的生理学的科学学说,并将它用于对爱欲的理解。不要相信这种恩培多克勒的学说因为利用了四大元素、不协调和爱,因此在科学上就低于最近出现的主张。我们不能用这些术语来接受该学说;它有许多悬而未决的问题。厄里克希马库斯的学说提出的修正是:顺乎自然的是对立两极间的爱,只有这种爱才使有序宇宙得以可能;对男童恋之爱意味着认可混沌,认可自然的毁灭。然而,厄里克希马库斯没注意到这点。现在让我们来看他讲辞的结论。

[109]"再进一步说,所有祭祀和占卜术所管辖的那些事情——就是让神们和人们互相交通的事,它们关心的,不外乎就是要护理和治疗爱若斯。因为,凡滋生不敬神的事,都是由于在对待父母(无论他们尚在世抑或已过世)和神们时,人们没满足规矩的(orderly)爱若斯,没在每件事上都荣耀和敬重他。占卜术从事的事情就是小心看管那些爱着的人们

> 并医治他们,反过来说,占卜(divination)也是制造人神间情谊的艺匠(craftsman),它深知属人爱欲的知识,懂得属人爱欲事关神圣的正当(sacred right)和虔敬。"(188b6-d3)

前面我们看到,天象术无法影响这些神圣法则(these divine laws)——即这些彼此对立的元素,无法预测它们,但占卜术可以。为什么?因为,如果你假设天上进行的事背后有诸神存在,假设诸神虽不能受天象术影响但却受最广义的占卜术(包括祭祀等等)影响,就有可能在神与人之间建立爱。天象术的极致是占卜术,正如医学的极致是音乐一样。后一点容易理解,因为,无论医生可能告诉你什么,如果你的行为不节制,医生的处方就毫无用处。类似地,若没有占卜术加以完成,没有允许你去控制那些潜在敌对力量的技艺,天象术也不完整。占卜术在人与神之间制造爱欲。我们可以说,占卜是一种宇宙医学,一种确立宇宙秩序(cosmic order)的人类技艺,它通过在神与人之间建立友谊,确立对人畜都有利的宇宙秩序。

神与人之间似乎非战即爱。但根据恩培多克勒式学说,情形并非完全如此,我们已在其学说中看到,战争可以是爱的一种形式。即便我们接受厄里克希马库斯的最后论断,我们也不得不说,神与人之间总能有爱,这爱要么有序要么无序。占卜术可以在神与人之间产生有序的爱。如果人或神有一方以放荡的方式爱对方,不敬神的事紧跟着就会发生在神或人身上。双方必须学会遵从高贵的爱欲,这点通过祭祀对诸神的影响可以做到。你可以通过抚慰诸神来改善他们。

关于厄里克希马库斯的核心论点可以再说一句:所有爱都是相互的,因此,神与人之间的爱也必然是相互的。唯一的问题是,这种爱到底是有节制的(sober)还是放荡的。各位可以想一想宙斯与人之间的爱的故事。为了让诸神清醒(sober up),有一种技

艺是必要的;这便是局部的占卜术。尽管厄里克希马库斯在嘴上
这么说,但他没有真正看清反讽之外的反讽(the irony beyond iro-
ny),也就是说,何以他[110]被迫承认这样一种稀奇古怪的占卜
技艺:这是他信仰 techne[技艺]的必然后果。最终,必须要有一种
能控制机运(chance)的技艺。每种技艺都有一个限度。举个简单
的例子:你可以请最好的建筑师造房子,但你不能知道自己能否
活着住在里面。你可以满怀幸福的希望结婚,但婚姻的技艺不能
保证幸福。你可以种植尽可能好的果园,但果实取决于机运。有
一种机运因素限制着所有技艺。因此,如果你要是个技艺的彻底
信仰者,你必须寻找一种能让你控制机运的技艺。这种技艺将会
是最高、最简单的解决方案——至少理论上是这样,而既然控制
机运的是诸神,那么人们就需要控制诸神的技艺——占卜。对此
我们会一笑置之,尽管我们也有一种试图控制机运的技艺;这种
技艺今天被称为社会科学,它们担当着预测未来的职能。这种东
西跟占卜术很接近。

　　[这次讲课剩余部分未录音。]

　　我来概括一下厄里克希马库斯的讲辞。有一点各位或许还
记得,我也想重复一下:厄里克希马库斯使用了一种宇宙学说,按
照这种学说,那些根本性的事实——四大元素以及排斥或吸
引——是[理解]既有的万事万物的线索。在很大程度上,我们可
以把吸引与排斥叫作爱与恨。我提到过,这个学说来自恩培多克
勒,它是厄里克希马库斯学说的基础。但恩培多克勒更深刻:他
从恨中(这种恨被原子论者称为争斗[strife])中洞悉到爱——这
种爱实际上是类似物之间的爱。因此,如果说火排斥水,这也意
味着火在寻求自己的同类——火,水也在寻求自己的同类——
水。所以,存在两种爱的现象:类似物之间的爱与对立物之间的
爱。这是一种普遍的宇宙现象,可以解释一切。

厄里克希马库斯开的玩笑是：他把类似物之间的爱等同于男童恋，把对立物之间的爱等同于异性恋。（某种意义上，厄里克希马库斯类似于柏拉图《泰阿泰德》中的数学家忒奥多洛斯［Theodorus］。各位或许还记得这个很和蔼很可敬的人，他胸无城府，曾跟苏格拉底说，泰阿泰德看起来跟你像极了，因为他像你一样丑。这里我们看到的是个很学究气的医生，跟忒奥多洛斯不完全相同，但他们两个都不会笑。）这导致了一些非常有趣的结论，上次我们已经讨论过其中一部分。类似物之间爱的后果是，相互类似的物总聚集在一个地方，这意味着宇宙不存在。如果所有元素彼此分离，合成物（composites）就不能存在。因此，对立物之间的爱就等于宇宙的形［111］成，等于各种合成的存在物的形成。为把问题简化，可以这样说：类似物之间的爱导致混沌——至少从我们人类的观点看是如此，而对立物之间的爱导致宇宙。这样一来各位就必须承认：男童恋者遇到了难题。因为，如果他说类似物之间的爱——同性恋——是好的，他就认可了混沌。反之，如果他说异性恋——对立物之间的爱——是好的，他就认可了宇宙。不消说，后一种说法才有意义，因为异性恋是人类生活的条件。

然而，难道人们不可以这样来反驳吗：厄里克希马库斯既不应假定同性恋比异性恋优越，也不应假定异性恋比同性恋优越？难道人们不可以像金赛先生（Mr. Kinsey）和其他人那样做一个价值中立的讨论，①说这两种爱都是完全自然的吗？我们可以说，这一先决条件正是金赛的失足处。在这表面的偏见背后有什么样的推论？金赛和其他人没有明言的前提是什么？人们可以说，该前提是性行为与其功能，其自然功能的分离，是性行为与其目的（telos）或曰目标（end）的分离。如果你把目标考虑进来，那么合

---

① ［译注］金赛当指 Alfred Charles Kinsey，美国人，生物学家，1947 年在印第安那大学创立性学研究所，以对两性行为的调研报告闻名于世。

乎自然的性行为便只有一种。所以，这种观点与同性恋背道而驰。但柏拉图为何让厄里克希马库斯做同性恋的代言人？难道只是因为个人特质（idiosyncrasy）？柏拉图的用意是：在这种性倒错（perversion）中，有些东西只能预卜（is divined），不能得到理解。也就是说，尽管爱欲首先是两性间的身体欲望，但它不能在生育中被耗尽。人（man）不能在生育中找到满足。生育不是人的整个目的，整个目标。男童恋可被理解为对这个事实的一种预卜（divination），从这观点来看，男童恋在它预卜的东西中要比自我满足的异性恋更真实。

　　人们也可以这样说：价值中立的考量将所有性生活形式都当作同等有效的，这种考量是错误的，因为它抽象，它与自己声称的具体恰恰相反，它与自己要给出每种情形和每种可能性的声称恰恰相反。由此，厄里克希马库斯论点的特征在于，爱是一种宇宙现象；它不仅指向漂亮的人、漂亮的男性，也指向漂亮之外的事物。他的论点的第二个特征是赞美自己的技艺。他完善了把爱欲当作某种外在物的附属品的观点。在这两个最引人瞩目的特征——即作为一种宇宙力量的爱欲与关注他自己的技艺——之间有没有关联呢？与爱欲的普遍性相应的是一种 techne［技艺］的普遍性：不单是厄里克希马库斯的技艺，还有一般意义上的技艺。在厄里克希马库斯的思想中，这样一种联系方式意味着 techne［技艺］的至高地位。最终，不是爱欲居统治地位，而是 techne［技艺］居统治地位。理解厄里克希马库斯讲辞的最大困难在于：何以他所理解的爱欲的普遍性，会导向 techne［技艺］具有至高地位这个断言？我用了［112］古希腊文 techne，因为现代语言中没有与之严格对应的词汇。今天 art［技艺，艺术］一词排除了鞋匠和木匠，但在古希腊人那里，他们都是某种技艺的例证。Techne 跟如今所说的科学（即对高度精确性的一种次于哲学的追求）密切相关。

　　男童恋与其他问题间的联系是：男童恋是非自然的爱。出于技艺的期望提高了,因为出于自然的期望下降了,变得不充分。如果你在有意或无意地偏好非自然的东西,就会因此要求一种能支持这种非自然物的技艺。

爱是普遍的;它是相互的。彼此爱恋的双方受同一种动机激励。这跟斐德若和泡赛尼阿斯不同,在他们那里,有情人和情伴的动机明显不同。爱是普遍的;存在着的万事万物都在爱。吸引和排斥只是爱的不同形式,随着情况变化,它们要么是类似物之间的爱,要么是对立物之间的爱。如果各位观看如下的图式——类似物之间的爱,混沌,男童恋;对立物之间的爱,宇宙,异性恋——在这里,技艺的功能是什么? 如果类似物之间的爱就像我们这里所预示的那样违背自然,那么异性间的爱便顺乎自然。于是,医疗术就具有治疗男童恋的功能。另一方面,[如果]类似物之间的爱顺乎自然。[那么]自然就憎恶对立物之间的爱。于是,只有通过技艺才能带来生育。如果所有人天生都是同性恋者,人类种族仍然存在生育的需要。只有技艺才能带来生育。厄里克希马库斯想让自己的技艺和自己的爱欲论之间获得和谐的企图失败了。所以他只好另辟蹊径。他说,技艺的问题在于,它要把自然本性彼此排斥的对立物撮合到一起。他的问题是把这一点与男童恋调和起来。他的办法是:必须加以调和的对立之物不是两种性别,而是德性与快乐。最高的技艺,即音乐技艺,可以让德性与快乐达到这种和谐,由此使男童恋有可能成为一种高贵的爱。但在这种思路中,德性与快乐被认为是对立之物。这当然又意味着快乐是低贱的,而非在道德上中性的。最高的人类技艺的任务并非他一开始所要求的根除低贱,根除丑陋,而是将低贱和丑陋与高贵或漂亮加以调和。是啊,正像他批评赫拉克利特时说的那样,当快乐与德性达至和谐,低贱者难道不是不再是低贱者了吗? 接下来,高贵的爱欲与低贱的爱欲之间的区别会变成什么? 低贱的爱欲不就只是一种未完成的爱欲(即并非真正的爱欲)吗? 由此,他为阿里斯托芬的主张铺平了道路:阿里斯托芬默然拒斥了严格而言的高贵的爱欲与低贱的爱欲之间的区别。

[113]厄里克希马库斯的论点是相互的爱,这跟他对等级制(hierarchy)的沉默有关系。他没可能按人的等级差别对爱欲做等级区分。各位或许记得,斐德若在说有些人天性最好时曾暗示过这种等级制;但斐德若认为,这些人本身与爱欲无关。泡赛尼阿斯放弃了这点。他对高贵的爱欲与低贱的爱欲的区分与自然本性的差别无关。因此,这里对等级制的沉默和对爱的相互性的一味强调便导致这样的结论:类似物之间的爱并不优于对立物之间的爱。不存在差别;两种爱是平等的,这当然也就意味着混沌与有序宇宙(cosmos)是平等的。今天的我们要理解这点毫不困难,因为我们从我们的科学中得知,世界的状态在六十亿年前跟今天完全不同;客观上没有一种状态比另一种状态高级。我们人类偏好后者,但这只是一种主观的、外在的区分,这区分并非该论题内在固有的。或许我们可以这样说:整部作品中对爱欲的最高赞誉出现在这里。爱欲统治一切。万事万物都在爱。因此,有情人与情伴之间的区分根本没有意义。所有爱都是相互的。没有什么东西出于自然而统治。厄里克希马库斯讲辞中对男性与女性[间的差别]——对柏拉图和亚里士多德而言,这是统治者与被统治者间的自然差别的最直观例证——的彻底沉默也说明了这点。没有什么自然等级。因此,技艺居统治地位,因为我们必须区分较好的和较坏的。如果这种区分不是自然的,那它肯定是有才智地、合理地由人引进的——它肯定来自技艺。泛爱欲论(pan-eroti-cism)暗含了技艺的统治。作为上次讨论厄里克希马库斯讲辞的总结,我想说的就是这些。在转入下文之前,我想了解一下各位有没有什么问题是我们可以解决或无法解决的。

听众:在186b,他[译按:厄里克希马库斯]说身体的健康状态和疾病状态不相似。紧接着他又说,不相似的东西爱不相似的东西。这是不是在暗示,健康状态爱疾病状态,反之亦然?

施特劳斯:这点我上次讨论过了。这是他最初的说法,但后来收回了。我再试着回顾一下。他的起点是两种爱欲——高贵的爱欲与低贱的爱欲——的区分。作为医生,他把其中一个看作健康,把低贱的爱欲看作疾病。接着他又说,健康身体爱健康事物,病态身体爱病态事物。然后,因为有了这种基本区分,他又说不相似的事物爱不相似的事物。身体爱什么?[爱]胀与泄。健康身体爱正确种类的食物,病态身体爱错误种类的食物。[114]然后,出于某些未曾明言的理由,他又不喜欢这样的说法了。我相信其理由是,食物不爱身体。你们可以想想看,一头小羊羔,它是潜在的食物,但它不喜欢被吃掉。在胀与泄的情形中,爱不是相互的,但他追求的却是相互的爱的概念。他不满于此,遂转向对立物之间的爱,这种爱必须经技艺方可产生。各位可以看到,并不是每种说法都有相同的分量,这点也适用于我们。在开始论证时,我们可能会提出一种主张,但这主张半小时后我们不会再重复,因为在这过程中,它已经不够充分。尽管如此,作为论证展开过程的一个阶段,该主张仍然很重要。

[回答问题:]这个根本的难题由恩培多克勒留意到了。他也称它为一种爱的状态,但却是类似物之间的爱。他还把它称为争斗。有一种观念认为,类似物之间的爱导致类似物的聚集,非类似物之间的爱导致合成物——草木、牲畜和人——的产生,这观念背后的东西是什么?它们之间的区别是什么?对此,我想恩培多克勒的回答是:从神的观点来看,它们同样好;但我们人——如果牲畜和草木会说话,它们也会这样——我们说这是有序,那是混沌。一旦接受这点,你会认为医学是正当的,因为它使身体得以成长并恰当地履行其功能。这当然是医学的标准。技艺的功能是把对立物撮合在一起;厄里克希马库斯说,即便在最高的层面上——在处理遥远的可见物体的天象术中——仍然既存在一

种高贵的爱欲又存在一种低贱的爱欲。高贵的爱欲带来健康、四
时交替等等;低贱的爱欲带来瘟疫和类似的现象。对在身边的可
见物体内发生的两种爱欲的冲突,医学可以发生效用;可对遥远
的物体,医学没有用处。

但我们不能却步不前:我们必须找到能控制天体的技艺,这
便是占卜术。厄里克希马库斯的整篇讲辞以对占卜术的赞美告
终。通过占卜术,这些事物中的高贵的爱欲便可取得平衡。为什
么? 因为这是诸神的作为。但谁可以推动诸神? 是人类中的技
艺家(artisan)——这正是《游叙弗伦》(*Euthyphro*)的问题。按厄
里克希马库斯的观点,我们在宇宙中发现的是两种爱欲——高贵
与低贱,有序与无序(the cosmic and the chaotic)——之间的斗争。
他主张的是技艺而非医学的最终统治。天象术处理的那些巨大
物体可以通过诸神,通过预言术,以间接手段加以控制。所有技
艺都关心人的好处(the human good),无论以从属的方式还是以系
统的方式。从理论的观点看,[115]从神的观点看,人的好处无关
紧要。但从人的观点看,这种好处是最重要的。泛爱欲论与技艺
的统治之间有一种必然联系。如果泛爱欲论意味着存在着的万
事万物都是施爱者,没有任何存在物是被爱者或受爱者,那么,等
级制就不存在,好与坏之间的区别也必定是主观的产物。对此有
一个古典的表述,来自赫拉克利特残篇102:

> 对神来说,万物皆正义,皆高贵,也皆善。但人的推测却
> 是:有些事物正义,另外一些事物不正义。

这正是苏格拉底、柏拉图和亚里士多德否定的。他们断言,
善与恶、高贵与低贱、正义与非正义之间的区别不止是属人的(not
merely human),尽管大多数时候,我们只是以属人的方式使用这
些区别。

　　关于厄里克希马库斯的讲辞,我想再补充几点,此前我不是忘了就是没注意到这几点。第一,柏拉图试图将厄里克希马库斯刻画为一个典型的医生形象,正如他将《泰阿泰德》中的忒奥多洛斯刻画为一个典型的数学家形象一样。厄里克希马库斯身上有种迂腐气(pedanticism),如果说得重一点,他还有某种淫荡(lewdness)。当代某些对爱欲的医疗方式,总让我想起伯克(Burke)对十八世纪某些学说的一句评论,他使用的措辞是:"迂腐与淫荡的一种过时、粗鄙、酸腐、阴郁且酷烈的混合。"我认为这话某种程度上也适用于当代。

　　第二,我曾提到,厄里克希马库斯讲辞的背景是恩培多克勒哲学,恩培多克勒曾把一首哲学诗献给一个叫泡赛尼阿斯的人。厄里克希马库斯的这篇讲辞是给眼前这个泡赛尼阿斯的。恩培多克勒在这里很自然地成了藏在厄里克希马库斯背后的靶子,因为恩培多克勒哲学是真正的泛爱欲哲学。爱——无论是对相似物的爱还是对对立物的爱——统治一切。关于恩培多克勒,还有一件奇怪的事。我给各位读一下弗里曼(Kathleen Freeman)翻译的残篇第111:

> 所有存在的抗击疾病和衰老的药物,你都将知晓。只是因为你我才完成所有这些。你将阻止不变的狂风的威力,它们用自己的气浪撞向大地,并让肥田沃土成为废墟。另外,如果你愿意,你要让微风再回来。在暗淡的淫雨之后,你将及时为人们带来干燥;另外,在经历了夏季的干旱之后,你将创造水,让它们滋养树木,飘浮在天空。你将把一个恢复力量的死人带出冥府(the Hades)。

　　换言之,恩培多克勒也在教导 techne(技艺[art])的普遍力量[权力]。就我搜集的材料而言,这是唯一一篇柏拉图之前的哲学文献,它已在某种程度上接近为力量[权力]而[从事]科学(science for the sake of power)这个概念,这个著名[116]的培根式表述。在厄里克希马库斯的讲辞中,我们同样也看到了泛爱欲论与一种 techne[技艺]的普遍性的结合。

我想提醒各位注意两点。第一,我们已看到三篇从外在观点看待爱欲的讲辞——即斐德若、泡赛尼阿斯和厄里克希马库斯的讲辞,他们分别根据获利、道德德性和技艺看待爱欲。在阿里斯托芬、阿伽通和苏格拉底那里,爱欲被认为有自主权(sovereign)。这点与另一条谋篇布局的原则有重叠。斐德若讲辞的角度是情伴,泡赛尼阿斯讲辞的角度是有情人;在厄里克希马库斯看来,他们不是互爱的有情人(mutual lovers),但他们可以成为这样的人。厄里克希马库斯和阿里斯托芬都是成年男子,他们没有从有情人和情伴的角度讲话,但他们都想当然地认为,完美的爱是相互的。阿伽通和苏格拉底可能成为有情人和情伴——年轻的阿伽通和年长的苏格拉底。中间一对讲者从相互性角度讨论爱,我们以后必须弄清楚这意味着什么。这只是对[文本]表面上的任意性这个一般问题的一种特定说明(specification),这个特定说明刻画了特殊意义上《会饮》的特征以及一般意义上柏拉图对话的特征。我们在这里看到一些有个体特征——诸如姓名、性别和鼻子等——的个人,他们在讨论爱欲。这是对生活的摹仿。不管什么时候,只要我们看到有人在讨论某些问题或在做任何事,那他们总是些有个体特征的特定个人。生活在这个意义上是随机的。人们之所以试图理解生活,其意图是为了从发生的事件中找出理由或曰原因,发现模式,但秩序不能解释一切,因为总有些零碎材料,无法通过任何模式来理解。这便是古希腊人的 tyche,即机运,所意指的东西。这便是生活运转的方式,柏拉图在他的对话中摹仿生活。但这种摹仿是技艺性的(artistic),因为某种意义上这是对生活的篡改。对生活的纯粹复制不会是技艺性的。这种技艺性摹仿的原则是否认机运——每件事情都是必然的。我们可以说,柏拉图的对话作为整体便基于这样一种高贵的错觉或曰高贵的假话:在对话中,所有事情都是必然的。严格说来,这点甚至适用于角色的姓名,但那自然也有限制。

这里的主题是爱欲,一个普遍的论题,参加讨论的是有着各式各样偶然特征的个人。在普遍与个体之间有种不均衡。对于爱欲,可以有无穷无尽的个体可能性,但只有几个人被挑出来。我们必须透过这些出场的个人看问题,必须从他们身上看出典型的东西。柏拉图一定抱有这样的看法,即他选出的都是关于爱欲的典型可能性。换一种说法,[117]你们必须看到讲者的学说与讲者所代表的人的类型间的联系,不能把这些讲者只理解为区区个体。这还意味着,出场类型的选择必定有某种完整性。如果类型安排不完整(这是可能的),那么人们不能只是简单地说柏拉图忘了那种类型;人们必须提出这样的问题:柏拉图为何省略那种类型?这或许是因为他不想让那种类型出场,要么因为那种类型无趣,无关紧要,要么有其他理由。

让我们考虑一下完整性的问题。通过我刚才的图解可以看到,爱欲要么附属于某种外物,要么具有自主权。前者可再分为三种——附属于获利的爱欲,附属于道德德性或法律的爱欲,附属于技艺的爱欲。我们必须要问:这个描述完整吗?除获利、德性和 techne[技艺]外,还有没有其他备选项,爱欲可以附属于它,我们不得不为之找到一篇讲辞?我相信,再三思考后我们发现这个描述是完整的。无论如何,难道我们不是在这里揭示了那个支配整部作品的原则吗?整个教室用沉默赞同我的看法——没有什么备选项了。但后来,一个不愿透露姓名的朋友告诉我,"为何不可以是生育?"某种意义上,这的确有理。我们可以说,生育在接下来的三篇讲辞中以不同方式作为主题出现过。但我必须补充一点:获利、德性和技艺严格来说都外在于爱欲;但生育不是。

因此,各位的沉默和我的主张是有根据的。这造成了一种偏见,它支持以下的观点:我们可以在对话结束时找到关于爱欲的完整讨论。可一旦确定这一点(我没声称我这番话可以确定这点),我们就必须问:在这些类型——获利、道德德性和技艺——与提出这些类型的人之间,有没有适当的相关性? 比如道德德性,我们难道不可以说,用道德监管爱欲的最佳代表会是一个刻板的道德主义者,例如一个清教徒? 换言之,柏拉图没让刻板的道德主义者出场,难道他遗忘了某种重要的东西? 难道道德主义者不该成为爱欲与道德间冲突的代言人吗? 为理解柏拉图的实际做法,人们绝对有必要为自己考虑各种备选项。柏拉图做了个决定——就是这本书。关于这决定的依据,柏拉图没告诉我们,我们必须自己去发现。理解柏拉图的对话不单是为了认识这个决定,更是为了理解这决定的依据。柏拉图为何不让一个严苛的清教徒代言道德观点?

听众:可能严苛的清教徒逃避爱的领域?

施特劳斯:我当然不是在说加尔文(Calvin),但历史上也曾有过为爱欲困扰的清教徒。这不是不可能;[118]加尔文或许没注意这个问题,但不是每个清教徒都没注意。真正原因是什么? 他压制了这个问题。道德的至高地位如此确定也如此明白,以致真正的冲突不可能出现。清教徒可能无法赞美爱欲,但对这里的每篇讲辞来说,赞美爱欲却是基本条件。尽管如此,有人可能会说:柏拉图有点儿狭隘,没给我们提供清教徒面对爱欲的景观。对此的回答极为简单:他在《王制》中这样做了。可以说,他写了一整本书来展示这种冲突。《王制》始于这样的故事,在其中,诗人——怎样一个诗人呵,[那可是]索福克勒斯——用最强烈的措辞抱怨说,爱欲是可怕的僭主,但作为老人,他已经幸运地摆脱了它。如果连这都不算甚至一位诗人对爱欲的拒斥,我不知道还有什么能算。柏拉图没忘记这个问题,但这问题不适合在《会饮》中提出。但[提出道德与爱欲间冲突的]为什么是泡赛尼阿斯？或许有另外的备选人物。这个人不但有必要凭自己的经验了解这个问题，他还必须有一种特殊的关切。换言之，在每种情形之下，人们都有必要问这个问题：讲者在自己的学说中难道没有私利吗？他的讲辞难道不是 pro domo[为了自家利益]？我认为，我们最终必须在为了自家利益的讲者与不为自家利益的讲者之间作出区分。泡赛尼阿斯显然为了自家利益：作为上了年纪的有情人，他没有充分的爱欲方面的长处，他最大的长处就是可敬（respectability）。在此语境下，他自然就是关于爱欲的这个方面的最佳讲述者。我不是说这样就够了——还差得远。我只是想说，这样做是必要的。并且，要想充分理解任何这类作品，将需要一种详尽的论证。

回到厄里克希马库斯。他代表了与爱欲有关的技艺的视角。他是个医生。这不难理解。今天的爱欲专家是谁？是心理分析学家，他们也是医生。医学是关注爱欲及其后果的技艺——各位不妨考虑一下产科学和妇科学，它们显然都是医学学科。但同样真实的是，医学与关心身体健康的健身术不同，医学要跟病态身体打交道。疾病与健康的全部问题是医学的主题；因此，病态的爱欲与健康的爱欲间的区别源于医学观点——有两种爱欲，正如对泡赛尼阿斯而言，高贵的爱欲与低贱的爱欲间的区别源于其道德观点。

七　阿里斯托芬

[119]接下来让我们转到阿里斯托芬讲辞和几句引语式议论。先回顾一下斐德若和泡赛尼阿斯的讲辞：人们绝不可从有情人——尤其是爱的受益者——的观点看爱欲，也不能从有情人的私利角度看爱欲——这样的有情人想利用他的爱欲学说赢得他的情伴，还不能从一种 techne［技艺］的拥有者的角度看爱欲——这样的人从高处对待爱欲并控制爱欲。有情人，感受到爱欲力量的人，必须充分表达自身经验。

阿里斯托芬是个充满爱欲的人，他的爱欲不像泡赛尼阿斯对阿伽通那样，是为了这个或那个个人。用苏格拉底后来的话说：他的爱欲不杂任何小气（pettiness）。在苏格拉底看来，在这种本质上偶然的个人身上都有一种小气，一种局限，而更完满意义上的爱有一个更开阔的视野。这跟我们的感觉相反，但我们必须看看这种说法有没有道理。

所有此前的讲者都关注爱欲之外的某种东西——获利、德性、技艺。我们在开头的 177b 已看到，阿里斯托芬关注的只有狄俄尼索斯和阿佛洛狄忒，前者是酒神兼戏剧神，后者是爱的女神。再说，难道狄俄尼索斯这位掌管戏剧尤其是谐剧的神，会让阿里斯托芬的讲辞走上偏道？

还有，如我前面试图解释的，厄里克希马库斯似乎在暗示，快乐本身是低贱的。真正的音乐技艺调和了德性与快乐，但它把两者作为对立面加以调和;因此快乐是低贱的。这种低贱或丑陋是谐剧的主题。为嘲笑低贱者,诗人须表现低贱。但我们怎样才能把这种表现低贱的技艺与对爱欲的赞颂调和起来? 阿里斯托芬面临着一个表面上难以完成的任务,即通过丑陋或低贱的元素赞颂爱欲。另外,厄里克希马库斯的技艺跟他自己的爱欲彼此矛盾。如果要保留男童恋,人们就必须放弃技艺。这也可说是阿里斯托芬得出的结论:他放弃了技艺。替代方案将是另一种技艺,诸如助产术和做媒,那是某个个人——苏格拉底——自夸的技艺。但那是后来的事。厄里克希马库斯与斐德若和泡塞尼阿斯截然不同,他只知道相互的爱,但他把爱欲从斐德若确曾提过的自然等级中分离出来。阿里斯托[120]芬将联结各种爱欲的等级,不是高贵的爱欲与低贱的爱欲的原始对立,而是一种结合人类的自然秩序的爱欲等级。

我们看到,阿里斯托芬跟厄里克希马库斯换了位置,这意味着两人某种程度上可以互换。厄里克希马库斯是个医生,是个自然学家(physicist);而阿里斯托芬后来也证明自己是个古希腊文意义上的 physiologist[论说自然者]——一个自然的研究者(a student of nature),但他的自然研究却导向了自然的等级制。阿里斯托芬与前面两个讲者——泡赛尼阿斯和厄里克希马库斯——截然不同,他将再次强调男子气,强调这种被软弱的泡赛尼阿斯和体弱的(valetudinarian)厄里克希马库斯彻底遗忘的德性。现在,让我们先看一下[从厄里克希马库斯讲辞]到阿里斯托芬讲辞的过渡。我以后会连起来讨论这些过渡环节。开始的讲辞都很顺畅,未遇任何中断,但现在却开始出现各种插曲。为何出现这种情形我们后面会讨论。"接着,[阿里斯托得莫斯]①说,阿里斯托芬"从厄里克希马库斯那里"接过话头"。由此,阿里斯托芬的

---

① [译按]方括号及其中内容为原文所有。

讲辞就跟厄里克希马库斯的讲辞接上了;厄里克希马库斯的讲辞在顺序上又接着泡赛尼阿斯。除这两条构造原则外,泡赛尼阿斯、厄里克希马库斯和阿里斯托芬还构成一个单元:他们都是男童恋的明确辩护者。泡赛尼阿斯提起的话题将在阿里斯托芬那里彻底完成。为何阿里斯托芬能完成该话题而泡赛尼阿斯和厄里克希马库斯不能?这某种程度上跟阿里斯托芬是个谐剧诗人有关。你们当中凡读过阿里斯托芬原文甚至译本的人都知道,他的剧作无以名状地有伤风化(indecent)。或许正是这种极端有伤风化的要素允许他完成了以任何其他方式都不能完成的事情。

> "它(嗝)的确止住了;可毕竟经过一道打喷嚏。因此我想,身体的通泰(orderliness)是不是需要像打喷嚏那样的一些声响和痒痒。瞧,我一用上喷嚏,嗝果然止了。"(189a1-6)

通泰(orderly)一词源于 cosmos[宇宙/有序]。这段话说明什么?在身体的情形中,通泰(the orderly),得体(the decent),行为端正,显然需要丑陋——喷嚏及诸如此类。或许灵魂也是如此。如果是这样,那么,对爱若斯的赞美将会需要对低贱或丑陋的赞美。我们看到,阿里斯托芬的嗝打得很厉害。

> 厄里克希马库斯说,"我的好阿里斯托芬哟,瞧你在干什么。一张嘴就给我搞笑;你这样说是在逼我成为你讲话的看守人,看住你的讲辞中会不会有什么搞笑的,你本来可以在和平中说嘛。"(189a7-b2)

[121]看看我们理解得对不对。厄里克希马库斯说,你"一张嘴就对我搞笑"。他似乎在暗示讲话和搞笑(joking)不相容。这么说有道理吗?阿里斯托芬一直在做的恰恰就是制造各种滑稽

的(funny)声响。讲辞是严肃的。"你这样说是在逼我看住你的讲辞,免得你说出可笑的东西来,你还逼我通过研究你讲辞的能力来看住你的讲辞,这种能力跟你发出各种滑稽声响来嘲笑我的技艺的能力不同。但你没必要担心——这里不再需要滑稽的声响,不再需要喷嚏或玩笑。"我想,这就是厄里克希马库斯想说的。

> 阿里斯托芬笑着说:"你说得对,厄里克希马库斯,就当我刚才说的不算数。不过,可别看住我,因为,对我自己将要说的话,我担忧的不是说些搞笑的事情(geloia)——毕竟,讲笑兴许也是一种优长,而且属于我们的缪斯(our Muse)的领地——而是自己的话成为笑柄(katagelasta)。"(189b3-7)

阿里斯托芬笑了——这在这里极为罕见。我们要看看还能不能找到另一个例子。如果某人笑了,这意味着什么? 例如,在《王制》卷三,一个发出笑声的人(a man of laughter)是不节制的一种形式。因此,除了临死那天,苏格拉底从来不笑。在打嗝中表现出的不节制,在这次的笑中同样有表现。阿里斯托芬收回了自己刚才的话。他的意思是不是说:有序的事物需要滑稽的声音,或者说它们需要丑陋的事物?"我们的缪斯"——厄里克希马库斯的说法是"我们的技艺"。缪斯与技艺的明显区别是,跟缪斯有关的人(the music man;或译"有诗艺的人")是受神启的(inspired)人。阿里斯托芬的讲辞是第一篇受神启的讲辞。我们可以说[《会饮》中]有三篇未受神启的(uninspired)讲辞,有三篇受神启的讲辞。我们还得做一个小小的进一步的划分——完全未受神启的是斐德若那篇讲辞。

[**更换磁带**]

"你以为你惹了我还可以溜掉吗,阿里斯托芬,"他说,

"还是留点儿神吧,要说得有理有据(logos)。不过嘛,倘若由我来决定的话,我会放你一马。"(189b8-c1)

厄里克希马库斯说,你以为可以一笑了之吗;但还是对我负责点吧,完成我的 logos[话语;道理],别再搞笑了。将成为裁判的不是狄俄尼索斯,而是医学。尽管厄里克希马库斯讲辞与阿里斯托芬讲辞的巨大差别在这一简短交锋中展现无遗,但如我说过的,他们仍然可以互换。谐剧诗人,并且只有谐剧诗人,才能揭示这种或任何其他的自然论说(physiology)的完整真相。

听众:这里有没有提到,笑声本身就是滑稽的声音?

[122]施特劳斯:阿里斯托芬有可能嘲笑自己开的玩笑吗?

听众:如果其他人嘲笑阿里斯托芬讲的话,如果笑是一种病,那么厄里克希马库斯就有权制止它。

施特劳斯:我得好好想想,现在还不能回答这个问题。我愿意再次重复吉尔丁先生对厄里克希马库斯与阿里斯托芬之间的插曲(厄里克希马库斯在此显然对讲话和引起笑声做了区分)的看法。这似乎在暗示,讲话不能造成笑声。能造成笑声的只有滑稽的声音,而我们也看到了诸如打嗝和打喷嚏等滑稽的声音。吉尔丁先生很正确地指出:笑与纯粹的微笑截然不同,因为笑当然也可称为一种滑稽的声音。从这个角度看,厄里克希马库斯话中之意或许是:正如我作为医生有义务制止打嗝和打喷嚏等滑稽的声音,我也有义务制止滑稽的笑声。这再次指出了他的迂腐性格。

"说得倒是(kai mēn),厄里克希马库斯,"阿里斯托芬说,"我要换个方式,跟你和泡赛尼阿斯讲的都不同。依我看,人们迄今都还完全没有感受到爱若斯(eros)的能力,因为,要是他们意识到这一点,就会替爱若斯筑起最雄伟的庙宇和祭坛,搞最盛大的献祭;哪里像现在这样,从未见到为爱

若斯做这些事,尽管毫无疑问他们理应为他做这一切。理由是:所有神祇中,爱若斯对人最友爱……"(189c2-d1)

各位可以看到,这里他仅仅提到厄里克希马库斯和泡赛尼阿斯。只有这两人的讲辞跟他的论题有关。他怎么说?人们的行为像是表明,他们从未感受过爱欲的力量,因为不然的话,他们对爱若斯的崇拜会超过其他任何神。现在他们没有恰当地崇拜他。阿里斯托芬言下之意是,我们现在要发起一场宗教革命,不仅仅是像泡赛尼阿斯建议的那样,只对法律进行温和的改变。阿里斯托芬某种意义上引进了新神。他某种意义上犯了苏格拉底被指控的那种罪。爱若斯之所以值得人们给他最盛大的崇拜,是因为在所有的神中他对人最友爱(most philanthropic)。并非因为他是最古老、最有力或最正义的神。斐德若赞颂爱欲是因为他对情伴——他自己——最有用。阿里斯托芬则说爱欲对人类最有用,这是个远为宽广的考量。当然,我们必须问,爱若斯受到自己应得的崇拜后,对其他诸神的崇拜又将有怎样的正当地位(rightful status)。对其他诸神不是必定会有某种抹黑(denigration)吗?

[123]"……扶助人,替人医那些病,要是医好了,人类就可以享最美满的福气。"(189d1-3)

爱若斯是医生,不是医学技艺。后文将可看到,爱欲(包括男童恋在内)不是一种病,而是一种医治。医治带来最美满的福气。疾病是不幸福。换言之,爱欲不仅可以医治这样那样的缺陷,还可如后文所说,医治人类生活的根本需要。对爱欲的这类赞美此前没有出现过。

> "我接下来就要试试让你们懂得他[爱若斯]的能力,以
> 后你们可以教所有别的人。"(189d3-4)

阿里斯托芬将向在座的人传授一种迄今不为人知的东西,一
种秘仪。他不会是那个把秘仪向其他人泄露的人。但其他人可
能会泄露出去。

> "首先,你们必须懂得人的自然及其遭际。"(189d5-6)

阿里斯托芬似乎反对厄里克希马库斯的宇宙论学说,他只限
于讨论人类。但他说"首先"。他只能从人事——或不如说从人
的自然本性——开始。他许诺要讨论人的自然本性,但没有许诺
讨论爱欲的自然本性。此后这将是阿伽通的出发点。尽管阿里
斯托芬谈了各种各样的事物,爱欲的自然本性仍将是模糊的。

> "我们的自然过去与现在不是同一个样子,可以说完全
> 不同。开初的时候,人的种类有三种,不像现在是两种,除了
> 男的和女的,还有个第三种,也就是男女两性的合体,这种人
> 已经绝迹,只留下名称。这种人是阴阳人,样子(eidos)和名
> 称是两者的结合,既男又女,可如今这种人已不复存在,仅留
> 下这个骂名。"(189d6-e5)

阿里斯托芬从一种已绝迹的人的性别说起。这很自然,因为
它最引人瞩目;另外也因为,这种性别现在名声最差。关于曾经
有这种人存在,最早由恩培多克勒传授,他是这种[性别]图式的
始祖,也是厄里克希马库斯的权威。今天这种性别只剩下一个影
子,一个名字,但起初它本身的确存在过,还有一个让人尊敬的名
字。现在这个名字有一种一般的运用。如果广为接受的意见对

阿里斯托芬没有权威,如果受尊敬和被接受是高贵或公平的一种重要形式,结果会如何? 阿里斯托芬开宗明义:他本人作为生活在卑劣和低贱要素中的谐剧诗人,恰恰要揭示声名狼藉的东西。

> [124]"其次,每个人的样子从前都整个儿是圆的,背和两边圆成圈。成球形,他有四条手臂,四只手,腿和脚的数目与手臂和手的数目一样。在圆成圈的颈子上有一模一样的两张脸,属同一个脑袋,只不过方向刚好相反;耳朵有四个,生殖器则有一对,可以想象,所有别的器官也都是成双的。"(189e5-190a4)

每个存在者都是一整个儿。这意味着它是个圆球。除头和颈外,身体所有部分都曾是[现有的]双倍。一种很奇特的存在者,很丑陋,但我们必须看看阿里斯托芬要拿它怎么办:

> "走起路来时,从前的人也像现在一样直着身子,不过他可以任意向前向后;想要跑快时,他能把腿卷成一团向前翻滚,像现在的人翻筋斗,八只手脚一起来,翻滚得飞快。"(190a4-8)

这些圆滚滚的存在者还能快速翻滚。正如190a6所说,他们甚至不用伸腿就能滚动。何以如此我们将在下文看到。

> "从前人之所以有三种而且是这个样子,乃因为男人原本是太阳的后裔,女人原本是大地的后裔,既男又女的人则是月亮的后裔,因为月亮自己也兼有两者。这两者[男女两者]本身和行走都是圆的,因为像生他们的父母。"(190a8-b5)

现在我们知道为何人一开始是个圆滚滚的东西、会翻滚着走路了。阿里斯托芬提出的理由很清楚。于是我们看到,他在这里已然超越区区人之所在,进入了宇宙论的领域。在 189e6 出现的 stroggulos[圆的]一词,在柏拉图的《斐多》(97e1)中也出现过,当时在讨论大地到底是圆的还是平的。太阳、月亮和大地都是神。用阿里斯托芬的谐剧《和平》(*Peace*)行 406-411 中的话说,太阳和月亮是蛮夷祭拜的神,而希腊人则只祭拜奥林珀斯诸神(the O-lympian gods)。在希罗多德(Herodotus)[《原史》]卷一 131 中,波斯人崇拜太阳、月亮、大地、水和火等等,他们不像古希腊人那样相信诸神有人的形状。阿里斯托芬向我们指出的是一种蛮夷的概念。人一开始具有宇宙诸神(the cosmic gods)的形状,因为人是宇宙诸神的后裔。我们在下文将会看到,这种形状的人还没有爱欲,因为阴阳人没有爱欲。每种人分别有太阳、月亮或大地的形状。但有着人形的诸神从哪里来? 我们可以[125]猜想,他们对爱欲的出现有决定作用。最初的人作为宇宙诸神圆滚滚的后代,有高傲的思想(lofty thoughts)。我们可以说,当时每个人的头都是两个身体的头。这或许已能解释何以最初的人有高傲的思想。但"高傲的思想"一语让我们想起先前一段话,在泡赛尼阿斯讲辞(182c2)中。高傲的思想属于那些不臣服于僭主的人。作为宇宙诸神的后代,他们有高傲的思想;他们不臣服于僭主,所以他们不尊重奥林珀斯诸神,不尊重这些人形的神。关于最初的人幸福与否,这里丝毫没说。他们都干些什么?

"他们的体力和精力都非常可怕,他们有伟大和高傲的思想(great and proud thoughts;或译'非分之想'),试图与诸神比高低。荷马曾说,埃菲阿尔特斯(Ephialtes)和奥托斯(Otus)想冲到天上去,有意和诸神打一仗,这话就像在说他们。于是,宙斯和其他诸神便会商应付的办法,可一直都没有个结果。他们总不能干脆把人都杀光,像从前用雷电劈死巨人那样,把人这一类灭掉——那样的话,诸神就再也得不到从人那里来的的崇拜和献祭——可是,诸神又不能让他们这样无法无天下去。"(190b5-c6)

阿里斯托芬用一个一般性的 logos,一个一般的故事,取代了荷马个人的讲辞,他个人的 logos。人作为宇宙诸神的后代,从一开始就臣服于奥林珀斯诸神。他们从一开始就得臣服于奥林珀斯诸神。但奥林珀斯诸神不是宇宙诸神的后代,否则他们也会有球状的形体,而我们知道奥林珀斯诸神具有人的形状。这些最初的、源于宇宙诸神的人拒绝臣服奥林珀斯诸神。他们的造反当然失败了。对此,阿里斯托芬甚至连提都没提。对活生生的诸神的每一次反抗都自然地会以失败告终。看来在这次造反之前,在一开始,人对奥林珀斯诸神是崇敬的,也向他们献祭。诸神不可能容忍人的放肆行为,因为,若是他们容忍的话,他们会丧失权力和其他一切。但他们又不能把人灭绝,因为他们需要人的崇敬和祭品。祭品(sacrifices)这个词在一种极为物质的意义上也指用来献祭的动物本身。顺便说一句,这是阿里斯托芬谐剧的一个主题:诸神因祭品被收回而挨饿。各位在这里可以很清楚地看到,诸神这样做并非出于爱人类(philanthropy)。爱若斯是唯一一对人友爱的神。接下来各位就可理解宙斯的窘境了。每个政府都可能会遇到这种情形:一方面他们不能彻底消灭自己的臣民,另一方面他们又不能让臣民为[126]所欲为。各位看到宙斯绞尽脑汁,最后想出一个好主意。然后他说,"依我看"。这里有没有什么东西引起各位注意?对,这正是整部对话的开端。《会饮》一开始用的也是这几个字。我认为,这可能是柏拉图在预先将我们的注意力引到宙斯的话上来,而阿里斯托芬的讲辞在整部作品中也居中心地位。在柏拉图对话《普罗塔戈拉》中,普罗塔戈拉引出了讲述者宙斯,而在《高尔吉亚》中则是苏格拉底引出了讲述者宙斯。以克里提阿为主要讲者的对话《克里提阿》,其结尾是"于是宙斯说"——但宙斯的讲辞没有出现。一般公认的意见认为《克里提阿》没有完成。我相信是柏拉图不想让克里提阿作出这样一篇讲辞。但不管怎样,阿里斯托芬在这里给出了一篇宙斯的讲辞。

> "经过一番绞尽脑汁,宙斯说,'依我看,'他说,'得想出个法子,既能让人(继续)活着,又让他们不会再捣乱,这就是让人虚弱。现在我就把人个个切成两半,这样,他们会同时变弱,对我们也更有利,因为他们的数目会倍增。而且以后他们只能用两只脚直着走路。要是他们仍然那么无法无天,不愿保持安静,那么,'宙斯说,'我就把他们再切一次,让他们只能晃晃荡荡用一只脚蹦跳着走路。'"(190c6-d6)

荷马把宙斯说成是完美的统治者,因此当然也是最有计谋的统治者,这个宙斯最终想出了解决办法:既保留人,又使他们虚弱。他的计谋在每个方面都是一种改进:人的数目更多,但更虚弱。这个办法提高了人对神的用处,因此跟爱人类无关。因为宙斯的惩罚之举,人站了起来。因为宙斯的惩罚之举,人变成了人——这是这篇讲辞的一个巨大悖论。因为他们同时也变得驯服、变得规矩。他们不再普遍地放荡不羁或肆行不义。我们还将看到,他们也因此丧失了他们的高傲思想(lofty thoughts)。他们变得像僭主的臣民,也就是说,他们变得文明。文明(civilization)就是获得正义和规矩(orderliness),与此相随的是高傲思想的丧失。这种做法从那以后被重复过多次。文明就是驯化(domestication),就是把用在畜生身上的东西用到人身上。人变成了人,他们不再与非人的大地类似,他们采纳了奥林珀斯诸神的外形。这一点很重要。

但奥林珀斯诸神本身是不是规矩而且正义? 如我们看到的,

根本不是。他们的动机只是自己的私利。那让人变得公正的东西，宙斯的行为，本身是不公正的。但我们要在柏拉图的表述之外问一个问题:那种纯粹且不带任何诡辩的让人变得公正的东西是什么? 是法律。但法律本身公正吗? 在柏拉图《王制》卷一，我们看到了对这个问题的有趣讨[127]论。我指的是忒拉绪马霍斯的观点:法律是强者出于强者的私利强加到人头上的。宙斯出于自己的私利强加了(imposes)某些东西。让我们再跳一大步:奥林珀斯诸神代表 nomos[礼法]，代表法律。如果不臣服法律，不臣服神法，人不能成其为人。人的人性归因于神法;因而，法律的动因一定与人类似(manlike)，一定是拟人化的，一定具有人的形状。因此，阿里斯托芬和柏拉图的问题，同时也是苏格拉底一生的问题:最初的自然与广义的法(我们如今称之为文明)之间的张力。阿里斯托芬讲辞的主旨是:爱欲是人的遭到削弱的自然反抗那种强加(imposition)的一种野蛮化。因此，最终问题是，如何在这种造反(这种返回最初自然本性的企图)与奥林珀斯诸神(人的生命归因于他们)之间建立起一种可运行的关系(a working relation)。阿里斯托芬的讲辞是唯一以赞颂虔敬结尾的讲辞。各位还记得，厄里克希马库斯的讲辞以赞颂预言术结束，这种技艺不是虔敬。

[回答问题:]问题是，宙斯的行为是不是基于如下考虑:最初的人外表与宇宙诸神类似;派生出来的人外表与具有人形的诸神类似，这种人不是因诸神对人的爱，而是因其私利而产生的。倘若人的产生是因为[诸神对人的]爱，礼法就会是神圣的(sacred);但若人的产生是因为私利，礼法便不神圣。到后来，当爱欲成为远不止于自我满足的欲望时，作为爱欲本质的造反便更显突出。阿里斯托芬对这些神的起源未置一词，从而暗示他们的存在有问题。人们通过[阿里斯托芬的]言外之意看得很清楚:他们不可能具有宇宙起源。倘若这些神具有宇宙起源，他们就会是圆的。那

么是谁把他们劈开了？唯一有能力劈开他们的存在者是诸神自己。关于诸神的起源问题只在阿伽通的讲辞中才被提出，但即便在那里，也只是以很一般化的方式提出。阿里斯托芬的问题是，爱欲的力量是什么。他提出的最关键的一点是：若你没看到爱欲中造反的要素，你就无法理解爱欲。这比任何追求快乐或生育的欲望都更深。这个思想我认为不能轻忽，它绝非无关紧要。所有禁欲主义，所有宗教，都有某种这类概念。这我会放到下堂课来解释。

[回答问题：]男女两性同体（androgynous；或译"阴阳人"）这个词我们用来指娘娘腔的男人或雄赳赳的女人。但要说有人就是这个词字面上说的那种人，那是件奇异的事情。我们绝不可忘记：戏剧诗人关心的是舞台效果，而这个说法要引人瞩目得多。后来，在他们被劈开之后，就只有男性和女性了。

[128]最后一点与如下问题有关：每位个别讲者的学说是什么，某学说与这个特定人物有何关联？一种学说一定会以如下方式与人物吻合：这个人物（比如，像厄里克希马库斯这种特殊类型的医生，像泡赛尼阿斯这种上了年纪的有情人，像阿里斯托芬这样的谐剧诗人）最能代表他阐发的学说。确实有必要仔细研究这一点，如果一个人不能回答上述问题，他就不能声称自己理解了一部柏拉图对话。柏拉图对话的内涵太过丰厚，所以做到这点很难。我曾写过一篇题为"论僭政"（"On Tyranny"）的文章，通过一个简单得多的个案（色诺芬的一篇对话）讨论这样做的必要性。那部对话出场人物只有两个，其他方面的因素也颇简单。人们可以从那部对话中发现，谈话者的这种选择（即一个僭主与一个抒情诗人）对展开一场关于僭政的对话而言，是必要的组合。除此之外的任何组合方式（如僭主与哲人的组合）都不如这种安排来得好，来得完美。此外还必须考虑标题。各位都记得，我一开始上这个课时说过，《会饮》某种程度上是个很独特的标题。常见的

柏拉图对话的标题要么是参与对话的人物的名字，要么就是谈话的论题。比如说，《高尔吉亚》属前者，《法义》属后者。《申辩》，我认为指出的是该对话的论题。《会饮》这个题目哪一方面的东西都没说明。如果我们检视柏拉图对话的所有标题，我们发现只有一部对话的题目跟《会饮》有点像，即《厄庇诺米斯》。此部对话是柏拉图《法义》的一种附录。我认为这两部对话之间有某种重要联系，在我们着手研读阿里斯托芬的讲辞后，这点会更容易理解。

阿里斯托芬的讲辞在《会饮》中居中心地位，通过这篇讲辞我们可以回答这个问题。阿里斯托芬暗中区分了奥林珀斯诸神与宇宙诸神。因此《会饮》的主题可以这样来描述：《会饮》是唯一献给一位神——爱若斯神——的对话。这个古希腊的神与一位奥林珀斯神即阿佛洛狄忒有关联。但他是个小神，在雅典他不是公共祭拜的对象。《会饮》（尤其是阿里斯托芬的讲辞）整体上质疑了奥林珀斯诸神，质疑了城邦祭拜的诸神。但只有阿里斯托芬谈到宇宙诸神，尽管即便是他也没有明确把他们作为神来谈论。宇宙诸神的问题没有成为《会饮》的主题。但这却是《厄庇诺米斯》的主题，而《厄庇诺米斯》又是柏拉图对话中唯一献给宇宙诸神的对话。我认为[129]这便是这两篇对话之间的联系，这也表明，神学问题在柏拉图那里具有至关重要的地位。

> "宙斯说到做到，把人切成两半，就像人们切青果做果脯或用头发丝分鸡蛋。"（190d7-e2）

这当然会让人想起阿里斯托芬谐剧中的事例。各位还可看到郑重其事的诸神与平淡无奇的小事之间的反差。

> "并且每切一个，他就吩咐阿波罗把这人的脸和半边颈子扭到切面，这样，人在看到自己的切痕时，就会学得更乖点

（more orderly）；然后，宙斯又吩咐阿波罗把伤口医好。阿波罗把人的脸扭过来，把切开的皮从两边拉到现在叫做肚皮的地方，像人们封紧布袋口那样在中央处整个儿系起来。口子就是现在所说的肚脐眼。阿波罗把其余的皱疤搞得光光生生，把胸部也弄平整，用的家什，就像鞋匠在鞋模上打平皮革用的那东西。不过，阿波罗在肚皮和肚脐眼周围留了几条皱，提醒人记住古老的遭罪。"（190e2-191a5）

自然的人被诸神用技艺改造了，以便变乖（orderly）。阿波罗既是医生，也是鞋匠。如果我们可以用这样的表述的话，各位看到的是被驯化的（domesticated）苹果和被驯化的鸡蛋。它们再也不能结出果实。人的文明是一种阉割。各位或许已观察到，阿波罗没按宙斯说的办，他没把人的颈子也扭过来。是不是在阿波罗看来，宙斯没有解剖学知识？在柏拉图《普罗塔戈拉》中有一个奇特的故事与这个故事相对应，我可以读给各位听：

人聚在一起后，他们便常常相互残害，因为他们没有政治技艺（civic art），结果他们又开始再度分散，趋于衰灭。宙斯怕我们人这个种类彻底灭亡，于是派赫耳墨斯把羞耻感和公正带给人类，以便让各个城邦有章可循，而友谊的纽带又可以把人结合在一起。（322b6-c3）

诸神承担了人的教化。

于是赫耳墨斯问宙斯，他应当用什么方式把公正和羞耻感带给人们。"我应该像分配各种技艺那样把这些东西分配给他们吗？也就是以这种明智的方式来分配：让一个人拥有医术[130]就能医治很多平常人，其他手艺也是如此。我是

用这种方式把公正和尊重放到人们中间,抑或把它们分给所有人?""分给所有人",宙斯答道。(322c3-d2)

这段话的隐含意味是:赫耳墨斯不得不告诉宙斯各种技艺该如何划分。我提出这个问题,尽管我丝毫都不确定自己是否正确,但这是我能做到的最好办法了。宙斯把[最初的]人切成两片;然后阿波罗从切开的那面把他们缝好。我们看到有很多皮肤。有一些褶皱,所以他得用鞋匠的工具把它们弄平整。阿波罗从哪里弄来这些多余的、缝合伤口所必需的皮肤,以至于这些皮肤还造成了一些他必须弄平的褶皱?从他的行为来看,好像原先那一整个人的皮肤就是为现在这半个人准备的,但实际情形肯定不是这样。他是不是每次都扔掉半个人,让这半个人没有皮肤然后死去?换言之,阿波罗是不是像普罗塔戈拉在同一个故事中提到的厄琵米修斯(Epimetheus)那样?我可以把[《普罗塔戈拉》中]这段话读给各位听:

厄琵米修斯不是那么聪明,他竟然没有留意到,在这些野兽们身上自己已经把各种能力用得精光。人这个类还留在那儿等厄琵米修斯来安置,而他却束手无策。(321b6-c3)

人类仍然赤身裸体,只有普罗米修斯从赫斐斯托斯(Hephaestus)那里把火偷来之后,人类才得救。我们在这里不也面对着因为神的过错而导致的类似处境吗?在上述情形中,人需要一个拯救者,即普罗米修斯。但这里未提到这样的拯救者,为什么?因为普罗米修斯作为文明的奠基者的位置在阿里斯托芬的讲辞中被爱欲取代了。阿里斯托芬在其讲辞中对诸种技艺的起源未作说明。他完全不理会技艺。无论这意味着什么,下文很清楚地表明,诸神缺乏远见。这种切割和缝合根本不解决问题。阿波罗给人留下了记号,好让他记得原初的举动,但我们马上就会看到,这也属多余。

> "[人的]自然被切成两半后,每一半都急切地欲求与自己的另一半相会,他们彼此紧紧抱住不放,相互交缠,恨不得合到一起,由于不愿彼此分离,他们饭也不吃,事也不做,结果就死掉了。要是这一半死了,另一半还活着,活着的一半就再寻另一半,然后拥缠在一起,管它遇到的是全女人劈开的一半——就是我们现在所谓的女人,还是全男人劈开的一半,这样人就不断在死去。"(191a5-b5)

各位看到,对诸神来说问题仍未解决。自然被切成两半,人的自然遭到削弱,亦即遭到礼法的削弱。正是出于这个理由,这里才用了一个统称"自然(the nature)",而不是只用人的自然(human nature)。[131]有意思的是,"切"还有阉割之意。爱欲正是在这种情境下出现的。爱若斯当然不是最古老的神。各位可以看到,迄今为止从未被反驳过的斐德若的论点在这里遭到暗中反驳。阿伽通将对此提出公开质疑。爱若斯与奥林珀斯诸神没丝毫关联,因此也跟阿佛洛狄忒没特别关联。阿里斯托芬明确了泡赛尼阿斯只是暗中提示的东西。正如冯·布兰肯哈根教授向我们指出的,没有阿佛洛狄忒,爱若斯同样可能存在。作为恢复到宇宙的球形的欲望,爱欲属于宇宙诸神。至此我们已经可以说,爱欲是自然的一种运动,是遭到削弱的自然反抗法律的一种运动。爱欲的方向与奥林珀斯诸神的运动方向截然相反。为让问题彻底明晰,不妨夸张一点说:爱欲是彻底不敬神。我想,这个想法并非完全不可理解,尽管在神学上它可能不完全正确。如果各位看一下人生来就有能力完成的所有行为,你们会发现,所有行为在实施时都能指向神的荣耀。唯一在实施中不可能做到这点的是性行为。圣经宗教与爱欲之间总有一种张力。各位只要想一下《创世记》第 2 章就可以了,在其中,亚当的不服从跟他丧失性方面的天真(sexual innocence)有某些联系。

在我们刚读过的那段文字的末尾可以看到,阿里斯托芬在历数性别时把两性同体的人略掉了,因为两性同体的人不再存在。如今有的只是男性和女性。在紧接下来的讲辞中他说,宙斯变得有怜悯心了,变仁慈了。如果考虑到我们前面听到的那些,可以看出这是种委婉的说法。因为我们在前面看到,宙斯对人的怜悯受他的私利驱使。

> "出于怜悯,宙斯想出另一个办法:把人的生殖器移到前面——在此之前,人的生殖器都在外侧,人生育和生产不是靠一个进入另一个,而是进入地里,像蝉一样——他把人的生殖器移到前面,使生育得靠一个进入另一个,靠男的进入女的,这样做的理由是:要是男人遇到女人,他们拥抱着就会生育,传下后代;要是男人遇到男人,至少也可以靠这种抱着交合(在一起[being together])满足一下,这样他们就能休歇,转而去工作,操心其他生活(生计[livelihood])中必需的事务。"(191b5-c8)

现在所有事都是宙斯在做。他不满阿波罗的过错。最初的人已有性器官,也使用它们。在这方面,也只有在这方面,他们最初跟奥林珀斯诸神类似,但跟宇宙诸神——太阳、月亮和大地——不同。这[132]意味着什么?这当然是个非常恶意的暗示。在阿里斯托芬看来,人与人的特定差异(the pecific difference of men)在于与理性(rationality)不同的性行为。这需要冗长的说明,因为牲畜也有性行为能力。人与奥林珀斯诸神最初的一致之处不是其直立身材,而是性行为(sexuality)。性行为把人跟奥林珀斯诸神联在一起,但把他与宇宙诸神分开。或许因为这个原因,人们一开始就臣服奥林珀斯诸神。他们在使用性器官上的放荡要求他们臣服,哪怕是向那些本身亦不免放荡的存在者臣服。但这种性行为与真正的爱欲几乎没关系,就如这种性行为跟诸神的任何放荡几乎没关系一样。这是一个关键的论点——性行为不是爱欲。但最初的人如何使用性器官? 他们(即男性)[把精子]产到地里(begot into the earth),她们(即女性)在地里生产。对此我只能理解为这种形式:男性让女性排在地里的卵受精。最初所有人都像古雅典人那样来自大地,并且这样的声称唯独只针对雅典人。宙斯造成的改变是,把人在性关系上也变成自己的样子,但差别在于:性行为在奥林珀斯诸神那里仅是享乐,对人却是可怕的必然。人这个族类的存活及其满足,乃至人能自由地劳作,都要仰仗宙斯造成的这种变化。人类的存活和个体的满足这两件事说到底只有一种作用,就是服侍奥林珀斯诸神。因此,阿里斯托芬的讲辞必然以对虔敬的赞美结束。

在男性与女性相遇的情形中,你们看到的是生育而非满足。在男性与男性相遇的情形中,你们看到满足而非生育。这里,阿里斯托芬对女性与女性的相遇未置一词,这个论题他后面会提起。各位可从阿里斯托芬讲辞中发现男童恋的元素。这个元素以后会表现得更充分,这是个尤其恶意的暗示,因为在阿里斯托芬的戏剧中,至少在最初几行,男童恋者都被呈现为有点可笑。人通过奥林珀斯诸神获得了规矩(orderliness)。厄里克希马库斯曾说规矩及其对立面都具有宇宙起源。类似物之间的爱——混沌;对立物之间的爱——宇宙秩序。这两者都是宇宙力(cosmic forces)。在阿里斯托芬这里,规矩不是来自宇宙诸神。我们可以说,这是他的宇宙论。如果联系阿里斯托芬对心智或 nous[理智]之重要性的暗中否定,从而联系他对技艺的沉默,这一点很重要。

[133]我只能一步步往前走,边走边留下一些尚待处理的枝

节问题。到讨论的最后,我会把这些问题归结起来。人通过奥林珀斯诸神获得了规矩、直立的身材和拥抱的可能性。最初,性关系与大地联系在一起。直立的身材和拥抱的可能性把人与奥林珀斯诸神联结起来。在奥林珀斯诸神那里,在规矩(为一方)与直立身材和拥抱(为另一方)之间没有关联。但在人这里却有关联。为什么?我们可以说,这是因为人和奥林珀斯诸神是仅有的性的存在者(sexy beings),我用的是一个粗鲁的说法,但用在阿里斯托芬的例子中却并非全然不当。在这里,我们回答一个跟牲畜有关的问题。牲畜的性生活天生要受季节限制。但很清楚,这点对人不适用,对奥林珀斯诸神当然也不适用。如果出于方便的考虑我们可以把这叫作性的性质(sexiness)的话,那正是这点把人拉向了奥林珀斯诸神,即他们的交配都不受季节限制。但在这方面,人与奥林珀斯诸神又有一个明显区别。人有一种限制,没了它,人就是不可想象的,但这限制在奥林珀斯诸神那里不存在:禁止乱伦。在人这里,乱伦总是会出现,这也一直是阿里斯托芬谐剧的重大主题。人在性方面有一种自然的自由度(natural latitude)。我提醒各位注意一段很有名的话,它见于亚里士多德《政治学》(*Politics*)一开始的 1253a39①:

> 所有人天生都有趋于政治联合的冲动,而第一个建立这种联合的人成就了最大的善。因为,正如一旦臻于完善,人就是动物中最好的,照样,一旦脱离了法律和公正,他便是所有动物中最坏的。因为,如果不义有了武器,它就最有杀伤力。但人生来拥有像审慎和德性这类武器,他可以出于各种截然相反的目的最大限度地使用这些武器。因此,若没有德

① [译按]这里似为 1253a29 之误。此段引文出自亚里士多德《政治学》1252a29-37。

性,人便是最不虔敬、最野蛮的,而且在性事和食物方面也会
成为最坏的。

性事方面[最坏的]——乱伦;食物方面[最坏的]——吃人
(cannibalism)。因为有这个自由度,所以人天生就能依靠自己同
类中的成员来生活,但这却不适用于狮子和老虎。阿里斯托芬也
有同样的思想,但他的出发点完全不同。亚里士多德是从文明角
度说明问题,但接下来我们看到,阿里斯托芬是从反对文明的造
反角度说明问题。人在性事上有自然的自由度,因此也有对限
制、礼法或曰法律的需求——对神法的需求。既然对人而言
[134]神法的限制必不可少,那么离开与诸神或法律的联系,爱欲
便不可理解。单纯从自然论上(physiological)理解爱欲是绝对不
可能的。

> "所以,很久很久以前,人身上就种下了彼此间的爱欲,
> 要回复自己原本的自然,也就是让分开的两半合为一体,医
> 治人的自然。"(191c7-d3)

性的满意(sexual satisfaction)应使人能存活下来以便崇拜诸
神。从诸神的角度看,性满意的目的是敬神。从人的角度看,该
目的是性的满足(sexual gratification)。这是两个完全不同的目
的。在泡赛尼阿斯的讲辞中,也可遇到类似问题:有情人和情伴
通过完美的爱欲结合连为一体,但他们却受不同的动机激发。爱
欲是人类而非牲畜的自然欲望,其目的是为了恢复人的远古时期
的自然,它是人的自然的疗救者。再说一遍:阿里斯托芬理解的
爱欲为人所独有。爱欲是远古时期的自然被外力分离(artificial
division)后所产生的自然结果。爱欲不是奥林珀斯诸神的礼物。
阿里斯托芬的爱欲学说是柏拉图回忆学说的对应物,在阿里

斯托芬那里是回归远古时期的自然,在柏拉图那里是回忆起最初的完美知识。各位也可以看到两者的差异:就柏拉图而言,指导性的考虑是心智(the mind),理智(the intellect),即 nous[理智];就阿里斯托芬而言,这种指导性考虑是另外的东西,这种东西可以暂时说成与 nomos[礼法]有负面关系(negative relation)。对阿里斯托芬来说,这种对礼法的负面关系比区区生育和区区[性]满足更有意义。

爱欲是对某种不可企及的东西的追求,这点也隐含在生育中。这种一体(unity)永远不可能达到。它本质上无法获得满足。因此,人——我们所认识的人——当前的自然是不幸福,是害病。这并不像厄里克希马库斯说的那样,是有些人生病、有些人健康,而是所有人都有病。人的这种不幸起源于他的肆心(hubris)。很奇怪,这会让人想起圣经的学说。尽管柏拉图从完全不同的事物出发,但他得出的概念却跟圣经的某些观念类似。不仅如此,爱欲渴望的是这种结合,这种最初的一体,某种我们可以称为丑陋的东西(这不是阿里斯托芬的说法)。因偏爱这些奇特的圆滚滚的存在者,身体的美遭到彻底否定。所有关于美的考虑都会超越美本身,指向另外的东西。爱欲感觉中那种追求美的力量最终导致美的失败。爱欲是肃剧性的(tragic)——当然这是在我们所理解的意义上的肃剧。有趣的是,这点竟然来自一位谐剧诗人。

[135]"我们个个都只是人的一块符片(a token),因为我们像被一切为两片的比目鱼。所以,人人都总在寻求自己的另一片。"(191d3-5)

寻找始终持续,永远不会实现。因为每个人在找的不单是另一个人,还是那个天生是它的另一半的人。要表明这种状况的不可能性,我们必须提醒自己这种可能性:由于阿波罗的过错,另一

半可能已没有皮肤，因此，可能已经死去。因此人将永远找不到
另一半。所有的爱都不幸福（unhappy）——无论以可见的方式还
是不可见的方式——这种不幸福要么是谐剧性的，要么是肃剧性
的。这对一个谐剧诗人来说是个奇怪的问题。但阿里斯托芬不
是寻常的谐剧诗人。

> "凡是由双性别的人——也就是过去被叫做阴阳人的
> 人——切开的一半而成的男人，就成了爱恋女人的男人，[男
> 人中]有外遇的大多就属于这个类；反过来，凡由双性人切开
> 的一半而成的女人，就成了爱恋男人的女人，[女人中]有外
> 遇的就属于这个类。凡由原女人切开的一半而成的女人，对
> 男人就不太会有心思，只眷恋女人，女同性恋就是从这类女
> 人来的。凡由原男人切开的一半而成的男人，寻的都是男
> 的；还是少男的时候，他们就亲近男人——因为他们是由原
> 男人切开的一片，喜欢和男的一起睡，交缠在一起。在少男
> 和小伙子当中，这种男人通常最优秀，因为他们的自然最具
> 男子气。"（191d6-192a2）

这里，我们发现首次提出的自然等级问题。大多数男人都是
异性恋者，因为他们来自最初的阴阳人。这种新的爱欲学说把通
奸作为理所当然之事加以正当化，也就是说，它将被禁止的东西
正当化，将不高贵、不体面、低贱和丑陋的东西正当化。这里跟别
处一样，阿里斯托芬对正义问题保持沉默。我们可以以悖论的方
式说，爱欲正当地推翻了正义。在 192d8 各位将看到，他不是说所
有有外遇的男子，只是说大多数有外遇的男子。① 为何不是所有

---

① ［译按］192d8 未见相关内容。这里很可能指 191d8：“[男人中]有
外遇的大多就属于这个类。”

的? 亚里士多德以他的智慧告诉我们,有些男人之所以有外遇,是受到对获利之爱的驱使,因此驱使他们的不是爱欲。通过使用不同的时态,阿里斯托芬指出,早先有外遇的男人大多是出于对女性的爱而有外遇。但现在不是这样了。为何在中间部分提到女人对女人的爱?[总共]只有三种情形。阿里斯托芬始于最普通的情形,即异性恋,他想要终结于最高的情形,即男童恋。第二种情形不普通,但却低于最高的情形。这意味着最不体面、最不高的东西在中间。为什么?因为,最不体面、[136]最丑陋的东西是阿里斯托芬的主题。在另一段讲辞中,最高的东西将会在中间。

听众:这些不同的切割在第一代过后如何继续下去?

施特劳斯:在这样的叙述中,单纯照字面理解是有局限的。

"有人说,这些男孩无耻。其实他们搞错了。因为这些男孩这样做并非出于无耻,而是出于自信、男子气、外表阳刚,被同声同气的人吸引。最好的证明就是:只有这种少男成年后[长成后](on becoming complete[perfect])才会成为搞政治的好手。"(192a2-7)

最好的男性,同性恋男子,成年后会转向政治,这不仅证明他们是最好的男人,还证明他们摆脱了无耻。说治邦者的特点是不无耻(absence of shamelessness),难道不奇怪吗?阿里斯托芬什么意思?为证明男童恋者不是寡廉鲜耻,他指出只有他们才跑去从政的事实。政治似乎就成了羞涩行为的媒介。回过头来看,我开始时说过:阿里斯托芬在泡赛尼阿斯和厄里克希马库斯失败的地方获得了成功,也就是说,他成功证明了男童恋者的最高地位,因为他把男童恋与自然等级联系起来。男童恋是对天生最有男子气的那些男人的保存。我不否认,这里头有某种玩笑成分——有勇气,有男子气(manly)以及男性。男子气是评判的标准。为什么？纯粹的男性，只对男性感兴趣的男性，是源于太阳的后裔，他们跟源于大地和月亮（其他人都源于此二者）的后裔不同。他们跟能看到一切的太阳一样并不无耻，没有人会说太阳无耻。

表面看来，阿里斯托芬通过诉诸城邦证明了男童恋的正当性，接下来的论证当然只能这样走：城邦，按某种荒谬的语源学，起源于战争（polemos）。战争是这样一种现象：在其中，乍看上去城邦可以将自己的辉煌和武力（force）展现无遗，男子气不消说又是战争的德性。在泡赛尼阿斯的讲辞中我们已看到，政治自由可以让无约束的男童恋变得正当。然而与泡赛尼阿斯相反，阿里斯托芬放弃了高贵的与低贱的男童恋之间的区别。只有一种爱欲的等级（a hierarchy of eros），其中没有哪种爱欲低贱，因为每种爱欲都依据自然。也是在这里，阿里斯托芬与泡赛尼阿斯截然相反，男童是成年男子的有情人，反之亦然。这里出现了相互的爱，跟在厄里克希马库斯那里一样。不过，让我们回到主要问题上来：似乎城邦被用来确立自然的等级。最能让政治生活展现最大辉煌的东西是最高的东西。但爱欲的等级差别的建立难道不是必定基于爱欲本身，而非［137］某种外在于爱欲的东西（诸如城邦）？城邦与爱欲的本质之间、与人返回原初自然的欲望之间，有什么关系？城邦难道不是彻底属于 nomos［礼法］，从而彻底属于奥林珀斯诸神吗？难道存在一种对城邦的爱欲？让我们接着往下看。

> "一旦到了壮年，他们就成了男童恋者，并且天性上就对娶妻和生养子女没有兴趣，只是他们要受迫于法律；但对他们来说，不结婚，彼此住在一起就足够了。总而言之，这种人要么是个男童恋，要么是个像姑（fond of lovers［philerastes］），①因为他

---

①　［译按］"像姑"指男同性恋中的被动方。这里直译为"（要么）喜欢有情人"。

总是搂抱自己的同性。"(192a7-192b5)

这些男子气十足的男人(he-man)对城邦没爱欲;他们只把nomos[礼法]看成强制。他们只爱自己的同类,但他们的同胞公民不是他们的同类。在阿里斯托芬的论证中,政治的观点没有正当的位置。比如说,他没有提阿伽通讲辞中出现的城邦与爱欲之间那种明显的联结,即作为对荣誉之爱的爱欲,这种对荣誉的爱可以自然地转化为政治性的。阿里斯托芬对此甚至连暗示都没有。恰恰因为他体验过爱欲的力量,或者说,因为他没有让爱欲服从任何外在的考虑,所以他不可能诉诸城邦以使爱欲获得正当性。他在剧场中可曾低贱地向大众口味屈膝过? 没有。爱欲是对原初自然的渴望,是对那种人在其中会有最高傲的思想(the loftiest thoughts)、会想要征服天(或毋宁说征服奥林珀斯[诸神])的状态的渴望。爱欲是造礼法的反。有了爱欲,人就不再怯懦,就会重获最高傲的思想。如果这就是爱欲之本质,那么,就爱欲最终追求的东西——人得以挑战诸神的完满状态——而言,天生最有男子气的那些人组成的共同体在最深的程度上具有最高的爱欲。因此,在泡赛尼阿斯和厄里克希马库斯失败的地方,阿里斯托芬获得了成功。因为他把爱欲从所有外在于爱欲的东西中解放了出来……[更换磁带]……因此只有用极端的语言才能理解它。

"无论男童恋者还是别的什么人,只要遇到自己的另一半,马上就相互迷恋得不行,粘在一起,爱得一塌糊涂,恨不得一刻不分离。这样一些人终生厮守,但彼此之间从来说不出想从对方得到什么。没人会认为,如此郑重其事地享受跟另一个在一起只是为了性的交合[在一起(being together)],最终只是为此缘故;很明显,两人各自的[138]灵魂都愿望着

另外某种东西,却没法说出来,至多隐隐约约感领到所愿望的东西,含含糊糊暗示一番。"(192b5-d2)

这是一种典型的柏拉图式表达:灵魂感领到(divines)某种它无法言传的东西,这东西比灵魂能言传的东西更真实。在这个次部(section),我们看到阿里斯托芬转向了所有的有情人(all lovers),不再特别讨论同性恋者。迄此他一直都强调欲望、寻找以及试图合一。现在他开始强调结果,强调这样的事实:人得到了他寻找的另一半,友谊也因此产生。但他加上了爱欲。爱欲存活于拥抱本身,因为分离的危险仍然存在,或更确切地说,分离无法避免。遵从爱欲之需求的能力不等于爱欲的需求。有情人们(the lovers)的欲望与诸神的欲望无法兼容。如果有情人们随心所欲,诸神就绝不会得到尊崇,因为有情人们会一直待在一起。有情人们的欲望甚至跟爱本身也无法兼容。有情人们若是遵从爱欲的需求,只有死路一条,如果有情人们获得成功,爱就会夭亡。于是,在诸神的欲望与爱本身的欲望之间有了一种和谐。

并非所有人都真正有爱欲,要么因为他们的自然本性的作用,要么因为并非所有人都能找到自己的自然的另一个自我(natural alter ego)。在其伴侣不再青春年少之后,很多人便不再有在一起的欲望。真正有爱欲的人说不出自己欲望的东西,因为这种欲望某种程度上自相矛盾。但这自相矛盾指向一个更深的真相,对此灵魂虽可感领但却不能明确地言述。在爱的无限性与拥抱的有限性之间有一种不均衡。人们无法说出自己欲望的东西;必须有一位神替他们说出来。

"两个人正这样抱着睡在一起时,假如赫斐斯托斯手拿铁匠家伙走到他们跟前,然后问:'这是干吗呢,人啊,你们究竟相互巴望得到什么?'假设见到这两个茫然不知,赫斐斯托斯就再问:'是不是渴望尽可能粘在一起,以至于日日夜夜都不分离?倘若你们渴望这样,我就熔化你们,让你们俩熔成一个,这样,你们就不再是两个人,只要你们活一天,在一起时就跟一个人似的;要是你们死,也死成一个,去到阴间也不会是俩儿。想想看,是不是渴望这样子,要是熔成一个,你俩儿是不是就心满意足了'。听到这番话之后,两人中肯定没有哪个会拒绝,或者表示不想如此。两人都会很干脆地认为,同所爱的人熔为一体、[139]两人变成一个,早就求之不得。个中原因就在于:我们先前的自然本性如此,我们本来是完整的。渴望和追求那完整,就是所谓爱欲。"(192d2-193a1)

跟有情人们说话的神叫赫斐斯托斯,是个铁匠。这会不会让各位想起一些你们读过的其他东西?赫斐斯托斯在《奥德赛》(Odyssey)卷八的一个类似场合也出现过,那里讲述的是阿瑞斯(Ares)和阿佛洛狄忒的故事。阿佛洛狄忒是赫斐斯托斯的妻子,她跟阿瑞斯有了外遇。赫斐斯托斯用计把他们当场抓获。我给各位读一段散文化的译文。赫斐斯托斯自然要大吵大闹,于是所有神都来了。他满怀怨尤地跟宙斯抱怨。

众神聚集到他的铜宫。震地之神波塞冬来了,广施恩惠的赫耳墨斯来了,射王阿波罗也来到。温柔的女神们羞于前来,留在家里。给人赐福的神明们驻足卧室门前。常乐的神明们不禁纷纷大笑不止,当他们看见机敏的赫斐斯托斯的妙计。有的神见此景象,对身旁的神明这样说:"坏事不会有好结果,敏捷者被迟钝者捉住,如现在赫斐斯托斯虽然迟钝,却捉住了阿瑞斯,奥林波斯诸神中最敏捷的神明,他虽跛足,却机巧,阿瑞斯必须作偿付。"神明们纷纷这样议论,宙斯之子阿波罗王对赫耳墨斯这样说:"赫耳墨斯,宙斯之子,引路神,施惠神,纵然身陷这牢固的罗网,你是否也愿意与黄金的阿佛罗狄忒同床,睡在她身边?"弒阿尔戈斯的引路神当时这样回答说:"尊敬的射王阿波罗,我当然愿意能这样。纵然有三倍如此牢固的罗网缚住我,你们全体男神和女神俱注目观望,我也愿睡在黄金的阿佛洛狄忒的身边。"(《奥德赛》8.321-343)①

现在这故事从不朽者转移到了有朽者身上。对两位被捉奸在床的不朽者的难以抑制的嘲笑,以及赫耳墨斯对自己与阿佛洛狄忒公开睡在一起的欲望的直率表示(尽管按字面说是跟她绑在一起),是爱欲中的谐剧。他有违礼节(propriety)。他说话很不得体,但合乎自然。当这两种东西碰在一起,笑声就出现了。自然,笑声不是每次都出现,但在某些碰撞的情况下,我们就会笑起来。比如,听到杀人的故事我们不会笑,但碰到一个自信的人我们会笑。不是所有成功的罪行都可笑。

[140]阿里斯托芬口中的赫斐斯托斯不是对诸神说话,而是对有朽者说话。因此,只有到死时,或毋宁说,只有超越死亡,爱才会存在,而肃剧必然存在于人类的爱中。奥林珀斯诸神爱爱欲(love eros)是因为他们不会死。赫斐斯托斯在这里没生气,反倒很友好;他爱人类(philanthropic)。他跟普罗米修斯有关联,因为普罗米修斯偷了赫斐斯托斯的技艺——火。这里对阿佛洛狄忒只字未提,因为阿里斯托芬只知道没有阿佛洛狄忒的爱欲。但无论赫斐斯托斯可能多爱人类,他都不能给人带来他们深深渴望的东西,这是这篇讲辞至关紧要的隐含意味。一体(unity)绝无可能恢复。爱欲比性色之欲(the desire of lust)丰富得多,它是对一体

---

① [译按]中译出自王焕生译本,人民文学出版社,2008,页141-142。

性(oneness)、整体和严格的整合(integrity)或曰永久整合的欲望，这是种无法实现的欲望。

爱欲无法得到满足这个事实的后果是什么？常新的拥抱？——那是坦塔罗斯(Tantalus)。① 阿里斯托芬对这后果的建议似乎是虔敬。因为诸神能让自然本性上不可能的事变得可能。但恢复[人]原初的一体(unity)，诸神也会由此将自己暴露在最初的危险中。进而，如果虔敬的对象（即诸神）本身是诸整全(wholes)，那虔敬或许可以实现爱欲许诺的事。但奥林珀斯诸神作为人类的原型(models)不是这种意义的整全。真正的整全是太阳、月亮和大地。因此，在最高的可能情形中，虔敬不在于恢复最初的一体，而在于观看(looking at)宇宙诸神——太阳、月亮和大地。爱欲的实现将是凝视(contemplation②)。在这种情况下，爱欲会由于自身的自然本性倾向于凝视。多情拥抱中对在场之人的观看，不过是真正的观看的一次预先品尝。不过，若最终结局是合一(union)，那它就不可能是理论生活(theoria)，不可能是凝视。这种一体会破坏凝视的可能性，用现代的语言来说，会破坏主体与客体间的面对(the vis-à-vis)。只有保持分离状态的一个部分才能拥有凝视。

我们也可以说，阿里斯托芬理解的爱欲是（用现代语言说）泯灭自我。阿里斯托芬没能辨认出哲学中的爱欲——这应该很清楚，因为他所理解的人的极致(the end of man)是没能力进行哲学思考的一种存在者。因此，他暗中在自己的谐剧中指控苏格拉底

---

① ［译注]坦塔罗斯，宙斯之子，因杀死儿子宴请诸神，被罚入地狱受饥渴之苦：尽管池水近在唇边，但只要他想喝，水便流走；尽管鲜果就在头上，但只要他想摘，就会有大风把果枝吹向空中。后来他的名字被用作"致命诱惑"的代名。

② ［译按]contemplation 通常译作"沉思"或"凝思"，该词原有"专注地观看"之意。作者在这里似语涉双关，酌译为"凝视"，以与上下文中的"观看""真正的观看"及 theoria（原义亦出自"观看"）贯通。

无爱欲(unerotic)。如果不以水平的方式(horizontally)、不在同一层面上,阿里斯托芬便无法构想(conceive of)爱欲,他不能像苏格拉底那样垂直地(vertically)构想爱欲。他只有通过相互性才能构想爱欲。他不理解心智(mind)——nous[理智]——及其单向性。我们可能记得,泡赛尼阿斯结合男童恋引进了心智的概念。各位可能记得,他证明男童恋正当性的第一个尝试便是说男性的理智优于女性。厄里克希马库斯对心智保持沉默,[141]但他引进了技艺,尤其是理论音乐,这也可以让人想起心智的问题。阿里斯托芬彻底把心智抛开。与此相应,在这一点与他对男童恋的成功捍卫之间,便有一种奇怪的联系。

虔敬在何种意义上可以解决爱欲无力解决的问题?阿里斯托芬讲辞的最终答案将是:虔敬不能解决问题。虔敬只是与爱欲兼容;它甚至为爱欲所必需,但它不能解决问题。阿里斯托芬爱欲教诲的结论是:爱欲无法得到实现;它是对不可能事物的追求。很难说,什么是肃剧性的(tragic)、什么是谐剧性的(comic),而且自然地,我们是以现代术语考虑这个问题。在讨论到肃剧诗人阿伽通时,我们会提出柏拉图意义上的"什么是肃剧性的"这个问题。目前,各位或许可以允许我在现代意义上,在普通意义上,使用"肃剧性的"一词。谐剧诗人阿里斯托芬是唯一教导爱欲本质上具有肃剧性的人。在阿里斯托芬谐剧的取乐、玩笑和荒诞背后,有一种很严肃很深奥的教导。

"从前,如我说过的那样,我们曾是一体;可现在,由于我们的不义(injustice),神把我们分开了,就像阿尔卡德人(Arcadian)被斯巴达人分开了那样。所以,我们得好自为之,要是对诸神不规矩点(orderly),恐怕不免被再切一次,结果就只能像墓石上的浮雕人似的四处走,顺着鼻梁从中间被劈开,有如一块符片。"(193a1-7)

在这里,虔敬的动机显现为恐惧(fear;或译"敬畏"),对像斯巴达的力量那样的优势力量的恐惧。这种恐惧要求的不是就爱欲而言守规矩(orderliness),而是就诸神而言守规矩。阿里斯托芬这里举到的例子在色诺芬《希腊志》(*Greek History*)卷五第2章也有记载。我把这故事的要点讲述一下:伯罗奔半岛上有些人原本是斯巴达人的盟友,后来投靠雅典一方,也就是说,他们变成了民主制。斯巴达人打败他们后建立了贵族制,取消了民主制。他们又恢复了曼提尼亚人(Mantinean)的原初的生活方式,即生活于乡村。色诺芬的说法是,"像他们古时那样生活"。这句话令人费解。从柏拉图的观点看,斯巴达人值得尊敬而非只是让人恐惧,因为他们建立了贵族制(从柏拉图的观点看,贵族制优于民主制),或者说,因为他们恢复了古代生活方式。诸神只让人感到恐惧,因为他们没建立古代的生活方式,还阻止恢复古代的生活方式。但另一方面,斯巴达人也强迫阿尔卡德人在乡村而非在城邦居住,这可以说是[142]解除了曼提尼亚人的文明(decivilized the Mentineans),但诸神某种程度上却是文明的动因。即便按阿里斯托芬的学说——或者说正因为他的学说——诸神似乎也值得尊敬而不只是让人恐惧。我的意思是,如果联系这段讲辞看,色诺芬讲述的故事绝对是模棱两可的。只能这样理解,它的意思是:诸神只应得恐惧,或者说,他们可能也值得尊敬。

> "这就是为什么,每个男人凡事都得要竭诚[193b]敬神,以便我们逃掉一种(命运),幸得另一种,就像爱若斯引领和统帅我们那样。"(193a7-b2)

阿里斯托芬这里说,要告诫每个人,每个男人。他不关心女性虔敬与否。虔敬之所以必要,是因为这样一来其他诸神就不会阻止我们得到爱若斯神引领我们得到的那些东西。对其他神的服侍只有一种消极功能,仿佛像[服侍]恶魔(evil ghosts)一样。积极的好处唯独来自爱若斯神。但爱若斯是一支军队的统领,各位都知道,这支军队由男性组成。爱若斯是一支由男性组成的军队的统领,这支军队追求原初的一体,追求高傲思想的恢复,这种高傲思想又包含了向诸神造反的思想。奥林珀斯诸神与爱若斯的根本对抗状态仍得到保留。在这个意义上,虔敬只是一种急迫的必需和让步。下堂课我们会结束对阿里斯托芬的讨论。

八　阿伽通

[143]今天我计划结束对阿里斯托芬讲辞的讨论,然后开始讨论阿伽通讲辞。有人说我们进度太快,对此我不反对。我的辩解理由是,我们必须有一种整体观,必须忽略某些细节,因为只有十六次课。我们要考虑到,对整体的理解必须与对部分的理解齐头并进,反之亦然;还要考虑到对整体的理解与对部分的理解之间有哪些相同或不同之处;尤其要考虑到:这不仅适用于《会饮》或柏拉图的其他对话,也适用于所有的人类理解活动。从何处开始——整体还是部分,这样的问题经常会困扰人们。很遗憾在这里我们无法讨论这个问题。还有人也许会说我们进度太慢,但我只能再重复一遍:如果政治理论是一门正当的课程,那就必须学习古典政治理论;如果要学习古典政治理论,就只能小心谨慎地学。在座可能还有另外的抱怨,另外的反对,另外的问题,对此我都很愿意讨论,但不是现在。我想我们该首先完成对阿里斯托芬讲辞的讨论。

我曾说阿里斯托芬是第一个受神灵启发的讲者。他第一个在论及爱欲时没让它屈从外在于爱欲的东西。此外,阿里斯托芬还完成了由泡赛尼阿斯提出、由厄里克希马库斯加以延续的论题,即表明男童恋的优越性。泡赛尼阿斯的起点是高贵的爱欲与低贱的爱欲之间的区别。然而,事实表明,这种区别在他那里不是源于自然,而是源于法律。他曾试图通过诉诸 nous[理智],诉诸心智,为这一区分找到一条合乎自然的原则。男性作为更有理智的性别应受到偏爱。但他失败了。因此厄里克希马库斯和阿里斯托芬放弃了这种尝试。厄里克希马库斯实际转向了技艺,转向了 techne[技艺],一种理智事物,但这种 techne 是无爱欲的。阿里斯托芬丝毫不提 nous。通过放弃心智的定向(orientation),厄里克希马库斯和阿里斯托芬被迫把爱欲构想为相互的。

各位该记得,前两位讲者——斐德若和泡赛尼阿斯——从有情人或情伴的角度讨论爱欲。为什么[144]是这样?因为,相互性和水平性不同于垂直性,爱欲指向更高的地方——这一点与心智问题的关联在于:心智的目标(object)高于心智本身,因为心智追随自己的目标,而非相反。厄里克希马库斯也曾区别过高贵的爱欲与低贱的爱欲。按他的说法,这种区别不是一种自然的区别,而是由技艺所确立,其着眼点是对人有用。尤其要记住他关于各种季节的说法。健康的季节与不健康的季节同等自然。这种或那种季节的流行可通过技艺达到。因此在讲辞末尾,他主张技艺的至高地位。如果高贵的爱欲与低贱的爱欲间的区别不是出于自然,这种区别就应放弃。这正是阿里斯托芬在做的。阿里斯托芬确曾诉诸人与人之间的一种自然等级。但决定这种等级差别的不是 nous,只是男子气。在他看来,爱欲便是造反,便是武装行动;爱欲是一支军队的统帅。

稍微谈一下阿里斯托芬的那个故事。人是宇宙诸神的后裔,因此[体形]是圆滚滚的,应该臣服于奥林珀斯诸神。但由于人有很高的思想(high thought),他拒绝屈服。人为何一开始就臣服于奥林珀斯诸神?人跟他的始祖即宇宙诸神截然不同,人需要生育。而且,人也截然不同于牲畜,人不受交配季节限制。从后一方面来说(也只有在这一方面),他跟奥林珀斯诸神类似。人和奥林珀斯诸神关系的基础是,两者都有性的自由度(sexual latitude)。人不同于其他动物的特殊之处也在这种性的自由度。

通过奥林珀斯诸神的惩罚行动,人变得行为良好,用古希腊文说就是变得 kosmios[规矩](这个词让人想到"宇宙/有序"[cosmos])。这种规矩(orderliness)不是因为宇宙诸神,而是因为奥林珀斯诸神。人获得了直立身材,奥林珀斯诸神的体形。各位可能会说,用圣经对应的话,奥林珀斯诸神按自己的形象塑造了(molded)人。① 人们(men)通过宙斯的行动成为人(became human),因为人通过法律,通过 nomos[礼法]成为人。让人成其为人的 nomos 的动因,必定跟人相似(manlike)。奥林珀斯诸神必定跟人相似。根据阿里斯托芬的谐剧,人们可以说:既然人的性生活天生不受季节限制,对之做出限制的必定是法律。法律对人性生活的最大限制是禁止乱伦。奥林珀斯诸神的性生活既不受季节限制,也不受禁止乱伦的限制。人[的性生活]不受季节限制,但受禁止乱伦的限制;这限制不是来自自然,而是来自约定(convention)。牲畜受自然限制但不受约定限制。[145]它们有交配季节,没有对乱伦的禁止,乱伦的主题在阿里斯托芬剧作中反复出现,比如在《鸟》(*Birds*)中。

人因为宙斯的惩罚行动获得了自己的人性。这种惩罚通过把禁止乱伦强加到人身上,限制了人的性生活,但人也获得了直立身材。这样,在彼此深情拥抱时,人能够看到彼此。在柏拉图那里,人不会因为要仰望苍天、仰望宇宙诸神而拥有直立身材。人拥有直立身材不是为了成为最高意义上的天象学家(astronomers),而是为了睡在一起。极乐(bliss)在深情的拥抱中。

人寻求自己的另一个自我,寻找自己的另一部分。这意味着什么? 意味着他在寻找最亲近的人,他自己的血肉。爱欲本质上有乱伦性质。我这样说是夸张了,但阿里斯托芬谐剧的关键部分

---

① [译注]据《圣经·创世记》,上帝说:"我们要照着我们的形象、按着我们的样式造人。"(1:26)中译据新标点和合本。

能为这种夸张的正当性辩护。无论如何，人的本质是通过这两者——无限制的性欲和法律——建构起来的。法律和性欲一样，对人至关紧要：爱欲必须透过这种双重性来理解。你不能无视nomos［礼法］，不能完全把它当成外在的。但这也意味着，爱欲必须透过自然与约定的对抗来理解。爱欲既是对深情拥抱的渴望，与此同时也是自然对约定的反叛，或毋宁说，爱欲与其说是性欲，不如说是那种反叛，对此阿里斯托芬说得很清楚，他们"彼此之间从来说不出想从对方得到什么"（192c3-4）。他们能知道自己想要拥抱，但更深层的意义，那种对原初一体的渴望，他们却不知道。这是对尚未被约定削弱的远古自然的渴望，是对原初的整体或曰整合的渴望。但如果这便是爱欲，那它的目标便不可企及。宙斯已注意到这点。正是在这点上，似乎产生了虔敬的需要。爱欲永远无法得到实现，因而需要一种补充。

> "任何人都万万不可渎犯爱若斯——无论谁反其道而行，都会招致诸神的敌意；因为——因为，若我们与这神成为朋友，相处融洽，我们每个人就都会找到和拥有自己所爱的人，但如今能做到这点的人却稀罕得很！"（193b2-6）

人必须追随爱若斯，他是军队的统帅，因此也是个男子。这也包括避免对诸神来说变得可恨。至于爱若斯，人必须成为爱若斯的朋友，跟他和谐相处。阿里斯托芬没有提人与奥林珀斯诸神间的友谊，但厄里克希马库斯却以要求友谊来结束他的讲辞。人需要与爱若斯和谐相处，为什么？因为这样我们就能发现并遇到我们的年轻情伴（阿里斯托芬所提到的情伴，照例指一个［146］为其他男子所爱的男子）。目前，这种情况只发生在少数人身上。为什么？因为目前人们还没给爱若斯适当的崇拜，也即给了其他诸神过多的崇拜。对我们的这种忽略，爱若斯很生气。如果给爱若斯适当的崇拜,他就会帮我们找到我们的自然的另一个自我。在爱欲追求方面,奥林珀斯诸神显然不能提供积极帮助。

> "厄里克希马库斯可别把我讲的(my logos)当成笑料
> (comedy),似乎我这是在影射泡赛尼阿斯和阿伽通——当然
> 啰,也许他们其实已经得到了这种[爱],而且他俩都是男子,
> 天生就有男子气。"(193b6-c2)

阿里斯托芬从未把厄里克希马库斯和斐德若当[一对]有情人看。在场的人中,他只把泡赛尼阿斯和阿伽通当成[一对]有情人。但他又以反讽的方式归咎厄里克希马库斯,说他有谐剧式地误传自己的讲辞的欲望,也就是说,厄里克希马库斯认为,阿里斯托芬尤其告诫泡赛尼阿斯和阿伽通要虔敬。阿里斯托芬以自己的名义说,或许,泡赛尼阿斯和阿伽通属于极少数在爱欲上取得成功的人,但他们因缺乏虔敬而面临危险。又或许,他们天生(by nature)就是男性——其中隐含的意思是,按照约定俗成的风习(by convention)他们显得是女性。这很自然,因为他们都因软弱(softness)和女里女气的举止声名远扬。这里还有个小玩笑——泡赛尼阿斯的名字以 as 结尾,据阿里斯托芬的《云》,以 as 结尾的名字表示一种女性的自然。回到主要问题上来:只有天生就是男性的那些人才可能是爱欲的完完全全的献身者,才可能实现爱欲,重获[原初的]一体;与之并行的还有高傲的思想,这种思想本身专注于废黜诸神,这也是一项专属于男性的事务。从这点来看,恢复我们远古的自然似乎是可能的。

> "但无论如何,我所讲的整个儿针对的是世上所有的男男
> 女女:我们人这一类要得福,惟有让情爱达至圆满才行,人人找
> 到属己的情伴,回归自己原本的自然。倘若这才是最好的事

情,那么,只要眼下能最切近地圆成这美满,必然就是最好的;
而这也就是人人遇上合自己心意的情伴。"(193c2-8)

他这里表面上说的是男人和女人,但因为用了情伴们(belo-
veds[paidika])一词(该词最主要的涵义是得到特别喜爱的男
性),男童恋思想的优势仍然保留了下来。返回原初自然的想法
现在经证明是个乌托邦。原初的自然本身是最好的,但目前不可
得。就实际情形来说,只有与之最接近的近似者才是最好的可
能。那这种最好的可能是什么? 大体可以这样说:[147]如果你
是个自然的男子,那最好的可能不是找到自己的自然的另一个男
性自我,而是找到就自然而言与你的心智——你的品味——相符
的年轻人。

"倘若我们要赞颂掌管这一切的那位神,我们就得好好
赞颂爱若斯,正是他而今给我们带来如此多的福份,把我们
领入属于我们自身的东西,还给我们的未来带来最了不起的
希望:只要我们好好敬重神们,爱若斯就会让我们复返原初
的自然,治愈我们,使我们变得快乐,享福不尽。"(193c8-d5)

"[进]入属于我们自身的东西"(into our own)的说法在苏格
拉底的讲辞中将是个关键问题。阿里斯托芬将证明,他最终要说
的是:爱本质上是对属己之物[或译"自己的东西"]的爱(love of
one's own)。但还有一种对爱的完全不同的理解,按照这种理解,
爱是爱美的事物(the beautiful),这将在阿伽通讲辞中出现。苏格
拉底站在阿伽通一边,但是,他与阿伽通截然不同之处在于,他知
道还存在另一种爱,对属己之物的爱,而且这种爱很重要。换言
之,乱伦问题只是对爱属己之物的一种谐剧式夸张。实际生活中
爱属己之物的重要形式是爱邦[国]主义(patriotism),是爱你自己

的同胞公民,并由此爱你的城邦。爱属己之物必然会和爱美的事物形成张力,对美的爱不承认边界(boundaries)。结论就是:存在这样的希望,爱欲可能让这种次好[的爱欲形式]永远存在下去——你可以跟天生合你心意的(to your mind)某人结合在一起,但这个人并非天生属于你自己(not your own)。爱若斯可以在人死后将这次好的爱欲形式永远保持下去,又或许让我们在死后找到我们的自然的另一个自我。这些对未来的希望不同于当下可能之事,它取决于虔敬。作为性之满足的爱欲的实现不取决于诸神,但在其自身中,作为原初的一体,它将会遇到诸神阻挠。结论将会是:极乐和幸福只可能由爱欲提供,只要我们能骗过诸神,不让他们阻挠我们恢复原初的一体。

关于阿里斯托芬的讲辞,我想作几点概括。在读这篇讲辞时,人们会有这样的印象:人那里什么都没有,最多有点同性恋的满足,还有一种在这之上的徒劳渴望,与此相随的是对奥林珀斯诸神(阿里斯托芬看不起这些神)的恐惧。这种异质的混杂取代了原先的一体性(oneness),也取代了伴随这种一体性的崇高的思想。人跟太阳的渊源仍然不起作用,并且被忘记了,因为没有theoria[理论生活],也没有沉思(contemplation)。由于爱欲的不能令人满足的特征,也由于对沉思悄然的排除,虔敬成为必需。换言之,爱欲作为对 nomos[礼法]的反动(reaction),永远都不能真正摆脱礼法。[148]阿里斯托芬理解的爱欲,是对一种异想天开的(fantastic)一体性的渴望,是对一种非自然的一体性的渴望。但就此而言,它是非自然的一体性最重要的情形:它就是礼法。换言之,如果理解不当,法律将会显得就是某种终极的东西:它同等地适用于所有事物,并由于这种同等的有效性而是正义的。但由于人跟人不同、人类的各种处境不同,在这方面,法律就劣于由智者当场做出的智慧决断。这是贯穿柏拉图所有作品的重大主题,也见于他一部篇幅很短的对话《米诺斯》(Minos)(此书是柏拉图《法义》的一个引言),在这部对话中,法律的虚假一体性与真正的一体性形成反差。

阿里斯托芬的原初一体性概念是他关注礼法、关注城邦的一种异想天开的表述,尽管他关注的是作为礼法对立面的自然,这种表述还是出现了。这里的言下之意是:爱欲关注自然的一(the natural one),但那[自然的一]是人类的种(human species),因为爱欲为生育服务。然而,人类的种的保存只有通过异性间的爱才能实现。男童恋的、非自然的爱反映的是满足于礼法的非自然的一体(the unnatural unity)。阿里斯托芬对礼法和诸神的大胆攻击是无害的,因为它建立在一种对问题本质不充分的理解之上——它是一种无害的不真实(untruth)、一种无害的恶。但我们把什么叫做无害的恶?把荒唐可笑(ridiculous)。与他的意图相反,阿里斯托芬的学说不止是娱乐,而且也是荒唐可笑的。

关于厄里克希马库斯和阿里斯托芬这两个居于中间的人的讲辞的关联,再略说几句。首先是区别:厄里克希马库斯一开始说爱欲统治一切,但最终却说 techne[技艺]统治一切。阿里斯托芬比厄里克希马库斯更有智慧;他仿佛在说,礼法是万事万物的统治者。但厄里克希马库斯和阿里斯托芬可以互换,他们在关键方面相同。他们都说,所有的爱即便不是不完美的,也是相互的,即情侣们的动机是相同的,有情人和情伴的动机没有区别。他俩另外还有一个重要的相似之处:厄里克希马库斯的讲辞以赞美占卜术(the art of soothsaying)作结;阿里斯托芬的讲辞以赞美虔敬作结。这暗示了,厄里克希马库斯认为,神与人之间可以有友谊,因为有一种技艺——占卜——可以带来友谊。阿里斯托芬则暗示:神与人之间不可能有友谊,因为技艺和法律都弱于自然。厄里克希马库斯主张技艺的终极的至高地位,但技艺无论采取何种形式,都要受机运限制。因此,我们会希望拥有一种所有技艺之技艺(an art of all arts),一种可以控制机运的技艺。这便是占卜术,能控制[149]诸神的技艺。阿里斯托芬这里有某种奇怪的推论。爱欲是与另一个自我、与你自己的另外部分合一的渴望。这里面的意思是什么？意思是，爱欲中机运的重要性遭到否定。各位从文学作品和自身经验中可以知道，两个人真正相爱时，他们相信，不可能有另一个人——我们两个相爱是命中注定的。阿里斯托芬让自己成了爱欲的幻象（delusion）的代言人，这是他的讲辞有魅力的一部分。我们最终寻找的是机运没有进入其中的某种东西。他自己的灵感似乎也处在爱欲幻象的魔咒之下；但阿里斯托芬知道这不是真的：如果阿波罗像我说的那样是个冒失鬼，也就是说，如果他让另一半没了皮肤而后又死掉，我们就无法找到另一个伴侣。因此，没有任何 techne，没有任何技艺能让我们找到真正的另一半，唯一的出路是虔敬。换言之，柏拉图言下之意是：

> 阿里斯托芬，无论你对虔敬持多大的反讽态度，如果你是始终如一的，你就得严肃地保持虔敬。

小结一下：柏拉图[对阿里斯托芬讲辞]作了谐剧化处理（如果我可以这样说的话）；他让阿里斯托芬成了一出谐剧的主体（the subject），就像阿里斯托芬曾让苏格拉底作一出谐剧的客体（an object）那样。柏拉图暗地里要声称的是：他的谐剧远比阿里斯托芬的谐剧更有灵性（more spiritual）、更精致，后者即便也不失微妙，却显得粗俗。柏拉图表面上只给阿里斯托芬画了幅漫画，正如《云》一眼看去也只是一幅苏格拉底的漫画一样。各位如果对比柏拉图笔下阿里斯托芬的讲辞与阿里斯托芬的谐剧，这一点就变得尤其清楚：柏拉图放入阿里斯托芬之口的讲辞，几乎完全没有提及他的政治概念。在阿里斯托芬那里，有一种持续的对政治的专注（a constant political preoccupation），他评判他那个时代雅典人政治闹剧的标准来自古代雅典——过去的好时光，来自马拉松战士([相当于]美国退伍军人协会[American Legion])。那些为雅典最辉煌的荣耀作出过贡献的人自然成了代表人物。古人被作为标准嘲弄当今的极端民主制。旧政体某种程度上远比当今的雅典人更有乡村风味。旧东西更有乡村风味,但这也意味着,农村生活的快乐、和平的快乐,跟古代城邦、跟古代时期马拉松战士严苛的政体若合符节,那时的人们住在自己大大小小的农场上,享受着农场生活、酒和女人的快乐。因此,这种标准说到底是私人的快乐,而非城邦的荣耀。这证明,即便是在那种私人快乐与城邦的荣耀之间也有一种张力,这种张力跟自然与约定间的张力说到底是一样的。换言之,柏拉图之所以对阿里斯托芬的政治倾向不置一词,原因在于他深刻理解了[150]阿里斯托芬谐剧的真相。阿里斯托芬另一个引人瞩目的特点是,他的谐剧充斥着大量无礼猥亵的东西。这点通过柏拉图归于阿里斯托芬讲辞的泛性爱主义的世界观(pansexualist Weltanschauung),同样在柏拉图笔下得到了漂亮的再现。人与神之间的关联在于性方面的自由度。人之所以要保持直立身材,是为了在彼此深情拥抱时看到情侣,为了不沦落到牲畜的境地。另外,阿里斯托芬在《云》中曾假虔敬之名攻击过苏格拉底,而在柏拉图笔下,阿里斯托芬的讲辞虽然看似在对虔敬的赞美中达到高潮,但若仔细思量,不虔敬的人不是苏格拉底,而是阿里斯托芬。阿里斯托芬的不虔敬与他的性爱主义相联——如果我可以这样说的话,这可从如下事实看出:他的不虔敬是他理解的那种爱欲的核心,因为爱欲本质上是对诸神的造反。

　　阿里斯托芬对苏格拉底的攻击是一种对哲学、对心智的至高地位的攻击。因此,阿里斯托芬呈现的爱欲与心智不可兼容,那种爱欲是重新成为纯粹宇宙式的[存在者](becoming merely cosmic)的欲望。阿里斯托芬在他的讲辞中说,假如要求与实现[要求]之间存在反差,那奥林珀斯诸神便是开化(civility)的来源,便是可鄙的。他们甚至不可敬,更不消说也不该受尊敬。另一方面,阿里斯托芬理解的宇宙诸神与我们所说的混沌具有亲缘关系。他的立场可以陈述如下:奥林珀斯诸神是可鄙的;他们不是宇宙诸神,但他们跟 nous[理智]有亲缘关系,他们是开化的来源。关于阿里斯托芬就说这些。

听众:阿里斯托芬在讲辞中提到过快乐吗?

施特劳斯:这个问题非常好。但很抱歉我无法回答。我没考虑过这个问题。

[回答问题:]你的话里有两种不同的要素。我要说的是,柏拉图谈到过回忆,即人有过一种完美视见(perfect vision)各种理式的原初状态,他如今已丧失了这种状态。但他要以这种回忆为生。类似地,阿里斯托芬也谈过一种人已丧失的原初的完美状态。两者间的区别在于:对柏拉图而言,回忆是对一种原初视见的回忆;对阿里斯托芬而言,对重新合一的欲望是对不可能有一种视见在其中的状况(condition)的欲望。这两种看法有平行关系,但这只是指明两者的彻底对抗状况。的确,柏拉图也可以把爱属己之物作为最高的爱来谈论。但爱属己之物不是指爱 x 或 y,而是指爱你身上那种不再是个别的个体性(the individual individuality)的东西。柏拉图很可能是说,这才是真正的自我,但若用后来的语言来说,这个真正的自我不是经验的自我。说得简单些:爱属己之物意味着爱自身个体性中的整体存在以及自身最广义[151]的亲人们(relatives)。这意味着一种分裂(scission),并非个体的分裂,而是一种人类不同群体的分裂,每个群体都有自己的利益。这种意义上的对属己之物的爱彻底不同于对美的爱,后者超越了这种分裂和各种界限。各位可以看到,在尝试讨论它时,一个人不知不觉就把意义的内在层面揭示出来了,不需要任何预谋。阿里斯托芬说的这种分裂提醒我们注意人类真实的分裂,如分裂成各个独立的国家、社会和文化等。这一点完全有可

能隐含在阿里斯托芬讲辞中。

　　这场对话中最重要的个人，除了苏格拉底本身和暂时可以忽略的阿尔喀比亚德外，就是阿里斯托芬。他的讲辞更具力量和想象力。但另一方面，虽然阿里斯托芬是最重要的个人，可在苏格拉底讲辞之前，他的讲辞却不是最高的。女里女气的、柔软的（诸如此类）阿伽通比他要高，这种高不是因为个人，而是因为他所说的内容。因此到最后，当他们所有人都精疲力竭之际，仍然清醒的人除苏格拉底外，便是阿伽通而非阿里斯托芬。阿里斯托芬坚持得比所有其他人都久，但不如阿伽通。阿里斯托芬看到了一个巨大的真相，对此没有谁曾像他那样明晰有力地揭示过，这真相便是爱属己之物——但这点只有到后来苏格拉底出场时才表现出来。这个真相在《会饮》中被故意压下了。要充分理解爱的现象，理解柏拉图理解它的方式，对这两种爱的形式必须都有所认识，但我仍然相信，这点必须附加一个重要的限制条件（proviso）：对属己之物的爱低于对美的爱。当苏格拉底偶然说起，他喜欢跟他的公民同胞以及异乡人聊天，但某种程度上对公民同胞更有兴趣时，他的意思就是指这个。人即便是个统一体，也仍然是由异质元素构成的合成体（composite）。这点在城邦中表现得格外清楚可见。正如苏格拉底在《王制》中所说，这点在城邦中特别显眼。但对城邦适用的东西对作为个体的人也同样适用——人是由异质事物构成的合成体，这些异质事物受限于一个极为特定的场所，人某种程度上就像牲畜，但与牲畜不同，他向一切开放。人是这样的，由两种元素构成，在绝大多数时间，在人这里有违自然，都是较低的元素占优先地位。各位可以用亚里士多德的一句至理名言毫无悖谬地陈述这一点：我们的自然本性以多种方式充满奴性（slavish）。各位可以计算一下，你每天有多少时间花在较低的需求上，有多少时间花在较高的需求上。可怕的是秩序的颠倒：较低的东西比较高的东西更紧迫，这便是人的处境（human situation）。如果对此完全不予理会,我们看到的人的图景就会扭曲。

[回答问题:]我们绝不可忘记这一点:柏拉图试图在一场对话中处理爱的问题,这意味着,这种处理在本质上和用心上都是一种不完整的[152]和片面的处理,不仅单个人的讲辞如此,对话作为整体也是如此。要想充分理解对话,就必须理解被故意省略的东西。柏拉图不是个轻率粗心的人。但重要的是,不但柏拉图不是个轻率粗心的人,我们也不应成为轻率粗心的人。从实践目的考虑,没有人会比柏拉图更赞同下面这点:爱欲必须受法律控制。但问题是,在这种看法中有没有什么东西被丢失了。每一个不把道德德性当作最高考量的人隐然都会承认:爱欲中一定存在某种对人至关紧要的东西,这种东西无法通过道德德性获得满足。柏拉图的意思是,人的自然倾向不会走向道德德性本身。但在赤裸裸的实践的意义上,对立法者来说,这是一个必须采纳的健全的立场。立法者的问题是控制和规范爱欲,而非理解它的完整内涵。

接下来让我们看通往阿伽通讲辞的过渡。但首先要看一下阿里斯托芬的讲辞的结尾。

> "这些,"他说,"厄里克希马库斯,就是我关于爱若斯的颂辞(logos),和你的不同。我已经请求过你了,别忙着讥讽我所讲的,这样我们就可以听听其余各位,听他们每个人怎么说,但尤其是听两个(将要说的)人,因为只剩下阿伽通和苏格拉底了。"(193d6-e2)

各位看到了阿里斯托芬的自信。我跟你厄里克希马库斯之间没什么共同之处。他的反讽式要求——厄里克希马库斯不要嘲笑他的讲辞——当然对读者来说特别好玩,因为柏拉图在拿阿里斯托芬作谐剧化处理。阿里斯托芬认为阿伽通和苏格拉底共属一类(belong together)。他这样想很自然,因为阿伽通和欧里庇得斯是同盟,欧里庇得斯又和苏格拉底是同盟,他们这种三人帮(triumvirate)在阿里斯托芬的谐剧中是被嘲弄的对象。对坐在阿伽通之前的可怜的阿里斯托得莫斯,阿里斯托芬忽略未计。阿里斯托得莫斯之所以没讲辞,或许正因为阿里斯托芬之过。

> 他[阿里斯托得莫斯]说,厄里克希马库斯说:"好罢,听你的,因为我很喜欢你的讲辞。若不是我早就知道苏格拉底和阿伽通在情事上都很内行的话,我还真担心他们会没词儿,因为事情的方方面面已被翻来覆去讲得差不多了。不过,我还是有信心的。"(193e3-7)

厄里克希马库斯是裁判。各位都记得,他在阿里斯托芬讲辞之前很明白地表示过,阿里斯托芬必须对他负责。而某种意义上,阿里斯托芬也尽责地照厄里克希马库斯的意思做了。厄里克希马库斯这会儿再次表达了一个他相信是全体一致的意见。各位都记得,他们一开始商量今晚怎么过时,[153]也有过一个由厄里克希马库斯表述的一致意见。但这回厄里克希马库斯没等其他人表达他们的赞同。为什么?他凭什么知道其他人喜欢阿里斯托芬的讲辞?其他人已经怎样表达过他们对阿里斯托芬讲辞的赞同?通过笑声。苏格拉底有没有加入笑的行列?厄里克希马库斯是这段插曲的第一个讲者。这让我们想起他一开始扮演的领导角色。需要注意的是,厄里克希马库斯的讲辞在苏格拉底之前的所有讲辞中居中间位置,这点绝非无关紧要。我只提醒各位一点:厄里克希马库斯背后有种伟大的哲学学说,即恩培多克勒的学说,而这个学说——它主张爱欲统治着整全——最终成为柏拉图爱欲学说的[批评]靶子。这在柏拉图看来不对(not true),其中原因我们在后文可以找到。各位可以看到厄里克希马库斯改变了讲者的座次:他把苏格拉底放在第一位。苏格拉底和阿伽通某种意义上可以互换。

> 苏格拉底于是说:"[你自信的]理由是,厄里克希马库斯,你自己已经漂漂亮亮地赛过了;可要是你处在我现在的位置,或更确切地说,要是你处在阿伽通漂亮地说过一番之后我将处的位置,你肯定也会心慌,像我现在一样,不知所措。"(194a1-4)

苏格拉底在此夸奖了厄里克希马库斯的讲辞;但他没夸阿里斯托芬的讲辞。这再度表明了厄里克希马库斯讲辞的特殊的重要性。苏格拉底在这里讲的话让人想起[柏拉图]对话《克里提阿》(108c5-6)中的一处对应,那里有个类似场景,在其中克里提阿[对赫默克拉底(Hermocrates)]说:"你被排在讲者的最后一位,所以很勇敢。"这里是苏格拉底被排在最后一位。

[更换磁带]

柏拉图难道没精心安排他的对话,以防对苏格拉底讲辞的正当批评? 我们必须看一下是不是这样。

> "你灌我的迷魂汤,苏格拉底,"阿伽通说,"要我想到观众(theatron)满怀期待,期待我会漂漂亮亮说一番,于是心里就发慌。"(194a5-7)

换言之,阿伽通怀疑苏格拉底有点在耍花招。他把这种言辞的交锋与肃剧竞赛联系起来。他无意中告诉我们:听讲辞的人一定也是观看者[theatron 意为观看的地方],①是可以看到讲者

---

① [译注]方括号及其中文字为原文所有。

的人。

"要是那样,阿迦通,我就未免太健忘啰,"苏格拉底说,"当你领着演员们登上剧台,[154]气定神闲地瞥一眼人山人海的观众,然后开始展示自己的作品时,我亲眼看到你的男子气和超迈心志,我怎么会以为,你在我们这么几个人面前会心慌起来。"(194a8-b5)

换言之,你阿伽通既然有勇气上台展示剧作,就不会害怕对着这几个人说话。

"什么意思,苏格拉底?"阿伽通说,"你不至于会以为,我让满场观众冲昏了头脑,竟然不知道,对一个明白人来说,少数几个聪明人比一大群不明事理的人要更让人惊慌。"

"要是那样的话,阿伽通,要是我竟会以为你有哪怕一丁点儿下里巴人之见,那我才真搞错了;我可清楚得很,要是遇见你觉得聪明的人,你会更看重这些聪明人,而非多数人。不过,只怕我们在座的恰恰不是这种聪明人——[你演出那天]我们也在场,也属于多数人——你要是碰巧遇到另外一些你认为聪明的人,当你觉得做了丢人现眼的事,你会在他们面前感到羞耻,是不是?"

"那当然啰。"他[阿伽通]说。

"但在多数人面前就不会感到羞耻,要是你觉得做了什么丢人现眼的事的话?"

他[阿里斯托得莫斯]说,斐德若突然打断说:"亲爱的阿伽通,要是你老回答苏格拉底的问题,他就会不管现在还要做的事,他只要有个人可以侃(converse with)就行,何况还是个美男。我自己倒很爱听苏格拉底与人侃,可我现在必须替爱若斯照管颂辞,因此也必须从两位那里收取各自的讲辞。所以,请两位先把欠爱若斯的这笔债还了,然后随你们怎么侃。"

"说得对,斐德若,"阿伽通说,"没有什么会阻止我讲;同苏格拉底侃,以后有的是机会。"(194b6-e3)

斐德若认为苏格拉底和阿伽通在讲辞结束后会马上开始交谈,阿伽通则认为他和苏格拉底以后会经常有机会交谈。这两人谁是更好的预言家? 然而,这里的主要问题是对"侃"(conversation;或译"交谈")的四次提及。那么,这段插曲有什么用意? 各位知道,这不是第一个插曲。第一个插曲在厄里克希马库斯讲辞之前,原因是阿里斯托芬没能力[说话](incapacitation)。那一晚,随着论题被逐渐穷尽,平常意义上的没能力提高了,不止是特殊意义上阿里斯托芬一人而已。当时已经出现了平常意义上的没能力[155]长篇大论的情境。当人们太过劳累以致无法作长篇大论时,他们并没劳累到彼此不能交谈、不能对话的程度。这些对话只作为长篇讲辞的替代而出现。但这种情形被苏格拉底的讲辞改变了,因为他的讲辞名义上仿佛是讲辞,其实是篇对话。第一个插曲是厄里克希马库斯与阿里斯托芬之间的对话,讨论的是阿里斯托芬可笑的身体不便,对这些不便,阿里斯托芬本人一点都不觉得羞愧。目前这个插曲主要是苏格拉底与阿伽通之间的对话——阿里斯托芬一言未发——讨论的是对丢脸(disgrace)的害怕,后者不同于打嗝。阿伽通和苏格拉底都声称怕丢脸,对爱欲之美这样的论题来说,这是个自然的引言。但苏格拉底和阿伽通只是声称害怕而已;其实他们都不害怕。但各位看到,关于这点只有阿伽通被揭穿了。阿伽通走进了苏格拉底布下的陷阱。到了这一步,阿伽通在苏格拉底面前理屈词穷了。他变得可笑;他的漂亮,他的优雅和魅力,某种意义上是假的。我们已看到,他是个漂亮的年轻小伙,接下来我们会看到,与内里漂亮但外表丑陋的老苏格拉底相比,他的内里就不那么漂亮了。他俩的讲辞或许也可作如是观。我们还必须考虑这样一点,对阿伽通的讲辞来说,这一点还是个很好的引言:在这部对话中,我们无论在哪里都找不到绝对的漂亮。它总是有缺陷的,哪怕只因为一个塌鼻子。现在看阿伽通的讲辞。

> "我嘛,想先说说该怎么个讲法,然后再讲。因为据我看,迄今已经讲过的诸位其实都不算在赞颂爱若斯,而是在称颂人有幸得到的源于爱若斯的好处。可是,给人带来种种好处的这位爱若斯本身是什么,并没有人讲到。无论赞颂什么,唯一正确的方式是,在讲辞中讲清楚,这番讲辞讲述的是谁,并说说他有哪种品性,他究竟是哪种事物的动因。我们赞颂爱若斯也得如此,先说一下他本身究竟有哪种品性,然后再说他的恩惠。"(194c4-195a5)

在古希腊文本中,唯有阿伽通的讲辞劈头就用强调语气的我——ego［我］。这很自然,他人漂亮,刚刚取得成功,他也知道这一点。他区分了人应当如何讲与人要何时讲这两者。说人应当如何讲,这并不是真正在讲。这样说好理解吗?举个例子,如果你掌握了一种社会科学的方法论,你对社会现象说了任何东西没有?某种意义上你没有说。方法论有一种形式性,它是空洞的。但在某一种情况下就不同:如果关于如何说的技艺是灵魂学的另一面,是关于［156］灵魂的知识;那么,关于如何说的科学就充满了内容。这当然是柏拉图的修辞术的概念:修辞术不过就是关于灵魂的学说,其着眼点在如何影响或说服别人。

阿里斯托芬曾谴责所有前人都没崇拜过爱若斯;阿伽通则只谴责今晚在他之前的讲者。从这点来说,他谦逊得多。他显然不同于阿里斯托芬,他不是个革命者,也不是个破除偶像的人。破除偶像与美不可兼得。我还要絮叨一遍:古希腊文 kalon——意为漂亮(beartiful)、公平(fair)、可敬(respectable)———一词的范围,包含所有对眼睛或心智来说华美的东西。在阿伽通讲辞中,[爱若斯]神本身第一次成为主题:他不再只存在于人类灵魂之中,而是自生自立的(self-subsistent);阿伽通还提出了这样的问题:这个神具有怎样的品性(quality)? 阿里斯托芬差点碰触到这个问题。他谈过爱欲的力量和人的自然本性(nature)。他没谈爱欲的自然本性;他甚至没谈阿伽通提到的爱欲的那种品性。我们必须问:阿伽通将要讨论的是爱欲的自然本性抑或只是他的品性? 从阿伽通的讲辞路数各位还可看到,这是篇有条理的(orderly)讲辞,开头就有条理。[阿伽通的讲辞先论及]所有种类赞颂的普遍表述方式,涉及每一种可能的事物。接着是运用:这样还有那样(this and this)是赞颂事物的正确方式。但现在我们应赞颂爱欲,所以这就是特别赞颂爱欲的正确方式。爱欲的恩惠(gifts)是个寓意式表达,指爱欲作为动因带来的东西。

> "我要说,虽然所有神都很幸福,但爱若斯——如果这样子讲蒙神法允许,不算冒犯[众神]的话——是所有神中最幸福的,因为,爱若斯最美而且最好。"(195a5-7)

这里给出了他的讲辞的计划。首先是爱若斯的品性:(a)最美;(b)最好。其次是,爱若斯作为他自身之外的事物的动因。阿伽通的整篇讲辞有个特点,就是异乎寻常地条理明晰。这点跟美干系重大,因为条理明晰也是美的一个要素。但他没提出首要的问题,即爱欲是什么? 什么是它的本质(essence),它的自然本性?这个问题只有到苏格拉底的讲辞才获解决。阿伽通赞美爱若斯必然就批评了其他诸神。他有个托辞,"如果……这样子讲不算冒犯［众神］的话"，他的托辞恰恰表明，有某种显而易见的理由（prima facie reason）进行冒犯；否则他绝不会这样说。其他诸神在美和善方面都不及爱若斯完美；否则爱若斯不可能最美而且最好。

> "爱若斯最美，是由于如下品性：第一，斐德若呵，爱若斯是诸神中最年轻的。爱若斯自己为此提供了最好的证明：他［157］遇到老年就逃得飞快，虽然老年本身就跑得够快了，快得让我们实在不大情愿。正是老年，天生为爱若斯所讨厌，甚至不肯接近一下它。"（195a7-b4）

我们这些上了年纪的人都相信，自己老得实在太快了。

> "爱若斯总和年轻人在一起，他自己就是年轻的，因为古语（old logos）说得好：'物以类聚。'"（195b4-5）

关于爱若斯的美，第一个分支是他的年轻，阿伽通的证明是如下事实：爱若斯总是和年轻人在一起，遇到老年就跑开。这当然还没有证明他在诸神中最年轻。阿伽通的言下之意是：爱若斯整体上是年轻的，每个方面都年轻。因此，他是最年轻的。如果他不是最年轻，那他的年轻就有缺陷。这是一种很柏拉图式的看待年轻的方式。美的理式就是现有的最美的事物。如果用非柏拉图式的（un-Platonic）语言，你会说出这样一些悖论：美的概念（the concept of beauty）是世界上最美的事物，正义的概念是世界上最正义的事物。柏拉图当然说，美本身——不同于任何一种美的特定的显现——是最美的。（这当然意味着，柏拉图的理式不是概念。）所有其他神都比爱若斯老，但如果老是有缺陷的美，那就意味着其他所有神都或多或少是丑陋的，至少不是绝对地美。只有相似者之间才有爱——我们已经看到过，这是男童恋的主题。但阿伽通这样说目的不在于此;他没有为男童恋辩护。

> "斐德若所讲的,虽然我大多都同意,但他说爱若斯比克洛诺斯(Cronus)和伊阿珀托斯(Iapetus)还年长,我不敢苟同。我的看法正相反,爱若斯在诸神中最年轻,而且永远年轻。至于赫西俄德和帕默尼德讲的诸神的古事,倘若是真的,也肯定发生在命定女神(Necessity)身上,而非爱若斯身上。不然的话,要是那时爱若斯已在诸神中间,那就不会有[诸神的]那些个去势(castrations)、相互囚禁以及其他五花八门的残暴事情,只会相互友爱、和平共处,像如今这样——自从爱若斯当了诸神的王就一直如此。"(195b6-c6)

他提到斐德若,说在很多方面他都同意斐德若的看法。哪些事情?他没告诉我们。比如,他同不同意爱欲不在情伴身上的说法?我们必须看一下。阿伽通不赞同的是赫西俄德和帕默尼德,而非荷马,尽管荷马也讲过诸神间可怕的事。他不希望遣责荷马。这里有个奇特的难题,因为荷马是最老的诗人。遣责老年与[158]赞美荷马之间,难道没有一种反差吗?阿伽通说,最初是命定女神统治诸神,现在是爱若斯统治诸神。这意味着,诸神的王不是宙斯,而是爱若斯。如果赫西俄德和帕默尼德讲的故事为真,那爱若斯就征服了命定女神。但爱若斯是最年轻的神;他不可能始终居统治地位。因此,命定女神肯定在爱若斯之前统治过。因此,赫西俄德和帕默尼德的故事是真的。诸神——而非爱若斯——缺乏德性。阿伽通暗中反对阿里斯托芬,因为阿里斯托芬曾暗示命定女神比爱若斯强大。其中的隐含意味是相似的:[起初是]野蛮的开端(savage beginnings),[然后是]进步;起初是命定女神,然后进步到文明与和平。善并不像斐德若暗示的那样跟古老等同；但没人反驳过斐德若，连阿里斯托芬都没有。相反，阿里斯托芬说最古老的最好。阿伽通在反驳这点时更接近苏格拉底。柏拉图的学说认为，开端是野蛮的：若有任何人对此表示怀疑，他只要读一下《法义》卷三就行了。但阿里斯托芬已经反驳过爱若斯最古老的主张。这隐然意味着：讲辞中有一种启蒙的进步，一种不断的进步。一开始，爱若斯是最古老的神；接着，按阿里斯托芬的说法，爱若斯比奥林珀斯诸神年轻；随后，按阿伽通的说法，爱若斯可以明确被说成最年轻的神；最后，按苏格拉底的说法，爱欲根本不是一个神。这是个不断的降级过程，与之平行的则是赞美的升级。

如果爱若斯是最古老的神，那他就影响所有事物——所有事物都能爱。正如厄里克希马库斯曾说的，爱若斯不仅与人有关。但如果爱若斯不是最古老的神，那所有事物都能爱这点就不是必然的了。下文阿伽通就会得出这样的结论。接下来，阿伽通讨论了爱若斯的轻柔或娇嫩，进一步推进了爱若斯的美的主题。很明显，如果你想赞美一个人美，光说他"年轻"还不够。我们都见过年轻但不美的人。

"可见，爱若斯很年轻，不仅年轻，还很轻柔。他需要一个像荷马那样的诗人把一位神的轻柔描绘出来。荷马曾说阿特（Ate）是位女神，很轻柔，至少那双脚特别轻柔。他是这样说的：

'但是，她步履轻柔，因为她脚从不沾地，
从不，她只在人们头上行走。'

阿特的脚为何那么轻柔，在我看来，荷马提供了精彩的证明，因为阿特只走软的，从不走硬的。关于爱若斯的轻柔，我们可以用同样的方式证明：爱若斯既不在地上走，也不在脑壳上走——脑壳本来就不是什么柔软的东西，而是在世间最柔软的东西上走,还住在那里。他把自己的住所筑在诸神和众人的性情和灵魂里;而且,爱若斯绝非毫无抉择地住在所有灵魂里,[159]遇到心肠硬的,就匆匆而过,遇到心肠软的,就住进去。既然爱若斯总是用脚来碰触东西,并且他碰触的所有地方都柔软得不能再柔软,那么,他必然是最轻柔的。由此可知,爱若斯不仅最年轻、最轻柔,体形(eidos)也柔软得很。"(195c6-196a2)

各位看到了荷马的赞语。但荷马赞颂的不是爱若斯,他赞颂的是阿特,伤害女神(the godess of mischief),一个复仇神。古老的诗人们都知道,古时的神基本上都是复仇神。荷马以这种方式赞美的不是男神,是女神;他以这种方式赞美的不是爱,而是伤害。他对爱欲的看法比柔软摩登的阿伽通远为严苛。温文尔雅的阿伽通用应有的婉语暗示:最古老的诗人没有公正对待最年轻的神。只有最年轻并能用自己的方式永远年轻下去的诗人,才可能用美容术做到这点。宙斯的女儿阿特在古人思想中占据的位置,已在今人的思想中被爱若斯占据。各位都知道这样一种现象:礼节的软化。阿伽通把阿特转化成爱若斯,把某种不美的东西转化成某种美的东西。阿里斯托芬的讲辞中有与此平行的现象。对阿里斯托芬来说,揭开人类灵魂之谜的是赫斐斯托斯,他不但是瘸腿神,还受到妻子欺骗。

在阿伽通那里,美的世界统治着未被削弱的事物。荷马只把阿特的柔软放到她的脚上,没有放到她的整个存在中。阿伽通在这里也做了改进。荷马在《伊利亚特》(Iliad)卷十九谈到阿特时,曾说:"她破坏或伤害了人类。"在我们这位精致的诗人这里,这点被完全按下不表。爱若斯只在纤细柔软的东西——灵魂——上行走,并且只在某些灵魂上行走;他只走在柔软者中最柔软的之上,只走在柔软者的灵魂上。灵魂是存在物中最柔软的;灵魂本

身是柔软的。用某种方式由灵魂塑造出来的性情有软硬之分，但
灵魂本身是柔软的。爱若斯不是在所有灵魂中都栖息，他不会栖
息在严酷的神的灵魂中。哪个神的灵魂能比战争之神阿瑞斯更
严酷、更坚硬？可爱若斯也栖息在阿瑞斯的灵魂中。或许阿伽通
会说，爱若斯让阿瑞斯变柔软了，但这点尚待观察。

　　"要是体形僵硬，爱若斯就不可能在任何地方都蜷起身
　　子，也不可能在不知不觉间溜进每个灵魂又马上溜出来。爱
　　若斯匀称且体形（idea）柔软还有个充分的证据：形象优雅得
　　体；所有人都同意，在这方面，爱若斯是出类拔萃的，不优雅
　　与爱若斯之间永远都水火不容。爱若斯生活在[160]花丛
　　中，表明他气色鲜美，因为爱若斯不会栖息在无花的身体和
　　灵魂中，也不会栖息在任何别的已经花残柳败的东西中；但
　　是，只要是花艳香浓的地方，爱若斯一定会落脚并呆下来。
　　关于这位神的美就说这么多吧，尽管还漏掉了不少。"（196
　　a2-b5）

　　他在这里做了明晰的划分，在下一个次部（section）中他将讨
论[爱若斯]这个神的德性。现在让我们先看这个次部。这里谈
到轻柔之美和某种东西的美，这种东西我们可译为柔软（plian-
cy）——该词的字面意思是湿润、流动，因此有柔软之意，也谈到爱
若斯慵懒体形的美。Eidos，形态（shape），原本是柏拉图用来指称
理式的词，这里仅指可见的体形。爱若斯本身的 eidos，或曰本质，
没成为阿伽通讲辞的主题。因为他如此柔软，所以能穿过每一个
灵魂，因为每个灵魂就其本身来说都是柔软的。这构成了爱若斯
的匀称。他让自己变得匀称。他的匀称就是他全部的柔软。通
过成为柔顺的（pliable），他对无法无天和放荡不羁者也变得柔顺。
显然，阿伽通没在高贵的爱欲与低贱的爱欲之间作任何区分。接

着是爱若斯的脸色或曰气色之美。既然他栖息在美轮美奂的灵魂中,他的气色一定也美轮美奂。顺便提一句,阿伽通有一出肃剧的标题就叫《花》(*Flower*)。亚里士多德在《诗术》(*Poetics*, 1451b21)中曾提到过这部肃剧。

现在让我们概括一下阿伽通对爱若斯之美的描述。这里的美是爱若斯的身体美。他年轻,娇嫩(delicate),体形柔软,气色鲜美。如果我们参考亚里士多德《修辞术》中有关古希腊的美的概念,我们可以发现有另外两种身体美的要素被阿伽通省略了:力量和尺寸。爱若斯既不强壮,也不伟岸。不仅如此,即便我们在阿伽通历数的四种品性之外加上力量和尺寸两种品性,这些品性也不足以让一个人变美。一个人可以体格健壮,[身材]尺寸合适,年轻,娇嫩,体形柔软,气色鲜美,但这些理由不足以使一个人成为美的;因为均衡的要素被遗漏了。我们很惊讶地注意到,在这段讨论爱若斯身体美的文字中,竟没有一个字谈到爱若斯的体形是人的体形。按阿伽通的描绘,人们可以说爱若斯具有一条蛇和一只蝴蝶的美,而没有人体之美。当然,正如他这段话末尾所说,他对爱若斯的美的品性的列举不完整,或许他还能说出一些爱若斯的属人之美。然而,他谈到的内容里丝毫没提及人的形体,这很奇怪。

接下来有一个从爱若斯的美到爱若斯的善或德性的转换。这意味着一件事:德性不美,因为美意味着[161]身体美。在对爱若斯之美的赞颂和对爱若斯之善的赞颂之间,有种独特的平行对应。我们看到四种美的品性和四种德性:与美相关的是年轻、娇嫩、柔软和美的气色,与善相关的是正义、节制、勇气和智慧。现在的问题是,这种平行关系有没有什么用意?抑或两者是对立的?我会建议各位注意柏拉图另一部对话中的一组平行,在《法义》卷一中(631b以下),各位会发现身体的德性与灵魂的德性有跟这里类似的平行关系。在那里,两者有一种严格的对应。

　　"接下来必须说说爱若斯的德性。最重要的是,爱若斯
既不会对神或人行不义,也不会让神或人的不义临到自己身
上。"(196b5-7)

　　阿伽通根本不想否认阿里斯托芬的说法,即爱若斯是最爱人
类的神。最重要的不是正义本身,而是正义与免受不义侵害这两
种情形的结合。如果你一方面不对别人行不义,另一方面又不会
被别人伤到,这就是最可欲的状况。

　　"即便他会遭受点什么,遭受的也不会是暴力——因为
暴力连爱若斯的边都沾不到。如果爱若斯要做点什么,他也
不会(用暴力)——因为,所有人在所有事情上侍奉爱若斯时
都是心甘情愿。并且城邦的[王者]①法律也说:不管什么事
情,只要双方你情我愿,就是正义的"。(196b7-c3)

　　我们看到,爱若斯统治诸神,而法律是城邦之王。这两种统
治—被统治关系之间是否有关联? 这里有个难题,因为爱若斯的
统治温和,法律的统治却未必温和。

　　"除正义外,爱若斯还拥有最大份的节制。人们都同意,
能很好地掌管(kratein)快乐和欲望便是节制,但(人们也都
同意,)没有什么快乐比爱若斯更强烈(kreitton);既然它们比
较弱,那它们就该由爱若斯来掌控(kratoito),他应占上风
(kratoi);并且,在掌控(kraton)快乐和欲望时,爱若斯肯定特
别节制。"(196c3-8)

---

　　① [译按]这里英译脱漏了 $Ba\sigma\iota\lambda\tilde\eta\varsigma$[王者们]一词,可参下文施特劳斯
讲疏。

相信各位已经看出这个论证中的困难:无法控制的欲望是节制和适度。

> "更有甚者,在勇敢方面,'甚至阿瑞斯也敌不过'爱若斯。因为,阿瑞斯不占有爱若斯,爱若斯却占有阿瑞斯——正如故事里讲的,阿佛洛狄忒的[爱欲]占有了[162]阿瑞斯。并且,占有者比被占有者更强有力(kreitton),既然胜过了(kraton)无敌于天下的勇者,他也会成为万有中最勇敢的。现在,关于这位神的正义、节制和勇敢都已经说过,还剩下他的智慧要说。"(196c8-d5)

各位看到,阿伽通始终在强调思路的有条理。这段关于爱若斯男子气的勇敢的论证各位觉得怎样? 在我看来,它跟上一段论证同样弱:一个最柔软的极度怯懦者,自己不是最勇敢的,竟能掌控最勇敢者。考虑到这篇讲辞的后续展开,重要的是注意到:当阿伽通谈到阿瑞斯的爱时,他说"爱若斯……占有阿瑞斯",还在后面加了一句:"正如故事里讲的那样,阿佛洛狄忒的爱欲[占有了他]。"爱欲是一个自生自立的存在者(a self-subsisting being);但阿佛洛狄忒的爱欲却不是自生自立的存在者,而是某种在阿瑞斯之内的东西。在第一种情况下,爱欲是某种外在于阿瑞斯并占有他的东西,但在另一种情况下,爱欲是某种在阿瑞斯之内的东西。这点到后来变得很重要。[智慧]这个词在古希腊文中是 sophia,阿伽通还补充说:"因此,我必须尽可能做到没有遗漏。"阿伽通对爱若斯智慧的叙述会尽可能完整。前面几段叙述都不那么完整。

> "因此,我必须尽可能做到没有遗漏。首先,像厄里克希马库斯崇敬自己的技艺一样,我也要崇敬自己的技艺,说这

位神是蛮有智慧的诗人,正是他使另一个人成为诗人;'每个人即便以前对缪斯一窍不通(un-music)',但一经爱若斯碰触,无论如何都会成为诗人。我们可以恰如其分地用这点来证明:爱若斯大体上是个好诗人,凡属乐歌方面的诗作,样样精通,因为,一个人自己没有或根本不晓得的东西,无论如何也不可能拿给别人或教给别人。"(196d6-e6)

阿伽通跟厄里克希马库斯一样,赞美了自己的技艺,自己的techne。他没像阿里斯托芬那样赞美自己的缪斯,与此相关的事实是,在阿里斯托芬的讲辞中,人的理智的部分被贬低了。因此,在阿里斯托芬那里(189b7),缪斯虽能激发人[的灵感],但不如一种技艺来得理性。爱若斯之所以有智慧,首先因为他是个诗人,还能让别人有诗艺。各位将看到,阿伽通没说爱欲对诗不可或缺。他没说所有诗人只有通过爱欲才成为诗人。相反,他说的是:所有人,包括所有毫无诗艺的人,都能在爱欲影响下成为诗人,而不是相反。这让我们想起开始时斐德若的讲辞,他当时区别了两种人:一种是那些天性最好的人,另一种是受到被爱欲激发的人效仿的人,级别稍低。天性最好的人是勇敢的人。[163]最怯懦的人之所以勇敢,则是因为处在恋爱之中,因为有自己的情伴在场,他们不是真勇敢。再重复一遍:阿伽通没说爱欲对诗不可或缺,他只说爱欲可以激发人们,让人变得有诗艺。

　　"不仅如此,在所有动物(all animals)的造就(poiesis)方面,有谁会反驳并否认正是出于爱若斯的智慧,所有的动物才得以存在和降生?"(196e6-197a3)

阿伽通再次用了poiesisi一词,这个词是poetry[诗]的词根,字面意思是制造、生产(producing)。生产的第一种形式是普通意

义上的诗;第二种形式是造就所有的生灵(living beings),所有的
动物。广义上,这也包括人的造就。爱若斯对生育能发挥作用。
阿伽通暗中排除了男童恋。先于爱欲,没有任何东西的产生,没
有任何生灵的出现。各位都还记得,他前面讲过,曾经有一段强
制的统治时期(a rule of compulsion)。那时不可能有生育。尤其
是,诸神不可能通过父母的生育而产生,因为爱欲在诸神中最年
轻。当时诸神是怎样的? 他们一直都存在吗? 如果不是,那是怎
样产生的? 阿伽通没回答这个问题,因为他只关心爱若斯这一个
神。爱若斯不是一直都存在,因为他是最年轻的神。他肯定不是
被父母生育出来的。这不奇怪,因为斐德若开始时说过,关于爱
若斯的父母人们一无所知,对此谁也没反对过。各位都记得阿伽
通说过:斐德若说的事情很多他都赞成(但没说赞成什么),其中
一条就是爱欲没有父母。

父母的每次生育都要以爱欲为前提,但爱若斯自己从哪里
来? 这是个问题。这个问题在这里首度再次出现。它在斐德若
的讲辞中出现过一次,当时他引述赫西俄德的诗句说:爱欲和大
地一起最早出现,但这个说法后来被帕默尼德的话取代;在帕默
尼德那里,创生,产生(coming into being),最先生产的是爱欲。产
生被拿来作为爱欲的起因。现在,爱欲的起因问题再度出现。让
我们继续看关于爱若斯的智慧的第三个也是最后一个征兆。

> "至于说到各门技艺的技能方面,我们不是都知道,凡奉
> 这位神为师的艺人都成就非凡、声名远扬,凡不曾被爱若斯
> 碰触过的艺人都籍籍无名吗? 不仅如此,阿波罗发明射箭
> 术、医术和占卜术时,肯定受过欲望和爱欲的指引,所以阿波
> 罗也应算作爱若斯的徒弟。另外,通晓音乐术的众缪斯、
> [164]通晓金工术的赫斐斯托斯、通晓纺织术的雅典娜(Athe-
> na),还有'引领诸神和众人'的宙斯,都是如此。"(197a3-b3)

爱若斯是智慧的,从第三方面看,这表现在他是各门技艺的激发者(inspirer)(这个词的字面的意思是把手放在……之上)。任何技艺中的声名都归功于爱欲的碰触。比如说,诗中的声名不同于诗本身。各位可以看到,阿伽通两次在两种不同的语境中提及诗。这次的重点是声名。阿伽通只提到在各门技艺中变得有名的神,而不是人。这些神在各门技艺中之所以有名,是因为受到欲望和爱欲指引;欲望和爱欲在这里被用作同义词。爱欲就是欲望,但从未有人说过欲望是个男神或女神。阿伽通提到了五个神,七种技艺;中间一门技艺是音乐术。这很好理解,因此我们最好把这里关于音乐技艺尤其是关于诗的讲辞与他前面关于诗的讲辞对比一下。诗不同于因诗而得来的声名,诗不需要爱欲。五位神的中间一位是赫斐斯托斯。他因为爱谁而在自己的技艺中变得有名? 是对妻子阿佛洛狄忒的爱吗? 他之所以有名还因为他的妻子爱上了阿瑞斯。阿佛洛狄忒和阿瑞斯有没有因为彼此相爱成为有名的发明家? 他们有名是因为发明过什么吗? 这里出现了某种新的、此前没有过的东西,一种新的爱欲。这种爱欲不是严格意义上的情色之欲,而是对声名的爱,这种爱下文紧接着就会揭示出来。各位附带看到,与阿里斯托芬相反,阿伽通把爱欲看成一种开化的力量;正是爱欲激发了各门技艺的发明。爱欲并非指向远古的自然,并非指向在所有技艺之前的原始状态。爱欲与开化或曰文明和谐一致。

最后被提到的神是宙斯。宙斯通过爱欲学会了统治诸神与众人。宙斯也统治人。但城邦由法律统治。一方面是宙斯的统治,这种统治本身可以回溯到爱欲的统治,另一方面是法律的统治,两者之间关系如何? 宙斯统治神与人,但爱欲又统治宙斯。但如果宙斯统治着诸神,那也应该统治爱若斯。难道爱若斯教导宙斯如何统治自己? 或者爱若斯根本就不是神? 要解决这个难题得通过另外的途径。

　　"自从爱若斯在诸神中间产生,诸神的各种事务由于他变得井井有条——很清楚,这是对美的爱欲,因为不存在对丑的爱欲。先前,如我在开头所说,因为命定女神的统治,据说诸神中间发生过很多可怕的事情。但自从这位神诞生以后,对各种美的事物的爱便给诸神和众人带来了所有的好事。"(197b3-9)

　　[165]自从有爱若斯教导宙斯如何统治诸神和众人,诸神中间便产生了友爱跟和平。诸神必须统治人,这样诸神间才能有和平。是人被同化为神了吗,抑或相反? 这里最重要的一点在于:爱欲不再是一种绝对物,爱欲不再像一棵树那样在一种极单纯的意义上是一种绝对物。爱欲是对[某物]的爱欲——对美的爱欲。各位还可看到,阿伽通现在很明确地承认,赫西俄德和帕默尼德讲的故事都是真的。但最重要的一点是:和平和友爱在诸神中间出现,并不像人们从前说的那样,是从爱若斯作为君王进行统治时开始,而是从爱若斯产生或曰出现之后;他作为君王进行统治跟他的存在是同步的。爱若斯的产生或曰出现——源自或通过何物? 是从虚无中并通过虚无吗? 如果这样,那他就是虚无。某种意义上,如下这点是真的:他作为自生自存的存在者,就是虚无。到目前为止,我们可以看到一种变化:从作为一种自生自存的存在者的爱若斯(即作为神的爱若斯)转变到作为一种灵魂活动的爱欲,或者说,转变到作为某种指向——指向美——的爱欲。作为神,爱若斯是虚无。但在灵魂中他却最有力,因此,比如说他没有人的形体。作为自生自立的存在者,爱若斯是虚无。但我们把他作为一种自生自立的存在者加以讨论。他某种意义上是个自生自立的存在者。在何种意义上呢? 他通过诗、通过肃剧诗变成自生自立的存在者。因为诗本身出现在爱欲之前,而爱欲又统治着宙斯。说得简单点:其他诸神以爱欲为前提,因为这些神有父母。他们的自生自立(self-subsistence)随着爱若斯的自生自立

而失效。

爱欲是对美的爱欲。说得更准确些——用 197b8 的话"出于对各种美的事物的爱"来说——它不是一个存在者，而是一种行为。对美的事物的爱——那就是爱欲。我们看到，阿伽通最初使用美、高贵——kalon——这个字眼时，指的只是身体美，他从未把这个词用到各种德性上。从这点来看，对身体之美的爱，似乎是对诸神和众人都有好处的一切事物的基础。但"对各种美的事物的爱"这种表达的意义更加广泛。它还可指对荣誉的爱。关于这种用法，色诺芬《回忆苏格拉底》卷三一开始有段特别清楚的文字，色诺芬说："在本书中，我想讨论苏格拉底如何对待那些追求美的事物的人。"但这里说的那些人首先是些野心勃勃、渴望荣誉的人。对荣誉的爱——野心——并不像斐德若说的那样，只是爱欲的一个副产品，而是一种爱欲，是对声名的爱。那些作为有手艺的技艺家出名的神，他们的确受爱欲激发，但不是对身体美的爱欲，而是对声名的爱欲激发了他们；赫斐斯托斯与阿瑞斯和阿佛洛狄忒的区别也在这里。后两个神只因身体之美而相爱，所以他们没有作为某种技艺的发明者而出名，但赫斐斯托斯却出名了。

[166] 诸神是文明的始祖。但并非出于 [诸神] 对人类的爱——philanthropia，而是因为诸神爱荣耀和声名。阿伽通第一个超越了身体美的层面。厄里克希马库斯确实也谈过技艺，但他说的技艺始终外在于身体之爱。阿伽通第一个从爱欲本身辨认出一种高于身体之爱的趋向。既然爱欲在最高意义上是对声名的爱，那爱欲与文明就是协调一致的。他说，因为有了对美的事物的爱（现在，这种美已不再是身体之美，而首先是声名），或说因为有了诸神对声名的爱，在诸神和众人中便出现了各种好的事物。有没有可能人类的爱本身便足以让文明产生出来？这个问题我们接下来要考虑。阿伽通迄今一直在谈论爱若斯本身，现在他要转向爱若斯的各种恩惠，转向被爱若斯推动的各种东西。

"在我看来,斐德若呵,爱若斯自己第一个成了最美和最好的,此后才成了每个他者的这类[美的和好的]东西的起因。我还要用这样的诗句述说他,正是他使得:

人间充满和平,大海平滑如镜,
风暴已经沉默,忧虑也已酣睡。"(197c1-6)

爱若斯"自己第一个成了最美和最好的",在爱若斯之前没有善和美。他是此后他者拥有这类[美的和好的]事物的源头。爱若斯之前没有美的事物和好的事物;诸神本身既不美也不好。然后阿伽通给出了一段诗意的表述。这是本书中出现的唯一关于爱欲的诗意表述。这两行诗句是阿伽通为尊崇爱欲所写。正是出于这个理由,它引起了我们的注意。爱若斯在人间造就和平。注意,他没谈任何关于诸神间和平的事;他丢掉了这个论题。爱欲作为人类对声名的爱,足够成为在人间建立和平的动机。但这种局限于人间事物的状况与诗句后面两项构成奇怪的矛盾。作为人类的爱,爱欲怎能让风暴和波涛平息?诗的破格是有限制的。只有一种方法,对一位诗人来说,用这种方法造成破格是恰当的:[那就是]隐喻的[方法]。如果我们按诗人一贯的做法,把人类激情比作风暴的话,那么,作为人类之爱的爱欲就能平息它们。第四项明显也跟人类有关:爱欲[给人]提供了睡眠。人们当然可以说,这并不完全是爱欲所特有的效力。各位听说过,有些人因为爱声名而无法[167]入睡;我想其他方面的爱欲也能这样。该如何理解其中的关联?在对爱若斯真正功效的隐喻式描述中(认为他平息仇恨的激情以及诸如此类的东西)隐含着假话,也就是说,爱欲平息了仇恨的激情以及诸如此类的事物,这个假话又引发了关于爱欲的功效的一个假话。因此,这是诗处理爱欲时的一种戏仿,即它偏离了关于爱欲的真相——即便是有限的真相,因为人们还可以问：虽然爱欲某种程度上能创造和平，但它就只是和平的制造者吗？我想，这就是这两句诗的意义所在。它们作为诗的好坏与否姑且不论，但它们出现在诗人的这篇讲辞中，耐人寻味。

"他清空我们的隔阂，让我们心中充满亲近，他为我们安排，在各式各样的这类聚会中彼此走近，他成了节庆、歌舞和祭祀的首领；他赐予祥和，驱除暴戾；他是友善的亲爱的给予者，不是敌对的给予者。他亲切，和善；给智者以壮丽，给诸神以奇观［请注意诸神与智者的截然对立］；他让一无所有者效仿，让腰缠万贯者着魔。他是优美、精致、奢富、美惠、欲望和渴望的父亲。他照看好人，罔顾坏人。在辛劳、恐惧、渴望和演说时，他是首领、舵手、出类拔萃的战斗者和救助者。他装饰了（kosmos）所有的神和人［这说明，爱欲既不是神也不是人］。他是最美最好的领袖［不是军队的领袖；在阿里斯托芬那里，由全部男性组成的爱欲是军队的领袖］，每个人都必定跟从他，以漂亮的言辞赞美他，随他一起歌唱，愉悦诸神和众人的心灵。"（197d1-e5）①

这里展开的论点是，爱欲是纯粹的善。它不只是对善的欲望，它就是善。但若真是如此，那爱欲——欲望——就是没欲望。这是在神化爱若斯时表现出的另一种荒诞。如果爱若斯得到神化，那他就变成了善，他就不再是欲望。接下来是结语：

"你听到了，"阿伽通说，"斐德若，这就是我的讲辞：就算我呈献给这位神的，虽一会儿闹着玩，一会儿正经，可我毕竟

---

① ［译注］方括号及其中文字为原文所有，应为施特劳斯按语。

尽了全力。"(197e6-8)

这是出逗乐而不失严肃的戏剧。阿伽通最后的说话对象是斐德若,此前他也这样做过。这是有用意的,因为斐德若发起整件事的时候,曾借厄里克希马库斯之口说:[爱若斯]这个神从未被诗人们合适地赞颂过。而阿伽通现在说的是:我阿伽通作为诗人,已完成了在你看来此前没有哪个诗人曾做过的事情,我已用恰当的方式赞颂了爱欲。他还说,我已经[168]尽全力了。此前的泡赛尼阿斯只说:我说了即席能说的话。厄里克希马库斯的话,甚至阿里斯托芬的话也都比阿伽通这席话收敛得多。

我现在打算对阿伽通的讲辞做个小结,然后我们可以讨论一下。理解阿伽通的讲辞的出发点是这样的事实,即他是个肃剧诗人。正像阿里斯托芬代表谐剧诗一样,他某种程度上代表肃剧诗。但他作为肃剧诗人,却跟阿里斯托芬作为谐剧诗人不同。他的虚荣,他的伪善,他的柔软以及过于明显过于外露的漂亮讲辞,都表明他的层次较低。他所描绘的爱欲是娇嫩的,他自己关于爱欲的讲辞亦是如此,其中没任何粗粝的东西。灵魂在各种事物中最为柔软。爱若斯让万事万物都变得和谐。正如他在讲辞结尾时所说,他的讲辞一半是玩笑,摆脱了所有激情,因为他描述的爱欲不包含任何苦难,这一点跟阿里斯托芬描述的爱欲形成对照,阿里斯托芬的讲辞有激情,因为这种爱欲中有苦难。

阿伽通的技艺是无爱的;它没有受到爱欲的激发,但他的技艺仍让人着迷,其声音和节奏都很漂亮。那我们可不可以说,他是个堕落的肃剧诗人,跟风的肃剧诗人?或许可以。这点从历史角度看甚至可能是正确的。人们只需读一下亚里士多德的《诗术》(*Poetics*),就可以得到这个印象。但与其他所有讲者相比,阿伽通离苏格拉底最近。他坐得离苏格拉底最近,并且最后当其他所有人都喝醉时,只有他跟苏格拉底还清醒。他跟苏格拉底的接近不仅表现在酒量上，也表现在学说上。只有阿伽通才能教导说：爱欲是对美的爱欲，或者说，是对美的事物的爱欲。他没有像在此前有些人那样，说爱欲是对漂亮的人的爱，是对立物之间的爱，是对远古自然的爱。他说爱欲是对美的爱，他不承认在爱欲之外有什么东西比爱欲更高，这方面他跟苏格拉底是同调。

　　其次，当他谈到爱欲的智慧时，他曾简单提到，爱欲在动物中普遍存在。这是多么清醒的见解！他没像厄里克希马库斯走得那么远，后者说爱欲统治万物——甚至连相互吸引和排斥这些一般性的现象也是爱欲现象。他也没有像阿里斯托芬那样只把爱欲限定在人类身上。各位都还记得，阿里斯托芬理解的爱欲只是一种人类现象。

　　第三（这点或许最重要），阿伽通是唯一就爱欲本身而非仅仅就爱欲的效力提出问题的人。他没问"爱欲是什么"，但已很接近提出这个问题。作为跟风的肃剧诗人，他受过哲学的影[169]响。他无法像最早的肃剧诗人那样严肃地看待肃剧。但即便在他的堕落中，肃剧似乎仍优于谐剧。这该如何理解？阿伽通赞美技艺；他不反叛法律、礼法，不反叛理智。但谐剧，阿里斯托芬式的谐剧，却是这样一种造反。阿伽通与开化、文明，与宇宙[秩序]协调一致。因为爱欲也是，并且首先是对声名的爱。因此他的表述对奥林珀斯诸神持肯定态度。他把奥林珀斯诸神作为文明缔造者加以赞美，这跟阿里斯托芬相反；在阿里斯托芬那里，奥林珀斯诸神虽也是文明的缔造者，但爱欲却反对他们。不过阿伽通并不信仰奥林珀斯诸神。他是唯一把[爱若斯]这个神的存在作为讲辞主题的人。他面对了这个问题，其他人却打消了这个问题。其他人当然也不信仰奥林珀斯诸神，但他们却没面对这个问题。他的论点是，爱若斯是最年轻的神，但没父母。他把爱若斯出身的问题提得更明确。

　　按阿伽通的陈述，爱若斯没有人的体形，尽管他对爱若斯身体之美的讨论比其他人都多。爱若斯绝非自生自立的存在者:爱若斯是 eran[爱着];爱就是爱着(loving)。他是最年轻的神。奥林珀斯诸神不可能是被生育出来的,因为他们都先于爱欲。若按奥林珀斯诸神呈现自己的方式来看待他们,他们是从虚无之中并通过虚无产生的。但他们是被制造出来的,他们确实有一个起源。由谁制造?答案是:制造者,诗人,肃剧诗人。肃剧诗人是这些人形的诸神的制造者。他们神化了自身没有神性的东西。他们创造了诸神。[他们]为何要创造神?因为对美的爱激发了他们。像我们说的,肃剧诗人把人理想化了。他们之所以这样做,是出于对美的爱(他们看到的人类的美不能让他们满足),而在这样做的时候,他们提升了人的地位。他们将一些看起来像人但却不死且没任何缺点的东西视觉化。他们创造神,是因为对美的爱激发了他们。他们是庄严的,从这点来说,他们是开化的真正奠基者。肃剧的庄严性高于谐剧,后者是对诸神的造反,是对肃剧诗人的作为的消解。

倘若肃剧诗人知道自己在做什么,倘若他自己能摆脱由他创造的魔咒,那肃剧就高于谐剧,阿伽通显然摆脱了那种魔咒。肃剧诗人建立美丽的幻觉,有益的幻觉,谐剧诗人却对之加以破坏。但肃剧的这种优越地位并非全然真实。最后我们会看到对这种效果的一个评论。肃剧和谐剧都同等必要。如果说肃剧诗是施展魔法的,那谐剧诗便是解除魔法的。我们没必要追溯到阿里斯托芬;只要想想堂吉诃德(Don Quixote)这个骑士—游侠(knight-errantry)的全部辉煌就可以了。塞万提斯(Cervantes)提出了一个低级的、实践性的和常识性的问题:[170]骑士们难道没带上干净的衬衫上路吗?在关于骑士—游侠的书中,这点从未被提到过。它是解除魔法的,但也是真实的。这个问题必须被提出。

谐剧尽管也有韵文,但它本质上是常识性的、散文体的。就此而论,人们禁不住会想起赫拉克利特的一个残篇。有一种东西,并且只有一种东西——这种东西有智慧，它既希望又不希望被称为宙斯，也就是说，既希望又不希望以人形被看到。这种东西希望被看到、被称为宙斯时——［就是］肃剧；不希望被称为宙斯时——［就是］谐剧，谐剧破坏那种东西。因此肃剧并非全然优越于谐剧。《会饮》中肃剧的这种优越性要归因于《会饮》的特定场合。

　　我要再说一两点。前面提到，柏拉图《会饮》的意图之一是回应阿里斯托芬。阿里斯托芬曾同时攻击过苏格拉底和欧里庇得斯，而欧里庇得斯又跟阿伽通有联系。但在苏格拉底与欧里庇得斯之间，即苏格拉底与肃剧之间，何以首先会有一种同感？换言之，究竟在阿里斯托芬与苏格拉底之间的对抗——那种显而易见且昭然若揭的对抗——背后存在着怎样的原则，促使阿里斯托芬攻击苏格拉底？从古典的观点看，哲人不是一个肃剧式人物，但必然是个谐剧式人物，因为他肯定对非哲人们显得有谐剧色彩。从一开始，有关第一位哲人泰勒斯（Thales）的故事就告诉我们，他因仰望星空掉进坑里；这明显具有谐剧色彩。由于关注最高事物，他的愚蠢连常人亦不可及。哲人是个谐剧式人物而非肃剧式人物，因此只能出现在谐剧中。在谐剧中，哲人必然是从共同意见的角度得到呈现的，也就是说，他必然是可笑的。谐剧如果以足够广阔的视野检视自身的领地，就能够且被迫攻击哲学。谐剧若想充分运用其可能性，就必定将自己呈现为反哲学的。肃剧永远不能这样做。谐剧不得不处理与严肃事物或曰庄严事物相对立的可笑事物。实际上，肃剧和谐剧都既呈现严肃事物也呈现庄严事物，但［它们呈现两者的］路数不同。谐剧把严肃事物置于可笑事物之下来呈现。人们从中看到的是可笑事物。相反，肃剧则把可笑事物置于严肃事物之下来呈现。人们从中得到的第一印象是庄严事物和严肃事物，即有尊严的事物。然而，哲学若想尽其职分而不自毁，它就只能把自己展现为有尊严的事物，因为它是最严肃的。对阿伽通的讲辞以及它所引出的最明显的假设，就说这么多吧。

在讨论苏格拉底的讲辞之前,各位有什么问题?

[171]听众:对阿伽通讲辞的内容我不太确定。他有时似乎在说爱欲就是善,有时又说爱欲是对声名的爱。

施特劳斯:人们肯定总是从最大段、最明显的方面出发。他一开始说,爱若斯(eros)是最年轻的[神]。但甚至在这之前,他还说爱欲本身如何如何,还说爱欲本身与爱欲的效果不是一回事。因此,尽管在此前几个人的讲辞中,人们可以正当地怀疑爱欲到底是一种自生自立的存在者,还是某种仅仅存在于其他事物之中的东西,但在阿伽通的讲辞中这点已不成问题。它必定变成讲辞的主题。阿伽通首先用很长篇幅把爱欲描绘成一种自生自立的存在者。正是由于这个原因,所以接下来当他把作为爱的爱欲还原为爱的行为时,困难就来了。他率先谈论爱欲本身,这意味着他几乎以直白的方式率先提出了这个问题,即爱欲到底是不是一个自生自立的存在者。我认为这是个关键点,并且人们必须把这点与他是个肃剧诗人的事实联系起来。阿里斯托芬甚至没有暗示过爱欲是个自生自立的存在者。他把爱欲设想为对奥林珀斯诸神的造反。在阿伽通这里,爱欲与奥林珀斯诸神之间有一种完美的和谐。奥林珀斯诸神受爱欲激发,凭着对声名的爱,是文明的创始者。这点该怎样理解? 如果说肃剧通过创造人形的诸神为文明奠定了根基,从而也限定了人类生活的话,那谐剧就是对这种状况的造反,因此它就恢复了最初的自由。大约在《王制》的中间部分出现了一个洞穴的比喻,人类生活被比作洞穴中的生活,人只能看到一些东西的影子。人们在洞穴中看到的是什么东西的影子? 首先人们可以表明,洞穴也是城邦,这个看法在我们的语境中特别重要。他们看到的是人造品(artifacts)的影子,这些技艺品摹仿的是那些被带到洞穴周围的生灵(living beings)。这些东西是由匠人们(artisans)创造的可见的诸神。这点限定了城邦,由此也让城邦成为可能,但与此同时它也让城邦看不到真相。因此,离开洞穴的人们,即哲人们,从来不看这些影子。或许,就我在此提到的内容而言,这是最显著的可堪比拟的事例,阿伽通在自己的讲辞中也与之极为接近。

再重复一遍:从柏拉图的观点看,肃剧和谐剧具有同等的必要性,也同等地成问题。他在《王制》中,在其卷二和卷三(某种程度上还有卷十)的著名的对诗的批判中,用尽可能清晰的方式指出了这两者何以成问题。但就柏拉图关于诗的思考而言,这其实只是最粗略的政治性表述。他的严肃观点当然对诗(从而尤其是肃剧和谐剧)有多得多的好感。[172]在《法义》这样一部政治著作中,人们或许可以清楚地看到这点:尽管诗需要政治的监导,需要审查——柏拉图可不是自由主义者——但柏拉图也非常清楚,从另一个角度看,诗人也是立法者的导师。立法者不得不通过研究诗人来学着理解人。否则他将是个极其蹩脚的立法者。尽管如此,立法者也必须从自身责任出发,判断哪种诗能公开使用,哪种不可以。这其中并没有矛盾。上述两方面之间有一种张力,但柏拉图在自己的所有著述中,以这样那样的形式认可了这种张力。

听众:何以人们可以轻易地从阿里斯托芬的讲辞中辨识出谐剧性的东西,但却很难从阿伽通的讲辞中辨识出肃剧性的东西?

施特劳斯:我相信,阿伽通的讲辞没有任何肃剧性的东西。相反我得说,阿里斯托芬的讲辞把爱欲中的谐剧式要素和肃剧式要素都表现出来了。这便是阿里斯托芬的伟大。谐剧式要素很明显。如果各位从字面上进入他的论证并彻底思考一下,你们会得出这样的结论:所有的爱都是不幸福的。很明显,这当中既有谐剧的东西,也有肃剧的东西。

听众:何以柏拉图没让一个肃剧诗人试着同时表现这两方面的东西?若是他足够伟大,可以把这两方面的东西表现出来,那整个[对话]图景还会一样吗?

施特劳斯:伟大的肃剧诗人未必愿意把阿伽通吹嘘的这种逗乐的重大要素引入进来。如果柏拉图发现,[他这部作品]最丰沃的背景是阿伽通赢得[肃剧]竞赛后的一场会饮,那他就不大可能用比如欧里庇得斯来代替阿伽通。这些有缺陷的事物因机运强加到人身上,它们也呈现出若干重大机遇。在下文苏格拉底的讲辞中,阿伽通的讲辞中那种甜过头的东西会很有用。

[更换磁带]……接下来,城邦出现了,以某种方式在这些东西之上。这不是哲人的作为,这是人类的自然本性。哲人只是试着对此加以理解,或许还在其可以改善的程度上对之加以改善。既存在肃剧也存在谐剧是人的自然本性的一种要求。如果这仅是一种古希腊现象,那柏拉图只是表明,古希腊人在这方面是个特别幸运的民族。但各位知道情形并非完全如此。

有一点我毫不怀疑:阿里斯托芬是个更强有力的个人,他的讲辞比任何其他人的讲辞都更为深刻和丰富。但另一方面,从苏格拉底的观点看,他的讲辞错误最多,因为它以最激情洋溢的方式走在错误的方向上。我之所以用这种犹豫不决的语言,部分是因为,我不想预先说下文会有大惊[173]喜出现。目前为止,阿伽通并不像他似乎表现出来的那么正确,并且,阿里斯托芬抓住了一个阿伽通没看到的关键要点,苏格拉底对此心知肚明,但在这部对话里他将克制自己不去指出。因此,当苏格拉底讲完,阿里斯托芬想说话时,被主席用可以说最不公平的方式制止了。

阿伽通的原则是对美的爱。阿里斯托芬想到的是还有一种截然不同的爱,那就是对属己之物的爱(love of one's own)。阿伽通的表达尽管外表堂皇,但他远未说清什么是对美的爱,这个问题在苏格拉底那里得到了真正的表达。但在这部对话中,苏格拉底并未从阿里斯托芬的讲辞中提取出真正的要素,其中的理由是,从苏格拉底的观点看,对美的爱高于对属己之物的爱。这两种爱合起来就是完整的爱欲现象,某种意义上也是完整的人性现象。但如果你们一定要提炼(abstract),你们就应当从较低的而非较高的[现象]中进行提炼。

九　苏格拉底（上）

[174]阿迦通话音刚落，阿里斯托得莫斯[对我]讲，在座的个个热烈鼓掌，赞赏这位年轻人讲得棒，为自己增了光，也为这位[爱]神增了光。苏格拉底瞟了厄里克希马库斯一眼，然后说："瞧见了罢，[a5]阿库美诺（Akoumenos）的儿子，你还会认为我先前没有担心理由地担心？我有言在先，阿迦通会讲得棒极了，我会不知所措，预言得准吧？"(198a1-7)

阿伽通的讲辞是唯一充满普遍意义上的热情的讲辞。这当然部分是因为他的年轻和特殊地位。但这也是因为，他代表的肃剧最令人愉悦，对民人（demos）和大众来说最令人愉悦。因此苏格拉底说：作为爱欲的谈论者，我提前被打败了，但我作为一个预卜者（diviner）、一个预言者（soothsayer）的荣誉却得以保全。我事先已预见到这个结果。苏格拉底在这里把爱欲和预言（soothsaying）作为两种完全不同的事物来看待。正确地理解的话，苏格拉底的秘密是：这两者是一回事，daimonion[命相神灵]一词说的就是这种情形，苏格拉底声称自己拥有命相神灵，它既是苏格拉底的爱欲论（eroticism），又是他的预见能力（divining power）。在粗略的意义上，各位都知道，爱可以让人目光敏锐。厄里克希马库斯的反应如何？

"就第一点来说,"厄里克希马库斯回答道,"依我看,你确实预言得顶准,这就是阿迦通会讲得不错;至于另外一点,要说连你也会不知所措,那我可不信。"(198a8-10)

厄里克希马库斯说,你没预言阿伽通会讲得妙不可言;你只说他会讲得不错,但预言这点并不难。至于你对自己的预言,我想你是搞错了。换言之,苏格拉底,你不是个好预言者。苏格拉底保全自己作为预言家(即便不说是演说家)的荣誉的企图失败了。让我们看看接下来他怎么说。

"怎么不会?我亲爱的,"苏格拉底说,"不单单是我,无论哪个该在这样一篇既优美又富丽的颂辞之后发表颂辞,不都会没词儿?尽管不是处处精彩无比,起码收尾时辞藻和遣句美妙得很,哪个听者不呆若木鸡?至少就我自己来说,依我看,再怎么我也说[175]不到那么好,不好意思得简直想溜,可惜没有地方可溜。事实上,这颂辞让我想起高尔吉亚,觉得自己简直就像撞上了荷马描写的情形:我生怕阿伽通会在颂辞收尾时用辞令令人生畏的高尔吉亚的头来对付我的颂辞,把我变成哑口无语的石头。"(198b1-c5)

让我们来看一下。苏格拉底说,我真的很尴尬;没人能跟阿伽通匹敌。你们所有人,包括厄里克希马库斯都被打败了。当然,阿伽通的老师高尔吉亚本人除外。各位如果去看荷马,当然不会看到高尔吉亚(Gorgias)的头,只能看到[蛇发女妖]高尔贡(Gorgon①)的头。《奥德赛》中谁处在这个位置上?奥德修斯。在

---

① [译按]这里将 Gorgon 译作"高尔贡"是考虑到该词在原文中与"高尔吉亚"(Gorgias)的谐音关系。

这里,苏格拉底悄悄地把自己比作冥府里的奥德修斯,也顺带表明了《会饮》与《普罗塔戈拉》之间的关联。《普罗塔戈拉》中的苏格拉底把自己表现为另一个奥德修斯;他已下过冥府,只不过赫赫有名的幽灵们现在都成了活着的智术师。苏格拉底把自己比作被一个诺言困在冥府里的奥德修斯。这点在下文马上会表现出来。一个奥德修斯式的问题——被誓言困住。他怎样才能解脱出来?

> "所以,我认为自己实在可笑,竟然答应和你们一起轮着来颂扬爱若斯,还声称自己对爱欲的事情很在行,其实我对赞颂——无论赞颂什么——从来就一窍不通。我真傻,原以为每逢赞颂时,人们都该讲真话,也就是说,得有根有据,挑出最美的来讲,把所讲的组织得天衣无缝;我本来得意地以为,自己能漂漂亮亮说一番,自以为知道真正的赞颂是怎么回事。"(198c5-d7)

苏格拉底的尴尬何在? 他原本答应讲现在却不能讲了。在前一段插曲中,他尴尬是因为跟其他人比起来他是个太糟糕的讲者。现在他的说法略有不同。他原本诚心地作出许诺,但由于他傻,所以没理解诺言的条款。所有其他讲者都明白诺言的条款,也遵守了诺言。在这样的语境中,这意味着他不再只批评阿伽通,而是批评了所有在他之前的讲者。苏格拉底认为,赞颂必须是真实的,可其他人却相信赞颂可以是完全不真实的,并且他们还按这个信念做了。所有其他人都撒了谎,他是唯一诚实的人。

苏格拉底相信,一个赞颂必须是真实的。这句话在这里是什么意思? 他给出了自己的解释。赞美必定是从被赞颂[176]事物的真实品性中挑选最美的东西。换言之,他承认一个赞颂不可能是真实的,赞颂要求人们对被赞颂事物的阴暗面保持沉默。如果你作一篇颂词，就必须说这人是道德楷模，哪怕现实中他是个吝啬鬼；你得说，他每天早晨四点钟起床，他将自己暴露在最可怕的羞辱面前，像个男人那样忍辱负重，他靠粗茶淡饭度日，他是世上最有耐心的人——但他为何这样做你一个字都不会说。于是，你所说的都是真事。但你只挑了最漂亮的事情。苏格拉底的话当然实际上极尽反讽之能事，但我们可以得出一个结论：苏格拉底对爱欲的赞颂将只有部分的真实；他将只会说爱欲最漂亮的方面，不会说其阴暗面。这跟我们前面提到的某些事情若合符节：柏拉图的每篇对话都会抽取掉某些东西，《会饮》将会抽取掉爱欲的重要且本质的种种要素。比如说，他可以抽取掉前面的讲者已经提到过的爱欲的某些特征。我们一定要慎之又慎。赤裸裸的张狂（crude insolence）在柏拉图笔下的苏格拉底身上不可能出现。在阿里斯托芬笔下的苏格拉底那里，情形略有不同。这里的苏格拉底始终彬彬有礼。在讨论反讽时我曾提及：让正在被反讽的那个人发觉了的反讽是张狂。各位如果试验一下，会发现事实确是如此。反讽是个很有意思的现象，因为最初激发它的不消说是仁慈。在表现自身优越性的同时又不伤害别人——从反讽这个词的较高意义上说，这是反讽最首要的含义。但如果这点被人看出来，如果那个优越的人粗率，反讽时又蠢笨，就会伤害到某人。我们这些人在闲暇中有充足时间阅读这篇对话，当然会发现很多当时在场者无法发现的东西。他们却不可能再听一遍，他们不可能说——像我认识的一个学者说的——把你刚说过的那句话再说一遍，再重复一遍。日常谈话里人们做不到这点。色诺芬总试图把让人不快的事情按下不表。当他和远征军一起来到人烟荒芜的城镇时，他从不会说它人烟荒芜；他会说这个城镇很大，但不会再加一句说这里没人住。他不会说某人是个懦夫；他会说到这个人的节制和技巧，但把其他东西略掉。

苏格拉底说，我知道与赞颂事物有关的真相，那种真相〔首先]是与这事物的真相有关的知识;其次,它是挑选出这事物最美的部分;第三,它是用最合适的方式把这些部分表现出来。这是一个关于何为完美讲者的良好的初步陈述。苏格拉底在这里以他完美的谦逊态度宣称,他相信自己是个完美的演说家(orator)。

[177]"现在看来,赞颂得好似乎并非我以为的那样,而是尽可能把一大堆了不起和漂亮得不行的东西,无论相干还是不相干,统统堆到赞颂对象身上。即便说的是假话,也若无其事的样子。看来倒像先前规定的那样,我们个个只要摆出一副赞颂爱若斯的样子就可以了,并非真正要赞颂爱若斯。所以,我觉得,你们不过收罗了所有值得收罗的,然后堆砌到爱若斯身上,大谈他本身如何如何、带来了什么了不起的这样那样,让爱若斯在不了解他的人眼里显得美得不行、好得不得了——可知情的人当然晓得,其实并非如此——你们的颂扬就是如此,听起来顶漂亮、顶堂皇!"(198d7-199a3)

你们其他人有完全不同的修辞观点。对真相的关注根本没进到你们的修辞里。当然这并不是就字面上说的。如果你们想把一个声名远扬的懦夫说成一个在勇敢上声名远扬的人,这将是至高的愚行。这谁都知道。如果你想成为一名演说家,你就必须从每一个角度知晓真相。你们刚才所说依据的是虚假的修辞术的原则,这种修辞术只有跟不学无术的人讲话才有用。你们每一个都把你们中的每个其他人当成不学无术的人。苏格拉底说得滔滔不绝,连讽带嘲。在这部对话的这个地方,他真的有点肆心(hubris)。

"但实际上,我开头答应跟你们一起轮着来颂扬时,还不晓得是要用这种赞颂方式。虽然'口头上答应了,心里却没

有答应';免了我罢!"(199a3-6)

这句引语出自欧里庇得斯的一部肃剧,阿里斯托芬也喜欢引用,它原本指的是一个誓言。口头答应了,但心里却没答应,这是逃脱任何誓言最简单的办法。苏格拉底在这里走得很远。奥德修斯——苏格拉底企图摆脱誓言,办法是宣称没理解誓言的意思。

"我如今没法以这种方式赞颂——"(199a6-7)

苏格拉底用的是现在时态;或许以前他用这种方式赞颂过什么东西。下文我们会听到他说,他年轻时曾追随错误的修辞术,但现在放弃了。

"因为我根本不会——不过,要是你们肯的话,我倒是情愿说些实话,用我自己的方式,不是和你们讲的比赛,以免我成为你们的笑料,我倒愿意试试。"(199a7-b2)

[178]他说:我不会用你们的方式讲,免得招人笑话。各位看到这句话语气更强烈。不是因为你们做得到我做不到,而是因为这样做本身很可笑。

"想好喔,斐德若,你看是否还需要听一篇用实话赞颂爱若斯的颂辞,不讲究词藻和遣句,想到什么说什么。"他[译按:阿里斯托得莫斯]说,斐德若和其他在座的人都催着苏格拉底讲,怎么讲,随他便。"那么,斐德若,"他[译按:苏格拉底]说,"请允许我先问阿伽通几个小小的问题,等我和他取得一致看法,我才可以开始讲。"

"好罢,我允许,"斐德若回答说,"尽管问。"他[译按:阿

里斯托得莫斯］说，讲过这番话后，苏格拉底大概是这样开始的。（199b2-c2）

　　苏格拉底不会直接开始一篇讲辞，他将以一场对话、以询问其他人开始。他之所以选中阿伽通，是因为阿伽通无论在空间位置还是在品性上都离自己最近。苏格拉底的这种修辞术在本质上是对话性的。这样做只是为讲辞做准备，讲辞在后面。

　　经过这个插曲，苏格拉底与所有其他讲者之间的区别明确起来。这个区别比所有其他人相互间的区别都大。有一种事关修辞术意义的根本区别。各位想必已看到，苏格拉底是舞台调度（mise-en-scène）的大师，是一个呈现自身的某种戏剧技艺的大师。各位只需将他的话（这些极谦逊的话）与阿里斯托芬开始讲辞时相对无力（weak）和俗套的抗议（当时他说，"我想用另一种方式讲"）对比一下，就能看明白。与这里的挑战相比，阿里斯托芬的话多无力！苏格拉底用行动证明他与所有其他讲者迥乎不同。我们还必须注意他的重要对手阿里斯托芬是如何介绍自己的。他介绍自己的办法是打嗝。这是阿里斯托芬的僵局（aporia），他缺乏一条出路。但另一方面，苏格拉底的尴尬是道德性的。他先前让自己承担了某桩不可能完成的事情。但他不需要医生；他是他自己的医生，他某种意义上就是奥德修斯本人。

　　这样，苏格拉底与阿伽通的对话开始了。作为讨论苏格拉底讲辞的准备，我想给各位读一段对理解苏格拉底修辞术或辩证术（dialectic）来说极重要的文字，由于人们对色诺芬的轻忽，这段文字在今天已不受重视，但直到上世纪为止，他始终都有深远影响。如今人们把色诺芬当退休军官看待，认为他的主要兴趣是狗和马，认为他不可能对苏格拉底有丝毫理解。在《回忆苏格拉底》卷四第 6 章 13 至 15 节，可以读到下面的话：

[179]如果有人在某些问题上不同意苏格拉底,自己又说不明白理由,只是毫无证据地断言如此这般是更明智的,或者某人是个更有能力的治邦者,或他更勇敢或在哪里不如别人等等,那么,苏格拉底会用以下这类方式把整个讨论拉回到必要的定义上来:"你认为你的同伴与我的同伴相比是个更好的公民。""是的。""既然这样,那我们为何不先考虑一下好公民的职责。"于是他们会把这个问题弄清楚。通过这样回归前提的过程,甚至连他的对手都会认清真理所在。这是一种方法。但有时他会自己论证某些问题,这时他会彻底检讨最广为认同的意见,他相信言谈最稳固的根基就在这过程中。与此相应,无论他什么时候跟人辩论,他从听众那里得到的赞同比我认识的任何人都多。他曾说,荷马认为奥德修斯是个稳健的讲者,因为奥德修斯有办法通过那些在人们看来是真实的东西引导讨论。

稍微解释一下。苏格拉底有两种修辞术:当他与对他有抵触的人(contradictors)对话时,他会选择一种方式把他引向真理;但当他不是与对他有抵触的人对话并且掌握着全部主动权时,他只会在获接受的前提(首先是跟他谈话的人认同的前提,其次是广为认同的前提)的基础上进行辩论。第二种修辞术便是奥德修斯式的修辞术,据荷马说,奥德修斯掌握了这种修辞术。这是个很简单的说法,简化到超过了色诺芬出于其意图所需要的程度,但它指明了问题所在。苏格拉底在跟阿伽通讨论时,他要做的事情很清楚,就是在阿伽通赞成的那些东西的基础上进行辩论。接下来会反复提到他们两人之间一致同意的事实。人们会同意(但实情未必如此):普遍同意的东西就是真理。我们下次会讨论这个问题。各位必须谨记的要点是:我们提前得到警告,苏格拉底关于爱欲的讲辞将不完全是真理,而是一种有所选择的真理。苏格拉底将选择的是爱欲最美好的方面,即便爱欲还有一种阴暗面,他也不会提到。我们不可想当然地认为,我们关于爱欲的观点以及爱欲的阴暗面便是苏格拉底的观点。我们一定要非常小心地观看这篇讲辞,看清他在讨论中有没有提及那些被省略的东西。

> "可是(kai mēn),亲爱的阿伽通,我觉得你的颂辞开头的方式很漂亮。你说,得先说明爱若斯本身是什么样,然后再说他的功劳。这样的开头我十分赞赏。"(199c3-6)

苏格拉底开头这两个字跟阿里斯托芬的讲辞的开头两个字一样。这是仅有的两篇用这种方式开头的讲辞,[180]这只是证实了我们所有人都已经有所感觉的东西,即阿里斯托芬的讲辞具有特殊的重要性。尽管在论题上他的讲辞是苏格拉底讲辞的对立面,但两篇讲辞几乎在同一层次上。各位还可看到,苏格拉底这番开场白很慎重,他说"[这样的开头]我十分赞赏",没说通篇他都赞赏。

> "既然你将爱若斯的品性描绘得那么美妙、壮丽,那好,我想请问:照这样说,爱若斯是对某种东西的爱欲抑或不是?我并非要问,爱若斯是否就是[某个人]对某个母亲或父亲的爱——因为,问爱若斯是否对某个母亲或父亲的爱欲,这样的问题也许是可笑的。我的意思有点像是这样,就好像我问'父亲'[这个词]:'父亲就是某人的父亲抑或不是?'要是你愿意漂漂亮亮回答的话,你肯定会说,'是的,父亲当然是某个儿子或女儿的父亲。'难道他不是吗?"
>
> "是的,那当然。"阿伽通回答说。(199c6-d8)

这里的问题很简单:爱欲是不是某种类似父亲或母亲的东

西,也就是说,爱欲是不是某种本质上属于某物的事物(something which is essentially of something)。如果用 relative[与……有关系的,相关的]这个词来说,爱欲是不是本质上就是"与……有关系的"? 比如说"树"。树本质上并不属于[什么/谁]。这棵树是史密斯先生的,这纯属偶然。这棵树作为树就是一棵树。但父亲本质上却会跟某个儿子或女儿有关系。爱若斯也是这类事物吗?

苏格拉底顺带开了个玩笑,他说:我的意思不是说爱欲是对某个父亲或母亲的爱欲,不是一个父亲对他女儿的爱欲,也不是一个母亲对她儿子的爱欲。这个玩笑并非毫无用意,因为它涉及乱伦问题。苏格拉底在这里暗示,乱伦性的爱欲不存在。这在阿里斯托芬那里是个重大论题,因为乱伦问题正是他在《云》中结合苏格拉底的教诲提出的,在《云》中,苏格拉底被控教导他的学生们殴打自己的父亲。这是个很简单的命题,它遵循严格的逻辑,其原理是唯一有权统治的是智慧。当然了,这样一来有智慧的儿子凭天性就是没智慧父亲的统治者。但统治可能包含强迫,强迫可能又包含殴打。因此结论就是:儿子可以打他的父亲。这个论点似乎挑不出任何毛病,但[苏格拉底的]学生接着说他还可以殴打母亲;于是学生的父亲震惊了。这个语境指涉的是乱伦的整个问题,这点我现在无法展开。在这里,苏格拉底似乎在说,乱伦性的爱欲根本不存在。紧接着他举了另外一个例子。

"母亲不同样是这样的?"阿伽通也同意这点。"那么好,"苏格拉底说,"请再多回答我一点,好使你[181]更清楚我的意思。假如我问:一个弟兄也是这样的吗? 就他自身——即兄弟——而言,他是某人的弟兄抑或不是?"阿伽通说,他是。"是某个弟兄或姐妹的弟兄,是吗?"阿伽通表示同意。(199d9-e5)

父亲和母亲是有关系的,在此意义上,兄弟也是一种关系。这里,苏格拉底不再追问,不再问比如说存不存在兄弟对姐妹的爱欲。这个问题在论及父母与子女间的乱伦关系时已经处理过了。但它尚未完全解决。如果各位查考一下《王制》(461d-e)关于最佳政体的叙述,你们会看到一些著名的、跟两性关系有关的法律。其中没有排除兄弟与姐妹间的乱伦关系。遭到排除的是父母与子女间的乱伦关系,是老一代与年轻一代之间的乱伦关系。由于共产制,没人知道在每个同代之内谁和谁是兄弟姐妹。这是不是柏拉图对此论题的定见需另当别论。在色诺芬《回忆苏格拉底》卷四4章20至23节也关注过同样的问题。父母与子女间的性关系被合情合理地禁止了,这个事实不能当然地用来证明乱伦性的爱欲不存在。因此乱伦问题仍存在。接下来的部分必须读得特别小心。

> "那么试着用这方式来说说爱欲,"他说,"爱若斯是对某种东西的爱欲抑或不是?"
> "他当然是。"
> "好,接下来,"苏格拉底说,"你自己要守住这点,记住爱若斯是什么;但现在你只需告诉我:对于有爱欲存在其中的某种东西,爱若斯欲求着它,抑或不是?"(200a1-3)

这很要紧。苏格拉底要求阿伽通记住爱欲的对象是什么,同时要求他只要回答后面的问题就可以了。他要求阿伽通自己守住的东西是什么?阿伽通关于爱欲的论点是什么?爱欲所爱欲的东西是什么,爱欲的对象是什么?是美。这是一种观点,但关于爱欲所指向的东西(what eros is of),也存在另外的可能性,那就是阿里斯托芬所指出的,即爱某人的另一半,爱某人自身的血与肉。因此,如果用反讽的方式夸张一点说,就是乱伦性的爱,更简单地说就是对属己之物的爱(love of one's own)。这个问题在这里没有定论。

[200a4-201b8 部分的讨论空缺。]

　　"既然是这样子,你还同意说爱若斯是美的?"

　　阿伽通于是说:"看来,苏格拉底,我对自己先前所说的一无所知。"

　　[182]"不过你讲得还是顶美,阿伽通,"苏格拉底说。"但我还要问个小小的问题:你难道不认为,善的东西也是美的吗?"

　　"是的,我是这样认为的。"(201b9-c3)

善和高贵在这个语境中可以互换。但恰恰也是这个语境表明,它们不可互换。

　　"要是爱若斯还欠缺(in need of;或译'需要')美的事物,而善的事物是美的,那爱若斯也欠缺善的事物。"

　　"苏格拉底哦,"他说,"我没法反驳你,就算你说的那样罢。"

　　"才不是呐,"他说,"亲爱的阿伽通,你不能反驳的是真理,因为仅仅反驳苏格拉底一点都不难。"(201c4-9)

这自然是最高的反讽,因为阿伽通不可能驳倒苏格拉底。阿伽通可以轻易驳倒手无寸铁的真理。真理在受到阿伽通言论的践踏时不会喊叫,但他永远驳不倒苏格拉底。我不否认,这点在终极意义上是真实的。在戏剧情境中,这句话具有反讽意味。

　　既然爱欲不可能是美的,那他([译按]原文如此)也不可能是善的。但出于同样理由,既然阿伽通认为诸神受对美之爱鼓动从而欠缺美,那他们也欠缺善。爱美等于欠缺美;美的等于善的;因此爱美者的特点是欠缺美,欠缺美也就是欠缺善。诸神也受对美之爱鼓动。这是苏格拉底讲辞第一部分(即他与阿伽通之间对话)的结尾。我来归纳一下。

　　[苏格拉底的]论证始于这样的前提:爱不可能是对可得者(the available)的爱,如果恰当地引申一下,那也意味着,[爱不可能是]对属己之物的爱。首先,不可能有对自己父母、兄弟和姐妹的爱欲;乱伦性的爱欲不可能存在。其次,不可能有对自己妻子的爱欲,且第三,不可能有对自己城邦的爱欲;第四,不可能有对性满足的爱欲。欲望和满足不可能同时出现。第五,如果说只有不美者才可能爱美的事物,那只有不美的人才有爱欲。第六,诸神既不美也不善。第七,人们不可能区分美的与丑的爱欲,不可能区分高贵的爱欲与低贱的爱欲。后面一点源于如下事实:不可能有对性满足的爱欲,而性满足的现象必定要求人们区分高贵的爱欲和低贱的爱欲。所有这些论点,除关于[183]诸神的论说外,为苏格拉底的爱欲提供了一种完美的辩护。苏格拉底对乱伦式爱欲没兴趣,也不关心对自己的妻子、对自己的城邦以及性满足的爱欲;只有不美的人才有爱欲,这点跟他极为切合,而且,人们不可能区分高贵的爱欲与低贱的爱欲。关于苏格拉底与阿伽通的对话,就说这么多。

　　在这个节骨眼上,《会饮》开始进入高潮,进入苏格拉底与第俄提玛之间的对话。为帮助各位更好地理解,我想先做一个预备性的点评,我希望随着我们的逐步深入我能对此加以证实。苏格拉底的整篇讲辞——归根结底,我们一直在朝向它建构[我们的论证]——由以下部分组成:(1)引言,讨论苏格拉底的修辞术;(2)我们已读过的苏格拉底与阿伽通间的对话,它终结于断言爱欲既不美也不善,在此语境中,它的结论是诸神既不美也不善。接下来是(3)苏格拉底与第俄提玛间的对话。这篇对话可分为三部分(下文引作 IIIA,IIIB,IIIC)。第一部分到 204c7 为止;第二部分到 207a4 为止;第三部分一直到对话结尾。第三部分还可再分成三部分(下文引作 IIIC1 等)。有趣的是:如果你把不能进一步划分的各部分加以累计,你共得到七个部分,也就是说,跟整篇对话的部分数([译按]指讲辞篇数)一样多。真正的问题将会是:苏格拉底讲辞的七个部分与七篇讲辞之间有无某种真正的对应关系。苏格拉底讲辞的第一部分处理修辞术;第一个讲者是斐德若,在整部对话中,他正是讨论修辞术的那个对话者。

在我看来,苏格拉底明显抽掉了对属己之物的爱。这点必须放在如下条件下才有意义:真正的颂词必须集中于最高贵、最美的事物,忽略有欠高贵的事物。这么说吧,如果对属己之物的爱不及对美的爱高贵,苏格拉底至少还拥有前后一贯的优点。问题是,这个命题——对属己之物的爱低于对美的爱——是否明智?它是一个可理知的论点吗?我们在周围不断可以看到对属己之物的爱。如一个母亲爱她的孩子等等。人们有可能认为这种爱不如对美的爱吗?我的意思不是要人切断自己对属己之物的爱,我只是想说,与某种更高的、不跟属己之物有那种关系的事物比较起来,它的地位是次要的。有一点是人们可以说的:如果存在像哲学这类东西,或者说如果存在对真理的爱,那这种东西[这种爱]更接近对美的爱,而非对属己之物的爱。在讲述一般问题的领域里,对属己之物的爱导向意识形态;对美的爱则导向真理。如果最根本的事实是对属己之物的爱,人们就会把属己之物绝对化,就会为此寻找理由。这就是意识形态——如果可以用这个[184]让人生厌的字眼的话,但对真理的爱并不首先关心属己之物。因此这个说法有某种意义。当然这与此处的论证无关,此处的论证顺应的完全是阿伽通当时能否消化这些说法。当然这个分析绝不完整,因为柏拉图或苏格拉底心里装着某个目标,这目标是逐渐明朗起来的。

[回答问题:]对丑的事物的爱有可能存在吗? 如果爱只是对美的事物的爱,那么对丑的事物的爱就不可能存在。但若丑的事物就是属己之物,那就完全有可能存在对丑的事物的爱。爱属己之物与爱丑的事物是相容的。

听众:从主体的角度看,爱属己之物某种程度上等同于对美的爱,因为它是我的爱欲,而且我想把这个[美的]客体变成是我的。

施特劳斯:让我说得更确切些:我爱美的事物,我想拥有美的事物。尽管如此,要点在于它是你想拥有的美的事物。如下文将表明的,这里涉及三种因素:(a)作为施爱者(the lover;或译"有情人")的我,(b)美的被爱者(the beloved;或译"情伴"),和(c)对它的永远拥有,这将是中间部分的主题。下面让我们转向第俄提玛的部分(section)。

> "我先不缠你了;关于爱若斯的说法(Logos),我曾经从一位曼提尼亚女人第俄提玛那里听到过……"(201d1-2)

对话到此结束,苏格拉底的讲辞——the logos[讲辞]——由此开始。他前面怎么说的? 他说会在对话之后给出讲辞。但我们陷入巨大的失望中。开始的不是苏格拉底的讲辞,那是某个别人的讲辞。这很奇怪。我们必须说,苏格拉底真的违背了他的诺言。第俄提玛(Diotima)这个名字表明——Dio 是 Zeus[宙斯](Dios)的属格,而 tima 意为荣誉(honoring),曼提尼亚(Mentinea)是一个镇子的名字,让人想起 mantis,即预言者——她是个女先知。从我们关于六位讲者的简单图解可以看出,阿伽通和苏格拉底都是受神启(inspired)的讲者。但不对,第俄提玛才是受神启的讲者,苏格拉底不过转述了从一位受激发的讲者那里听到的东西。此外,这位受神启的讲者还有个非同寻常的特点:她是个女人。这与纯男性构成的群体（all-male society）形成鲜明反差。各位都记得，最开始也有个女人，那个吹箫女，她被赶走了——现在她又回来了。不仅如此，她还是个外邦女子，这就更糟。这与我们在这里看到的纯雅典人的群体也形成鲜明反差。柏拉图另一部名为《默涅克塞诺斯》（*Menexenus*）的小对话也有个类似的地方。在那篇对话中，苏格拉底也讲述了一场发生在他和一个外邦女子之间的对话。但那篇对话中的女子不是出自曼提[185]尼亚的女先知，而是伯利克勒斯的准情妇阿斯帕霞（Aspasia）。当时的语境极具谐剧性，因为当时的问题是即将发表的一篇葬礼讲辞，苏格拉底为雅典的阵亡者拟述了一篇葬礼讲辞，这篇讲辞事先由外邦女子阿斯帕霞拟述，这其中的隐含意味在于，出于一个外邦女子的这篇葬礼讲辞甚至比伯利克勒斯那著名的葬礼讲辞更优秀。如今，她来自曼提尼亚，这是阿卡迪亚（Arcadia）的一个地区。各位可能记得，阿卡迪亚人曾遭到斯巴达人的惩罚，被迫退回到村落式生活，退回到一种原始的生活形式。苏格拉底怎么说？他说第俄提玛对这类事（[译按]爱欲之事）和其他很多事情都有智慧。

> "……这个女人不仅对这些事，而且对其他许多事都蛮有智慧；有一次，瘟疫快要来了，经第俄提玛劝说，雅典人赶紧祭神，她使瘟疫延迟了十年才发生。"（201d2-5）

有件事与此对应：柏拉图在《法义》卷一中讲了一个类似的故事，事关另一个先知式人物，克里特岛的艾比门尼德（Epimenides of Crete）。克里特岛的艾比门尼德也是个外邦预言家，也曾在波斯战争前的紧要关头帮过雅典人。柏拉图在《法义》中说，克里特人以男童恋著称，而阿卡迪亚是厄利斯（Elis）的近邻，泡赛尼阿斯曾提到，厄利斯是个在[男童恋]这方面极其放纵的邦国。第俄提玛是苏格拉底在爱欲事物（erotic things）方面的老师。换言之，与第俄提玛谈话时苏格拉底还年轻。如果前面提到的那场瘟疫发生在公元前430年（伯利克勒斯是这场瘟疫最著名的受害者），这场对话一定发生在公元前440年（如果不是更早的话），当时苏格拉底还相对年轻，三十岁或不到三十。

> "教给我爱欲之事的，就是她。现在，我就尽力把她说过的给诸位重述一番，就从刚才阿伽通和我已经达成一致的地方开始。正如你解说爱若斯的方式，阿伽通，人们必须首先说明爱若斯是谁、什么样，再说他的作为。"（201d5-e2）

它不是关于本质的一个问题，而是关乎他［爱若斯］是哪种类型的一个家伙（guy）。有篇对话——如果我没记错的话，那是《欧蒂德谟》——的开头是克力同（Crito）问苏格拉底："它是谁"；这就是好奇的人与哲人之间的差别。这里提出的不是哲学问题"爱欲是什么？"而是"爱若斯是谁？"

> "其实对我来说，最简便的是，按这异乡人［女人］盘问我的方式从头到尾复述一遍。当时我对她说的，差不多就像阿伽通今晚对我说的：［186］什么爱若斯是位了不起的神，什么爱若斯属于美的东西云云。当时第俄提玛反驳我的理由，同我反驳阿伽通的理由是一样的，她向我证明，爱若斯既不美又不善。"（201e2-7）

第俄提玛曾是苏格拉底的老师。苏格拉底以学生身份出现，这情形极罕见。这种情形此外仅有一次，那就是［柏拉图的］对话《帕默尼德》，在其中苏格拉底曾以帕默尼德学生的身份出现。本课程一开始我曾讨论过这样的事实，即柏拉图对话中不由苏格拉底转述的对话只有三篇：《帕默尼德》《斐多》和《会饮》。《帕默尼德》和《斐多》有个共同点：它们告诉我们青年苏格拉底的一些事情。这点在《帕默尼德》中很明显，在《斐多》中，苏格拉底本人讲述了自己早年对哲学的尝试。现在我们看到《会饮》也属于这一组，因为在这里我们也看到关于青年苏格拉底的记载，此时的苏格拉底还未变成我们在其他柏拉图对话中所看见的那个苏格拉底。这不仅是个历史问题，历史问题本身不会让我们感兴趣；我们即将看到，这个问题有巨大的实质性的重要意义。青年苏格拉底跟现在的阿伽通多少持有相同的观点。爱若斯是个伟大的神，爱欲是对美的事物的爱。青年苏格拉底的观点与阿伽通不完全一致；他没说爱若斯是最美且最好的神，他尤其没说爱欲是最年轻的神。换言之，青年苏格拉底没像阿伽通那样，因偏爱爱欲而贬低其他神。[青年]苏格拉底也没像阿伽通那样，说其他诸神的行为都源于对美的爱欲。第俄提玛据以反驳苏格拉底的基础是苏格拉底自己的断言，即爱若斯既不美也不善。她对苏格拉底的做法跟苏格拉底对阿伽通的做法完全一样，都是以对方承认的前提为基础。也就是说，苏格拉底没任何原创性。我想指出一点：起初，苏格拉底是个自然哲人——我们已在恩培多克勒身上看到过前苏格拉底哲人的样本——直到他读了阿纳克萨戈拉的一本书，阿纳克萨戈拉说万事万物的动因是 nous［理智］。从那以后，他便期望阿纳克萨戈拉能表明，万事万物都以合理的、美的方式井然有序。但阿纳克萨戈拉没有运用他的智性原则，所以苏格拉底把它抛弃了。在《帕默尼德》中，我们看到苏格拉底是这样一个人，他说不存在关于丑的理式。这仍然跟第一阶段相吻合：心智统领万事万物，因此万事万物都井然有序，以美的方式井然有序。这又跟他的爱欲观若合符节：爱欲只是对美的爱。从这个角度看，那种使青年苏格拉底［187］转变为晚年苏格拉底的发现，是对丑的事物的发现，是对桀骜不驯（recalcitrant）的发现。

　　"于是我就说:'你是什么意思,第俄提玛,难道爱若斯还
会是丑的、坏的?'她说:'嘘[别谩神]! 你以为凡不美的就必
然丑吗?''是啊,当然是这样。''那么,凡不智慧的就必定无
知? 难道你不懂得,在智慧与无知之间还有某种居间的东
西?''那会是什么?''有正确的意见却说不出个道理,'她说,
'不就叫做既非有精确知识——因为,说不出个道道来[非理
性的]何以算有精确的知识? ——也非无知——既然触到了
点子上,怎能算无知? ——但显然,正确的意见就是这一类,
它存在于洞悉(understanding [phronesis])与无知之间。'"
(201e8-202a9)

在此,苏格拉底的渎神在于他的荒谬(absurdity)。苏格拉底
从第俄提玛那里学到的第一课是:有些东西在好与坏之间。她的
例证不是美与丑,而是智慧与无知;居于两者中间的是正确的意
见。正确的意见与知识分享事实,它触到了点子上——触到了真
理。它也分享了无知的品性,它不知道[事实]何以如此。这种真
正的意见(true opinion)是唯一真正的意见,它是个复杂的问题。
人们或许可以这样来概括:在柏拉图看来,人有一种自然能力,一
种未经训练的能力,可以触及真理。没这种能力人就不成其为
人。这种触及真理的自然能力关心的是与"何以"(why)有别的事
实。为揭示原因,人需要技艺,需要有意识的考量。但关于这一
奇妙的事物——关于真正的意见——有个大难题:真正的意见能
知道自己是真正的意见吗? 若我们不知道一个意见是真正的意
见,该如何去检验? 标准只有一个:普遍同意。如果所有人都这
么说,那么它就是真的,尽管我们不知道它何以是真的。或者换
一种说法:人们无法始终加以质疑的事情[就是真的]。换言之,
这里说的真正的意见与《王制》卷六和卷七中被称为信心(confi-
dence)或信任(trust)的东西有共通之处。你可以说,我们心中有

种自然的信仰,但为了避开宗教内涵,更稳妥的说法是一种自然的信心,一种自然的信任。存在着诸如狗、马和正义这类事物——所有这些事物我们都"知道"。我们知道它们存在,但我们不知道它们何以存在,我们不知道它们意味着什么。但有这样一个层面存在着。第俄提玛接下来怎么说?

> "'因此当然不能说,凡不美的就必然丑,凡不好的就必然坏。就爱若斯来说也如此,既然你[188]同意爱若斯既不善也不美,别就以为他肯定既丑又坏,'第俄提玛说,'而是介乎二者之间。'"(202b1-5)①

她现在加了一句:爱若斯并不善。从爱若斯不美这事实出发得不出他不善的结论。她假定,苏格拉底会想当然地以为美就等同于善,因此她把[不美和不善]两者相等同也很自然,但这也是个问题。对此不存在普遍同意。有些情况下所有人都能在美与善之间作出区分。因此说它们相等同并非真正的意见。

> "'可是,'我说,'所有人都同意爱若斯是个了不起的神!''你指所有不懂的人,'她说,'还是所有懂的人?''他们全部。'她笑了,说:'苏格拉底,他们连爱若斯是神都不承认,怎么会一致同意爱若斯是个了不起的神?'"(202b6-c2)

苏格拉底抗议这样一个结论:既然爱若斯既不善也不美,所以他不可能是神。因为人们普遍同意爱若斯是一个神。这时候,第俄提玛笑了,在这部对话中,这极为罕见。迄今为止这种情形

---

① [译注]按刘小枫《柏拉图的〈会饮〉》(前揭,页73),这段文字前还有苏格拉底的一句话:"说的倒是,我说。"

只发生过一次——阿里斯托芬笑过。第俄提玛缺乏一般人预想的那种女先知的庄重。她现在说的话绝对骇人听闻：爱若斯甚至不是一个神——不仅不是伟大的神，根本连神都不是。这话是第俄提玛说的，不是苏格拉底说的。

> "'他们是谁？'我问。'你算一个，'她说，'我也算一个。'我说，'可以给我解释一下吗？''那还不容易，'她回答道，'告诉我，难道你不认为，凡神都是有福分的、美的？难道你敢否认，有哪个神不美、没有福分？''向宙斯发誓，我不敢！'我说。"（202c3-9）

你们看到她干了什么？你们看到她给苏格拉底施加的是什么压力了吗？"难道你敢否认……"这是对话部分的第一个誓言。另一个誓言是开场情景时阿波罗多洛斯说的。

> "'你说的有福分，就是拥有善的和美的东西，不是吗？''当然。''但你不也同意，正因欠缺善的和美的东西，所以爱若斯才欲求这些他所欠缺的东西？''不错，我同意过。''没有分享一份美的和善的东西，怎能算个神？''看来像是不能。''你瞧，'第俄提玛说，'你不就是个不把爱若斯当神的人？''那爱若斯会是个什么呢？'我说，'难道是个会死的？''别这么说。''好，那是什么？''像我先头说的，'她说，'介乎会死的与不死的之间。''哎呀，第[189]俄提玛，究竟是个什么嘛？''大[命相]神灵（A great daimon），苏格拉底，因为所有[命相]神灵（daimonion）都居于神与会死的之间。'"（202 c10-e1）

爱若斯不是一个神，因为它既不善也不美。随后，第俄提玛说他既不是会死的,也不是不死的。就像以前说的,如果某些事物既不美也不丑,那就有某种居间(in between)的事物。在会死者与不死者之间,也可能有某种事物。我们必须问:这可能吗? 有些东西既不美也不丑,这容易理解,但果真所有情况下都必定存在某种居间的事物吗? 数字呢? 有既非奇数也非偶数的数吗? 你能举出一个居于奇数与偶数之间的数吗? 不可能。似乎会死者与不死者的情形更接近奇数与偶数的情形,而非美与丑的情形。换言之,苏格拉底现在犯了一个跟他开始犯的逻辑错误相反的逻辑错误。一开始,在居中状态(mean)可能存在的场合,他否认居中状态。这会儿,在居中状态不可能存在的场合,他却接受居中状态。爱若斯不是一个神,而是一个[命相]神灵(a demon),他属于[命相]神灵的世界。考虑到这篇对话的宏大主题,这点很有趣。《会饮》是仅有的一篇以某个神为讨论焦点的柏拉图对话。斐德若说他是最古老的神,阿里斯托芬说他是最爱人类的神,阿伽通说他是最年轻且最高的神。第俄提玛说他根本不是一个神。倘若我们假定苏格拉底接受了第俄提玛的教诲(我认为到对话结束时这点会很清楚),那我们必须说,苏格拉底不信这些神中的任何一个,也就是说,他不信城邦诸神,因此才遭到控告和谴责。当他受控时,指控者说:"苏格拉底不尊重城邦诸神,还引入新的 daimonia[(命相)神灵]。"随后,在跟控告他的迈勒图斯(Meletus)辩论时,苏格拉底说:"你说我不信城邦诸神,反信其他神(other gods),你的意思是什么?"他们说:"不,你是个彻底的无神论者。"苏格拉底答道:"你说我信 daimonia,但如果 daimonia 既非诸神也非诸神的后代,那它们是什么?"这样一来,如果他像指控者说的那样信神灵事物,那他显然也就信诸神,甚至信城邦诸神。《申辩》26c 的这段文字很有趣,在其中,关于[命相]神灵的某种概念得到揭示。

　　尽管如此,还有个大难题:第俄提玛说,爱欲在有死者与不死者之间。整个[命相]神灵的领域居于神与有死者之间。于是苏格拉底问道:"[命相神灵]有什么能力?"这句话内涵丰富,意味深长。一开始,何以可能有一种既非有死亦非不死的存在者——这样的问题是完全不可理知的。如果这样一种存在者存在,它一定有某种能力(power)。在柏拉图的《智术师》(247d-e)中,我们看到这样的[190]宣称:这就是(也只有这个真正是)那种有能力对其他事物起作用或有能力受[其他事物]影响的东西。爱欲能对什么起作用,爱欲又受什么东西影响?第俄提玛接下来就回答这个问题。

> "'命相神灵有什么能力呢?'我说。'把人们的祈求和献祭传译和转达给诸神,把诸神的旨令和对献祭的酬报传译和转达给人们;因为居于两者之间,它可以把中间填满,这样,整全就可以通过命相神灵被连成一气了。'"(202e3-7)

一切神灵事物都居于有死者与不死者之间。某种意义上的确如此,这不是因为命相神灵本身有死或不死,而是因为,它是不死者(即诸神)与有死者(即人)之间的中介者。因此,它是整全的纽带。这里的隐含意味在于,整全仅由神、人和[命相]神灵组成,这当然不可能是终极真理。人和神都需要一种纽带。[命相]神灵的领域让他们变得完整。神和人都不是自足的;自足性由[命相]神灵所创造。既然[命相]神灵能对神和人施加影响,那它肯定存在。因为无论什么东西,只要起作用(acts),就是存在的。但我们何以得知这个断言——即存在这类[命相]神灵式事物——的任何真实性呢?接下来她会说明。

> "'所有占卜都要通过[命相]神灵来感发,从事献祭、入教仪式、谶语的祭司的技艺,所有占卜和魔法,也通过它来感

发。'"(202e7-203a1)

这里是经验证据:存在着种种占卜的技艺和祭司的技艺。这是两个不同的方面,都具有某种重要性。

"'本来,神不和人相交,但通过[命相]神灵,人和神才有来往和交谈,无论在醒时还是沉睡中。'"(203a1-4)

神不跟人相交,这也包括性关系。神与人没有性关系(这很明确)。这说明不存在由神父和人母或人父和神母生育的英雄。建议各位联系这点看一下《苏格拉底的申辩》(27d),那里也讨论了这个问题。

"'凡通晓这类事情的都是神灵般的人(a demonic man [daimonios]),至于通晓其他事物的,无论通晓的是技艺还是其他手艺,都是凡夫俗子(banausos)。'"(203a4-6)

第俄提玛这里只谈神对人的交流或对话。从诸神到人的交流不同于[191]从人到诸神的交流。这种交流需要一个神灵般的人,他要具备不同于祭司技艺的预言能力。各位也看到,第俄提玛说到的是神灵般的人(man)——男性(male)。难道没有神灵般女人的位置? 奇怪。第俄提玛应该知道内情,但她似乎只说到神灵般的男人。

"'这类[命相]神灵有不少,而且多种多样,爱若斯也是其中之一。''那么爱若斯的父亲是谁,'我问,'母亲又是谁?'"(203a6-8)

　　爱若斯是个[命相]神灵,他不是神。[命相]神灵与神乃是两种等级截然有别的存在者,他们之间有区别这一点似乎由柏拉图率先提出。作为一个[命相]神灵,爱若斯是人与神之间的中介者。据说当然有很多中介者,爱若斯是其中一个,不过,说爱若斯乃唯一的中介者(the mediator)是错的。我曾引述过的克吕格(Klüge)曾评论道,这一点恰恰是基督教与柏拉图之间的区别;[神与人之间的]中介者不是基督,而是爱若斯。

　　作为[命相]神灵,爱若斯并不有福或曰幸福。爱若斯现在存在(Eros is),但他从前并非一直存在(was not always)。我们怎么知道? 文中并未明说。爱若斯是个生灵(a living being),诸神和[命相]神灵都是生灵。既然爱若斯从前并非一直存在,如今又是一个生灵,那他一定有父母双亲(parents)。这是苏格拉底的推论,第俄提玛没那么说。迄今为止,斐德若认为爱若斯没父母双亲的主张从没遇到异议。但现在它遭到了反驳:爱若斯确有父母双亲。在第俄提玛的前提下,有一点是清楚的:爱若斯的父母双亲不可能一方是人一方是神,因为神与人不相交。难道爱若斯不能只有父母中的一方(one parent)吗? 泡赛尼阿斯提到的高贵的阿佛洛狄忒就只有父母中的一方,只有父亲(a male parent)。苏格拉底暗中否定了这点。在这方面他是理性主义的。如果爱若斯是个产生出来的生灵,他一定有父母双亲。第俄提玛说,这个故事太长了,无法细述,但无论如何我会给你们讲一讲。她没细述,只大体讲了一下。在整部《会饮》中,下文的简短叙述是(可能除阿里斯托芬讲辞外)唯一能称为神话的部分。关于柏拉图笔下的神话已有无数文献。据我所知(我并不尽知其全貌),这些文献都有一个通病,即关于何为神话均由学者本人说了算,这极不合学术规范。人们必须从柏拉图那里找到何为神话。换言之,我只会把柏拉图或他笔下的人物说是神话的[故事]当作神话。无论如何,我们可以宽泛地说,关于某个[命相]神灵的生成(genesis)

[故事]在柏拉图那里是一种神话式叙述。正因为这[故事]具有如此耀眼的神话色彩，所以，当我们把第俄提玛的讲辞作为整体来读，会发现她的讲辞竟令人惊异地缺乏神话色彩(unmythical)。《会饮》其实是一篇苏格拉底对话(a Socratic dialogue)，但它奇怪地将苏格拉底颠倒为[诘问]接受者。

> [192]"'那就说来话长啰，'她说，'不过，我还是给你讲讲。从前，阿佛洛狄忒生下来的时候，诸神摆宴，所有其他神和默提斯(Metis)的儿子丰盈(Resource)都在场。他们正在吃饭的时候，贫乏(Poverty)前来行乞——这毕竟是个节庆，她站在门口不去。'"(203b1-5)

这段译文或许不是很清楚，丰盈(Resource)——或者就译作"力量"(power)——当然是个神。这点在希腊文里表述得很清楚。还有一点：只有一个阿佛洛狄忒。泡赛尼阿斯和厄里克希马库斯都曾告诉我们有两个阿佛洛狄忒。既然只有一个阿佛洛狄忒，那就只有一个爱若斯。这是严密的逻辑。无论如何，没有爱若斯就有了阿佛洛狄忒，因为爱若斯是阿佛洛狄忒生日那天出生的。阿佛洛狄忒先于爱若斯。这也是对泡赛尼阿斯的一个纠正。换言之，爱若斯的降级使其他神得以升级。

> "'丰盈多饮了几杯琼浆(nectar)——当时还没有酒——'"(203b5-6)

第俄提玛为何说当时还没有酒？尽管这事年代很久远，但爱若斯并不像阿伽通的讲辞似乎说的那么年轻。

> "'……他步到宙斯的花园，醉得头重脚软，便倒下睡

了。'"（203b6-7）

至少可以说，爱若斯到底是不是宙斯的后裔，这里并不清楚。爱若斯的父亲波若斯（Poros［译按：即丰盈］）是宙斯第一任妻子默提斯的儿子，但当然我们不知道宙斯是否波若斯的父亲。爱若斯跟宙斯有某些关联，因为他生在宙斯的花园里。他跟宙斯的关系很模糊。这并非无关紧要；我们将在下文看到其中含义。

"'出于自己的欠缺，贫乏突生一计，想跟丰盈生个孩子；于是她睡到他身边，便怀上了爱若斯。'"（203b7-c1）

两性交合出现在爱若斯之前。

"'正出于这个理由，爱若斯成了阿佛洛狄忒的帮手和仆从，他是在阿佛洛狄忒生日那天生的，同时，因为生性爱美，他是阿佛洛狄忒的有情人，因为阿佛洛狄忒很美。爱若斯因是丰盈和贫乏所生之子，所以处在跟他们同种的命运里。'"（203c1-4）

由于爱若斯生在阿佛洛狄忒生日那天，他就成了阿佛洛狄忒的伴侣——这很简单。并且，也由于阿佛洛狄忒很美，所以爱若斯生性（by nature）爱美。这个偶然——生在阿佛洛狄忒生［193］日那天——或者说纯然习俗之事，解释了爱若斯的自然本性。在这里，他对美的爱被归因于他跟阿佛洛狄忒的关联，而非他是丰盈的后裔。现在我们有了更精确的爱若斯的家谱。

"'首先，爱若斯总是很穷，许多人以为他既温和又漂亮，其实才不是那么回事哩，他粗鲁，不修边幅，打赤脚，居无定所,总是随便躺地上,什么也不盖,睡在人家门阶上,或干脆露天睡在路边。因为有他母亲的自然天性的影响,爱若斯总与贫乏为伴。'"(203c6-d3)

因此阿伽通错了。他的错是一种庸俗的(vulgar)错。爱若斯既不精致也不温和,他是个粗糙的家伙。这里归于爱若斯的品性中,有一个方面最引人瞩目:他居无定所,因此,他或许一直都在找家;或者他满足于无家可归? 我们必须首先找出他从父亲那里继承了什么。

> "'不过,他也像父亲,总在谋划美的和善的东西;他勇敢、热切、硬朗,是个很有本事的猎手,经常有些鬼点子,贪求智识(phronesis),脑子转得快,终生热爱智慧,是个厉害的法术师、巫医师和智术师。'"(203d4-8)

他渴求知识,渴求实践智慧。我认为这跟他无家可归有关联。他是个旅人,是个不渴求伊塔卡(Ithaca)的奥德修斯。这里我们看到,爱若斯从母亲方面继承的德性可称为坚韧和毅力。从父亲方面他继承了勇敢和智慧,或至少是对智慧的爱——哲学。我们看到,有两种德性——节制和正义——他既未从父亲那儿也未从母亲那儿获得。从经验角度看这点意味深长。各位中有些人可能记得比才(Bizet)的《卡门》(*Carmen*)。不过爱若斯总像他母亲那样穷困,他从未像父亲那般富有,而且他一直在谋求(scheming for)美。同样的表述也用在他母亲身上。在203b7我们看到贫乏谋求跟丰盈生个孩子。爱若斯跟他父亲有任何相似之处吗?

> "'他的天性既非不死的,也非会死的,有时,在同一天里,他一会儿活得新新鲜鲜、朝气蓬勃——要是所求得逞的

话,一会儿又要死不活,不过很快又回转过来,这都是由于他父亲的天性。但丰盈(resources)总是逐渐流走,所以,爱若斯既不贫又不富。并且他总是处于智慧与无知之间。'"(203d8-e5)

爱若斯部分像不死者部分像有死者。但他母亲是有死者吗?他母亲也是不死者。但或许,他像他的父亲,[194]因为他的母亲是无知的。这会是可资对照的唯一可能项。让我们接着往下看。

"'因为就是这么回事:没有哪个神搞哲学(philosophizes),也没有哪个神欲求成为有智慧的——因为,神已经有智慧了——别的有智慧者,不拘是谁,也不搞哲学。反过来说,无知的人同样也不搞哲学或欲求成为有智慧的。因为无知者的麻烦正在于:尽管自己不美、不善、不明事理,却似乎觉得自己够自足了。谁不觉得自己欠缺什么,谁就不会欲求自己根本就不觉得欠缺的东西。'"(204a1-7)

因此诸神是有智慧的,所以他们不搞哲学,他们不寻求智慧。柏拉图最根本的对手尼采恰恰教导相反的东西——诸神都搞哲学。他认为这是他的伟大创新之一,人们可以说,这是个神话式表述。不可能有自足的存在者。但可能有其他存在者(others),他们也是有智慧的。无知者满足于自己的现状。爱若斯的母亲——即贫乏——满足于自己的现状吗?她的行为像个无知者吗?倘若在无知者是自足的那种意义上她是自足的,那生出爱若斯时采取主动的就会是波若斯。但波若斯是个神,从而,按前面那条假设,他是自足的。若要孕育爱若斯,贫乏必定不应满足于她的状况,也绝不无知。我的结论是,爱若斯只像他母亲,一点都不像他父亲。各位还记得,爱若斯与宙斯毫无关系,他只和宙斯的花园有关系，爱若斯和阿佛洛狄忒之间也没任何自然联系，联系仅在于爱若斯偶然生于阿佛洛狄忒生日那天。为理解爱若斯，没必要追溯到他父亲、追溯到一般意义上的诸神，只需追溯到他母亲——或许，还有另外某种我们可暂时称为理式的东西——就够了。

让我这样来描述这一困境：如果诸神存在，他们是自足的，爱若斯就不可能由他们中的任何一个产生出来；如果诸神不是自足的，那他们就不是神，爱若斯也不可能由他们其中一个产生出来。无论在哪种情况下，爱若斯都不可能是某个神的孩子，他也不可能是有死者的孩子。结论是什么？他肯定一直存在，这点实际也是后续论证的前提。在爱若斯的母亲即贫乏的表现中，我们看到一种模棱两可：她一方面显得就是纯粹、自我满足的贫乏，就是自我满足的无知，另一方面她又显得想要摆脱贫乏的状态、摆脱无知的状态。从《财神》（*Ploutos*）中可以发现，阿里斯托芬笔下的贫乏（译按：即穷神）也有同样的模棱两可。我认为[195]阿里斯托芬的《财神》是柏拉图这段文字的样板。这许是柏拉图在这部特定作品中对阿里斯托芬的一次更伟大的致意。在《财神》550至554节，那种认为贫乏是自我满足的行乞的观点是俗众的观点。但那个半神的贫乏自己的观点是，贫乏是为了摆脱不幸而对劳作的爱。在这里，柏拉图出于自己的理由摹仿了出现于阿里斯托芬笔下的一种模棱两可。问题解决了。我们已经认识了爱若斯的父母，接着苏格拉底转向了另外的论题：这些哲人是谁？

　　"'那么，第俄提玛，'我说，'如果有智慧的和无知的都不搞哲学，那谁才是搞哲学的？''这连小孩子都晓得，'她说，'不就是那些处在两者之间的，爱若斯就属于其中之一。因为智慧是最美的东西之一，爱若斯又是对美的爱欲，所以爱若斯必定是个哲人（a philosopher），而作为哲人他就处于有智

慧与无知之间。这是由于他的出身,因为,他父亲有智慧、有
计谋(resourceful),他母亲却没智慧、没计谋。'"(204a7-b7)

苏格拉底说,爱若斯的母亲没智慧(not wise),他没说她无知。
从定义上来说,哲人([译按]爱智者)也没智慧。

　　"'这[命相]神灵(daimonion)的自然本性就是如此,亲
　　爱的苏格拉底。'"(204b7-8)

第俄提玛没回答苏格拉底提出的有关哲人的问题。她又回
到了爱欲的自然本性。为什么?苏格拉底对她关于爱欲自然本
性的回答很满意。她为什么不回答苏格拉底的简单问题?她知
道哲学是什么。此后她将就此给出长篇大论。只是,她现在尚不
知道苏格拉底适不适合接受这样的教益。这个教益只有到后面
她才会给出。
　　还有个问题我必须在这里提一下。具有终极重要性的对立
是智慧与无知的对立。居间的是什么?哲学([译按]即对智慧的
爱)。正确的意见等同于哲学吗?难道没有那样一些哲人,他们
拥有极度悖谬、不真实的意见?难道一个拥有正确意见又只满足
于拥有正确意见的人,不可能丝毫不关心把这意见转化为知识
吗?两种完全不同的事物在这里不知不觉得到同样的对待。或
许柏拉图的意思是:在最高层面上它们可能是一致的。一个对所
有事物都拥有正确意见的人只有借助某种哲学探究(philosophi-
zing)才能生存,另一方面,真正的哲人会从正确意见出发且不会
离弃正确意见。

　　[196]"'但你原来以为的爱若斯却完全不同,这不足为
　　怪。正如我从你自己说的话推断,你原来以为爱若斯是被爱

者,而非爱者(which loves)。出于这个理由,爱若斯在你看来彻头彻尾是美的。因为值得爱的其实是真正美、精致、完满和有福气的事物;然而,纯粹的爱者(that which is just loving)却是另一副样子(idea),就像我描述过的那样.'"(204c1-6)

　　按第俄提玛的说法,苏格拉底的根本错误在于,他相信爱欲是被爱者(the beloved)而非爱者(the loving)。但事实是,爱欲不是被爱者,而是爱者。这个论题对我们来讲并不完全陌生。斐德若认为有情人(the lover)次于情伴(the beloved)——有情人虽比情伴有更多神性,却次于情伴。被爱的阿基琉斯比帕特洛克罗斯更受尊崇。第俄提玛说,爱者比被爱者神性更少并次于情伴。在她那里被爱者是什么?[是]美的事物。被爱者是真正的美,但爱者提供了另一种眼界,具有另一种外形。各位还可看到,这里"爱者"(that which is loving)和"被爱者"(that which is loved)两个词都是中性名词(neuters),并非爱欲或诸神。柏拉图在这里用的最后一个词(idea)是理式(idea)一词的词根。在204b7,他曾谈到爱欲的自然本性。爱欲的自然本性与爱欲的理式是一回事。要说明这里的悖谬(paradox),人们可以这样说:对柏拉图而言,爱欲某种意义上就是我们一般所指的自然——就是事物的生成和消亡。我们可以说,爱欲是生成和消亡的核心。我们可以说,爱欲是自然的自然(the nature of nature;或译"自然的本性"),是自然的本质。这至少是柏拉图的论证的一个部分。

　　概括一下 IIIA。若是有人要在这里——在苏格拉底与第俄提玛的论证中——插入阿伽通的论点,他就会得出这样的结论:不仅爱若斯,而且所有受对美的爱所激励的神,都不是神。但各位可以看到这个说法的难点:它被两种不同的人分开。你们能将阿伽通所说的归咎于第俄提玛或苏格拉底吗?苏格拉底和第俄提玛的谈话带不出这样的隐含意味。第俄提玛的结论是:爱若斯不是一个神,而是一个[命相]神灵,他是神与人、不死者与有死者之间的中介者。为阐明这点,她追溯了爱若斯的家谱。爱若斯是丰盈和贫乏的后裔。然而,这意味着,他出自一个神——他父亲——和一个[命相]神灵——即他母亲。不过,如我们所见,爱若斯可从他母亲这方面得到彻底理解。要彻底理解爱若斯,人们不仅不必诉诸他父亲,而且不必诉诸任何神。爱若斯的所有特征都能在他母亲身上找到。当你承认欲望和爱来自匮乏,来自贫乏本身,你难道不需要另一种原则,可以指向完[197]整,指明欲望、匮乏所承载的方向?欲望指向的东西难道不比欲望更高吗?它难道不因此而有神性吗?可以这么说:一定有某种神性事物,某种不死者,某种不变者。这个条件通过柏拉图的理式获得满足,不管这些理式可能意味着什么。被爱者高于爱者,高于爱欲,被爱者很可能就是种种理式。我们将找到某种证据印证这一点。

我们必须牢记另一个难题。贫乏与丰盈被拿来跟智慧与无知进行比较。爱欲尤其居于智慧与无知之间。第俄提玛用两种截然不同的措辞来描述智慧与无知之间的这种状态:一方面,它被称为正确的意见,正确的意见某种意义上就是智慧,因为它是真实的意见。另一方面,它也是无知,因为它不知道自己何以正确。无知与智慧之间的阶段也被称为哲学。乍看起来,哲学与正确的意见似乎是两种完全不同的事物。

十 苏格拉底(中)

[198]"于是我说,'太棒了,异乡人,你说得真漂亮;但如果爱若斯就是那样子的,他对人们又有什么用处?"(204 c7-8)

从这里开始是下一部分(在我的图式中即 IIIB)。第一部分处理爱欲的自然本性,其中说,爱欲不是一个神,而是一个[命相]神灵。这里苏格拉底说到"异乡人",他用这样的表述仅有一次。要理解这些细枝末节,人们必须好好考虑,因为它们说出了一些关于我们自己的事。苏格拉底称第俄提玛为异乡人,对此最简单的解释是,他特别地意识到[第俄提玛是个异乡人]这事实。她回避了他的问题,他对此感到不解。

我们可以说,[苏格拉底与第俄提玛对话的]余下部分的论题是爱欲的效用。但这个次部(section)里还有一个非常重要的分部(subdivision)。区分点在 207a5,当时苏格拉底说,"第俄提玛有好几次讲到爱欲事物,教给了我所有这些。有一次,她问我……"。其他任何地方都没有类似的切口。让我们从 204c7 开始。

"'关于这点嘛,苏格拉底,'她说,'正是我接下来就要教给你的。爱若斯的资质和出身我已经说过了。但如你所说,

> 爱若斯涉及美的东西。要是有人问我们：'喂，苏格拉底和第俄提玛，爱若斯在什么方面涉及美的东西？'这个问题还可表达得更清楚些：'这爱美的东西的人在爱，他爱的是什么？'我于是说，'为了让美的东西成为他的。'"（204d1-7）

苏格拉底对[第俄提玛]有关爱若斯自然本性的叙述很满意。他提出了爱若斯对人类的效用这个问题。只是在这个主部他才采取了主动。在 IIIC 的中间分部这点还要出现。不过，关于爱若斯对人类的效用这个问题已经得到回答了。爱若斯是祭祀、祈祷和所有这类事情的中介者。那为何这个问题要再次提出？表面的原因是：上述答案并非特别着眼于爱若斯，而是着眼于所有[命相]神灵——它是个一般性的答案。现在我们将借助爱若斯来了解这种神与人之间的中介意味着什么。这在下文会很清楚。第俄提玛愿意回答苏格拉底的这个问题，这跟 204a 中关于哲人的问题不同，上次我们看到，她回避了那个问题，因为她当时还不知道[199]苏格拉底是不是成熟到足以理解它。假设爱若斯有这样的自然本性，并不能必然推出爱若斯就是对美的事物的爱。因为，倘若他母亲贫乏是纯粹的无知——有时看来如此，那爱若斯可能会成为对整全的欲望，也就是说，像阿里斯托芬暗示的那样，成为对灭绝理智（extinction of intelligence）的欲望。因此这是个新情况。它不能完全从爱若斯起初那种看起来的出身推导出来。

第俄提玛愿意将论证建基于苏格拉底的断言——爱欲即对美的事物的爱——之上。她以辩证的方式——即接受对方的前提——在论证（argue）一词的亚里士多德意义上进行论证。在此，各位还可以看到频繁出现于柏拉图对话中的某种现象，即对话中的对话。第俄提玛说，"要是有人问我们"。对话中的对话是讲者谋划的。这意味着什么？意味着正在对话的两个人（在这里是第俄提玛和苏格拉底）被作为一个统一体（a unity）来看待。这个被引出的统一体有时是虚假的统一体,它有礼,无戒备(disarming),带有反讽色彩。我们受到了某个外人的攻击或质疑。还有一点:讲述爱者的爱比讲述以大写 L 开头的爱(love with a capital L)更清楚。以大写 L 开头的爱不爱(does not love)。无论我们在哪里发现爱,总能发现一个爱着的存在者(a loving being)——某种不单单在爱,还有别的什么的东西,比如说,一个三十五岁的女子,一个七十岁的男子,无论这可能是什么。但以大写 L 开头的爱被绝对化了,它不爱。

　　这听来很奇怪吧? 常识对此并无异议,但另外的东西也许会有。各位对柏拉图的理式学说有所耳闻吧? 根据亚里士多德的说法,真正的狗是在这里转圈的狗:杂毛,五岁,雄性,右眼上有疤。对柏拉图来说,这不是真正的狗。真正的狗不转圈。真正的狗是狗性(dogness),狗性是所有狗的共性,所有狗都分有它。为什么柏拉图会想出这种表面看来异想天开的学说,这是个极其困难的问题。这里我们看到,一种柏拉图式特征作出了这种常识性的评断:爱存在于所有的爱和所有的爱者之中。若是不解开一个极为重大的问题,这一点如何能得到阐明呢? 我曾看到过某个作者的一种解释,这种解释认为,柏拉图的教导是,所有以非专名(proper name)的术语来指称的事物都有理式。不存在关于苏格拉底的理式。但无论何时,只要你能找到一个名词或一个形容词,那就肯定存在与之相应的理式。我最喜欢举的例子是“服装工会第三次长”(the third undersecretary of the Garment Workers U-nion)。即便当下只存在一个这样的人,但它的人数可以无限,因此就有关于它的理式。某种程度上这听来像个绝对荒谬的学说。这样一个副本有何用处? 其中的原则可以表述如下:如果在任何意义上存在着理式,那必定会存在某些不是理式的东西,[200]首先会存在某种把两个领域连接起来的东西。从理式与非理式的区别中恰恰可以推出:不存在关于连接纽带的理式。我们已经看到,爱欲把不变者、不死者跟有死者联结起来;因此用最简单的话来说,不可能存在爱的理式,爱本质上存在于理式与非理式之间。

> "'但是,'她说,'你的回答引出了进一步的问题:得到了美的东西的那个人将拥有什么?'我说,这问题我一时还答不上来。'那么,'她说,'要是别人把问法换一下,不是问"美",而是问"善":说说看,苏格拉底,爱善的那个人在爱着,他爱的是什么?''为了[让善]变成自己的',我说。'得到了善的东西的那个人将拥有什么?''这问题倒容易回答,'我说,'他会幸福。'"(204d8-e7)

论题从美换到善,于是答案变得容易。这暗示了一个关键的问题:善并不等同于美。

> "'理由是,'她说,'由于有了善的东西,幸福的人就是幸福的,所以,也就不需要进一步问'意愿幸福的人意愿的是什么',毋宁说,问题似乎是到此为止了。''的确如此',我说。"(205a1-4)

她说"似乎是"。幸福似乎是一个不需要任何进一步质疑的答案。它似乎是人的目的。这里我们看到了何为正确意见的一个范例。它是正确的意见;它不是知识,因为"它似乎"。它不是知识,因为它没讲清楚幸福何所在的问题;人们预感(divine)自己在追求幸福,他们对幸福是什么也有一般的理解,我们可以大略地说:幸福是种心满意足的状态,你别无所求,与此同时,它也是种令人羡慕的状态。因为,比如说,一个白痴很可能也完全满足于现状,但我们不会再说他幸福。这点所有人都预感得到。

"'依你看,是不是所有人都有这种意愿或爱欲? 是不是
所有人都意愿自己一直拥有善的东西? 你怎样看?''是这
样,'我说,'所有人都有这意愿。''可是,苏格拉底,'她说,
'倘若所有人都热爱这同一样东西,我们为何不说所有人都
在爱,而说有的人在爱,有的人不在爱?''我也觉得奇怪',我
说。"(205a5-b3)

这样,我们至少看到一种可能的解释的端倪。所有人都总在
欲望幸福。这就是爱欲。正如我们在后面将看到的,爱欲不是
[201]对美的欲望。爱欲是对幸福的欲望。但这就把我们带入了
一个难题,因为我们并不把每个人都称为爱者。每个人都是一个
幸福的爱者,但只有某一种人我们称之为爱者。有些人在幸福中
也许只看到良好的健康状态,别的什么都看不到。这个难题在对
话进程中将会解决。苏格拉底说"我也觉得奇怪"。第俄提玛说,
"不要奇怪"。换言之,[第俄提玛的意思是,]苏格拉底,你如果认
为我第俄提玛感到奇怪的话,那你就错了。我不奇怪,我知道[答
案在哪里]。开始理解吧,开始认识吧。

"'不必奇怪',她说。'我们仅仅拈出某一种(eidos)爱
欲,并且赋予它整体的名义,称它为爱欲,但对所有其他的不
同部分,我们使用不同的名称,对此你感到惊奇吗?'"
(205b4-6)

严格说来,对幸福的所有欲望的任何形式都可称为爱;但我
们却武断地只把某一种对幸福的寻求称为爱。我来问问各位,那
是哪一种呢? 性爱。

"'比如说?'我问。'比如说有这样一个例子。你知道,

制作（poiesis）其实五花八门；因为，你知道，不管什么东西，只要是从［本来］没有到有，其动因整个来说就是一种制作。所以，正如凡依赖技艺的成品都是制作一样，所有这方面的工匠大师也都是制作者——诗人（poietai）。'‘完全不错。'我说。‘可是，你知道，他们并没有被称为诗人，而是有不同的名称；在所有制作中，［我们］拈出一种跟音乐和节律有关的制作，赋予它整体的名义。只有这种［制作］才得到诗（poiesis）的名称，精通这部分制作行当的人才称为诗人。'"（205a7‑c9）

用来说明爱欲的例证竟是诗，这不无趣味。柏拉图从不随意选择例证。某个［特定］例证总是比随便一个例证更意味深长。他在这里指明了爱欲与诗之间的亲缘关系。我们知道，某种意义上这也是整部对话的问题。爱欲是［整部对话的］主题，但爱欲要得到赞颂，得到增色，这本身是种诗艺活动。不仅如此，这场对话是一位哲人与诗人们之间的竞赛。如果爱欲是对美的爱，那诗或许将是爱欲的最高形式。让我们看一下诗在苏格拉底讲辞中将有怎样的命运。这里用来说明爱欲的例证是诗（poetry），poesis［诗］，制作，生产（producing）。各位还记得，阿伽通在解说爱欲的智慧时，采用的一种例证形式是制作——各种生灵的生产。从这里我们得到一条线索：爱欲某种程度上不是制作或生产。我们还注意到，存在着用处被抽取掉的各种爱欲形式，并且我们知道，苏格拉底将抽取掉［202］爱欲的某些方面，抽取掉爱欲的阴暗面。或许这是由常识准备好的，而常识也会把对幸福的某些追求形式称为爱欲。

"‘爱欲的情形也是如此。对好东西和幸福的全部欲望，一般而言，就是"每个人身上最强烈、最诡计多端的爱欲"。

但倘若人们把爱欲用在其他这样那样的事情上，无论是热衷赚钱、迷健身还是搞哲学，都不能说他们在爱，这些人也不能称为爱者。只有投入单独某一种(a certain single species)爱欲并对之充满热情的人，才得到这整个儿名称：'爱欲'，[这样的人被说成]"在爱"(to love)，[他们被称为]"爱者"。' '你讲得也许有些道理,'我说。"(205d1-9)①

在财富中，或在力量(strength)和健康中，又或在智慧中寻求自己幸福的人都不被认为是爱者；但他们其实是爱者，因为他们寻求他们自身的幸福。这里居中间位置的例证是力量或曰健康。在此我们对某个要点已有一个明确的概念：在健康中找到自己幸福的人们，他们也是爱者，但这是一种低贱的爱(a base love)。于是我们知道，存在爱的低贱形式，由此，泡赛尼阿斯和厄里克希马库斯在高贵的爱与低贱的爱之间作出的区分并非全无根据。

苏格拉底的回应是"你讲得也许有些道理"。这是字面翻译。但看看前一个回答；当时苏格拉底说"完全不错"。为何会有这种奇怪的变化？在回答这问题之前，可能需要对《会饮》(或许还有其他讲述式对话)进行漫长细致的统计分析。只有一点是明确的：《会饮》由阿里斯托得莫斯向阿波罗多洛斯讲述，再由阿波罗多洛斯向他的友伴讲述。这个讲述中包含了苏格拉底对他与第俄提玛的谈话的讲述。看看整个情形有多复杂：苏格拉底在会饮期间向阿里斯托得莫斯和其他人讲述；阿里斯托得莫斯向阿波罗多洛斯讲述，阿波罗多洛斯又向自己的友伴讲述。随着苏格拉底

---

① ［译注］本段文字前省略了苏格拉底的一句话，"完全不错，我说"。参《柏拉图的〈会饮〉》，前揭，页81。方括号中的文字据伯纳德特译本(*Plato's Symposioum*, trans. by Seth Benardete, with Commentary by Allan Bloom and Seth Benardete, Chicago, London: University of Chicago Press, 2001, 页36)补充。

开始讲述自己与第俄提玛间的谈话,所有关于这个讲述本身是由人——即由阿里斯托得莫斯或阿波罗多洛斯——讲述的提示都被略去了。这并未解决我刚才提到的难题,但它是个需要注意的条件。在读这段话时,你的印象是这段话就是苏格拉底本人讲述的,没有再经过进一步的讲[转]述。但它的确经过了其他人的转述。为说明这个难题,我们还可给出另一个例证。比如说,在202c5,"我说,'可以给我解释一下吗?'"。这些赘词本需要进行解释,但我现在无法解释。在许多需进一步讨论的问题中,这只是其中一个。

[203]听众:有一点让我印象深刻:苏格拉底这里提到的三个关于爱的例证跟他在《斐德若》第一篇讲辞中所举的例子相呼应。这三个例子似乎构成了一个全面的组合。

施特劳斯:毫无疑问,确实如此。你的意思是,人们可以通过这三个例子的秩序依次上升这一事实,解决涉及爱健康的难题。尽管如此,我还是相信,柏拉图跟所有其他这类作者一样,显得会通过这个简单的理由来解释这一难题。但问题是,柏拉图有没有更多的意思。后面我们会看到这当中意味深长。爱将证明自己是对善的不朽占有。于是身体不朽的问题就出现了。这种可能性必须加以考虑。你不可能天生就拥有身体的不朽。这说明,你能有的那种爱欲只能属于由你产生的某个人的身体。

> "'当然,还有这样一种说法(logos),'她说,'凡欲求自己另一半的就是在爱……'"(205d10-e1)

各位看到,有趣的是,这个说法声称它比阿里斯托芬的讲辞早几十年。但我们知道得更多。

> "'……不过依我的说法(logos),爱所欲求的既非什么一

半,也非什么整体,除非,我的友伴,这一半或整体确确实实是好的(good)。因为,即便是自己的手足,人们要是觉得自己[身上]的[这些部分]不好,也宁愿砍掉。因为,每个人都会不吝惜自己的[不好],除非某人把好东西(the good)当自己的且属于自己的,把坏的无论什么当不是自己的,因为,除了好东西(the good)以外,人们什么别的都不爱。你不觉得是这样吗?'"(205e1-206a1)

所有爱欲都是对善(the good)的爱,所有对善(无论善得到怎样的理解)的欲望都是爱欲。这才是点睛之笔。因此,爱欲并非特定的、对自己另一半或整体的爱,因为没有什么理由假定另一半或整体本身是好的。第俄提玛断然反驳了阿里斯托芬。这里有个玩笑。她一开始说,爱欲的名称被归于一部分爱欲——且容我们说[这部分就是]一半的爱欲。现在她从一个错误——将爱限定为一半的爱(half of love),转向另一个错误——将爱限定为对一半的爱(love of half)。看上去这似乎只是个玩笑,但其实不只如此。爱由两部分——两个一半——组成:爱的一半是对善的爱,爱的另一半是对[自己的]另一半的爱。按阿里斯托芬的理解,[后一种爱]就是对属己之物的爱。第俄提玛否定了后者的存在。但更准确的说法是,她将之抽取掉了。她以显白的方式否定了它的存在。但否定的基础是什么?她说,人们并不关心属己之物。看看那些把腿[204]截去、把牙齿拔掉等等的人就知道了;如果属于自己的东西是坏的,他们就会把它们去掉。再往深里想想,他们为何这样做?因为他们爱活着(to live),因为他们爱自己的生命,自己的 psyche[灵魂]——psyche 这个词不仅指灵魂,也指生命。倘若各位以为这种思想在柏拉图那里不可能出现,我建议各位读一下《法义》873c。人们爱自己,他们爱种种好东西(the good things)也是为了自己。他们想占有那些好东西,想使之成为自己的。在我们刚读过的这段文字中,第俄提玛说:"除非,我的友伴,它[＝这一半或整体]确确实实是好的。"我不知道在希腊古典文献里,是不是还有女人称男人为友伴的另一个例子。我认为在这里,有可能苏格拉底拿下了面具在对阿里斯托芬讲话。

> "'向宙斯发誓,我也觉得是这样。'我答道。'那么,'她说,'我们可否干脆说,人爱善的东西?''可以这么说,'我回答。"(206a3-5)

下文我们将看到,情形并非如此简单。年轻的苏格拉底单纯地相信,人们爱善。接着是一点补充。

> "'那接下来这点怎样呢?'她说,'是不是还得补充一句:人们爱的是让善成为他们自己的?''是得补充这么一句。'"(206a6-8)

各位可以看到"他们自己的"(theirs)——我想要善是为我自己。我想让它成为我的东西。各位可以发现事情变得更微妙了。苏格拉底偏离了这个自己(this self)。

> "'还有,'她说,'不仅是要自己拥有善,还要自己总是拥有?''这句也得加上。'"(206a9-10)

[第俄提玛]作了两次补充,[提出]三个要点:所有人都爱善,所有人爱善是为了自己,他们爱永远拥有善。中间一点不得不处理的是人对善的占有——使之变成自己的。接着是她的总结。

> "'总起来讲,'她说,'爱欲就是欲求自己永远拥有善?'

'讲得太对了',我说。"(206a11-13)

现在我们知道:爱欲就是对永远拥有善的爱。这是对爱欲的严格精确的定义。更准确地说:爱欲是人自己(onself)对善的永久拥有。这其中有三个条目,我们一定要看看它们后来怎样了。

> "'既然爱欲总是如此,'她说,'那么,那些追求爱欲的人,他们的热情和热烈是以怎样的方式、在怎样的行动中被称为爱欲的? 这种行为究竟是什么,你可以对我说说吗?'"(206b1-4)

[205]换言之,第俄提玛说,你还是没回答我的问题。无论一个人对善如何理解,所有爱欲都是对永久拥有善的欲望;但实际上,对所有欲望永久拥有金钱或健康的人,我们并不称他们为爱者。我们的老问题还没有得到回答。接下来她会怎么说?

> "'哦,要是我说得出来,第俄提玛,'我说,'我就不会那么崇拜你的智慧,就不会一再上门向你讨教这类事情了。''既然这样,那我就告诉你吧,'她说:'这(行为)就是在美中生产(birth),既凭身体,也凭灵魂。''你说的是什么意思,'我说,'得请占卜家来解释,我搞不懂。''好吧,我就给你讲得再清楚些,'她说,'苏格拉底,所有人都既有身体方面的孕育能力,也有灵魂方面的孕育能力。并且,一旦到了一定年龄,人们的自然本性便产生要生育的欲望。'"(206b5-c4)

某种意义上所有人都是女人,都有孕育能力。然后还有一个非人类的生产者(a nonhuman begetter)。这是一个女人所说的。她在后面将纠正自己,但这是她开始的方式。所有人都有孕育能力的论题下文还会出现,各位从另一篇柏拉图对话中或许听说过,苏格拉底是个接生者(midwife),这暗示男人某种程度上也能孕育。这整个论题在这里得到暗示。接下来我们看到答案了。

> "'但人们不会在丑陋中生育,只能在美中生育。因为一个男人和一个女人的交合(在一起[being together])就是生育。这件事,即孕育和生育,是神性的,是会死的动物的不死的[方面]。可是,在不合者中(in the disharmonious),这事不可能发生;丑的东西不会与所有神性者相投合,只有美的东西才与神性者投合。对生育来说,美(Kallone[卡洛娜])就是命运女神(Moira[莫依拉])和助产女神(Eilythuia[埃莱悌依阿])。正因为如此,凡有孕育能力者一旦接近美就会心旌摇荡,在心旌摇荡中不能自已(dissolves)(缠绵起来[becomes relaxed]),然后孕育、生子女;可一旦遇到丑的它就会黯然回避、独然戚戚,然后转身离去,宁可自己枯萎,也不肯生育子女,痛楚地抑制生育的愿望。正出于这个缘由,凡有孕育能力且已经胸中膨胀的人,会为美而兴奋不已,变得抵挡不住,因为,只有美才会解除生育的巨大阵痛。'"(206c4-e1)

问题在于:爱就是欲望自己永远拥有善,不管这善得到怎样的理解。不过,实际上人们理解的爱——爱欲——是性爱,尤其是男人与女人的性爱。我们该如何理解这一点?生育只有在美中才能实现,因为爱欲是对永远拥有善的每一个欲望。但只有性欲[206]被称为爱欲。为什么?男人与女人通过美,尤其通过美的青春相互吸引。人们认为爱欲就是对美的爱,但两性间的吸引导致性的结合。换言之,爱只在一个过渡阶段到来。它似乎在性的结合中臻于顶峰。不过,性结合本身不是目的。目的在于生育。后者——即生育——也只有后者,才是神事(the divine thing），才是会死者内的不死者。我们不需要外在的、神性的生产者(begetter)。会死者与会死者的结合不需要一个外在的中介者，不需要一个[命相]神灵。不死者与丑不谐和。美是不死者在会死者身上的一个反射，或者说，美只是对善的永远拥有的一种手段，一个圈套，一种条件。永远拥有善的目的是生育下一代。

　　"'因为爱欲，苏格拉底，'她说，'并非像你以为的那样欲求美。'"(206e1-2)

　　据说讲这话的是第俄提玛，如果我们暂时忘掉这一点，[就会意识到]这里出现了[苏格拉底]与阿伽通的决裂。在这个次部，苏格拉底否定了两种爱欲概念：爱欲即爱属己之物——阿里斯托芬的主张；爱欲即对美的爱——阿伽通的主张。爱欲不是对美的爱；美只是一个过渡阶段，你可以说，它只是自然的一个花招(ruse)。

　　"'那欲求什么？''欲求在美中孕育和生产。''就算如此罢'，我说。"(206e4-6)

　　"就算如此罢"，这句话在这个语境中是带有勉强色彩的认可。苏格拉底有些失望。

　　"'肯定如此'，她说。'那它为何欲求生育？因为，对会死者来说，生育就是永续生成(always-becoming)和不死(deathless)。按我们已经同意的说法，既然爱欲欲求的是永远拥有善的东西，那么可以肯定地讲，爱欲欲求的是不死加上善。以这种道理(logos)为基础，结论必定是：爱欲也欲求不死。'"(206e7-207a4)

　　这里就是我称为 IIIB 的这个次部的结尾。在苏格拉底与第俄提玛的谈话中，这个次部处于中间位置，我们看到了为何它应该放在中间。此前我们已看到两种不同的关于爱的解释——爱属己之物的爱，爱美的爱——两者都遭到否定。前面提出的问题现在有了答案。再重复一遍：爱是对永远拥有善的爱。但在我们日常所知的仅有的[207]爱的形式中，只有一种形式与之相符，那就是性爱，异性间的爱。一切都很好。爱欲是对拥有永远属于自己的善的欲望，这是前提。

　　但这里仍有个小小的困难，各位从我们刚读过的段落里可以看到这困难。什么是性欲？性欲是对不死——永恒——加上善的欲望。各位有没有看出点什么？欲望也追求不死吗？对财富的欲望不可能合理地不包括不死。让我这样来表示，便于你们理解：永恒的——我说的是我自己的——善。性方面的局限表现在哪里？按迄今为止的分析，我们在这里看到了什么？不死加上善（immotality together with good）——有什么遗漏的关键点？为了把我自己带进来，需要有下文全部的发展。在我们把材料汇集起来之前（按社会科学家们的说法，材料尚未汇集），为何这些奇怪的举动（goings-on）我们都无法解答？

　　爱欲是对属己之物的欲望这一点被放弃了。爱欲指向不死加上（plus）善。这解释了爱欲的用处。如果你把它用到比如健康或财富上，那么，对财富或健康的欲望跟对这些好处（these goods）的不死的欲望不相容，因为[健康或财富]这些好处就其本性而言没能力不死。只有种（species）的不死才有自然的可能性。出于这个理由，爱欲才是对生育的欲望。但仍有很多问题。美从哪里来？各位看到，苏格拉底对阿伽通做了一个巨大让步。他说："你某种意义上是对的；爱欲是对美的爱，但你把过渡阶段当成了目的。"这难道不是苏格拉底的一个假让步吗？让我们回到常识。我听说过这样的情形：父母双方都很丑，但也生了孩子。对这个异议，各位会如何回应?有人可能会说,爱让两人变美了。我甚至见过这样的情形:有个甚至并不特别有才智的人,但他热爱精神事物,这使他不需要任何费力卖弄就显得比实际上更有才智。请允许我增加某种常识性的限定条件:两个人相爱时,他们变美了——至少在一个点上,至少在彼此眼中变美了。因此,美必定会通过另一种方式到来。

听众:按照原文,对生育的欲望创造了美。您难道不是讲倒了?

施特劳斯:为了理解过渡环节,理解条件,你难道不是必须从目的开始吗?

听众:在这里的情形中,目的似乎创造了前提本身。

施特劳斯:它阐明了它(It explains it[译按]或酌译为:目的阐明了前提本身)。如果你看到一个木匠作出的运动,那么——用你的强有力的表达——这个运动是由目的[208]创造的,[这里的]目的是制作椅子,你必须从目的开始。你有理由感到不满,尽管这不满并不基于前述理据,我会试着用下面的考量来处理[你的不满]:按这个分析,爱欲暗含着对死亡的超越,对死亡的否定。这意味着接受属于自己的死亡。这就是美——kalon[美/高贵]。各位一定不要忘记,kalon 这词还有高贵或公平(fair)的含义,并且既可指身体方面,也可指非身体方面。一切让人高贵的东西都与人对贫乏自我的超越有关。最可见最令人印象深刻的自我牺牲形式是接受死亡,是愿意赴死。这种严格意义上的性结合中,作为有情人的有情人(the lovers as lovers)在毫无所知的情况下接受死亡。《雅歌》(the Song of Songs)中有这样的话:"爱如死之坚强(love is strong like death)。"①这是爱的本质,否则它不是爱。对此我的解释是:爱欲暗含了对死亡的否定,由此它要以死亡为前提。

---

① [译按]此句出于《雅歌》8 章 6 节(和合本译文);冯象译本作:"爱与死一样猛烈"(冯象译注,《智慧书》,香港:牛津大学出版社,2008,页484)。

若是不考虑到死亡,你就无法理解爱欲。正如在阿里斯托芬那里,当爱欲是对 nomos[礼法]的造反时,爱欲以 nomos 为前提。在阿里斯托芬那里,对属己之物的欲望受习俗(convention)阻挠,但也因习俗成为可能。我现在以我的解释为前提。如果分裂(scission)便是 nomos 的建立,如果爱欲只在此后才出现,那么对属己之物的欲望就既受习俗阻挠……

[更换磁带]

在苏格拉底那里,爱欲指向一个开放的未来,这样一个未来在自然中是可能的,也就是说,爱欲指向人类的种(human species)的存续。这是有意义的。阿里斯托芬所说的没意义。他知道自己的话没意义,他是个谐剧诗人,但正如这里所提示的,尽管他才智非凡,还是犯了个大错。苏格拉底或第俄提玛的解决方案的确是明智的解决方案。这方案只有一个缺陷:这种不死没有满足由上述个体本人对善的永远拥有的欲望。让我们假设你很幸运,能有自己的孩子延续你的生命,但你不可能知道两三代之后的事。对你的血统会不会自己永远延续下去而言,这只是一场赌博。最后我想指出,在这里的整个讨论中,丝毫没有男童恋的迹象。爱是以生育为目的的异性爱。某种意义上,这跟我们的道德本性很切合。但我必须马上加一句:这里也没有排除乱伦。这也没什么好奇怪的。因为,正如我们在有关爱欲家谱的陈述中看到,爱欲与节制和正义无关。反对乱伦的规则要么属于正义名下,要么属于节制名下。如果各位对爱欲与节制的[209]关联有任何疑虑,建议你看一下亚里士多德《政治学》1263b9-11。但爱欲与正义的关联因为家庭的缘故显得很清楚,城邦的立住或崩塌取决于是否禁止乱伦之事。

我现在来概括一下[苏格拉底]和第俄提玛对话的中间部分。首先,这部分明确反对阿里斯托芬和阿伽通的主张。爱既不是爱属己之物,也不是爱美。爱欲是人对永远拥有善的欲望,但第俄提玛抽取掉(abstract from)自己的拥有[这一点]。这意味着她抽取掉对自己(oneself)的提及,抽取掉对属己之物的提及。爱欲是对种的永恒性(sempiternity of species)的欲望,因此个体的不死和个体的善便遭到忘却。与前一次部相比,这个次部有个更引人瞩目的特点,即它对诸神只字未提。比如说,在关于诗——poesis[诗]——的次部,只提到人类的制作,没提作为制作者的诸神。提到的是有神性者(the divine),中性者(the neuter),但没提诸神。我相信这两个特点之间有一种联系。对拒斥前述两种爱的概念以及只字不提诸神[这两个特点],我可以试着加以阐明,尽管要证实这一点,我们必须等下文。诸神本质上与爱欲有关。我们现在说的是奥林珀斯诸神,不是柏拉图在别处说到的宇宙诸神。诸神是由爱欲创造的,这只是下面说法的另一版本:诸神是由诗人创造的,或者说,诗人在爱欲指引下创造了诸神。如何创造?如果把爱欲看作对美的爱,那么,诸神由爱欲创造的主张就最容易得到理解,何以对美的爱能创造奥林珀斯诸神——永恒的美、不死的青春,恒久的力量,自己身体的美,这些人所爱的东西人永远无法企及。但对属己之物的爱如何创造诸神?对属己之物的爱导向城邦[的产生]。它首先导向家庭[的产生],而没有城邦家庭就不可能存在。不消说,政治社会总是个封闭社会。我说的封闭社会是指,这样的社会无法把人类(the human race)都包括进去。严格说,普世社会将是所有人(all human beings)的共同体。城邦绝不是这样的共同体。城邦总是属于某些人自己,哪怕这些人的数量有一亿七千万。人类天生是永恒的,至少这里是这样说的;城邦并非天生永恒,它不可能永恒,只能期望永恒,所以它需要诸神。这些神作为城邦守护者首先是正义(right)的守护者。他们都是复仇神(avenging gods)。直接出现于神话传说中的美神(beautiful gods)与复仇神的结合,其共同的根源都是爱欲,不过在两者中以不同的方式得到呈现——一方面是爱属己之物,另一方面是爱美。通过对爱属己之物和爱美的暂时否定，[210]这些神的基础便遭到摧毁，接下来问题就变成：下一步该怎么办。因为，对美的爱和对属己之物的爱将不得不得到复原。它们存在着，并且它们是最重要的爱的显现形式。但问题是，在这种复原中诸神的命运将是什么。

听众：为什么说它们是美的守护者而非善的守护者？

施特劳斯：这会儿与美不同的善是什么？你这会儿谈论善时，你头脑中诸神的品性是什么？

听众：完美。

施特劳斯：哪方面的完美？

听众：他们的不死、幸福、美。

施特劳斯：我想，除了美以外，他们一眼看去最突出的特点是对正义的关注。比如，宙斯是个王。这意味着什么？正如在荷马笔下，他是个关注正义的高高在上的王。当然荷马的确质疑这一点；但不要忘了特洛伊战争底下是天大的不义——海伦和帕里斯。如果你想说诸神的智慧，那问题就在于：奥林珀斯诸神是否当真有智慧。如果你把诸神的概念当成最完美的存在者，问题就来了：可以有多个这样的完美存在者吗？因此柏拉图那里就出现了许多一神论式评议。但是，倘若我们暂且撇开这个难题，那诸神的特征是什么？只有一个女神——雅典娜——因智慧而出挑，宙斯的出挑更多是因他王者的狡诈：这事实足以说明智慧不是诸神的特征。但在每种情况下都引人瞩目的是他们不朽的美，而即便这点也因瘸腿的赫斐斯托斯打了折扣。这说明这里面还有另外一些要素。这两种异质的元素——一种是十足的美，它本身与对正义的守护无关，另一种是对复仇的关注，对正义的关注，它能揭示诸神的一个方面，即他们的美至少没那么显著——我相信这就是柏拉图的意思。

听众：把爱欲理解为对善的永远拥有并没有穷尽爱欲，因为，这种主张仍未解决个体的问题。难道生育可以归入善的名义下么？

施特劳斯：这一点完全正确。这正是善在此处的含义。我们被告知，要在人类的生育现象中找到我们的问题的答案。我们在永远的生育这个事实中看到了不死的元素。我们在哪里发现善的事实？它肯定是暗含在生育中了。[善]只是存在（mere being）。有可能的确如此，但我必须告诉你，这个[211]问题将在第俄提玛下一部分讲辞中再次提出。这部分虽然也讨论同一个现象——生育，但善被抛开了。生育能带来永恒。善出局了，因为"只是存在"这个词在狭义上说绝不善。让我们等待后文对这个问题的进一步讨论。

听众：生育不仅意味着一种存在者或血统的延续，你还可以说，善通过维持一套社会价值——即一个人认为是善的一套价值系统——进入[生育中]。

施特劳斯：容我对你使用的"价值"一词提出商榷，这个词无法译成柏拉图的用语，而且，这是一个有误导性的词汇。你指的是善、高贵的和正义的事物。没有一个人回答过一种价值是什么这个问题。一只苹果是一种价值吗，如果我对它有欲望的话？价值实际上没有清晰的含义，究竟它是被欲望的一只苹果，还是我何以对它有欲望的原则——比如说，因为它是使人健康的，或令人快乐的？我想这个词实在不好。当然，我们可以说一把雨伞有价值，这样使用这个词是完全正当的。但若回到你的问题上来，撇开问题的所谓语义方面，那我会这样说：你所强调的考量（consideration）绝对有道理，因此，这个考量在下一部分，即在第俄提玛讲辞最后一部分的中间处也被考虑到了。我将指出[这个考量]以何种方式[得到考虑]：柏拉图始终坚持，要想理解任何一种人类现象，你必须看看这一现象的最高的以及最完整的显现形式。这与当今的社会科学潮流正相反，今天的社会科学大多只看某个现象最贫弱的显现形式——它只看[该现象]最狭隘的显现形式,这些形式为了问卷情境(questionnaire situations)以及诸如此类的东西很容易就能复制。对你的问题,柏拉图会说,让我们看看那个[最高的、最完整的显现形式]吧。他用一种多少有点隐喻色彩,但至少跟价值术语一样可理解的语言,把这个称为生产(the begetting),称为人的灵魂的生育。换言之,单纯的生育并不产生各种社会价值,你很容易看到这一点;当这样一个婴儿被送入一个截然不同的社会时,他不会受他在其中被生育的那个社会的价值的影响。这样,问题就变成各种概念的生产——人灵魂中那些高贵和正义的概念的生产。柏拉图说,好极了,如果你想研究这种[现象],就让我们在最高层面上看看它吧。在最高层面上,它的产生不是来自父母本身。父母本身未必是最好的,尽管他们也可能是。在最高层面上,它的产生都由最高形式的教育者完成。说到教育者,你一定不要设想为哥伦比亚教师学院(Columbia Teachers College)。柏拉图心里想的是最伟大的诗人。换言之,他心里想的是最高形式的生产者,若以英美国家为例,那就是——莎士比亚。父母之间可能会有完美的协调[212]一致(concord),尽管这种情形很罕见,但对协调一致的起码需要就表明了困难。在这个首要的教育者,一个第一流诗人那里,协调一致的问题没有出现。因此这个问题绝没有被忘记。你可以说,我们在中间部分看到的是整篇讲辞中最沉闷的部分。对属己之物的爱遭到否定,对美的爱遭到否定,还剩下什么?只有对生育的关注。对此我们不应小瞧,但这样解释爱欲肯定不够,即便解释异性间的爱欲都不够。

[回答一个问题:]我想人们应该考虑这个问题,但尽管如此,我得说,鉴于对人的自我保存的每一种克服都是 kalon[美/高贵],美的确已经进入了。

听众:这么说,美是出于欲望而产生的某种东西喽?

施特劳斯:从柏拉图的观点看,同样如此。从任何目的论观点看,你说的动因其实是一种手段。我相信这是你的困难之处。

听众:我认为就实践而言,在活动(activity)得以开始之前必定存在的事物与因活动而产生的事物之间具有本质的区别。

施特劳斯:举个例子,有木头之前必定有树。但——若是我以悖论方式来表达——树本身不是木头。树本身不是椅子的质料。柏拉图否认的是,对美的爱具有树所具有的这种绝对的自生自立和自足(self-sufficiency)。对美的爱本质上以生育为目的。当两人彼此相爱、当他们碰巧都很美因而彼此吸引时,对美的爱看来是自足的,他们很可能相信(尤其在他们非常年轻时),事实就是如此。如果两个不同性别的人相互被对方的美吸引,在欲念上(erotically)他们就相互渴望;这跟比如说欲望拥有一幅美的画作有本质差别。

听众:按柏拉图在这个部分的说法,即便在存在生育可能性的地方,这种可能也会因缺乏美而被否定,不是这样么?

施特劳斯:这难道不是一个最极致的经验性错误么?这里的文本稍许有点微妙。柏拉图描述的是某种在生理学(physiology)教材上得到描述的现象。我想人们不必费多大力气就能辨识出这一点。当然有像厌恶(repulsion)这样的东西。有些情况下一个女人会厌恶一个男人,这样他就没法生育了,另外的情况下,吸引力和美让生育的欲望变成现实——尽管在意识里它只是[213]对性结合的欲望,但既然性结合在自然本性上以生育为目的,所以它包含生育的因素。

听众:这段文字以所有男人都有孕育能力这样一个概念开始,接着转向生育的概念,但用到了前面对诗的使用——艺术家产生一件艺术作品。这也是一种生产和制造吗?

施特劳斯:苏格拉底和第俄提玛对诗人有某种恶意,下面就会表现出来。我们把后面将发生的事概括一下:A 部分将恢复对属己之物的爱;B部分还是对属己之物的爱,其中美作为不可或缺的手段参与进来。在这里苏格拉底谈到诗人,他也再次谈到与身体生产平行的精神(mental)生产,在这里,整件事的目的不是美而是不朽(immotality),尽管这整件事的确经历了美。荷马生出美的孩子们,《伊利亚特》和《奥德赛》,为的是让自己变得不朽。对美的事物的生产不是目的,你可以说这是卑鄙的指控,但实情就是如此。在第三部分即最后一部分,苏格拉底谈到人们说的哲学,对美的爱凯旋得胜。下述事实勾勒了苏格拉底整篇讲辞的特点:它始于反驳"爱就是对美的爱"这个断言,又出人意料地结束于重新断言爱就是对美的爱。出现这种巨大的自相矛盾,当然不是因为柏拉图有一个不严谨的头脑,而是因为他想做些什么。他故意抽取掉两种形式的爱——爱属己之物和爱美——为了看看从中会产生什么,这是个非常普通的科学过程,然后,他又恢复了这两种形式的爱。这样做还有如下的含义,即作为谈论主题(the subject)的爱欲要经受(is subjected to)净化(purification),经受catharsis[净化]。但我们在道德意义上说的净化,在智识上是一种分析,即把爱欲分成若干主要部分然后看它们的差别。

听众:在这个次部,在爱美或爱善与爱属己之物之间,有时候似乎有种虚假的分裂。或许还有第三种爱,即被亚里士多德称为友谊的东西。我想这点必须加以考虑。

施特劳斯:当然。但问题是,亚里士多德理解为友谊的东西,首先并非人们意指的爱欲。亚里士多德也提到过一个显著的事实,即当人们成为真正的朋友时,他们乐意在一起(be together)。不要小看这点。这不只是指朋友之间写写信,而是指他们本身——即他们的身体——在一起。这跟任何不得体(indecencies)无关,但绝非无关紧要的是,友谊的最高实现要求所谓的人身在场(personal presence)。但[214]实际上,友谊跟这里用强调语气所说的爱欲不是一回事。人们能轻易地像谈论激情洋溢的爱欲那样谈论激情洋溢的友谊吗？我相信友谊比爱欲更冷静。

听众：假定你把友谊放在爱欲的领域，并谈论比如跟夫妻有关的事情，那么，在把它降格为一种服务于种族保存的爱欲时，这种事实会受到某种篡改。

施特劳斯：很清楚，这么说完全正确。这个问题前面已提到过，它不仅涉及生育，还涉及后代的教育。

听众：在我看来，这种能被正当地抽取掉的关系里有一个紧要的部分。

施特劳斯：这个问题很大，跟所有这类问题一样，这个问题也已被那些非常伟大的思想家们处理过了。在婚姻里，两个异性过着一种高贵的生活，他们不可能以任何其他方式过这样的生活，不过，这里没提到后代。远离柏拉图和亚里士多德的康德特别关心普遍有效的种种准则（formulations），他试图以他声名卓著的婚姻定义解决这个问题——因为他想的是无子女的婚姻这个事实，所以他说（我只能说，这个定义不是我的），婚姻是终生的、以相互使用性器官为目的的结合。当你企图为复杂现象找出普遍有效的公式（formula）时，这样的情形就会发生，但复杂现象不允许这么做。柏拉图和亚里士多德更有智慧。他们说，我们能为最佳事物、最完美事物提供一个公式，而我们由此将各种形式的缺陷包含其中了。因此我会说，两个最高贵的人之间的无子女的婚姻仍有缺陷。这跟如下事实也完全相容：与这种无子女的婚姻相比，一个既定的多子女的婚姻，比如有二十五个孩子，对人来说是不可能的（humanly impossible）。但在最高意义上，共同生活这种本质性关系是自然的意图，即子女的生育和教育。依我看，这是唯一合理的观点，除非我们说："谁在乎自然？"不要忘记，男人与女人间的差别也是一种身体上的差别。

［回答问题：］这个高贵的男人和这个高贵的女人，若无身体

关系,只有友谊——那他们为何结婚?为何生活在一起?这种一个男人与一个女人之间的友谊可能很高,但它不是婚姻。人类很复杂,按柏拉图和亚里士多德的观点,在人类事物中,我们唯一能正当地找到的普遍性是在完美层面上,[215]而非行为层面上。行为层面上具有无比的多样性,如果你真正思考一下某些普遍有效的、对所有人都适用的东西,你会在深思熟虑后发现,它只适用于那些并非疯癫的人(not insane)。疯癫者也是人。普遍有效的东西我们无法在行为层面上找到,我这么说并不是指我们不应非常谨慎地观察人类行为,而是说我们应当以恰当的视角、着眼于规范和完美来进行这种观察。

听众:我仍然难以理解,何以跟城邦有关的诸神是对美的欲望的产物?

施特劳斯:不是跟城邦有关。作为美的诸神跟城邦没关系,它们是人类对美的爱的产物。这点跟城邦没有本质关系。

听众:何以人们不能辩称,对身体的永恒性的欲望创造了美?

施特劳斯:要点在于:人们必须始终考虑到不受任何条件限制的自然的人类社会与有条件限制的自然的联合体——即城邦——之间的本质区别。随着我们向前推进,让我们看看这个问题会怎样出现。且看下段文字的开头。

> "'第俄提玛好几次同我说到爱欲的事情时,教给我的大致就是这些。有一次,她问我:……'"(207a5-6)

"有一次,她问我",这不是谈话的纯粹继续(表面一瞥后文的话,人们也许会这样想),而是一个新的开始。下面的论题不再是爱欲的自然本性或爱欲的作为,而是这种爱欲和欲望的动因,正如紧接下来的内容所显示的。这种爱欲不是以大写 E 开头的爱若斯,即[命相]神灵。这里所用的爱欲是欲望的同义词,不再有任何的人格化。爱欲的动因是什么？人们可以说,这是一种哲学探究的开端,尽管只是概略的开端。用更古老的希腊术语来说,这是一种自然学的探究(physiological inquiry),这种自然学探究指的是对自然作出理由充分的探讨(making reasoned speeches),它不是人们今天所说的科学式探究。

十一　苏格拉底(下)

[216]今天,如果可能的话,我们必须完成对苏格拉底与第俄提玛对话的讨论,但我们有必要首先大略回顾一下《会饮》迄今为止的特点。《会饮》有六篇关于爱欲的讲辞,三篇未受神启,三篇受到神启。这些对话之间有平行对应关系:一方是斐德若、泡赛尼阿斯和厄里克希马库斯;另一方是阿里斯托芬、阿伽通和苏格拉底。[一方是]获利、道德德性、技艺:斐德若的获利和丑同属一类;阿伽通的美和道德德性同属一类;厄里克希马库斯的技艺与作为苏格拉底原则的善同属一类。但还有另一个理念贯穿第二、第三和第四篇讲辞:捍卫男童恋。于是我们就看到这个非常有趣的暗示,即苏格拉底之前有两位讲者——斐德若和阿伽通,他俩至少可以说对男童恋不加理会,也不为之辩护。当然他们是被蓄意选定的:他们都是年轻人;他们都只是男童恋的对象而非主动的恋童者。

关于苏格拉底的讲辞有一点特别要说一下:这个讲辞有七部分:第一部分是关于如何讲的导言,也就是说,[要讲]关于[爱若斯]这个主题的最高贵部分的真相。第二部分是苏格拉底与阿伽通的对话;作为对美的爱,爱欲本身不是美也不是善。第三部分是青年苏格拉底与第俄提玛的对话。这部分对话第一次部讨论爱欲的自然本性;爱欲不是一个神,而是一个[命相]神灵。第二次部是我们上次讨论的——这是唯一由苏格拉底发起的部分——[主题是]何以爱欲对人有用,或者说,爱欲的事迹和行为是什么。第俄提玛说,爱欲是人对可以永远拥有善的爱,是人对永远幸福的爱。人欲望永远拥有善,但不是每种这样的欲望的形式都能称为爱欲。比如说,如果有人在积累钱财中找到了他的幸福,这个人就不能被称作爱者。因此,爱欲乃是对不死加上善的爱,通过生育能达至不死。由此,当我们着眼于性爱论及爱者时,爱欲的用处得到正当辩护。爱欲更宽泛的含义是指对任何一种善的永远拥有的欲望。这种含义太过宽泛,折中的说法是:爱欲是对不死加上善的欲望,不只是对善的欲望。这类对不死的欲望并不包含在如对金钱的爱中。[217]这种不死可通过生育达到,在生育中,有死的自然通过人类的持续不断再创造参与到不死之中。

以上所说可推出两个特别的要点:爱欲既不是爱属己之物——这是为反驳阿里斯托芬而说,也不是爱美,这是为反驳阿伽通而说。若两个年轻异性彼此为对方的美所吸引,他们并不知道真正吸引他们的是生育的需要,不是对美的需要。这部分第二个值得注意的特点是对诸神以及严格意义上的不死(即个体的不死)不置一词。最后一点:爱欲在这里与诗进行比较。巧妙理解的话,爱欲具有很宽泛的含义,但实际上爱欲仅限于性爱,爱欲之所以能与诗作比,是因为诗——poesis[诗艺]——虽然根本上指所有的制作,但却限于诗的制作。在这方面,爱欲与诗之间有一种相似性。

这些特点之间的联系是:通过否定爱欲是爱属己之物、否定爱欲是对美的爱,人们被引向否定诸神,因为诸神是由诗人们创造的——要么如希罗多德所说,诸神是由荷马和赫西俄德这等伟大诗人创造的,要么他们是由荷马和赫西俄德之前的无名诗人创造的。一方面,诗人们对美的爱创造了诸神——因此诸神永远年轻也永远美丽,另一方面,诗人们对属己之物的爱欲创造了诸神。

[这个部分另外涉及的是]属己之物,自己祖先的后裔,对祖先的神化,以及更高层次上关注正义的城邦诸神,即复仇神。现在我们看第俄提玛讲辞的最后一部分,这也是苏格拉底讲辞的结尾。

> "'依你看,苏格拉底,这种爱欲和欲望的原因是什么?'"（207a6-7）

第俄提玛在这里开始研究这种爱欲或者说欲望的原因。这里的爱欲不再被看做一个[命相]神灵,因为,如果爱欲被看做[命相]神灵,追究爱欲原因的问题就不会提出:以大写 E 开头的爱若斯神的起因问题已经得到回答。由这里起始的探究是哲学性的而绝非神话性的;这种探究是自然学的,也就是说,它关注的是这种特定现象的自然本性。不仅如此,第俄提玛问的是这种爱欲的原因,即对生育的欲望的原因。这个部分将只讨论这种爱欲。

> "'你注意到没有,在欲求生育的时候,所有动物——无论四脚爬行的还是用翅膀飞的——有多么不可思议的习性:它们全害了病,沉溺于爱欲:先是急切地要交合,然后是哺养自己生下来的;并且,为了这些生下来的,它们随时都会去战斗,[218]哪怕最弱的都敢跟最强的斗,甚至不惜为它们去死;只要能哺育子女,宁愿自己挨饿,做什么都在所不辞。'她说,'人这个样子,人们也许会以为,他们这样做是基于算计;但动物也这样沉溺于爱欲,究竟是什么原因?你能说一下吗?'"（207a7-c1）

在研究爱欲时,第俄提玛作为自然学家,作为一个自然科学家,考虑到兽类。在上一次部开头,苏格拉底问道:爱欲对人类有什么用处?他这样问是把爱欲看成了某种程度上能被人控制的东西。爱欲的用途是什么?我们该如何防范它?对兽类的考量是为了明确这一点:在人的情形中,爱欲不是基于算计的考虑。这想法并不离谱。我们在阿里斯托芬和色诺芬那里能找到不少带有那种[爱欲基于算计的]想法的佐证,父母生养孩子是为了自己老年时能有人照料——这是出于社会安全的考虑。就我们所知,很多父母可能有那种想法,但第俄提玛的意见是,那种想法不足以作为[对爱欲的]解释,因为兽类没能力进行这种社会安全的算计,因此必然有更深的东西———一种本能而非深思熟虑。既然爱欲是种本能,人们就无法控制它。人只能受爱欲驱动,绝不能征服爱欲。

第二个需观察的要点是:我们在此看到了所有动物共有的这种爱欲的两个要素。首先,爱欲指向性结合;其次,爱欲指向对后代的照料,这点此前不曾提到。这两件事——性结合和照料后代,是动物们会全力以赴去做的事,这些事跟生产(begetting)和生育(giving birth)不同,因为至少在原则上,生产和生育无需这两件事就能发生。一旦性结合发生,无需男人介入(除非有意外),生产和生育循自然秩序随之而发生。因此,这两个要素被描述成一种病,其中没有任何美的东西。或者,按另一部柏拉图对话《斐德若》的说法,这两个要素都是一种疯狂,疯狂是算计的对立面。疯狂意味着彻底忘我。精于算计的人永远不会忘我。疯子——无论为好东西还是为坏东西疯狂——都忘我。这种忘我可以只是低的,但也可以高于任何算计。因此,爱欲中有一种彻底的忘我,一种对属己之物的彻底遗忘。这样,爱欲中便有了一种美的要素,哪怕这要素以这种有限的形式表现出来。

我们绝不可忘记:若是我们忽略苏格拉底,这场对话的中心人物就是医生厄里克希马库斯。医学的观点是体弱者(the valetudinarian)的观点,体弱者的观点跟爱欲者(the erotic)的观点有最清楚的[219]对立。各位还可把吝啬鬼与充满爱欲的人(the erotic man)相对立,但我认为,拿体弱者跟充满爱欲的人对比更有力,因为体弱者也[像充满爱欲的人那样]跟身体有关。充满爱欲的人关注身体,但[与体弱者关注的]方向相反。斐德若在179b说过有情人愿为情伴去死的话,但他在那里的说法只涉及人类,只涉及与情伴发生关系的有情人,他的说法跟后代无关。父母愿意为自己的子女去死,这事实是个新的考量。这个事实超出了人的范围。所有动物都愿为子女去死。

> "我再次告诉她,我不晓得是什么原因;她就说:'连这些事都看不明白,你又怎么会变得精通爱欲的事情呢?''正因为如此,第俄提玛,我才上门求教,我已经对你说过,我晓得自己需要各种老师(teachers)。'"(207c2-6)

苏格拉底再度遭到严师的指责。如果不了解这些事,人就不能成为出类拔萃的爱欲者。也就是说,这些事是跟爱欲有关的事情的原因。这似乎指的是我们上次读过的206b,那可能意味着这场谈话发生在同一天。不过也有可能,苏格拉底在转述他跟第俄提玛的谈话时略掉了一些东西,而且,他可能在被略掉的部分说过类似的话。各位最多可以说,苏格拉底与第俄提玛的谈话到底由两部分还是三部分组成,这一点显得模棱两可。但如果这点显得模棱两可,那这部分内容的意图就是模棱两可的。这意味着什么?对此我们必须有个决断,因为柏拉图不是个漫不经心的作者。如果柏拉图显得模棱两可,这模棱两可就是故意的。读者必须解决这种模棱两可,必须找出哪种划分段落的办法最好。这部分内容是否像我主张的那样是个新的部分,抑或不是?在这里,苏格拉底没有像在206b的平行段落那样,重复表达对第俄提玛的仰慕。他现在说需要各种老师,[他用了]复数,也就是说,除第俄提玛外他还需要其他老师。自然,他对第俄提玛的爱欲论述不满意。还有其他的爱欲形式,即除异性爱之外的其他形式,尤其是各种人类形式或更高形式[的爱欲]。苏格拉底还年轻,他仍然鄙视每个人都知道和看到的低下事物。证据见于《帕默尼德》130e,那里呈现的苏格拉底因年轻而仍然鄙视低下事物。

> "'那么,'她说,'要是你相信爱欲在自然上就是我们多次一致同意的那样,你就不要再感到惊异了。这里说到的[动物的爱欲],其实和我们先前探讨过的[人的爱欲]没什么不同,会死的自然总想尽可能让自己永远活着不死。'"(207c8-d2)①

[220]爱欲的原因是这里的主题。有死者的自然追求不死。此前在ⅢB次部,第俄提玛曾说过:有死者追求不死加上善。现在她说,爱欲只是对不死的欲望;善悄悄地被抛开了。

> "'只有通过这种途径,即通过生成(becoming),这点才有可能,因为生成就是不断有年轻的接替年老的。无论何时,人们一说起每一个别生命时,都把活着说成一成不变的——比如,人们会说他从小孩子的时候起一直到变老都仍然是同一个——然而,就算他从来就不是同一个自己,他还是叫同一个名字,只是他始终在变年轻,始终在失去某些东西:毛发、躯体、骨骼、血液,乃至整个身体。'"(207d2-e1)

只有用同类的一个个体代替另一个体,不死才得以可能。某

---

① [译注]207c7-8 的内容省略未讲。这部分内容是苏格拉底的一句话:"请快告诉我是什么原因,告诉我所有爱欲的事情的原因。"(刘小枫译文,见《柏拉图的〈会饮〉》,页84)

种意义上,这是对同一个体的保存。因为,我们说的对同一个体的保存,也是一种持续的新陈代谢。从一个人到其后代的变化,与这同一个人从孩提到老年的变化,并无本质不同。我得说,要让我们吞下我们的有死性这份苦药,这话有些夸张。第俄提玛谈到身体各部分的一种持续的丧失;对身体各部分持续不断的复原,她没有给予同样的强调。这很重要。在克吕格的解释中,这样做的含义是:人是时间中的一种存在者,一种暂时性的存在者。在时间中存在意味着腐朽。时间是腐朽的根基,因为时间在流逝。正如后文马上会指出的:这点甚至适用于知识。这表面上看是亚里士多德《物理学》(Physics)卷四的学说。亚里士多德对此作出了某些有力的解说。但若继续往下念,人们就会发现,在亚里士多德那里,这只是时间的初始方面。就我们可把时间看作一种动因这点来说,亚里士多德说过,时间也是生成(coming into being)的动因。因此就有了如下著名表述:真理乃时间的果实。当然,现代进步观念下面的基础也是时间的一种效应。"悲观主义的"时间概念是种流俗概念,不是亚里士多德和柏拉图的观点。个体的生命已然是一种持续不断的死亡。个体的死亡并不那么重要。因此对人自己的不死的关注也不重要。这便是这段话的意思。

> "'不单单身体如此,灵魂也如此:习惯、性格、意见、欲望、快乐、苦痛、恐惧,所有这些在时间中都并非常驻不变,而是有些在生、有些在灭。'"(207e1-5)

[221]适用于身体的东西,即它不会一成不变,也适用于现代语言所说的意识(consciousness)——古希腊人称之为灵魂。但有趣的是,第俄提玛现在不仅谈时间中发生的丧失,也同样谈到时间中的复原。如果活着就是死去——某种意义上确实如此,那么

活着也是再生(reviving)。我身体中一个细胞的死亡或我被割断的头发的死亡与我的彻底死亡之间有本质不同,因为在后者的情况下,我停止了存在。

　　"'更让人大大称奇的是,各种知识也是如此,对我们来说,有些在生、有些在灭,不仅如此,每种知识也都经历了同样的过程。之所以有被称为"温习"(to practice)的东西,根据就是知识在流逝,因为一种知识的流逝就是遗忘,温习就是重新植入新的记忆来取代正在离去的东西,温习保存了知识,使它显得还是原来的样子。凡会死的,都是靠这个方式保存自己,不是像神性者那样,总是同一个自己,而是靠离去的、老朽的让位给像它自己一样的年轻者。靠这个法子,苏格拉底,'她说,'所有会死的才在身体及其他所有方面分享不死,但不死者是以另一种方式做到这点的。所以毫不奇怪,所有生命天性上都珍视自己的后代。正是为了不死,这种热忱和爱欲才伴随所有生命。'"(207e5-208b6)

　　这段话的关键论题似乎是:爱欲是对不朽的爱。善本身不再是论题。让我们考虑几个细节。第俄提玛说,我们不断在发生变化,这当然意味着,我们还存在。我们仍然活着。如果我们不在了,也就无法变化了。我们持续变化的程度如此之深,以致我们的每个部分都在改变;比如我们拥有的每一份(every single piece)知识都在改变。假设你彻底拥有某个数学理论——哪怕它在变。在什么意义上[可以说彻底拥有]?同一份知识得到了复原。[就数学理论而言,]尽管有变化,仍有持续不变的东西在,但在血液和骨骼中,得到复原的却不是同样的东西。如果一个细胞解体了,新的细胞会形成。但毕达哥拉斯定理却以同等的方式作为同一条定理恢复原样。于是,也有同一物的持存(permanence);但在每个个别生命体(living being)那里,只有一种有限的持存。从一个生命体到其后代的转化与这个生命体一生中从一个阶段到下一阶段的转化,这两者之间有本质的不同。换言之,种的不死与个体的不死截然不同;但个体不死不会发生在兽类身上,不言而喻也不会发生在所有生命体身上。会死的存在者只能[222]通过生产或生育分有身体和所有其他方面的不死。这样我们就得出一个悖谬的结论:每一种会死的存在者都珍视自己的后代,按这一分部的讨论,这意味着,对不死的爱就是对属己之物的爱。对后代的照料是对自己后代的照料,正如很多关于继父和继母的事例所显示,也如生物学家们所讲的著名故事——老鼠妈妈很容易受骗,搞不清楚谁是自己的后代,而人类母亲则不会轻易受这类顶替的蒙骗——所显示。《王制》330c中,苏格拉底在跟克法洛斯的谈话中提到,父亲们爱自己的孩子如同诗人们爱自己的诗作,这种爱跟他们爱其他人的诗作不同。爱属己之物在许多方面都很傻,但无论如何,这是一种人性现象。

我把我们在这个次部读到的的内容总结一下:这是一项自然学研究,它研究的是对性结合的爱加上对后代的爱的根据或曰理由或曰动因。这项研究让人认识到如下的事实:爱欲就是对属己之物的爱欲,不是对美的爱欲。这个次部没有提到美或善。其中也没有任何一处提到个体不朽的诸神。第俄提玛谈话该次部的这个部分——我马上会引入ⅢC1分部(subdivision)——多少与阿伽通的讲辞呼应。两者之间有种重要的平行对应:当阿伽通赞颂爱欲时,爱欲是智慧,爱欲是最高的德性;他在讲辞的中间部分提到,智慧是爱欲通过生育呈现出来的。在刚才这段话里,各位可以看到对这一点的暗示。第俄提玛提到了"这个法子"(this device)(208b2)。这一说法跟广义的智慧有关联。但与阿伽通截然不同的是,第俄提玛没说这是爱欲的聪明(cleverness)或智慧。相反,爱欲倒是自然的聪明。这差不多就是第一个分部。再说一遍:在这个地方,对美的爱和对属己之物的爱被抛开了。有的只是对永远拥有善的爱。但最终证明这种对不朽的爱是对属己之物的爱。人们在生儿育女时并不关心人类的种的保存;人类的种的保存是自然的意图,人们关心的只是他们自己的永存。爱乃是对自己儿女的爱。于是,对属己之物的爱便得到复原。其他形式的爱会怎样,看接下来的两个分部就会清楚。

听众:在何种意义上人们不能说,人们愿意去死是因为他们对幸福的爱?

施特劳斯:因为,他们认为[属于]他们自己的(their own)——即自己的儿女——高于更加字面的意义上的[属于]他们自己——他们自己的身体,身体注定迟早都要死去。这个问题在我们接下来的解读中会有答案。

[223]"听到她这番话,我非常惊异,就问:'最智慧的第俄提玛,真的是这样的吗?'第俄提玛--副高超的智术行家的样子对我说……"(208b7-c1)

苏格拉底又一次采取主动,另外仅有的一次是在ⅢB[次部],即在他跟第俄提玛整个谈话的中间部分;这一次是在ⅢC[次部]的中间部分。在207c,第俄提玛已告诉苏格拉底不要惊异(wonder),但听了第俄提玛的论证他却开始惊异了,也就是说,他并未轻信[第俄提玛]。不过,最后他又说,我被第俄提玛说服了。如果真是这样,只能是被ⅢC2和ⅢC3说服的。尽管苏格拉底并未轻信[第俄提玛],他仍然说第俄提玛"最智慧"。苏格拉底在会饮上发表这篇讲辞时,称第俄提玛为高超的智术行家。在《会饮》中,智术师是个褒义词;比如,爱欲本身(eros himself)就被称为智术师,他同时也被称为一个哲人。作为哲人,爱欲并不拥有智慧,他只是寻求智慧;当他被称为智术师时,他也不是高超的智术师,不是智慧的彻底拥有者。

> "'尽管相信好了,苏格拉底。要是你想到人那么爱声名,
> 你肯定会对其非理性(irrationality)感到惊异,除非你理解了我
> 刚才所说的。想想看,人的成名的爱欲、"要流芳百世"的爱欲,
> 多么不可思议啊。为了名声甚于为了儿女,人们不惜历经艰
> 险、倾家荡产,不辞劳苦,乃至为此去死。'"(208 c1-d2)

野心(ambition)是Ⅲ C2[分部]的主题,正如生育是Ⅲ C1[分
部]的主题,但这个野心是充分意义上的、对不朽声名的野心。除
人类以外,还能有什么其他[存在者]有野心? 除人类之外,还有
谁有荣誉之爱和对荣誉的激情? 诸神,尤其是阿伽通说的那些
神;他曾在197a-b谈到诸神的野心。这里的论证只限于人类的野
心,人类的野心表现出同样的非理性,其非理性的程度甚至比对
生育和子女的欲望更高。非理性在这里指什么? 在这里,理性指
的是服务于自我保护的算计。如果你着眼于自我保护做出正确
计算,那你就是一个有理性的人。如果你缺乏这种算计,你就是
个非理性的人。这么看的话,为子女而死的父母、为不朽声名而
死的英雄,都没有着眼于自我保护来进行计算,在这个意义上,他
们是非理性的。当然,这也指出了如下的事实,即非理性不是某
种通过算计可加以控制的东西。非理性就像狭义的爱欲那样,是
同一种本能的力量。野心也关注不朽,即声名的不朽。到目前为
止,爱欲之所以是爱欲,不是为了属己之物[224]或为了美,而是
为了不朽。在第一种情况下我们已经看到,通过生育实现的对不
朽的爱,实际上是一种扩展的对属己之物的爱。让我们更近地观
察一下,对永恒声名的爱到底是什么。

> "她说,'要不是相信自己的德性会有不死的记忆——我

们现在也都还记得,你以为阿尔刻提斯会替阿德墨托斯死、阿基琉斯会跟着帕特洛克罗斯去死,或者你们的科德洛斯(Codrus)会为了自己的孩子们的王国早早地就去死?'"(208d2-6)

野心关注德性的不朽声名——这些的确都是跟不朽声名有关的重要事例。这意味着,野心跟德性本身无关。德性只是作为获取不朽声名的必不可少的手段才有用。各位能看出这里隐含的意思吗?如果野心——对体现在不朽声名这种形式中的不朽的爱——只关注声名的不朽而不关心德性,那这会是什么样的爱欲?对属己之物的爱欲。在孩子身上,你的身体形象得到永存;在这里,得到永存的是个影子,你自己的影子。各位或许记得,上面两个事例是斐德若在179b-180b用过的,当时这两个例子被用来证明对其他人的爱欲,即有情人和情伴的爱欲,这些事例证明,这类自我牺牲的死者还得到了诸神的褒奖。第俄提玛用这两个例子作为对声名的爱欲的例子,并且她只提到他们在人间的声名。这里对诸神只字未提。斐德若用在中间的例子是歌手俄耳甫斯,俄耳甫斯显得很不像样,他不打算为情伴去死,似乎他也不愿为不朽的声名去死。第俄提玛用一个雅典人的例子(即雅典老国王科德洛斯)取代了俄耳甫斯。科德洛斯的情形与阿尔刻提斯和阿基琉斯的情形不同,他对声名的爱是跟对后代的爱联结在一起的,后者清晰地显明了对声名的爱。对后代的爱与对声名的爱具有亲缘关系。这两种爱都是对属己之物的爱的形式。

"'才没那回事儿!'她说,'我怀疑,每个人不辞劳苦,都是为了让德性永在,为了一个光耀的名声。而且,他们越要当更好的人,就越要这样做;因为,他们都爱不死。'"(208d6-e1)

在什么意义上不朽的德性是不朽的？通过记忆。上面提到的三个人都已死去。他们为所爱的而死，尽管实际上是为名声和不朽而死。按这里的说法，对不朽声名的爱激发了一切人类行动。这难道不是个荒谬的断言吗？想一想[225]比如莎士比亚所致力的无数行动，莎士比亚关注不朽的声名，但这种声名跟这里所说的声名根本无关。柏拉图的意思是什么？我们必须稍微深入一下。对属己之物的爱，自爱(self-love)，的确激发了所有人类行动，至少就这种爱进入到所有人类行动中并使之有意义这点来说是这样。爱欲包含对德性的关注，就此而言，这种爱欲要比以生育和后代为目标的爱欲更高。正如很多被宠坏的顽童的事例所表明的，对子女的爱未必跟对德性的爱并行不悖，但对不朽声名的爱与对德性的关注不可分割。然而另一方面，对不朽声名的爱更加自私：追求不朽声名的人不会因为别人的缘故而忘记自己。这点又跟这样的事实相联系：对不朽声名的爱与对后代和生育的爱截然不同，对不死声名的爱是一种专属于人的现象。这样的人不像其它动物那样，他不是自己所属的种的一员；他能变得远比一头野兽更自私。人还有能力以通常为动物所不能的方式置后代于不顾。

> "'再来说那些在自己身体里孕育的人,'她说,'这类人更喜欢接近女人,他们就是以这种方式有爱欲。通过生育子女为自己提供未来,像他们相信的那样,使自己不朽、被记住,有福气。'"(208e1-5)

第一类爱欲是身体性的，因此指向女人——异性的爱。这类爱欲基于一种错觉，也就是说，个体的不朽并不能通过这种方式达致。第二类爱欲似乎属于灵魂，因此指向男性，而且似乎提供了个体的不朽。至于这点在何种意义上、多大范围内才属实，接下来将会见分晓。

> "'但在自己灵魂里(孕育)的那些人却不然——这样的
> 人的确存在,'她说,'那些在自己灵魂而非自己身体里孕育
> 的人——孕育的是适合让灵魂孕育和生产的事物。那么,什
> 么适合[灵魂孕育和生产]?审慎(prudence[phronesis])和其
> 余的德性——所有诗人和所谓搞发明的所有手艺人,都属于
> 这类生育者。'"(208e5-209a5)

第二类爱欲追求不朽,不是通过生育,而是通过生产审慎和
其他德性。所有诗人和搞发明的手艺人(craftsmen),都属这个类
别。他这里提到所有诗人,但没说所有手艺人,为什么?一个普
通鞋匠不能指望身为鞋匠而获得不朽声名。但制鞋技艺的发明
者、轧棉机的发明者却能获得不朽的声名。各位也许[226]还记
得阿伽通的说法:诸神都是搞发明的工匠(craftsmen)——赫斐斯
托斯等等——他们由对美的爱所激发。现在我们知道一件事:生
产审慎。

> "'当然,最伟大、最美的审慎,乃是用于治国齐家的,这
> 种审慎的名称叫做节制和正义。'"(209a5-8)

第二类爱欲追求的是生产最高情形中的政治或经济的审慎。
柏拉图认为,城邦和家政之间并无本质区别,亚里士多德在《政治
学》起首对这一论点提出异议。政治或经济的审慎是最高的,这
种审慎在这里跟节制和正义是一回事。《斐多》82a-b 有一段话
说:"人们称凡俗的和政治的德性为节制和正义,这种德性来自缺
乏哲学和理智的习俗(habituation)。"《斐多》里的这句话跟柏拉图
这里所指并不相同。比如说,这里没提到习俗。我们必须把这里

的审慎当作更高的东西看待。

我们不仅必须去看柏拉图提到的东西,还必须去看他没提到的。这里提到三种德性,但德性共有四种。第俄提玛对勇气只字未提。正如后文所表明的,这种最高的实践智慧(practical wisdom)的生产者不会为了自己的后代去死。治邦者必须死,但他们的生产者却安坐家中。这让人想起诗人俄耳甫斯:尽管作为诗人他仍享有盛名,但他不愿意去死,所以某种意义上又变得恶名昭彰。

> "'从小时候起,这种人就在自己灵魂中孕育这些[德性],到了适当年龄,他就渴望生产和生育。在着手这事时,依我看,这种人会到处寻找美,在美中生育,因为这类人绝不会在丑中生育子女。由于要孕育,他钟情美的而非丑的身体,要是遇到一个美的、高贵的、天资优异的灵魂,他就会神魂颠倒地钟情这个[身心]合一者。在这样一个人面前,他会马上滔滔不绝大谈德性,大谈一个好人该是什么样、得践行什么,并试着去教育。'"(209a8-c2)

看来,不是每个人都能孕育这种政治或经济的审慎,因此,也不是每个人都有指望通过生产这种审慎获得不朽。孕育审慎的那些人跟用身体来孕育的那些人行为相似;他们偏爱美的身体,但在这种情形中[受到钟情的]只有男性,也只有美的灵魂。但这类爱欲跟第一类爱欲一样,[227]也指向生育,难道是这一点使第二类爱欲成为野心或对美的爱吗? 这两类爱欲都是[追慕]不朽的爱者(lovers of immortality),每一个都是他自己的不朽的爱者,是他的属己之物的爱者。

在此,各位可以看到一种似乎是最高形式的教育者的简要描述。在柏拉图作品的任何地方,人们必定总是想到苏格拉底,即便他像在这里那样不是讲者。通过在恰当的年轻人——他们有让人喜爱的美的身体,但显然也有美的灵魂——的灵魂中进行生育,苏格拉底难道不是生产了最高形式的实践智慧?苏格拉底曾说自己是个助产士。但这意味着什么?按《泰阿泰德》149b 的明确描述,他并不是个有生产能力者(not productive)。因此这里说的不是苏格拉底。我们将在后面看到这一点。在这段话里,他说,"他会马上滔滔不绝大谈德性,大谈一个好人该是什么样、得践行什么"。在此人们可以看到一种明显的区分:一个人有德性跟他应该成为什么样的人、应该追求什么不是一回事。我们在后文会看到这个问题的答案。

听众:柏拉图在论述德性时很是足智多谋,也就是说,在某些特别属人的现象上很是足智多谋。在这样的语境中,您先前对神话、对爱若斯父母身份的分析很可能是正确的,但在我看来,第俄提玛现在似乎在让爱欲的父亲发表意见。

施特劳斯:我的结论可能恰恰相反,因为在有情人那里,既有丰盈也有贫乏。丰盈和贫乏两者的根源难道不是贫乏吗?贫乏知道自己是贫乏。如果把贫乏仅仅看作匮乏(destitution),那就是另外的东西。但若贫乏(Poverty)隐含了克服贫乏的意志,那么,她并不需要寻找一种外在的动机,实际上,她只需要某种外在的东西就够了。问题是贫乏对这个丰盈者(rich man)来说是什么?爱欲不在于他的丰盈,而在于他的贫乏。作为丰盈者他不是一个爱欲者。他为何需要贫穷的(poor)年轻人?[为了]不死。在212b 的结语中,苏格拉底说:人们无法在人性方面轻易得到比爱欲更好的助手。这意味着,可能有跟爱欲一样好甚至比爱欲更好的助手,尽管这样的助手不容易得到,那就是自然禀赋(the natural gift)。爱欲并不是对人的一种透彻分析;另外还有极重要的一点,那就是古希腊人所说的一种好的自然本性(a good nature)。斐德若已说得很清楚:具有出自爱欲的德性的人只能刺激出最好的自然本性。这个丰盈者本身是最具天赋的人。不久我们就会认出他是谁。现在的问题是：诗人在诗艺生产时，他的动机是什么？他的动机是爱欲吗？［如果是的话，又是］哪种爱欲？

> "'依我看，这种人触动这位美人、与他亲密相交时，他是在让自己孕育已久的东西生产和生育出来，无论这位美人在身边还是不在身边，这种人都时时记挂他，他同他一起哺育［228］他们共同生产的［孩子］，因此，这类人对彼此怀有远比共同拥有身生子女更大的一致性和更稳固的友谊，因为，他们拥有的同伴关系是基于更美更长生（more immotal）的孩子。'"（209c2-7）

这个人跟美男一起生育出的孩子，比身体意义上的父母所生的孩子更美、更长生。即便在第二类爱欲中，子女也非绝对不死，只有声名才是不朽的——尽管从柏拉图的观点看，甚至声名也不是不朽的。今天我们会说氢弹，古典作家则说大灾难。将来可能会有地震等灾难把各种文明从而还有关于一切伟大事物的回忆统统毁灭。到了某一天，柏拉图的著作将一本不存，这表明，如果我们将信任建立在文化或文明上，我们实在不太明智。这跟我们极度需要珍视现有的柏拉图著作完全相容。

> "'每个人都会选择生出这类子女，而非身生（human children）子女，看看荷马、赫西俄德以及其他所有大诗人，他们留下的子女多么让人欣羡！这类子女自己就是不死的，还让父母的声名不死，永世长存。要是你愿意的话，'她说，'想想吕库戈斯（Lycurgus）在斯巴达留下的子女，他们挽救了斯巴达，甚至可以说挽救了整个希腊。你们［雅典人］之所以很崇敬梭伦（Solon），也因为他生育了法律。在其他许多地方，无论希腊还是外夷，这样的人还有不少：他们生育每一种德

性(every kind of virtue),展现出许多美的功绩。正由于他们留下了这类子女,后人才替他们建了许多庙宇,但那些身生子女何曾替父母带来一座庙宇。'"(209c7-e4)

诗人的声名是不朽的——附有我说过的那些限制条件——因为他们的作品不朽。为什么这种不朽更高?为什么一个诗人的子嗣(offspring)比酷肖父亲的一个儿子有更高的等级?与诗人的儿女相比,诗人的作品更属于他自己,因为诗作的生命完全就是诗人的生命,而身生儿女有其自身的生命。接下来苏格拉底说"要是你愿意的话",这表明,这是对某种有欠艰巨的或更大众化的要求的让步。换言之,想想那些让所有人羡慕的立法者。

苏格拉底未提吕库戈斯制定的任何法律。我认为,最后一句话指出的事实绝对是真实的。人们得到共同体的赞颂,不会仅仅因为他们生育了子女。正如苏格拉底所说,吕库戈斯得到赞颂不是因为他制定的法律,而是因为他教育的人,那些希腊的拯救者。[229]对雅典立法者梭伦的提及是外邦女子[第俄提玛]对雅典人苏格拉底的让步。在这个带有某种党派路线的学院里,人们认为吕库戈斯远比梭伦更高。亚里士多德《政治学》卷二对这两位立法者的处理跟这里完全一致。梭伦跟外夷一道被提及,他们生育了"每一种德性"。最后提到的一点是对立法者的神样奉祀(deification),这很重要。在这里,诗人的地位远高于立法者,但得到神样奉祀的(deified)并不是诗人而是立法者。说到底,有野心的诸神实际上就是得到神样奉祀的人。

容我概括一下这个次部:这个次部在第俄提玛和苏格拉底谈话中的位置,跟整篇苏格拉底讲辞在整个《会饮》中的位置一致,[两者都在]第六位。这可能是理解这个次部的关键。对荣誉的爱,野心,爱属己之物的最高形式,亦即对属于自己的不朽的爱,都跟美或高贵有关,这种相关性远高于它们跟生育和后代的关系。这第二种形式的爱欲根本上与德性的生产(production)有关,在最高情形下还跟最美的审慎——亦即政治审慎、治邦者的审慎——的生产有关。最重要的是,这种不朽是通过其作品得以不朽的好诗人们的禁脔。这意味着,最好的诗能生育政治审慎,能教育伟大的治邦者和立法者。但这难道不正是苏格拉底的特质么——不但《王制》曾指出这一点,而且,即便像亚里士多德这样清醒的治邦者,也在《形而上学》卷一中说:苏格拉底彻底远离了所有"形而上学"事物,并完全投身于各种人类事物,亦即完全投身于治邦者们关心的事物? 或者,莫非苏格拉底是诗人们的一个竞争者? 诗人们关注德性,而德性意味着某种因不朽的缘故而美的事物,某种因自身的缘故而美的事物。因此,激励诗人们的不是对美或高贵的爱;激励诗人们的不是对道德(morality)本身的爱欲。这会不会就是苏格拉底与诗人们之间的区别,即激发苏格拉底的是对高贵或美的爱欲,他爱的是道德德性? 我们目前还不能回答这个问题。但无论如何,有一点很清楚:诗人们的爱欲不是最高的爱欲。有孕育能力的是诗人们而非苏格拉底,这意味着什么? 诗人们是制作者(maker)、生产者,发明者。苏格拉底不制作,他不是制作者。为什么苏格拉底不是个制作者? 因为他是个哲人。哲人关心的是发现(discovering)真理,不是发明真理。这个次部对诸神、对严格意义的不朽同样未置一词。但与上一次部截然不同的是,男童恋作为对年轻人灵魂的爱,重新得到承认。这个次部有特别的重要性。[230]在柏拉图[离世]很久以后,有人尝试理解整全意义上的人(the whole man),进而也尝试去理解整全意义上的政治生活,此人使用的正是这第二次部在理解人时所用的措辞;也就是说,[两者都]基于这样的前提:人身上最高的东西乃是对不朽声名的爱。那个人就是马基雅维利。要描述马基雅维利与柏拉图之间的关系,人们只消说,倘若两人都在此止步,他们就能达成一致。但紧随此后的某些东西在马基雅维利那

里是缺失的。接下来让我们转向最后一个次部。正如各位将在
[这个次部]的起首处看到的,苏格拉底不再占据主动。这个次部
是第俄提玛以自己名义发起的。

> "'到此为止,苏格拉底,这些跟爱欲有关的事情,你大概
> 还能领悟(initiated);但要说完全的、最高等级的奥秘(initia-
> tion;epoptika)——若有人循正道追寻,那奥秘正是这些爱欲
> 事物的目标——你是否有能力领悟,我就不晓得了。接下来
> 我会把这[奥秘]透露给你,'她说,'不会有所保留;但若是你
> 能,尽力跟上试试。'"(209e5-210a4)

第俄提玛讲辞作为整体是对秘仪的一次启示(a revelation of
mysteries①)。我一直没请各位注意秘仪语言采用的表述方式。这
个对秘仪的启示,现在由苏格拉底揭示给更多公众。各位应该记
得,本课程开头我曾说起公元前416年发生在雅典的丑闻。这里
的这些秘仪是来自外邦女子的外邦秘仪;第俄提玛不是埃琉西斯
的女祭司,埃琉西斯秘仪是雅典的最高秘仪,其奥秘曾遭到揭示。
现在我们临近了渐趋高潮的最高奥秘,它是前面各种爱欲形式的
终点或目的,这奥秘只有在第俄提玛讲辞的最后部分才会自然出
现。这里有个英译本没有传达出来的细微差别。第俄提玛先说
她不知道"你是否有能力(领悟[to be initiated])"。稍后她又说,
"若是你能,尽力跟上试试"。有能力领悟意味着有能力跟得上,

---

① [译按]上引柏拉图文本中的 *ἐποπτικά*(epoptika)(本书译为 initia-
tion)在伯纳德特《会饮》译本(前揭,页40)中译作 revelations[启示、揭示(奥
秘/秘仪)],该词的本意是"最高(级)的秘仪"(the highest mysteries)(见 ht-
tp://www.perseus.tufts.edu/hopper/morph? l = e%29poptikos&la = greek#lexi-
con),initiation 在后文中有时酌情译作"入门"。引文中译作"领悟"的 initia-
ted 在字面上即为"(秘仪)的入门"。

有能力掌握,有能力理解。领悟[奥秘](initiation)是一种心智[能力]。第俄提玛拥有这些最终的秘仪。她是智慧的彻底拥有者。

> "'凡想循正道达到这一目的的人,从小就得接近美的身体。要是给他引路的人引领得对头的话,他首先得爱一个身体,在这身体上生育美的言论。随后,他就得认识到,美在无论哪个身体中都跟在另一个身体中相同,而且,若是他得追寻作为一个类[eidos]的美,要还不相信所有身体的美其实都是同一个美,那就太傻了。一旦明白这个道理,他就会成为所有美的身体的有情人,不再把强烈的热情专注于单单一个美的身体。因为对这有情人来说,一个美的身体实在是微不足道。'"(210a4-b6)

[231]我们现在在讲的是最高阶段。有人会说:通往拯救道路的第一站是人的少年(youth),如果秘仪的指导者——即秘仪传授者(mystagogos)——引领得当,那么一个人必须先爱上一个美的身体,在其中生育美的言辞。这个人必须在美与这个身体之间作出区分。这个身体、这个美的身体,必须是此人所爱的美。美的身体最起码未必是异性的身体。不过,生育美的言辞似乎是爱美的身体的目的。但下文将表明并非如此。第一阶段的目的是美的身体本身。接下来我们必须学会把所有身体的美当成同一种美来爱,学会鄙视对一个美的身体的极端激情,这样的激情微不足道。我们要鄙视而看作微不足道的,不是对一个美的身体的爱,我们要学会鄙视的只是那种极端。当然,爱一个美的身体而不生育美的言辞,那会是不折不扣的低贱(base)。这一点隐含在第俄提玛的话里。在野兽般的沉默中爱美的身体,或用禽兽不如的粗鄙语言爱美的身体,那不是爱欲。

　　"'然后,他([译按]有情人)肯定会把灵魂的美看得比身体的美更珍贵,要是遇到一个人有得体的灵魂,即便身体不是那么有吸引力,也足以让这有情人爱他、呵护他,寻找并生育各种各样的言辞,使这少男变得更好……'"(210b6-c3)

下一步是转向灵魂的美。不过,这种爱仍是对少男的爱,这个少男至少有最低限度的身体之美。

　　"'……到了这一步,他[译按:有情人]必定会受促使去观看(observe)各种操持和礼法(practices and the laws)中的美,从而看到这种美在整体上与美本身是贯通的;最终他会相信身体的美其实不足道。'"(210c3-6)

爱灵魂的最后阶段,或至少爱灵魂的第一种形式[的最后阶段],是观看(seeing)各种操持(pursuits)和礼法中的美。这件事某种意义上带有强制性。各种操持和礼法作为凝视(contemplation;或译"沉思")对象是率先被提到的美的事物。苏格拉底说到爱身体时,完全没提观看的问题;对身体的爱与对身体的注视(beholding)当然密不可分,但他没提这点。我将尝试解释这个次部发生的事:第一部分反复提到了爱,然后有个从爱到注视的转变,爱再也没被提到。这是个我们必须要解决的问题。

　　"'经过这些操持,这人[有情人]会被引领到各种知识跟前,使他得以看到种种知识的美。一旦瞥见这种[232]如今辽阔的美,他就不会再像个奴隶似的,蝇营狗苟于个别中的美——某个小男孩、某种人或某种举止(practice)中的美,身为奴隶是低贱和不足道的,毋宁说,他会转向美的沧海并观看它,他会在丰盛的哲学中(in bountiful philosophy[译注]或

译:在对智慧的不可限量的热爱中)生产许多美的、壮观的言辞和思想……'"(210c6-d6)

这似乎已不再属于对灵魂的爱,不像对礼法或操持的凝视那样。下一步是对各种知识的爱。何以后一种形式的美比先前提及的美更优越或者说美得更真实,这里跟前文都没交代理由,但[第俄提玛在话中]示意了这一点。操持不如知识美,因为操持出于必需。操持是必需的,比如,对拳击或摔跤、对身体的力量而言,操持都是必需的,而知识却美在自身。迄今为止,美都被视为这一或那一美的事物。一旦所有这类事物得到凝视(is contemplated),比如,一旦所有身体的美得到凝视,知识就已暗含其中了。让我们比较一下三个相关段落。在210a第俄提玛说,[爱]一个美的身体的有情人会生育美的言辞。在210c她说,[爱]一个美的灵魂的有情人会生产使少男更好的那类言辞。这里她又说,[爱]各种美的知识的有情人会产生美丽壮观的言辞和思想。

若是各位把这三段话放在一起,你们就可以看到,对美的知识的爱并非在每个方面都优于对一个美的灵魂的爱。只有对美的灵魂的爱能产生使少男更好的言辞。另一方面,由对一个美的灵魂的爱产生的言辞未必是美的,这值得深思。这说的不正是苏格拉底吗?这个爱着一个美的灵魂的有情人生产了使少男变得更好的言辞。这不正是苏格拉底与诗人们之间的区别吗?这不正是苏格拉底何以不写诗的理由吗?在这里,从对一个美的身体的爱到对所有美的身体的爱的转向,并未超逾美的言辞的生育。在这里,对各种美的知识的爱呈现为对美的爱而非对真理的爱。这意味着什么?各种美的知识到底指什么?指各种数学知识。指187c厄里克希马库斯谈到的一种纯粹音乐(a pure music)。为什么数学知识和纯粹音乐是美的?因为它们的对象是美的。它们因其清晰和有序而美。注意:各种美的知识都被描述为注视和凝视的对象,而非爱欲的对象。如果爱欲指向美,那也并不意味着所有美的事物都能成为爱欲的对象,可能有些美的事物就不是激情洋溢的欲望的对象。在最初两个阶段——爱一个身体和爱所有身体[的阶段],我们看到的是爱[233]而非注视。在后两个阶段——爱各种操持和爱各种知识[的阶段],我们看到的是注视而非爱。接下来还将有第五和最后阶段。我们似乎会期望,在最高阶段,爱和注视会汇聚在一起——如果真是如此,那我们就太幸运了。到那时,我们可以看到在最高水平上人的统一体,在其中,人的爱的生活、情感生活、激情生活和智识生活将会融为一体。实情究竟是否如此,只能通过继续往下读的办法来解决。我得说很遗憾,这个问题并不容易解决。最后部分再次对爱几乎完全不置一词。

我们现在是在[苏格拉底讲辞]第三部分的第三次部(the third section of the third part)。这个次部可进一步划分。第三部分讨论爱欲的最高形式即对美的爱,对美的爱有五个阶段:第一阶段,爱一个身体;第二阶段,爱所有的身体;第三阶段,爱美的操持和礼法;第四阶段,爱各种美的知识;现在我们转向第五阶段。

　　"'……凭借在其中积攒的力量和提升,直到他可以瞥见那样一种知识——这种知识具有下面的那种美。你得(用心智)注意听,'她说,'尽自己所能。谁要是在爱欲方面被培育到这般境地,依序正确地瞥见各种各样美的事物,然后抵达爱欲事物的终点,他就会突然瞥见,自如的美何等神奇——苏格拉底呵,就是这美,先前付出的所有艰辛都是为了它——'"(210d6-e6)

在抵达爱欲奥秘的终点之际,一步一步循正道的那个人会瞥见一种特定类别的美的事物。美的事物跟视觉有关。他会突然看到某种奇异的东西。在这里,连续性被打断。在这种接下来将描述的美的事物与所有曾被提到或没被提到的美的事物之间,有一种彻底的区别。基于210e1-2的论述,或许可以说:你得用心智尽自己所能,跟上210a4中的相应内容。这个次部可以进一步划分成三部分:身体的爱欲、灵魂的爱欲以及心智的爱欲(eros of the mind)。在路的终点,接下来出现的唯一一种美的事物是什么?

> "'……首先,[这种美]是永在的,不生不灭,不增不减;其次,它既非这方面美那方面丑,也非这会儿美过会儿又丑,或者这样看来美那样看来又丑,或者在这里看起来美在那里看又丑,仿佛对某些人来说美对另一些人来说又丑。'"(210e6-211a5)

[234]这就是对那种美的事物,即最后出场的那种美的事物的一个描述。这种美的事物存在于每个方面,这当然暗示了它始终存在,因为不是始终存在的事物也就不存在。那种美的事物存在于每个方面,并在每个方面都美。这两种考量不可分割,因为对柏拉图而言,存在(to be)意味着作为某物存在。仅仅存在但不作为某物存在的东西是没有的。作为纯粹存在(pure being)的东西是没有的。整个柏拉图的存在概念都暗含于此。

这对处于现代的我们或许是个意外。当我们谈到实存(existence),我们是否必然意指实存必定作为某物存在,也就是说,必定作为不蕴含在现实存在中的某物存在?这一点[在我们的时代]可能不那么清楚,但在柏拉图那里却理所当然。所有其他美的事物,包括一切礼法、操持、知识、灵魂等,都不是纯粹的美,它们在某些方面也是丑的。我们怎样知道这种美——它将被证明为美本身——存在?如果爱欲的含义得到理解,我们就能看到,爱欲暗示:有这样一种事物,它就是美本身。但或许这是个错觉?

爱欲在其最深刻的含义上,即作为对美本身的追求的爱欲,难道不会是一种错觉? 想想阿里斯托芬的神话,在其中我们看到过对爱欲最深刻含义的描述。爱欲的这种最深刻含义经证明是个错觉:那种一体不可能实现。或者,像某个现代解释者说的,灵魂的欲望难道不必然是各种真实思想的王冠和标准? 这里的意思是,倘若我们灵魂的最深刻欲望指向某种东西,这种东西一定存在。

爱欲乃是对纯粹的美、无条件的美的欲望,这样的爱欲担保了永恒之美的存在。但在我们知道这种永恒的美、无条件的美存在之前,我们不知道爱欲是不是完全自然的或完全好的。在我们能够说爱欲感领到(divines)的那种东西存在之前,我们必须先揭示爱欲的真正的自然本性。我还要请各位注意这个事实:整篇讲辞的这几个分部没有提到爱欲。那么,这种美本身是什么? 美本身就是众所周知的柏拉图意义上的理式(the idea)在《会饮》中的范例。但在《会饮》里,美本身没被称为一种理式,这一点绝不可忽视。理式们似乎是自立自存且完全不变的,它们是仅有的真实存在者。对这个概念的通常看法是:柏拉图假设了各种普遍性(universals;或译"共相")或曰概念(concepts)。柏拉图说,普遍性或概念存在,并且比任何其他事物更真实。问题是,这种说法是不是建立在对柏拉图的正确理解之上。这里我只能提醒各位注意以下几点:eidos 一词首先指某个东西的形状(shape),这形状只能用心灵之眼才能看到,它指某个东西的特征。这种东西在下文被称为本质(the essence)。不过,若是有人要说到本质,此人就必须考虑到这个事实:后面讲到的本质,[235]是作为与现实事物或实存事物截然不同的可能事物得到理解的,而柏拉图所指的本质显然是某种比可感物更真实的东西。但与此同时,eidos 还可指各种事物的一个类别(a class of things)。柏拉图把 genos[种]和 eidos 当同义词使用,在作逻辑区分之前,genos/eidos 指一个存在物的起源、家族和[所属的]族类(race)。换言之,从这个观点看,狗的 eidos 指所有的狗,所有可感知的狗,而非狗之上的某种东西。这其中的推理如下:每只特定的狗既是狗又是另外的东西。因此[一只特定的狗]不是纯粹的狗,而是比如公的而非母的、老的而非小的、黑的而非白的狗;这只特定的狗是不完整的(incomplete)。由于每个个体存在者的不完整性,所以 eidos 还意指完整性,进而意指热望的目标(goal of aspiration)。

在柏拉图那里,eidos 有三种含义:形状、类别以及热望的目标。这个学说的理据(rationale)是什么?《会饮》显然没有阐明这理据。柏拉图的任何其他著作中也只有这理据的一种局部的指示。《王制》中有个特别有趣的例子,在那里,理式在一个特定的时机以准备极不充分的方式被引入。现代学者因为已经通过亚里士多德或现代研究文献知晓柏拉图的理式学说,所以在读到这个例子时就天真地假定:苏格拉底的听众也都知晓柏拉图的理式学说。但有时候,苏格拉底的听众是些少男,他们从未听说过这种柏拉图理式学说。在有些情况下(比如在《斐多》里),看上去有人听说过理式学说。但在《王制》中,格劳孔很可能此前从未听说过理式学说。因此,柏拉图的理式学说必定曾有过某种我们不再拥有的证据。对此我想略微谈一下:请各位试想一个雕塑,像胜利女神(Victory)那样的雕塑——每个古希腊青年对此都很熟悉——它某种意义上有助于理解理式是什么。在这里各位可以看到胜利女神[的塑像]。但这不是马拉松或萨拉米斯(Salamis)的胜利,也不是随便哪次胜利。这个庙宇的[胜利女神]塑像与那个庙宇的[胜利女神]塑像也并非同一个,但它们都意指同一事物(the same)。胜利是一件自在自存的事,它在比如说某个雕塑中变得可见,但它并不等同于这个雕塑。在灵魂学上,这是理解理式的简易门径。因此我们可以说,理式取代了诸神的位置,而最终,实际情形也的确如此。由此提出的批判性的问题(它未必是批评柏拉图的)是:柏拉图在平常意义上呈现的种种理式,难道不也是对美的爱欲的产物,就像诸神乃是这样的产物?

　　所有美的事物既是美,也是另外的东西。《伊利亚特》的美不是《奥德赛》的美。但这两部诗作都美。那种使任何特殊事物成其为美的同一事物(identical thing)是什么? 这种东西传统上称为美的概念,但这并不完全是柏拉图的原意。我们在所有美的事物中[236]遇到的那种美是什么? 我将给出几个答案。比如,在托马斯·阿奎那那里,美是对那种让人愉悦的东西的领会(apprehension)。这个观点最终可追溯到柏拉图的观点。在康德的概念里,美是那种创造无关利害的喜悦或愉悦的东西。司汤达表达的观点与康德正好相反,他认为美是对幸福的许诺;在根本上这是霍布斯式的美的观点。领会不是[理解美的]关键点。无论如何,我们必须弄清楚:那种奠定所有美的事物的基础是什么。柏拉图说,唯独这种普遍性才是真正美的,只有美的概念才是真正美的。那是悖谬的(paradox)。由此,这种美的"概念"就是爱欲的对象。例如,假设美是对幸福的许诺。在每一种对美的事物的爱中,我们所爱的难道不是对幸福的许诺本身吗? 对幸福的许诺难道不正是我们一直在爱的那种美的事物吗? 但如果我们爱这条特定的小狗,我们就不会爱另外一条小狗。普遍意义上的美或曰美本身才是唯一真正美的事物——这事实难道不是理解柏拉图的意思的[恰当]途径吗? 再重复一遍:柏拉图或他笔下的人物在这里没说我们爱美本身。

　　　　"'对于他来说,这美也并非显得是一种幻觉(an illusion [phantasthesetai]),比如一张脸、一双手或身体上其他任何地方分有[的美],美也不呈现为任何说辞或任何知识[的美],不显现于其他事物[身上]的任何地方,比如在动物身上、在地上或天上或另外某处,毋宁说,这东西自体自根(by itself)、自存自在(with itself),永恒地与自身为一,所有别的美的东

西都不过以某种方式分有其美:所有其他东西生生灭灭,那
种东西却始终如是,丝毫不会因之有所损益。'"(211a5-b5)

这个美本身不是身体性的。它不是——像我们也许会推测
的那样——一个 phantasia[幻觉]的对象;美本身将不会被想象
(will not be imagined),它也不是严格意义上的理性推理的对象,
不会存在于另外某物的某处——比如说,它不在一个神身上。所
有美的事物,所有通过分享美本身而存在的事物,都有生有灭。
显然,天以及灵魂们也有生和灭。正如我们会说的,只有理式、只
有美本身是不朽的。这隐然意味着,对美本身的视见(vision)只有
在这种条件下才可能。但这个次部的所有内容在语法上都依赖
于 phantasthesetai 一词,这个词的意思:美本身将被想象。倘若如
此,那么美本身就会显得是某种被想象的东西了。倘若如此,我
们就可在其他考量的支持下得出这样的结论:我们在这里看到的
是对哲学及其对象的一种诗艺呈现(a poetic presentation),而非哲
学式呈现。

[237]"'无论何时,谁要是以这些东西为基础,经正派的
男童恋逐步上升,开始瞥见那种美,他就会极为近切地触及
这目的。因为自己或者经别人引导走向爱欲事物的正确方
式就是这样子的:先从那些美的东西开始,为了美本身,顺着
这些美的东西逐渐上升,好像爬梯子,一阶一阶从一个身体、
两个身体上升到所有美的身体,再从美的身体上升到各种美
的操持,由操持上升到种种美的学问,最后从种种学问上升
到那种学问,即仅仅关于那种美的学问,最终认识到美本身
是什么。'"(211b5-d1)

我们在此看到的是个总结。多亏了对男童的正派的爱(correct love of boys),上升才得以发生。这是至关紧要的一点。这种对男童的正派的爱包含了对美的身体的爱。从这个角度看,对美的理式的凝视只是达到对男童的正派的爱的最后和最高阶段的手段。这应该不会让人意外。但我们在《王制》中看到一个与此严格对应的说法。在《王制》中,哲学只是作为实现好城邦的手段得以引入。在这里,哲学只是作为达到对男童的正派的爱的一种手段得以引入;但接下来也跟《王制》里一样,起初作为手段出现的东西最后经证明是目的。哲学不仅是实现好政治的手段,也是目的;这里的男童恋也与此类似。各位还可看到,入门(initiation)并非不可或缺。一个人是自己走,还是有其他人引导,都没有区别。

这里我们看到对各个阶段的重申:一个美的身体,两个美的身体,所有美的身体,各种美的操持,各种美的学问,关于美本身的学问;一共六个阶段,也就是说,跟对话中关于爱欲的讲辞篇数一样。柏拉图省略了什么? 一般规律是,柏拉图作品中从来不会有一种相同的重复;重复时总会有变化,即便有时看上去只是细微的变化。变化在哪里? 变化在第二步,这意味着对身体更大的强调,同时伴随的还有其他东西。当苏格拉底在第一次陈述中谈到从各种身体转向各种其他事物时,他提到了灵魂们。这里没提灵魂,这一点具有跟这部著作本身命意有关的重大的隐含意味。与这里的总结不同,我们在陈述本身里看到的是:一个身体,所有身体,灵魂们,各种操持和礼法,各种知识,以及一种知识。还有一个地方很微妙:这里是从一个到两个再到所有美的身体,然后从所有美的身体到各种美的操持,到各种美的学问,再到那种美的学问等;但是,尽管苏格拉底在论及身体的情形时重复提到美,[238]他在论及操持和学问的情形时却没有重复提到美。[这里]重点再次放到美的身体上。

　　"'就在生命的这一境地——要是说有任何地方,哦,亲爱
的苏格拉底,'这位曼提尼亚的异乡[女]人说,'有什么让人值
得过的生活的话,就是望见美本身的这境地。'"(211d1-3)

　　美本身就是善。这与《王制》的教导形成鲜明反差,按《王制》
的说法,善处于高位,在美之上。这不单是《王制》的教导,《会饮》
也曾如此教导。对于美与善的关系,我们此前学到的是什么? 以
两性间的爱这个简单的例子为证,这种爱被呈现为对美的爱——
随后第俄提玛教导的不是美而是善。因此,《会饮》的教导同样也
是——善是最高的。但是在这个最后的陈述中,美取代了善,这
是我称为对哲学的诗艺呈现(the poetic presentation of philosophy)
的又一指征。

　　"'一旦你看见它,你就会觉得,那些个金器和丽裳、那些
个美男童和美少男都算不得什么了。你如今不就还迷醉于
这些,你和别的许多人一样,对所爱的人望眼欲穿,巴不得和
他们永远在一起,不惜废寝忘食。并且只要有可能,就只想
望着他们,同他们待在一起。'"(211d3-8)

　　这里是过渡。首先,在早先阶段,它是只要可能就想看到男
童、和他们在一起的欲望。此后,在最高阶段,它是注视美本身并
和它在一起的欲望,至于这样做有无可能,这里完全没提。整个
不朽的问题都牵涉在其中了。

　　"'想想看,'她说,'要是一个人碰巧看到美本身的样子,
看到美的纯粹、晶莹剔透、精纯不杂,那种不掺人的肉身、色
泽或其他会死的劳什子的美,要是他能瞥见那神圣的纯然清
一的美本身,这人会是什么心情? 想想看,'她说,'一旦一个

人朝那个方向看去,望见那[美本身],并想方设法跟它在一起,他过去那种庸常的生活还值得过下去吗?'"(211d8-212a2)

那种注视使得对美本身的注视和与美本身的在一起取代了对美男童的注视和与美男童的在一起。注视善等同于跟善在一起,这就是幸福。211a1 开头第一次描述美本身时,提到了永在(always being);在 211b1-2 的第二次描述中,"永在"是最后被提及的。现在"永在"[239]被抛开了。但在苏格拉底谈到永在的中间部分,他曾说,美本身可被想象为永在的。让我们记住这一点。

"'难道你不觉得,'她说,'只有在这里,他才有可能凭[心智的眼睛]见到那仅仅对[心智的眼睛]才可见的美,他生产的才不是德性的虚幻形象(phantom images)——因为他触及的东西不是一个幻影(a phantom),而是真正的德性——因为他触及到的是真相;一旦他生产并养育真正的德性,他就会成为受神宠爱的人,不管这个人是谁,不都会是不死的吗?'"(212a2-7)

问题仍是有条件的。第俄提玛在这里描述了对美本身的视见(vision)的后果,而这个美代表了善本身。那种视见——也只有那种视见——的后果是生产。生产的不是美的言辞或德性的形象(images),而是真正的德性。真正德性的生育并非有意为之。前一部分曾论及诗人和立法者,他们都不生产真正的德性,这显然是因为他们没有那种视见。苏格拉底关心的不是生育真正的德性,他关心的只是对美的事物和美本身的注视。苏格拉底也不关心不朽,尽管他比其他任何人都更有可能变得不朽。[苏格拉底有可能获得的是]哪种意义上的不朽?209c-e 中与此对应的部分表明：是声名中的不朽。下面是结论：

> "斐德若、你们在座各位，第俄提玛对我说的就是这些，我对她说的也心悦诚服；因为我自己心悦诚服了，也就试图说服所有人信服：要想获得这种所有物（possession），对于人的天性来说，容易找到的再好不过的帮手就是爱若斯。所以，依我看，人人都得敬重爱若斯，我自己就敬重各种爱欲事物，并坚忍不拔地加以修炼，还勉励别人投入这样的事情。不仅现在，而且永远，我都要尽自己所能赞颂爱若斯的大能和阳刚之气。我这番话，斐德若，要是你乐意，就算作我给爱若斯的颂辞罢。不然，该算什么，如何称呼这番话，都随你好了。"（212b1-c3）

"这种所有物"（this possession；或译"财产"）——所有物经常被用作善的同义词。这种所有物是什么？是对美的视见，随之而来的是生育真正的德性和声名的不朽。这种所有物的获取不只需要爱欲。人的自然天性不容易找到更好的帮手——更好的帮手可能是有的；至少，可能有同样好的帮手。爱欲作为最容易找到的帮手，朝向每一个人，但爱欲可能不是最好的帮手。这个问题在一开始斐德若的[240]讨论中也出现过。爱欲能产生德性，但在斐德若的讲辞中，由爱欲产生的德性是一种较低的德性：这种较低的德性即便在最高程度上亦无需天性最佳者的德性就可达到。这里也有同样的暗示。爱欲首先是对人的爱欲。因此男童恋出现了。这是对美的爱欲的第一种形式。对最高的善来说，男童恋是必要的吗？让我们借《王制》呈现的事例——全然非爱欲的人，获利的爱者，唯独受算计驱使的人——来看一看。一味的算计会让此人成为社会的一员，因为他知道自己不是自足的。作为社会的一员，他变得关注正义，倘若他是个有思想的人，这会引导他去寻找正确本身(right itself),正义本身(justice itself)。按《王制》的明确说法,这种正义本身在尊贵程度上跟美本身一样高。这两种东西中的每一种——不管它们可能意指什么——都指向善。因此,在这种意义上,爱欲并非不可或缺。苏格拉底最后明白宣称,他的讲辞未必是对爱欲的赞颂。这是篇很大程度上有限制条件的颂词。

关于第俄提玛讲辞我有这样几个点评:爱欲不是一个神;爱欲既非美也非善。说得更精确点,爱欲既非指向美,也非指向属己之物。这是第俄提玛讲辞中间部分的关键含义。在第俄提玛讲辞的第三部分,对属己之物的爱和对美的爱都得到复原,这与中间部分截然相反。这意味着什么?我想提出这样的解释:通过否定对美的爱欲和对属己之物的爱欲,奥林珀斯诸神丧失了他们的根基。奥林珀斯诸神是爱欲的产物,但他们是某种特定种类爱欲的产物:这种爱欲是对美的爱——他们全然是美的存在者;但以一种更间接的方式,作为复仇神,他们又是对属己之物的爱的产物。属己之物在城邦里、在属于自己的正义里(in one's right)臻于极致,因此,在对复仇神的需要里臻于极致。因此,尽管诸神此后再也没有出现,但对属己之物的爱、对美的爱却重新出现了。两者再次出现时,爱欲得到了一种净化,我们或许可以说:《会饮》作为整体的任务就是对爱欲的净化,对爱欲的 catharsis[净化]。我们甚至可以进一步这样讲:柏拉图三部最美的对话,即《会饮》《王制》和《斐多》,乍一看最明显的就是,它们都致力于净化。使我们从对死亡的恐惧中得到净化的是——《斐多》;使我们从爱欲的内在危险中得到净化的是——《会饮》;使我们从我们如今称为政治理想主义的内在危险以及由这种政治理想主义哺育的幻觉中得到净化的是——《王制》。

在第俄提玛的讲辞的最后部分,我们看到三种形式的爱欲:对生育中的不朽的爱欲,对通过声名实现的不朽的爱欲,[241]对美的爱欲。爱生育中的不朽经证明就是爱属己之物：父母想在他们的儿女身上继续活下去；他们不只是关注一般意义上的产生人类。这个阶段严格限于异性之间的爱欲。第二阶段提及对通过声名实现的不朽的爱，这里也有对属于自己的不朽的爱，但这种爱是凭借各种美的事物为手段实现的。在这个阶段，跟灵魂有关的男童恋开始出现。在最后阶段，包括了身体上的男童恋的对美的爱，在对美本身的视见中臻于极致。第俄提玛在论及各个较高的层次时，只说到对美的注视，没说到对美的爱欲。这是为什么？对美的爱本质上指向多个身体（bodies），这一点必须得到明智的理解。我们本质上爱的是灵魂，但我们从来无法只爱灵魂。爱欲绝不可能与身体脱钩。我们无法只爱一个人不爱他的头。安提戈涅[在索福克勒斯同名剧作中]的第一句话很好地例示了这点。安提戈涅对她妹妹说："哦，伊斯墨涅（Ismene）的[和我]共有的头啊①。"爱着伊斯墨涅的安提戈涅也爱伊斯墨涅的头。在对活生生的人的爱欲之外不存在其他的爱欲，这也符合惯例。当我们谈到

---

① [译按]安提戈涅在剧中所讲的第一句话原文为：ὦ, κοινὸν αὐτάδελφον Ἰσμήνης κάρα。施特劳斯这里引述的是省略了αὐτάδελφον[我妹妹]一词后的一种直译：Oh, common head of Ismene，意在强调身体[这里是"头"]之于爱一个人的不可或缺。学者们对安提戈涅这句话的诠解颇有分歧，Richard C. Jebb 在注解《安提戈涅》时指出，κοινὸν[共同的/同族的]与αὐτάδελφον构成词组，强调安提戈涅与伊斯墨涅乃是出于相同父母的胞姐妹，在他看来，句中的κάρα[头]是一种委婉的说辞，带有"敬重"和"钟爱"之义。见 http://www. perseus. tufts. edu/hopper/text? doc = Perseus:text:1999.01.0185（引自 2011 年 3 月 25 日）。George Steiner 则认为，句中κοινὸν与Ἰσμήνης κάρα构成词组，安提戈涅这么说意在"宣告这头'为我们俩人共有'"，进而"要求出于'同一个头'的步调一致"。见 George Steiner, *Antigones: How the Antigone Legend has Endured in Western Literature, Art, and Thought* (New Haven: Yale UP, 1996), p. 209。可以说，后一种理解更切近施特劳斯的解读。

某个有爱欲的人时,我们的意思就是如此。因此,与多个身体有关的男童恋得到了承认。不过,整全,尤其对美本身的视见——正如这里明确说的那样——与爱欲事物(erotic things)有关联。因此在某种意义上,有一种爱欲超逾了对身体的爱欲或者说超逾了与身体的联结。但这不再是对美的爱欲,这一点很要紧。对美的爱欲导向了对美的超越。在最高阶段,爱欲的对象不复是美而是善——凝视善并与善在一起就是真正的幸福。这里的确也说道:爱欲者(erotics)超越了对属己之物的爱和对美的爱,这样的爱欲乃是对善本身的爱欲。

让我们以文本内容为基础尽可能地理解爱欲。从经验上对如下三种爱欲形式加以区分显然是有意义的。第一种,对属己之物的爱,对亲人的爱,以及在最广义的形式上对祖国的爱。第二种,对美的爱,对荣誉的爱,对道德德性的爱,还有如今为人所知的唯美主义(aestheticism)。第三种,对善的爱,这是最天然、最大规模的爱的形式;如果一个人着眼于让身体更强壮更健康而爱健身,这爱就既不是对美的爱,也不是对属己之物的爱,而是对善的爱——[这样的人是]体弱者,谋求获利的爱者。从这个观点看(这点绝非无关紧要),对善的爱不同于对属己之物的爱和对美的爱,对善的爱是一种最低的、最不起眼的爱欲形式。这是一个典型的柏拉图式概念:那初看起来毫不起眼的东西,某种意义上更直接地反映了最高的东西。不过我们已经知道:所有的爱欲都是对善的爱欲,因此也是对属己之物的爱[242],而对美的爱必定也是对善的爱。第俄提玛指出了这点如何得以可能。对善的爱欲是对我的安康、对我自己的完善、对德性和高贵的爱,甚至还可以包括对声名的爱。在最高层次上,所有这三种爱欲要素都会出现。如果一个人爱着最属己的东西即他的灵魂,那他也爱真理、爱善,他会受跟他同类的男童和少男吸引,因为他们有相同的潜质。

　　我说过,我们可以在属己之物、美与善之间作出区分,但这不是第俄提玛的三分法。她的三分法是生育、荣誉和——我们可以说——哲学,或者,也许是美而非哲学。这三者间有怎样的关系?第俄提玛为何用荣誉取代美,又用美取代善?关于第一个问题:她在第二个阶段为何不论及美而论及荣誉?这跟她达成的对诗的降格是一致的。第俄提玛说,诗人们爱的不是美而是他们的属己之物。他们关注美只是把美作为[获得]属己之物的手段。但[诗人们爱的]那种美是什么?是道德德性,在最高的情况下是政治审慎,最终是城邦。但是,诗人们爱道德德性、政治审慎或城邦并非缘于这些事物本身;他们爱这些事物是为了自己的不朽。根本不存在对城邦的爱欲,从而也不存在对道德德性和政治审慎的爱欲。因为道德德性和政治审慎在根本上要倚靠城邦,而城邦不是自然的。对自然的整全(the natural whole)即人类的一种任意选择构建了城邦;自然的整全即人类才是爱欲指向的目的——生育。没有可与生育相比拟的、指向城邦本身的自然倾向。没有指向道德德性和城邦的自然倾向,实际上,这才是[第俄提玛讲辞]关键的隐含意味。

　　为了明白这点,让我们看一下另一个远比这个三分法出现得晚但却与之有关的三分法。这就是托马斯·阿奎那在《神学大全》(Summa)II,1,问题94第2条中对人的三重自然倾向的划分。首先是自我保存,其次是对种的保存和子女的养育,再次是关于上帝的知识加上社会生活——这是城邦的对应物。在这里各位也可以看到,根本没有指向道德德性本身的自然倾向。第俄提玛对自我保存不置一词,为什么?因为自我保存可以说是低于爱欲的(suberotic)。我们无法把汲汲自保的人看作一个有爱欲的人。进而,第俄提玛用不朽的声名取代了社会中的生活,因为城邦不是自然的。

　　让我们再把上述区分与《王制》中灵魂的三个部分——欲望、

血气和理性——加以对比。血气(spiritedness)被换成对荣誉的爱,对不朽声名的爱欲,为什么? 包括义愤在内的血气跟正义或曰正确有关,但《会饮》抽取掉了正确,[243]因为正确或曰正义本身并非自然倾向的对象。不仅如此,血气在更一般的意义上意味着对敌人和异乡人的驱逐。从这个观点看,血气本质上与对属己之物的爱有关。但对属己之物的爱低于对美的爱。《会饮》超越了对属己之物的爱。爱欲没有家。《王制》作为一部政治著作没有超越属己之物的领域。或许可以更准确地说,《王制》也以自己的方式压制了属己之物,而这正是《王制》的微妙所在。证据是《王制》的所谓共产主义。人们可以说,《王制》同样站在美一边抛弃了属己之物。在柏拉图论及的[城邦]护卫者的教育中,中间部分是音乐教育,这种教育的功能是让护卫者们爱美。尽管如此,《王制》仍未以《会饮》的方式超越属己之物,因为人们可以说,属己之物被转让给城邦,而城邦也是人类的一个有限的部分。在《王制》中,你不再爱你自然意义上的兄弟姐妹,而是把每个年龄相仿的公民同胞当作人为的兄弟姐妹来爱,把每一个年长的男人女人当作人为的父母来爱。由此,在《王制》中,属己之物得到彻底的修正,它没有被超越。因为《王制》停留在爱属己之物的限度内,所以,对血气的强调,对驱逐外邦人和异乡人的强调就至关紧要。《会饮》超越了属己之物的领域,因此它对血气未置一词。我们由此可以获悉这样的要点:血气本质上是较低形式爱欲的伴生物,若是你们愿意,也可以说,这正是《王制》在灵魂学(psychology)上的原生之处(crudity)。在爱欲的较高阶段上,没有作为伴生物的 thumos[血气],没有血气。简单的证据是:人们可以公正地把哲学称为一种爱欲形式,但哲学自身并无血气的成分。义愤在严格意义上的哲学中没有位置。在哲学表述或哲学教诲中,那是另一回事。

听众:《王制》中难道没有对属己之物的直接超越吗?

施特劳斯:但它依然停留在属己的城邦里。作为普通人,我们爱自己的城邦。但也可能出现断裂。比如,一个在波兰的好人,某种程度上可能更爱美国而非波兰。你永远没法把质料——波兰的土地和人民——与形式、与政府彻底分开。由此,就出现了著名的忠诚问题。但在最高层次上,你会有不可分割的忠诚,因为你生活在最好的城邦中;也正是在最高层次上,对自己城邦的爱才与对其他城邦的爱有所不同。绝不可忘记:《王制》对最佳城邦与任何其他最佳城邦的关系始终未置一词。每个[最佳]城邦[244]都完全自足,因此没有走向其他城邦的动机。

听众:我唯一不理解的是,您说《王制》没有超越属己之物的领域。似乎在我看来,哲人并不知道自己的城邦是什么,因此他超越了这个领域。

施特劳斯:你得看全景。[对哲人而言]有一个很大的基础——城邦,是这个城邦允许他研习哲学。但接下来他必须偿还债务,返回洞穴。毕竟,《王制》呈现了整个哲学生活,其中不只包含在极乐岛上的逗留。《王制》呈现的哲学既超越城邦又下降到城邦,这两方面不可分割。在《会饮》中,这一点付之阙如。苏格拉底最后所说的生育真正的德性跟城邦毫无关系。那是哲人和年轻哲人间的关系,这里没提政治关系。我对[《会饮》与《王制》的联系]这个论题的解说既艰深又沉闷,但是,人们有必要借助这里考虑到的两种爱欲形式——对属己之物的爱和对美的爱,看清这两部对话间的这种复杂关系。在《会饮》中,对美的爱完全胜过了对属己之物的爱。《王制》中,对美的爱没有胜过对属己之物的爱,作者也无意使之如此。各位也看到了,要找出柏拉图的真正教诲何其困难,因为,他的教诲被分在许多对话中,必须把这些对话拼起来。迄今为止我能发现的或许最具理论性的问题是:[爱欲的]这三个阶段——对生育的爱,对荣誉的爱和对美本身的爱——如何与《王制》中灵魂的三个部分相关。在多年研究之后,这将是道很好的考题。

[更换磁带]

人身上所有我们称为有趣的事都发生在 thumos[血气]的领域。

重复一下：第俄提玛用荣誉和对不朽声名的爱取代了美，这点属于贬低诗的语境，也就是说，属于作为整体的《会饮》这个广阔语境。在《会饮》中，爱欲是在诗与哲学竞争的语境中得到讨论的。这场竞争凭苏格拉底讲辞而决出胜负：哲学获胜。在苏格拉底与阿伽通的对话以及苏格拉底与第俄提玛谈话的第一部分，肃剧诗人阿伽通被驳倒。在苏格拉底与第俄提玛谈话的第二部分即中间部分，肃剧诗人和谐剧诗人一起被驳倒；爱欲不像肃剧诗人说的是对美的爱，也不像谐剧诗人说的是对属己之物的爱，[245]爱欲是对善的爱。这确实是哲学的观点。在第三部分的第一次部，哲学观点的提出毫无争议——即以探究爱欲动因的形式提出[何为爱欲]，其中对诗人们没有任何提及。但在第二次部，也只有在第二次部，诗从哲学的角度得到呈现，哲学的观点是，对善的爱高于任何其他形式的爱。阿伽通曾说，爱欲是对美的爱，进而，完全归于对美的爱的不是诗而是诗艺的声名。我想提一下 169d 和 197a-b。第俄提玛说，激发诗的灵感不来自别处，正是来自对美的爱，但这种对美的爱其实爱的不是美本身，而是[属于]诗人们自己的某物(their own)。诗人们并不爱美本身，他们爱的是他们的不朽，他们爱的是[属于]他们自己的某物。对诗人们来说，美、道德德性和政治审慎都只是手段。在最后一个次部，当第俄提玛说到对美的爱时，她对诗人以及作为诗人最高对象的政治审慎都只字未提。诗人关心的绝非真正的美，绝非真正德性的产生；他们产生的无非是真正的德性的一个影子。我们如此赞赏（这种珍视某种程度上是对的）的这种政治审慎只是真正德性的一个影子，这影子是诗人能到达的极致。

《会饮》对诗的批评较之《王制》对诗的批评要礼貌得多,但两者最终是一致的。诗人们——这些了不起的人们——产生的德性并非真正的德性。正如我们可以表明的:从柏拉图的观点看,对诗的这种批评既不充分也不恰当。不过,这种批评必定意味着什么。我只限于提出这个问题:《会饮》只在讨论仅次于最佳的爱欲形式(the second highest form of eros)时才提到诗,并在其中暗含了对诗的批评,这种批评在《会饮》的整个语境中意味着什么?第俄提玛说:诗与对属己之物的爱有关,诗通往不朽的技艺作品的产生。荷马依然活着,直至今天还在对我们说话,某种程度上他[的生命]无止境地强过今天我们可能在希腊诸岛发现的任何荷马的后裔。另一方面,哲学是对美的爱,哲学不是对属己之物的爱,它不关心不朽,哲学也不写作。既然哲人摆脱了对属己之物的爱欲,只受对美的爱鼓舞,那他就可以——或许就像苏格拉底和柏拉图那样——无需关注不朽就变得不朽,也就是说,通过生育真正的德性而变得不朽。哲人的幸福完全在于注视美本身,在于引导由他个别挑选的其他人走向这种注视。写作者不能这样挑选。当然,我顺便指出,正如我们知道的,苏格拉底也生育了身体意义上的子女,但如果我们严肃对待这事的隐含意味,我们就能明白,他这样做不是受任何对属己[246]之物的爱所驱使,而是——像阿里斯托芬说的那样——出于对 nomos[礼法]的服从。苏格拉底因其爱欲的纯粹(purity)而没有写作。苏格拉底的爱欲仅仅指向美,他的爱欲并不指向不朽。苏格拉底因其纯粹而不写作。那么,何以柏拉图和色诺芬要写作?柏拉图怎么可能如此昭彰地达不到这种最高标准的纯粹?你不能在这里向肉体中去找答案(recourse to flesh),否则柏拉图会因此永远蒙羞。所以,为了向柏拉图表示敬意,我们不得不说:苏格拉底没有写作是因为他不能写作。但这里的写作指什么?指写作对话,写作某种类型的戏剧(drama)。戏剧既非肃剧也非谐剧,因为它两者都是。苏格拉底不能写作;他是个助产士,也就是说,他不能生育,因为他不能发明。诗人是个发明者。但实情明显并非如此。证据是,他在《王制》中有很多发明,比如那三波浪潮(three waves)。

那么,苏格拉底究竟为何不能写作? 柏拉图有两部对话——即《斐德若》和《高尔吉亚》——处理过写作问题,也就是说,处理过尤其区别于法律写作的讲辞写作(the writing of speeches)。《斐德若》是《会饮》的续篇,它提出了写作的问题,提出了对写作的反对意见以及写作必须要解决的问题。《高尔吉亚》提出了苏格拉底的修辞术即苏格拉底的演讲技艺的局限性,由此提出了他的讲辞写作技艺的局限性,进而也提出了苏格拉底的写作技艺的局限性。那《高尔吉亚》告诉我们什么了? 它说:苏格拉底有能力说服珀洛斯(Polus)。《高尔吉亚》有三个部分:第一部分,苏格拉底与高尔吉亚讨论修辞术;第二部分,苏格拉底与高尔吉亚的学生珀洛斯(也是个修辞术教师)讨论修辞术;第三部分,苏格拉底与卡利克勒斯(Callicles)讨论修辞术。但对话的主体是向高尔吉亚展示苏格拉底自己的修辞术。在跟珀洛斯讨论的部分,苏格拉底成功了——他能够说服珀洛斯。在卡利克勒斯这个部分,苏格拉底失败了。苏格拉底最后摊牌说:我的修辞术只能走这么远。为什么? 苏格拉底能够说服珀洛斯,是因为他可以用辩证法、用各种证据来说服他。他不能真正说服卡利克勒斯,是因为若不诉诸威胁、不诉诸惩罚性言辞——即最后诉诸复仇神的言辞,卡利克勒斯就不能被真正说服。这就是苏格拉底没能说服卡利克勒斯的理由。《高尔吉亚》结尾的神话是个样本,说明苏格拉底在这类事情上束手无策。你无法用这个神话说服任何人悔过。苏格拉底缺乏义愤,缺乏 thumos[血气]这种在柏拉图对话中清楚显示的品质。在这问题上,我必须再次对一位伟人表示敬意——这人是个土耳其人,他不识一行古希腊文,他就是阿尔法拉比(al-Farabi),他断言,柏拉图的伟大成就超过苏格拉底的地方在于,柏拉图有能力结合苏格拉底的路数——借此你能以辩证的方式教导好人——与[247]忒拉绪马霍斯的路数——藉此你能说服必须靠威逼和恐吓来对付的冥顽不化者。苏格拉底没有写作是因为他不能写作,或说得更准确些,是因为他不能在最高水准上写作,而在最高水准上写作包括写肃剧的能力——肃剧背后是复仇神。完美的讲辞制作者(speechmaker)可以写肃剧,这样的人也可以是个谐剧家。但反过来就不行了。苏格拉底原本可以写谐剧,可以写出比阿里斯托芬谐剧更好的谐剧,尽管他很可能不会写得像阿里斯托芬那么强悍。但这还不够,因为写谐剧不能使人成为哲人。

不过,柏拉图和色诺芬却从苏格拉底那里学到了怎样写惩罚性言辞和怎样以惩罚方式来行动。在色诺芬那里,我们从他自己口中知道了这点。他去居鲁士(Cyrus)那里时遇到一个智术师的弟子普罗克色诺斯(Proxenos),这是个好人,他跟贤人交往很内行,但跟非贤人交往却束手无策。作为苏格拉底的学生,色诺芬在鞭笞大众、对他们进行惩罚方面也很拿手。色诺芬差一点在小亚细亚创建一个城邦,甚至有人请他做国王,他在小亚细亚的整个生涯以及柏拉图在叙拉古(Syracuse)的行动都表明,他们某种程度上是政治上活跃的人。苏格拉底在政治上不活跃,这事实跟他不写作的事实根本上是一致的——两者都表明他的 thumos 即血气的薄弱。在这个程度上,阿里斯托芬对苏格拉底的批评——即他是个非政治的人——有很大的真实性。苏格拉底将自己从政治中抽身而退的事实(他因此倍受訾议)归因于他的 daimonion[命相神灵],归因于他身上的命相神灵事物(demonic thing)。古代晚期的注疏家们[提到柏拉图和亚里士多德时]会说:神圣的(divine)柏拉图和命相神灵般的(demonic)亚里士多德,我认为,这个说法虽具异教色彩,但在表明这两个人的等级次序方面颇令人信服。但如果我们说,苏格拉底是命相神灵般的[人]而柏拉图对他知根知底,那对理解柏拉图会更有帮助。柏拉图有苏格拉底缺乏的一种天赋。苏格拉底的不写作与他的其他局限性之间有没有关联,这是个极其有趣的问题。各位知道,在有些[柏拉图]对话中苏格拉底没讲话——比如在《蒂迈欧》《克里提阿》《智术师》和《治邦者》里。柏拉图是不是想借此暗示苏格拉底没能做到的事情? 这是个聚讼纷纭的问题。但有一件事我们可以确定:苏格拉底没有写作而柏拉图写作了,我相信,这件事最终只能通过我刚才概述此事时采用的方式才能得到理解。

在一篇[柏拉图]对话即《法义》中,苏格拉底彻底缺席,就这个事实而言,人们还必须考虑到——正如第俄提玛指出的——诗与立法之间的关联,同样要考虑的是苏格拉底的非政治性。因此,苏格拉底在《法义》中的缺席跟我刚才的解释能漂亮地相互吻合。

对诗的哲学式呈现(the philosophic presentation of poetry)居于第俄提玛讲辞[248]最后部分的中间次部。最后次部对哲学的呈现又怎样呢? 我们注意到这里对各种理式未置一词;只有一个这类事物被提及,那就是美本身,但美本身并非作为理式被提及。美的理式[在此]被引入,而且实际上具有善的理式的功能,按柏拉图的说法,善的理式有一种绝对独一无二的地位。这点是在无任何准备、无任何我刚刚提到的某种其他困难的情况下完成的。我认为,最后这部分的功能是对哲学的诗艺呈现。在这两页中,哲学是什么这个问题没有以任何说理的方式(reasonable way)出现。哲学相对任何其他美的事物有令人难以置信的优越性,最后这部分给出了想象这种令人难以置信的优越性的一个形象(an image)。用我刚刚的说法,对哲学的这种诗艺呈现显然不是肃剧性的,从根本上说,它或许显得具有高度的谐剧性。除非我们说:这种诗艺呈现是由第俄提玛而非苏格拉底给出的,而第俄提玛或许免除了苏格拉底的局限性。由于苏格拉底既有能力给出对诗的哲学式呈现,也有能力给出对哲学的诗艺呈现,他赢得了与诗人们的竞赛。没有哪个诗人能成功地做到这一点。

这种对哲学的诗艺呈现让我们看到,爱欲严格说来只是对人类的爱欲。因此,爱欲不是人的自然天性的最佳帮手。换言之,这部对话以对爱欲的贬低告终。我认为,这也正是《斐德若》的起点。在《斐德若》里,年轻的斐德若出于自己完全非爱欲的意见,更喜欢非爱者(nonlover)而不是爱者,苏格拉底在那儿对爱欲给予了无条件的赞颂,从而纠正了斐德若。但《斐德若》恰恰是柏拉图对话中唯一以祈祷结束的——祈祷的对象不是爱欲,而首先是潘神(the god Pan),潘神跟生殖(fertility)大有干系,在此意义上,他也跟爱欲有关。但与潘神相关的生殖是广义上的生殖:潘神是自然的富饶之神(god of natural wealth)。即便在这里我们也不能忘记:对获利的爱(love of gain)具有极端重要性,它是爱真正的获利、爱真正的富饶即灵魂的富饶——爱智慧的一个卑微的代表。关于这个次部,就说这么多。

听众:您是不是假设,苏格拉底缺乏血气而柏拉图和色诺芬不缺乏?

施特劳斯:我不得不这么说。换种说法或许能说得更明白点:苏格拉底更是个绝对意义上的(unqualifiedly)哲人。我对这样一个答案也不满意,因为我确信,这个答案里隐藏了某种东西,但我无法嗑开这个坚果。你可以说,柏拉图和色诺芬也不发怒,只在必要时扮演发怒(played angry)。表面上看,苏格拉底甚至连这一点都做不到。我相信,苏格拉底几乎发怒的场景只有一个,那是在色诺芬《回忆苏格拉底》卷一[249]第3章。苏格拉底这次类似愤怒(quasi anger)的对象是色诺芬。但我承认,我所讲的并不完全清楚,也难令人满意。

听众:如果爱欲只是对人类的爱欲,那么敏感的人们(sensitive people)之于善的地位会是怎样的,或者您会如何称二者之间的那种亲和力(affinity)?

施特劳斯:如果我们按这种严格和确切的含义理解爱欲,那阿里斯托芬的话很有可能是对的,他说,爱欲包含的内容比爱者知道得更多。但若是这种隐含意味得到揭示,那爱欲就不再是严格意义上的爱欲了。比如,你可能从文学作品中得知,在每种深刻的爱欲关系中都隐含着让这种关系不死的欲望,但那种欲望无法以这种[爱欲]形式实现。在对饮食的欲望中并不隐含这类欲望。爱欲的这种隐含意味难道不会引领我们超逾爱欲吗?此外还有各种其他方式,比如,人们关心他们的爱是不是真的。于是就出现了人的真诚这样的问题。从严格意义上的对人类的爱出发引领人们超逾爱的途径数不胜数。更一般的说法是:在严格意义上理解的爱欲生活中,人不能找到他的圆满,不能实现他的满足。当然你可以称之为爱欲,但问题是,这是不是对[爱欲]这个措辞的寓意式用法。不过,爱欲可能是我们能拥有的最好的措辞了。

听众:如果在最高状态下人能把爱欲净化掉,这是他的最高的完善吗?

施特劳斯:表面上是的。如果你看到某种美的东西,却并不渴望它,那它打动你、吸引你时你就没有任何要占有它的欲望,不是吗?尽管有一种较低种类的爱,这种爱必然对自我——健康或财富——有所反映。但也有真正忘我的对美的爱,这种爱某种意义上比不能忘我的爱有更高的高贵(of higher nobility)。显著的事实是:在最高的层面上忘我是不可能的。对真理的爱高于对美的爱,而对真理的爱——如果有丝毫的话——是某种你想要拥有的东西。这种情形在对美的爱中可能缺席。柏拉图的意思就是如此。在最高事物和最低事物之间有那种奇异的亲缘关系。

听众:对善的爱也有这种与最低事物之间的亲缘关系吗?

施特劳斯:某种意义上是的:对自我的关注,对灵魂健康的关注,在最高的层次上得以呈现。某些种类的对美的爱没有这种隐含意味。

听众:那么,您的意思是不是说,对美的爱某种意义上更高?

施特劳斯:很可能这不是唯一的情形,即一种事物[250]高于另一种事物,与此同时从这种观点来看的最高事物又跟最低事物联结在一起。在最低层次上,我们想要的拥有是一种不能被分享的拥有。美具有普遍的可接近性。最高意义上的善原则上为一切人共有,但最高者和最低者分享着中间者所没有的占有关系。注视的要素为真理和美所共有,根本需求(vital need)的要素为最高者和最低者所共有。

听众:我不太理解写作何以就使柏拉图比苏格拉底更高。

施特劳斯:我承认,我的论证中有某种空隙。但在《会饮》的描述中,生产不朽的作品虽然只属于第二高的事;只有诗人而非哲人才生产不朽的作品。但既然每种多余都是一个缺陷,那苏格拉底难道不是凭根本不写作而成为始终如一的哲人?问题就这样出现了。让我们从最明显的事实开始:苏格拉底从不写作,他在《斐德若》中有一个反对写作的有力论证。柏拉图写作,但这两件事不可能在同样的层次上。其中必有一个是最高的,不是这个就是那个。既然柏拉图写作,那就必须假定他认为写作更高。最高层次的写作高于最高层次的不写作,我们必须为此找出理由。

听众:您说的为写作所必需的这种公众的血气,可否在某种意义上被理解为对哲学的一种保护?

施特劳斯:尽管如此,你还是不能抽取掉本质上的偶然性(essential accidents),如果我可以这样说的话,你不能抽取掉哲学的本质上的外部条件。

你的问题让我想起另外一点:[《会饮》]第一部分涉及修辞术,而——如果我的解释是正确的——最后部分提出了哲人不写作的问题,与第一部分形成反差,但就此而言,最后部分也暗中涉及了修辞术。

听众：如果有一些真实的欲望，诸如对不朽的欲望等，即便在最高层面上我们能把它们就撂在一边吗，还是说在最高层面上它们必须得到满足？

施特劳斯：当然。但问题是：一种自然欲望必须得到满足。但问题是，什么欲望是一种自然欲望？换言之，如果我们看到一种自然现象，它是不是在每个方面都是自然的？一种欲望可能以各种方式遭到扭曲，你不能指望这样的欲望应得到满足。首先你必须确立这样的事实，即这种欲望是一种自然的欲望。在《会饮》的基础上，人们会说：这里显得[251]有可能实现的不朽是对不朽的注视，但作为这个人的注视者却不是不朽的。柏拉图的每篇对话都是一种局部真理（half-truth），他故意这么做；每篇对话都会抽取掉某些东西。人们可以说（这或许是人们能说的最好的一点）：《会饮》抽取掉了人们用古希腊语言称之为宇宙诸神的东西。你也可以这样说：《会饮》抽取掉了灵魂。我相信，柏拉图在列举——即他提出六个要点——时的沉默极具特色。对不朽和诸神的柏拉图式证明都基于对灵魂的考量。某种意义上《会饮》抽取掉了灵魂，这听来非常奇怪。对此有一个简单的理由：《会饮》关心的是——那与公元前416年的［渎神］丑闻有关——当时盛行的对奥林珀斯诸神的信仰，对涉及埃琉西斯秘仪的不朽的信仰。在这方面，［会饮给出的答案］完全是否定的。严格意义上的理论考量和自然学考量是否能通往作为超人的思维存在者的诸神，是否能通往个体的不死，这个问题只有基于《斐多》，某种程度上也只有基于《斐德若》和《王制》，才能得到解决。

十二　阿尔喀比亚德

[252]上次我们结束了对苏格拉底讲辞的学习。所有在场的人,无论是收到邀请的还是没收到的,除阿里斯托得莫斯外都讲过了。现在我们到了终点。但对话却未就此结束——发生了一个突发事件,阿尔喀比亚德来了。这篇关于爱欲的对话为什么会以阿尔喀比亚德关于苏格拉底的讲辞收尾?当然,文本中交代了一个戏剧动机,这点我们马上会读到。但首先还是让我们在不考虑特殊证据的情况下考虑一下这个问题。人们可以这样论证:《会饮》最首要的主题不是爱欲,而是苏格拉底的 hybris[肆心]。这就导致了如下事实,即此篇对话被置于公元前 416 年,当时发生了亵渎宗教秘仪的事件,阿尔喀比亚德卷入这件事的程度比任何人都深。所以,出于这个理由,阿尔喀比亚德必须参与进来。既然诗人指控苏格拉底(或一般意义上的哲人们)的肆心,那就有必要把对苏格拉底的肆心的展现跟诗人们的辩驳联系起来。这要求一场在苏格拉底与诗人们之间的竞赛,对柏拉图来说,最别致地展示这场竞赛的形式以阿里斯托芬的《蛙》为其典范——在《蛙》中,阿尔喀比亚德某种程度上可说是最关键的人物,因为在他主持下,肃剧诗人间的竞赛最后做出了有利于埃斯库罗斯的判决。所以,出于这个考量,阿尔喀比亚德也必须参与进来。不过,我们当然也必须把阿尔喀比亚德讲辞理解为一部关于爱欲的对话的恰切结语;否则就会有些牵强了。唯有苏格拉底说自己只是

个爱欲行家(an expert in erotic things);因此,如果对话结尾让某个最了解身为 erotician[爱欲行家]——容我杜撰一个词——的苏格拉底的人出场,也很自然。

但也许可以更简单地说:严格理解的爱欲是对人的爱,是想跟某一个或某些自己所爱的人在一起的欲望,而这意味着身体们在一起,不是在任何狭义上的在一起。我们现在所说的个人在场当然都是指身体的在场。只有两人都在场交谈才能进行。如果这就是爱欲,那么爱欲本质上只限于人的有生之年。但爱欲倾向于超逾人的有生之年,因此,为了爱欲的缘故,爱欲会变成对不死的欲望、对永远在一起的欲望,对身体不死的欲望。这会要求灵魂的肉身化(incarnation),以便爱欲在身体死后还能继续活下去。这种灵魂肉身化的唯一自然的形式是写作。因为一本书是一个有形体的事物(a bodily thing),书可以在作者死后继续跟人一起存在。从这个观点看,[253]苏格拉底不写作的事实似乎表明:苏格拉底不屑于这种类型的不死。我们还可以说,苏格拉底不写作的事实表明苏格拉底的爱欲具有成问题的特征,即他以严格意义上的身体或这种类型的身体——即书本——跟那些他所爱的人在一起的欲望,具有成问题的特征。苏格拉底是个有情人吗?这个问题恰恰因他不写作的事实被强加于我们。乍看起来,对苏格拉底身为有情人知道得最清楚的似乎就是阿尔喀比亚德,而阿尔喀比亚德将给我们的问题一个答案,他的答案虽不充分却也构成了我们的部分证据。苏格拉底不是一个有情人。各位如果记得我此前提出的一个论点,那这个答案的意思就是:苏格拉底不写作。但我们必须更深地进入论证。在我们转向文本之前,我相信现在是时候提出一个已被我延宕多次的考量了。

《会饮》有六篇关于爱欲的讲辞,六种关于爱欲的不同理论或观点。但在一部这样的作品中,理论和理论提出者之间、讲辞和讲者之间肯定会有关联。正如我们今天会说的:各种理论肯定或多或少反映了人类的各种典型态度。那这些态度是怎样的？如果《会饮》对各种可能出现的人类态度的考量不完整，那它对爱欲的展现当然也不完整。因此，我们必须以《会饮》提供的素材为基础，概览一下爱欲的各种可能属性。这通过简单的数学操作就能完成。有三个考量明显相关：(1)讲者可能是一个有情人或一个情伴；(2)他可能年长也可能年轻，因为有情人未必年长，情伴未必年轻；(3)从一开始对待蛮饮的态度看，这个人是谨慎的(cautious)抑或不是？不谨慎者可进一步分为两种形式：一类柔软(soft)，一类男子气。这样，我们就有三个不同的视角：其中两个包含两种选项，一个包含三种选项——一共十二种选项。

现在让我们来看看各种组合，看能否把它们一一跟在场的人对上号。[这些选项是：]年轻的，谨慎的，有情人；年轻的，谨慎的，情伴；年长的，谨慎的，有情人；年长的，谨慎的，情伴；年轻的，柔软的，有情人；年轻的，柔软的，情伴；年长的，柔软的，有情人；年长的，柔软的，情伴；年轻的，男子气的，有情人；年轻的，男子气的，情伴；年长的，男子气的，有情人；年长的，男子气的，情伴。我并不宣称我现在将要讲的是关于这个论题的定论。我现在想提出一个预设，我相信，这预设听上去不会太离谱，即年长的、男子气的有情人和年长的、男子气的情伴在我们的对话中是同一个人——苏格拉底。年长并不意味着七十岁，只是相对于他的情伴而言年长。苏格拉底为人所爱，这在阿里斯托得莫斯那里表现得很清楚；苏格拉底是个有情人，至少他自己这么说；他既不柔软也不谨慎，这不言而喻。基于下述考量，[各种组合构成的]人物总数[254]应是十一个：基于我的朋友冯·布兰肯哈根(von Blanckenhagen)先生给予的某种鼓励，我假定，在这样一次事件中在场的人数跟缪斯女神的数目一样——九个，即一个主人加上八个受邀的客人；还有两个人不请自来——跟苏格拉底一起来的阿里斯托得莫斯以及现在到来的阿尔喀比亚德。于是我们假定，在场的总人数是十一个。由此,所有类型的人才能都讲过,或毋宁说,都对得上号。我们已知的有八个人,即六个讲者再加阿尔喀比亚德和阿里斯托得莫斯。肯定还有三个我们不知道的讲者,还有三种组合类型尚无姓名。

现在,如果可能的话,让我试着把他们对上号。让我们从斐德若开始:他显然是年轻、谨慎的情伴。然后我们转到泡赛尼阿斯,他是年长、柔软的有情人;接下来是厄里克希马库斯——年长、谨慎的有情人;接下来是阿伽通——年轻、柔软的情伴。我已经说过苏格拉底了。我现在来预测一下阿尔喀比亚德,他是个简单的问题,我相信他是:年轻、有男子气的有情人。现在我想说说阿里斯托得莫斯,他也简单:年轻,谨慎,有情人。阿里斯托德莫斯年纪轻且是个有情人,这很清楚,他的谨慎表现在他不愿喝太多酒。对阿里斯托芬我有这样的建议:他是年长、柔软的情伴。相对来说,他较为年长这点很清楚;柔软是所有诗人的特点(《法义》817d;《王制》607c)。阿里斯托芬为谁所爱?假如以斐德若为例,我们知道斐德若为谁所爱——厄里克希马库斯;阿伽通为泡赛尼阿斯所爱。阿里斯托芬——我假设,这只是个假设——为柏拉图所爱。有个古老的故事讲到,柏拉图去世时,他枕头底下放着阿里斯托芬的谐剧。

如果真是如此,所有这些要点就需要仔细考量,有三种组合类型没有人名相对应。各位还记得,斐德若之后有几个人讲过,但他们的名字没记下来。我想我们可以把他们找出来。我不是说事情必定如此,但为了辨识那些没被记录的讲辞的一般特征,这显然是人们不得不着手的途径。缺失的组合首先是年长、谨慎的情伴——我们必须弄清何以他的讲辞没被记录。然后有一个年轻、柔软的有情人,尽管没出现在会饮场合,但书中有这么个人——阿波罗多洛斯,此人明确被称为软蛋(soft)——但即便没这个称呼我们也能诊断出他的柔软,因为软蛋的意思差不多就是我们如今说的情绪化(emotional),容易被逗哭,容易被逗笑。在场的讲者中肯定有阿波罗多洛斯的对应者。最后还有一个:年轻、男子气的情伴——我相信——也没人代表,而且,在这种情况下,我认为人们可以理解,何以书中没有给出年轻、男子气的情伴的讲辞。[255]这会让人受不了的。如果有人既年轻又有男子气还为人所爱,那他将会是 hubris[肆心]的化身。我只想把这些方面提出来供各位考虑,因为这种反思绝对必要,至于我的讲法充分与否则无关紧要。

听众:年轻、男子气的情伴[这种组合类型]会不会适用于爱欲?

施特劳斯:未必如此。试将这个描述与阿伽通对爱欲的描述加以比较。那里强调的是爱欲的柔软,这种柔软又揭示了阿伽通的柔软。但苏格拉底描述的爱欲充满男子气,这又反映了苏格拉底的男子气。现在让我们来看文本。

> 苏格拉底讲完这些,有些人赞扬他,但阿里斯托芬想要说什么,因为,苏格拉底在讲话时曾影射到他的讲辞……(212c4-6)

对苏格拉底讲辞不满的那个人是阿里斯托芬。顺便说一句,苏格拉底获得的喝彩远不及阿伽通获得的喝彩。为什么阿里斯托芬[对苏格拉底的讲辞]不满?[因为]他的论点(爱是对属己之物的爱)比阿伽通的论点(爱是对美的爱)在更高程度上成为苏格拉底针对的靶子。

> ……突然有人在外面大敲前门,传来一阵嘈杂,好像是帮纵酒狂欢者,有人还听见吹箫女的声音。阿伽通于是招呼说:"小家伙们,快去看看。要是有熟朋友,就把他请进来;不

然就说我们没有喝酒,正准备休息。"不一会儿,他们听见阿尔喀比亚德在前院的声音,他已经烂醉如泥,在那里大声嚷嚷,问阿伽通在哪里,要人们带他见阿伽通。(212c6-d5)

　　阿里斯托芬被阿尔喀比亚德打断。《普罗塔戈拉》347b 有段内容与此对应,在那里,阿尔喀比亚德打断的是智术师希琵阿斯(Hippias)。阿里斯托芬跟希琵阿斯有某种共通处。希琵阿斯作为智术师,极力声称自己是个论说自然的人(physiologist),一个自然的研究者。阿里斯托芬也是这样一个自然学家(physicist)。最杰出的政治人[阿尔喀比亚德]站在苏格拉底一边反对自然学家希琵阿斯和自然学家阿里斯托芬。为什么? 按这些自然学家的理解,宇宙诸神与城邦水火不容。这种对整全的理解的一个后果是自然与约定的整个对立。这两段对应文字的差别是:《普罗塔戈拉》中阿尔喀比亚德的行为是故意的,这里他的行为不是故意的,因为《普罗塔戈拉》中每个人都清醒,但在这里他是喝醉了走进来的。

　　于是,在吹箫女和其他几个跟着来的人搀扶下,他们把他领到众人面前,他站在门口,头上戴个常春藤和紫罗兰编的大[256]花冠,还缠了好些飘带在头上,他说:"喂,各位哥们儿! 你们是要欢迎一个已经烂醉的人一起再喝,还是咱们替阿伽通戴上花冠,然后各自离开? 咱们今儿不就是为这事来这里的吗。你们知道,我,"他说,"昨天没能来得成,可这会儿我带着飘带来了,这样我就能把花冠从我头上拿下来,像这样为这个最有智慧、最漂亮的人戴上——要是我这样说的话! 怎么,你们笑我喝醉了? 但即便你们笑话我,我仍知道我在说真话。不过,你们倒是说说,我可站在这儿呢,按我开的条件,我进来还是不进来? 你们和我喝还是不喝?"

(212d5-213a2)

因为阿尔喀比亚德尚未看到苏格拉底,所以他才称阿伽通为最有智慧者。正如各位看到的,尽管(或正因为)他醉了,他确定自己说的是真话。In vino veritas[酒后吐真言]——这有些道理。但另一方面,我们也可以说:喝醉未必能担保[醉者说的就是]真话。那么,阿尔喀比亚德后来的讲辞中关于苏格拉底的那席话到底有多真呢?各位看到,在这段话的前半部分,做决定的是阿尔喀比亚德和他的随从,不是阿伽通的仆人。阿尔喀比亚德搅乱了整个聚会。

> 大家七嘴八舌嚷起来,催他进来躺下;阿伽通也邀请他。于是他[阿尔喀比亚德]由众人领着进来。(212a3-5)

"由众人领着"(led by human beings)。[此句中所用的]Anthropoi[(泛指的)人们]跟hombres(real men[实在的人们])有差别。我相信,在这个特定语境下,这个词带有某种着重的强调。谁可以由强调意义上的人们领着?这个谁不是一个人,而是一类神。我以为,这里呈现的阿尔喀比亚德是——容我这样说——诗人们用来造神(make gods)的原始素材。

> 由于他正取下飘带好像要[给阿伽通]戴上,飘带挡住了视线,所以他没看到苏格拉底,而是挨着阿伽通坐下来,正坐在阿伽通和苏格拉底中间,因为,苏格拉底一看到他,就把位子挪出来。阿尔喀比亚德一边往阿伽通身边坐,一边向他表示祝贺并给他戴上花冠。阿伽通吩咐道:"给阿尔喀比亚德脱鞋,小家伙们,他就躺这儿,咱们仁儿躺一起。""那当然啰,"阿尔喀比亚德说,"不过,咱们那第三个饮伴是谁?"他

一转身,就看到苏格拉底,他马上跳起来嚷道:"赫拉克勒斯哟!"(213a5-b8)

各位将会看到,阿尔喀比亚德发的誓比任何人都多。

"怎么回事!苏格拉底在这儿?你这家伙又躺在这里打我埋伏!你老是出我意料地突然出现!你这会儿为什么躺在这儿?为什么偏偏躺在这儿?你不挨着阿里斯托芬[257]或随便哪个会搞笑或想搞笑的躺,却想方设法挨着满屋子人中最漂亮的一个身边躺!"(213b9-c5)

苏格拉底的在场对阿尔喀比亚德完全是个意外。但他说的最后一点尤其值得注意。他原本指望在哪里发现苏格拉底?在谐剧诗人身边。苏格拉底偏爱最漂亮的年轻人仅次于偏爱谐剧诗人。阿里斯托芬曾写过著名的"攻击"苏格拉底的谐剧《云》,这场会饮发生在《云》剧首演五年之后。苏格拉底与阿里斯托芬相互之间并无敌意,我们必须牢记这一点,因为这对理解下面的内容至关重要。

苏格拉底说:"瞧!阿伽通啊,还不过来护着我!因为这个人的爱欲对我一直是不小的麻烦!自从我爱上了他,我就再也不能看哪个美人一眼,更别说跟人家扯上几句了,否则,他马上醋劲冲天,忌恨我,想出鬼招整我、骂我,就差动手揍我了。瞧,这会儿他还没干什么,赶紧给我俩调解调解,他要是动粗,你可得保护我,因为他的疯狂和一个有情人的爱简直让我怕得不行。"(213c6-d6)

究竟谁是有情人,苏格拉底还是阿尔喀比亚德?苏格拉底说,他爱上了阿尔喀比亚德,但阿尔喀比亚德却吃苏格拉底的醋。这个问题有没有因阿尔喀比亚德是作出响应的有情人这个事实而得到充分的解决? 各位从文学作品中可以得知:甲爱上了乙,一个年轻男子爱上了一个年轻女孩,可能碰巧乙也爱上了甲,这其中没有什么离谱之处。但我们必须弄清楚这里是不是也是如此。

> "你我两个之间根本没可能调解,"阿尔喀比亚德说,"但你刚才说的,我以后再找你算账。现在嘛,阿伽通,"他说,"还几条飘带下来给我,我要给这家伙神奇透顶的脑袋戴上,免得他因为我给你戴花冠的事而找我茬,他的言辞永久地赢过了所有的人,不像你,只不过前天才赢了一回,尽管我有这个胆量不给他戴。"阿尔喀比亚德马上拿了几条飘带给苏格拉底戴上,然后才躺下来。(213d7-e6)

由此,阿尔喀比亚德实现了预言。一开始,阿伽通曾对苏格拉底说:"狄俄尼索斯会做我俩之间的裁判。"现在,由阿尔喀比亚德代表的狄俄尼索斯果真做了裁判,并给苏格拉底戴了花冠。虽说阿伽通也被戴了花冠,但阿尔喀比亚德把最高的赞颂给了苏格拉底:他的获胜是永久的,并非只是偶然一次。因此,按照我前面提出的意见,人们可以说,以阿尔喀比亚德为原始素材的那个神应该是[258]狄俄尼索斯。但这仍未解决问题。可能还有其他神,更伟大的神,由某个伟大诗人用阿尔喀比亚德制造的神。

> 躺下来后,阿尔喀比亚德说:"听着,哥们儿! 我看你们都还清醒得很,这可不行,还得喝,因为咱们一致同意了。现在我选自己当酒司令,直到你们喝够为止。"(213e7-10)

各位看到,一致同意得到保持。这里有僭主程序和宪政(con-stitutional)程序的奇异混合。这种程序的目的只是执行得到一致同意的事情。阿尔喀比亚德是典型的僭主,他总是会说"我满足了你们所有人的愿望",但显然他选自己[做领袖]。

> "阿伽通,叫人拿大杯子来,如果有的话。别忙,用不着大杯子了,过来!小家伙,"他说,因为他看到一个凉碗,可以装不止八品脱,"把那凉碗拿来。"他让人把酒斟满,他自己先一口喝干,然后叫他们给苏格拉底斟满,说道:"哥们儿,对付苏格拉底,咱这一计是白搭,因为,你要他喝多少,他都能喝,绝不会醉。"
>
> 男童刚把酒斟满,苏格拉底就一口喝干;但厄里克希马库斯却说:"怎么着,阿尔喀比亚德,咱们就这样子吗?既不侃,也不唱,只管喝,好像咱们这帮人渴得要命,一个劲儿傻喝?"(213e10-214b2)

厄里克希马库斯提出抗议。某种程度上,他是每个人的护卫者——医生。他没阻止喝酒,只是阻止光是一个劲儿喝。

> 阿尔喀比亚德喊道:"嘿,厄里克希马库斯,你爸爸最棒、最节制(清醒[sober]),你是他最棒的儿子!"(214b3-4)

阿尔喀比亚德没有说最清醒的儿子,[只说]他[厄里克希马库斯]的父亲最清醒。这可能是指,厄里克希马库斯的确有一点清醒,但还不是彻底清醒。

> "你也好呀,"厄里克希马库斯答道,"可咱们怎么着?"
> "你说怎么着就怎么着,咱们都得服从,'一个医生的价值抵

得过许多人'。所以你就随意开方子吧!"(214b6-8)

　　阿尔喀比亚德对厄里克希马库斯做了让步,而且没费任何周折。为什么?他引的话出自《伊利亚特》卷十一第 514 行,那里提到一个医生。这医生是阿斯克勒庇乌斯(Asclepius)的儿子,当然,他不如阿斯克勒庇乌斯,就像厄里克希马库斯不如他父亲那样。[阿斯克勒庇乌斯之子]马卡昂(Machon)被海伦的丈夫帕里斯刺伤了,这句诗出现在一个医生被刺伤的语境中,涉及的是医生在战争中的价值。[259]没有医生的危害远过于没有任何英雄的危害,因为医生能救很多人。医生在战争中的用处很突出,而战争当然是最重要的事务,正如我们将在后面看到的。如果的确如此,结论必然是:人们必须在每一事务中都听从医生。如果连最重要的事都得听医生的,不那么重要的事当然也要听他们的。

　　关于《伊利亚特》卷十一中的形势还要再说一句:当时的形势糟透了。赫克托(Hector)放纵自己杀了很多希腊人。希腊人比以往任何时候都更危险。阿基琉斯对希腊人的苦难无动于衷,雄辩的化身涅斯托(Nestor)对由此造成的危害进行了雄辩的描述。阿基琉斯仍然在帐篷里生闷气,而希腊人此时极度需要阿基琉斯。这种形势于公元前 407 年再度出现。当时雅典人(某种程度上所有希腊人)也处于极度需要中。阿尔喀比亚德对此无动于衷,他以某种方式跟波斯国王结盟,可他是唯一能拯救希腊的人。顺便说一句,这跟修昔底德(Thucydides)对身处这种形势的阿尔喀比亚德的描述若合符节。阿尔喀比亚德预言过这种形势——他渴望这种形势出现——在此形势中,他这个新的、更伟大的阿基琉斯,将成为所有希腊人都期盼的救星。因此荷马的这句诗很有启示性。我们必须总是把引文放到原始语境中加以查核,如果这个语境还在的话。再重复一遍:阿尔喀比亚德为什么会服从厄里克希马库斯,这一点清楚吗? 这显然是个问题。如果医生不是某种程度上战争中最重要的人,那么,无论他多有名,这样一位显贵为什么要服从一个医生?

> "那就听着,"厄里克希马库斯于是说,"你还没来之前,我们已经讲定,从左到右轮着来,每人发一通颂辞赞颂爱若斯,要尽力讲得漂亮。现在我们个个都讲过了;但你呢,你还没讲,酒却已经喝了,按规矩现在该你讲了。等你一讲完,你就随意定个题目给苏格拉底要他讲,然后他再给坐他右边的[定个题目],就这么轮下去让所有人讲。"(214b9-c5)

阿尔喀比亚德当然必须像每个其他人一样,围绕爱欲来讲,然后他授权苏格拉底讲,苏格拉底接下来再让坐在他右边的人讲。这里我们碰到个难题:难道苏格拉底不是右边最后一个? 在座次安排上,我愿意在此接受任何有识者的指正。但按我的理解,厄里克希马库斯肯定搞错了,如果是这样的话,这更能说明他不完全清醒。

> "这主意倒不错,厄里克希马库斯,"阿尔喀比亚德说,"不过,要一个醉汉[260]与一帮清醒人比赛口才,只怕不大公平罢。再说,你这有福的天真汉,竟然相信苏格拉底刚刚说的那一套? 难道你不晓得,事情与他说的恰恰相反? 当他的面,要是我赞颂的不是他,而是别的某个神或人,他会忍不住拿拳头揍我。""嘘,别说了!"苏格拉底说。(214c6-d5)

阿尔喀比亚德说,如果我当着苏格拉底的面赞颂任何神或人,他一定不会容忍。因此他不能赞颂爱欲。因为,跟苏格拉底说的相反,苏格拉底不是个有情人,他不是个爱欲崇拜者。

"不，向波塞冬发誓!"阿尔喀比亚德说，"你别拦我。只要有你在场，我绝不颂扬别人。"

"好吧，就这么着，"厄里克希马库斯说，"你要颂扬苏格拉底就颂扬吧。"

"你什么意思啊?"阿尔喀比亚德说，"你当真觉得我该，厄里克希马库斯? 攻击这个家伙一顿，当你们各位的面报复他一回?"

"好哇，你，"苏格拉底说，"你打什么鬼主意? 想凭些个颂辞一类搞笑我? 你究竟想干什么?"

"我会说真话。这你总该允许吧。"

"哦，那倒还可以，"苏格拉底回答说，"讲真话我允许，我甚至还要催你讲真话。"

"我马上就开始，"阿尔喀比亚德说，"不过，我要你守一条规矩：一旦我讲得不真实，你想打断就随时打断，说我在那一点上讲假话；因为就我本意来说，我不会讲假话。不过，要是我在回忆时东说一点，西说一点，[你们]不要见怪；因为，像我现在这样，要有条有理缕述你的神奇，只怕不大容易。"

(214d6-215a3)

阿尔喀比亚德将要赞颂苏格拉底。这件事就这么定了。苏格拉底不能忍受任何其他东西当他的面得到赞颂，至少阿尔喀比亚德是赞颂者时是这样。另一方面，阿尔喀比亚德则要报复苏格拉底。尽管如此，他将只说关于苏格拉底的真话。苏格拉底当然不能禁止他这样做。苏格拉底没谦虚地表示自己不想得到赞颂；他说，他不能阻止人说真话，无论讲述的主题是什么。

听众：苏格拉底说，他的 daimonion[命相神灵]能防止他做出格的事情，从根本上说，这也是阿尔喀比亚德要苏格拉底为他做的事。

施特劳斯:这想法不错,事实上非常好,因为阿尔喀比亚德后来提到,苏格拉底是个神灵般的存在者(a demonic being)。

听众:英译本里这句话:"in the condition you see me in[像我现在这样]",[261]是特指阿尔喀比亚德喝醉了,还是有可能在说他的整个性格?

施特劳斯:我相信这里指的是他喝醉了。

听众:这句话的含义可否诠解为:他不是那种能坐下来有条有理地讲述苏格拉底是何许人的人,因为他并不真正地理解苏格拉底?

施特劳斯:这可能是一个柏拉图有意传达但阿尔喀比亚德却没意识到的微妙之处。显然如此。如果你这样理解,那非常好。那正是即将发生的。阿尔喀比亚德是个不知道自己在说什么的人,不过,他以奇怪的方式通过一道屏幕(a screen)看到了一切。

[回答问题:]厄里克希马库斯被阿尔喀比亚德想成为僭主本人的僭主式行径打断了。现在让我们来看阿尔喀比亚德的讲辞。

"要颂扬苏格拉底,哥们儿,我打算这样做——用些个比喻(images)。他本人也许会认为,这是在搞笑他,其实,比喻是为了讲真话,不是为了搞笑。"(215a4-6)

阿尔喀比亚德将用比喻(similes)来颂扬苏格拉底,由此给出一种忠实的描述。这很重要。这是我们[到目前为止]尚未接收到的理解诗的一个新的启示(a new light)。到目前为止,诗似乎都不讲真话:诗夸大其辞,诗添光增彩,由此而扭曲了真相。但通过比喻,诗能够做到忠实;这也意味着,诗并不限于生产政治审慎。比如,对苏格拉底的描述就跟政治审慎无关。无论如何,阿尔喀比亚德将对苏格拉底进行诗艺呈现,这个呈现自然地追随上一部分第俄提玛讲辞对哲学的诗艺呈现。对哲学的呈现和对苏格拉底的呈现都是受[灵感]激发的(inspired)。第俄提玛是个女先知,而阿尔喀比亚德则受酒的激发。酒让阿尔喀比亚德的讲辞有可能完全坦率。在苏格拉底或第俄提玛对哲学的诗艺呈现中,没有源于酒的特殊灵感。

于是,我们将在这里得到的对苏格拉底的呈现,似乎有可能比我们已经获悉的对哲学的呈现更为坦率。只有一个问题依然存在:阿尔喀比亚德有这能耐吗? 我们现在还不知道。他通过比喻来讲,这些比喻在字面上当然是不真实的。这些比喻涉及整体上的苏格拉底而非任何个别行动。阿尔喀比亚德宣称,所有细节在字面上都是真实的。人们可以说,阿尔喀比亚德想要提供的是[对苏格拉底的]诗艺式纪事(poetic history),在其中,整体存在于比喻中,所有细节是真实的。至少就我所知,[写作]这种诗艺纪事的最伟大典范是修昔底德。[262]因此,阿尔喀比亚德将对苏格拉底做的正是修昔底德对伯罗奔半岛战争所做的。所有细节真实,但整个画面却是虚构的。这样的呈现肯定不只是散文式陈述。人们会问,柏拉图是不是正好相反:柏拉图对话的所有细节简直都是发明(invented),但其整体在字面上却是真实的。阿尔喀比亚德讲辞的诗艺特征还以另一种方式体现:这是一篇完全非理论的(nontheoretical)讲辞。这是一份关于他的激情、他的苦难(suffering)——这是个反复重现的词——的叙述,他的讲辞是一个受他的激情驱策的行动。

[回答问题:]阿伽通、苏格拉底和阿尔喀比亚德构成一个三人组合(a triad)的想法很有意义。一开始,阿波罗多洛斯跟他的无名友伴说话时,只有这三个人的名字被提到。换言之,这里有一个三人组合。我们已经知道,阿里斯托芬是由泡赛尼阿斯开头并包括厄里克希马库斯的那个三人组合的最后一人。这样的话,最终在这两个三人组合之前的就是孤立的斐德若讲辞。斐德若讲辞的孤立特征一目了然。

引言过后，我们转向［阿尔喀比亚德］讲辞本身，各位可以看到，这篇讲辞由三部分组成：第一部分从这里开始到216c，讨论苏格拉底言辞的影响力。

> "我要说，苏格拉底活像坐在雕刻铺里的那些西勒诺斯（Silenuses），雕刻匠们把他们雕成手持牧管或箫的样子；要是把他们的身子向两边打开，里面的神像就露了出来。我要说，他特别像那个叫做马尔苏亚的萨图尔（the satyr Marsyas）。"（215a6-b4）

这是苏格拉底的外表，一个丑的外表，但内里包含诸神的形象（images of gods）。乍看上去可见的是丑，乍听起来可闻的是美——箫声等等。那些一上来受声音吸引又没对所见产生排斥的人，最终将被引向美的视见（vision）。我们都还记得，第俄提玛讲辞末尾提到对美本身的视见。"坐在雕刻铺里"（sit［ting］in the shops of herm sculptors）的是某些我们能辨认出来的东西。在《申辩》的描述中，苏格拉底跟各式各样的手艺人一起坐在集市上。他父亲也是个雕刻匠，尽管不是这种准确意义上的雕刻匠。

> "你的样子（eidos）简直太像他们了，苏格拉底，对此你自己大概也不会有异议吧。至于你和他们在其他方面的相像的地方，且听我说。你很狂肆（hubristic），不是吗？你要否认，我就拿出证据来。你难道不是个吹箫手？当然是，而且吹得比马尔苏亚高明多了。马尔苏亚凭嘴唇的能力在乐器上叫人着迷，现在不就还有人在箫上吹他的调调——奥林珀斯（Olympus）常吹的那些调调，我都算作马尔苏亚式的，因为［263］马尔苏亚教过他，无论吹箫大师还是技艺平平的吹箫女，只要能吹这些调调，就能让人着魔，而且透露出哪些人在

求神求签,因为这些调子是通神的。"(215b4-c6)

苏格拉底首先像个人造的西勒诺斯,其次像真正的马尔苏亚。因为他不是人造物,所以第一个比喻不充分。他跟马尔苏亚的相似处有三方面:一是外形,二是肆心,三是箫吹得美妙。肆心是中间一项,在这里还没得到证明。在这里阿尔喀比亚德仅仅详述了吹箫的方面。这种演奏能让人着魔,能揭示那些求神求签的人。第一次对比时对马尔苏亚形象的视见现在被更高力量引发的着魔状态取代。苏格拉底的影响力很深,这影响力影响到整个的人。至于马尔苏亚的肆心,我们都知道这个故事:马尔苏亚曾向阿波罗挑战,要跟他比赛智慧,最终马尔苏亚败给阿波罗并让阿波罗剥了皮。苏格拉底也曾败给阿波罗吗? 我们现在还不能回答这个问题,因为苏格拉底是个远比马尔苏亚高妙的吹箫者,或许他没有败给阿波罗。让我们拭目以待。

在我们读下去之前,还有一点要说——关于谦虚。对这个主题,各位能找到的最清晰的论述是亚里士多德《伦理学》讨论宽宏大度(magnanimity)的那一章。宽宏大度这种德性在于:一个颇有价值的人深知自己的价值所在,并要求与其价值相当的荣誉。然后,亚里士多德讨论了宽宏大度的替代项——从亚里士多德的角度看,这一替代项某种程度上是最高的道德德性——这就是我们说的谦虚的人(the modest man)。谦虚的人是这样一种人:他的价值不那么大,因此也不为自己要求特殊的荣誉。谦虚没有特别令人仰慕之处。苏格拉底就不谦虚。比如,若是他说自己无知,那也完全是一个事实陈述。但要是唯有他知道他的无知的深渊,而我们却不知道,那他当然就有理由骄傲。谦虚的概念不适用于这里。

更引人瞩目的例子是谦卑(humility)——在柏拉图、亚里士多德或色诺芬笔下,这个词从未在肯定意义上使用过。就我记忆所及,柏拉图和色诺芬都只有一次在赞赏的意义上使用这个词,这两次用法都出现在他们论及斯巴达的地方,斯巴达是希腊大陆最古老的部分,许多古老的风俗得以在那里留存。因此,谦虚和谦卑实在都不适用于苏格拉底。因此,苏格拉底可以毫不脸红地倾听对他的最热烈的颂扬,只要这颂扬属实。有人曾试图(就我记忆所及,成功地)表明,整部《申辩》实际上是对亚里士多德描述的宽宏大度的人的近似模拟。苏格拉底知道自己有卓越的[264]德性,他为自己要求最高的荣誉。苏格拉底丝毫没有反驳阿尔喀比亚德的陈述,从表面上看,这个区区事实意味着阿尔喀比亚德没有讲一句不实之词。我们还需牢记:不管肆心的意思是什么,《会饮》这部对话都服务于呈现苏格拉底的肆心这个目的,因此,它在笔法上不可能破坏这个目的。阿尔喀比亚德在自己理解力的限度内清楚表明了苏格拉底的肆心是什么。

"你同马尔苏亚仅有一点不一样,你不消用乐器,只凭单纯的言辞,就能产生同样的影响力。"(215c6-d1)

这是苏格拉底跟马尔苏亚的唯一区别。这就是说,在败给阿波罗这点上,苏格拉底与马尔苏亚之间没区别。苏格拉底怎么会败给阿波罗,对此我们知道些什么?阿波罗从哪里进入过苏格拉底的生活?从德尔斐神谕(the Delphic oracle)。这个神谕说,苏格拉底是最有智慧的人,于是苏格拉底走遍整个雅典,查问每一个雅典人。苏格拉底的失败或许在于:他不得不走遍雅典、查问每个雅典人。你当然也可以说,阿尔喀比亚德醉了,因此对他说的每个字都没必要当真,但柏拉图没醉。

"至少,当我们听别人说话时,即便这人是个很不错的公共演说家,也几乎不会有人关注他。但无论什么时候,只要

有人听你说话,或是听别人转述你的话,即便转述者辞不达
意,听的人无论男人女人还是小孩子,都会被镇住,都会着
魔。"(215d1-d6)

苏格拉底是唯一能用言辞让听众着魔的演说家(speaker)。
阿尔喀比亚德现在没说苏格拉底的言辞像马尔苏亚的言辞那样,
能揭示谁在求神。每个苏格拉底言辞的听众都会入迷,即便转述
者转述得很差,即便听众是女人和年轻人。苏格拉底是个左右
demos[民人]的大师。

　　"就拿我自己来说吧,哥们儿,若是你们没有以为我已经
醉得不行,我愿向你们发誓,这人的言辞曾对我产生过何等
力量,即便到现在我还能感受到这种力量。因为,每逢听他
说话,我的心脏都狂跳得不行,我的眼泪止不住要往外涌,比
被科鲁班特人(Corybant)音乐迷住的人还厉害;我还看见过
许多其他人也到了和我差不多的地步。我听过伯利克勒斯
和其他了不起的公共演说家讲话,他们讲得固然不错,但从
来没有让我到听苏格拉底讲话的地步:灵魂被搅成一团乱
麻,烦恼于自己的奴性心性(slavish disposition),每逢听了这
位马尔苏亚讲话,[265]我就感到,自己现在的生活实在不值
得再这样过下去了。苏格拉底,我这话你也不会说不真实
吧?"(215d6-216a2)

各位可以看到这里重复的内容:说到底,阿尔喀比亚德最知
晓苏格拉底的讲辞对自己的影响力。阿尔喀比亚德所说的苏格
拉底的修辞术空前绝后,各位会怎样描述它那种影响力? 或许我
们应该读下去。

"甚至就在此刻,我还非常清楚,只要我肯把自己的耳朵供给他,我就顶不住他,让自己经受同样的情形。他迫使我不得不同意,我自己还欠缺多多,我为雅典人的事情忙碌,忽略了自己。在他面前,我不得不捂住耳朵逃开,像逃避赛壬们,以免自己坐在他身边一直到老。我平生还从来不曾在哪个人面前感到过羞耻,唯有在这人面前——真的,唯有在他面前,我感到羞耻。我自己非常清楚,我没法违背他,无法对他说,他劝导我的事情我不会去做;可是,一旦离开他,(我就意识到)我还是不免拜倒在众人给予的荣誉脚下。所以,我(像个逃跑的奴隶一样)老躲着他,避免见到他。只要见到他,我就会因答应过他的事情无地自容。我经常乐意看到他已不在人世;可我知道得很清楚,要真的这样,我肯定更悲伤。因此,我简直不知道对这个人该怎么办才好。"(216a3-c3)

阿尔喀比亚德讲辞的第一部分到此为止。照阿尔喀比亚德在这里的描述,各位会怎样描述苏格拉底言辞的影响力?我认为,有个现代词语(在古希腊文没有与之对应的词)可用来描述这一状况:宗教。用圣经的表述来说,阿尔喀比亚德感觉自己像个罪人(a sinner),像个知道自己在犯罪仍会情不自禁继续犯罪的人。倘使我们接受羞耻文化与罪疚文化之间(guilt cultures)的区分(按我的理解,现在很流行这种区分),这样说完全属实。说实在的,阿尔喀比亚德只说到羞耻,没说到罪疚。我本人并不认同上述理论,因为,尽管罪疚当然在古希腊人中扮演着很重要的角色,但显然在阿尔喀比亚德的情形里并非如此。我们可以说,苏格拉底成功地传讲了悔改的信息(preaches)。他的影响力显得几乎就像——在一个完全不同的语境中原本就是——一个宗教布道者(religious preacher)。苏格拉底是成功传讲悔改——一种宗教影响力——的人。

然而,阿尔喀比亚德失败了;他无法践行从苏格拉底那里学来的东西。阻止他遵从苏格拉底[266]的是世俗的野心。我们知道,苏格拉底不受野心羁绊,无论是世俗的野心还是更高的野心。古代的诗人们都不受世俗野心羁绊,但他们无法摆脱最高的野心。阿尔喀比亚德低于诗人们。苏格拉底的声音没被比作良心(conscience)的声音,这很自然,但他的声音被比作赛壬们(Sirens)的声音,这听起来非常奇怪。良知的声音怎么能跟赛壬们的声音相比? 各位知道,赛壬们出现在《奥德赛》中——倾听她们的声音会遭遇致命危险,只有智慧的奥德修斯能安然无恙地听她们的声音,因为他把自己绑在船桅杆上。但如果各位看一下色诺芬《回忆苏格拉底》卷二第 6 章,你们会发现,赛壬们的声音在那里被说成是对德性的召唤,跟你们在这里看到的一样。这是阿尔喀比亚德讲辞的第一部分。在这个部分的中间阿尔喀比亚德提到了苏格拉底的肆心,但没有给出解释或证据。这部分的主题是苏格拉底言辞的宗教式影响力。

阿尔喀比亚德描述的这些影响力中,有一些柏拉图在不同的语境中也提到过:我们被迷住了,被深深打动了,我们[感动得]哭了。哪种东西有这样的影响力? 肃剧。阿尔喀比亚德讲辞的第一部分把苏格拉底的影响力比作肃剧的影响力。由此开始了讲辞的第二部分即中间部分,这部分一直到 221c 为止。第二部分重新谈到阿尔喀比亚德一开始提到但在第一部分又压下的那个假设:苏格拉底的外表与内里有差别。如果你只知道[苏格拉底的]种种言辞,那不会产生什么困惑,可一旦你考虑到[他的]外表与内里之间的差别,苏格拉底肆心的问题就浮出水面了。第二部分即中间部分的显见主题可以用节制(moderation)来描述,这个主题随后又不知不觉地变成了忍耐(endurance)。但这个部分的首要主题是节制。节制与忍耐之间的关联可简述如下:在当时的用

法中,节制主要指对饮、食和性的恰如其分的态度。亚里士多德
《伦理学》就在此意义上使用这个词。以口渴为例;从[节制饮水/
酒]到忍耐口渴的转变很容易理解。

　　然而,要理解对性本能的节制,关键的考量在于认识到:节制
性本能与节制饮或食不同。节制是 hubris[肆心]的对立面。一个
节制的人是一个肆心的人的对立面。节制还有另一个可作为选
项的[对立面],那就是疯狂(madness)。节制与疯狂的对立是《斐
德若》的核心,但不是这里的核心。这里我们关心的是苏格拉底
的节制与肆心的对立。外表上,苏格拉底显得是个肆心的人,但
他内里节制。据阿尔喀比亚德说,这两种品质奇怪地相互关联;
它们是同一事物的两个方面。为什么[这么说]?关于苏格拉底
的肆心,阿尔喀比亚德心目中的首要印象是苏格拉底对他本人的
态度:苏格拉底不[267]爱阿尔喀比亚德,他拒绝他,他嘲弄他,他
嘲弄他多情的求爱。但苏格拉底为何那么做? 因为他节制。因
此,苏格拉底对阿尔喀比亚德的肆心跟他的节制是一致的。这当
然绝不是故事的全部,但表明了这两个主题的外在关联。

　　　"这位萨图尔就这样用自己的箫声让许多其他人还有我
　　经历了这类事;但如果你们再听我讲讲其他事情,[就会看
　　到,]他跟我拿来同他比较的萨图尔们是多么相像,他的能量
　　是多么神奇。我敢说,你们中间没有谁真的懂他;但既然我
　　已经开了头,我就要揭开他。你们瞧见了,苏格拉底对长得
　　漂亮的人何等色迷迷,总缠着他们献殷勤,被美色搞得不知
　　所以;可另一方面,他对一切都无知,什么都不知道。这不就
　　是他的西勒诺斯式的形象吗? 不错,正是如此。他只是外表
　　装扮成那副样子,就像一尊雕出来的西勒诺斯;但在内里,一
　　旦把他的身子打开,哥儿们,各位酒友,你们能相信吗,他里
　　面的节制装得多么满满当当?"(216c6-d7)

阿尔喀比亚德宣称:除他以外没人了解苏格拉底。苏格拉底是漂亮人的有情人,也是个无知者,这一点[通过阿尔喀比亚德讲辞]变得清晰可见。苏格拉底外表丑陋,但内里却充满节制。这个说法很奇怪。为什么这个漂亮人的有情人是丑的?我们在泡赛尼阿斯那里已经看到过这种说法。在雅典人那里有件很奇怪的事:他们一方面受 nomos[礼法]鼓励,另一方面又受 nomos 阻拦。但是,阿尔喀比亚德没说苏格拉底内里充满节制和知识,他只说苏格拉底内里充满节制。节制取代了智慧。阿尔喀比亚德不关心智慧;在下面的故事里,他讲到自己对苏格拉底秘密智慧的奇怪的探寻,阿尔喀比亚德最终一无所获。他发现的只是苏格拉底的节制。

"[实话]告诉你们罢:他一点都不在乎一个人漂亮还是不漂亮,他对这些根本瞧不上眼,其程度超乎任何人的想象;他也不在乎一个人是否富裕,不在乎大众所欣羡的任何其他荣誉。在他眼里,所有这些财富全都一文不值,我们这帮人在他眼里也什么都不是——[实话]告诉你们罢,他活到这岁数,只不过一直在人们面前装样子(ironical),和人们搞笑。"(216d7-e5)

苏格拉底节制,因为他是彻底非爱欲的——当然,你也可以说,这并没有太多值得称赞的(meritorious)。苏格拉底蔑视所有人,就像开始时对阿波罗多洛斯那样。他整个人生都在装样子(ironical)。就像尼采在谈到已婚哲人时说的:苏格拉底这位已婚哲人是个了不起的例外,他的婚姻只是装样子。既然阿尔喀比亚德完全将自己限于[268]节制方面,他也就暗示出,连苏格拉底的无知也只是乔装的(pretense)。假如苏格拉底在内里也是无知的,那他的内里怎么可能美?阿尔喀比亚德肯定不是说的这意思。

　　当然，人们可以说，阿尔喀比亚德通过颂扬苏格拉底的言辞反驳了对苏格拉底无知的指控。一个讲出如此言辞的人怎么可能不拥有知识？我几乎不假思索就使用了"对无知的指控"（the charge of ignorance）这个表述。但这正是问题所在。阿尔喀比亚德提前十七年就遭遇了对苏格拉底的指控。苏格拉底后来因何种指控被判刑？他不信城邦诸神，并且他败坏青年，那个指控同样由两部分构成（bipartite），就像这里一样。这里对苏格拉底的指控是：苏格拉底爱漂亮的人，并且他无知。这两个指控之间是否有一种可能的关联？当你们听说有人在败坏青年时，你们的第一印象当然是——[这人是个]男童恋。柏拉图对此毫无影射，但色诺芬影射了这一点。我认为，无知与对不敬神的指控也相应。如果苏格拉底只是说，"我不知道宙斯是否存在"，那这句话实际上的效果跟不敬神一样。苏格拉底是完全不能崇拜城邦诸神。这里，我们多少更接近苏格拉底肆心的问题了。正如我们一开始指出的那样：鉴于《会饮》是唯一献给某个得到承认的神的对话，苏格拉底的肆心跟诸神问题干系重大。

　　阿尔喀比亚德对隐藏在苏格拉底内部但不会显现于其言辞中的珍宝有所意识。他已经看到，爱少男和宣扬自己无知的外表只是掩饰。苏格拉底的内里是神样的——亦即纯粹的——节制。但苏格拉底无知的内在方面究竟是怎样的？阿尔喀比亚德想知道苏格拉底的知识，他确信它就隐藏在苏格拉底乔装的无知背后。为了发现那种被藏匿的知识，阿尔喀比亚德是怎么做的？下文对此有长篇讲述。阿尔喀比亚德认为，如果他能在身体上亲近苏格拉底，苏格拉底就再也不能保留任何他知道的东西不说。阿尔喀比亚德在这个模棱两可的、近乎不可忍受的故事中发现，苏格拉底是一个具有完满节制的人。关于苏格拉底的知识、关于他究竟是怎样的人，阿尔喀比亚德从未发现过。阿尔喀比亚德已经领受过苏格拉底的丑和他乔装的爱欲论的影响。他也已经领教过他动人言辞的影响力。然后,他洞悉到[苏格拉底身上]还有另外的东西,他试图发现这东西。但他从未发现这另外的东西。相反,事情的收场倒让阿尔喀比亚德受了莫大的羞辱。他如何摆脱这羞辱?阿尔喀比亚德极其坦率地讲了这个故事,尽管他没有充分意识到其中的关联。他如何摆脱那种一方面由苏格拉底的[269]言辞引起,另一方面由他跟苏格拉底共度的那个奇异之夜引起的羞辱状态?对一个像阿尔喀比亚德这样的人来说,只有一种方式能消除这种——用心理学家们的话说——压倒一切的自卑感。他求助于战争。战争是伟大的拯救者。在战争中,他发现自己可以优越于苏格拉底。他可以骑在马上安慰当步兵的苏格拉底。这可以挽回他的自尊。但关键的问题是关于节制与肆心的故事。最终的解决办法只在阿尔喀比亚德讲辞的最后部分才能找到,在那里,苏格拉底的言辞再次成为主题。阿尔喀比亚德讲辞中间部分的主题不是苏格拉底的言辞;中间部分的主题是苏格拉底的涉及爱欲的行为,是苏格拉底宣称他爱阿尔喀比亚德与他完全超脱于这种爱的[行为]之间昭然若揭的自相矛盾。

今天,我们必须不择手段地(by fair means or foul)结束我们对《会饮》的讨论。简要重述一下[阿尔喀比亚德讲辞的]要点。在第一部分,苏格拉底被比作西勒诺斯们,他有丑的外表和美的内里。他在外形、肆心和吹箫方面被比作萨图尔马尔苏亚。在这部分,只有吹箫的主题得到展开。苏格拉底的箫声就是他的言辞:他的言辞有类似肃剧的影响力,我们也可以说那是一种宗教式影响力。在阿尔喀比亚德第一部分讲辞的这个最重要的次部中,苏格拉底言辞的外表和内里没得到区分。在阿尔喀比亚德讲辞的第二部分,苏格拉底起初再次被比作萨图尔,此外他还被比作有着丑陋外表和美的内里的西勒诺斯们。丑陋外表指:苏格拉底自称是漂亮人们的有情人,他还自称无知。苏格拉底的美的内里是他的节制。阿尔喀比亚德没说苏格拉底的美的内里还包含智慧。

节制在这里对立于苏格拉底自诩的爱欲论,他的无知没有对立
面。接下来描述的是阿尔喀比亚德对苏格拉底隐藏的内里的探
寻。但是,这次他寻找的内在方面同样不是苏格拉底言辞的内在
方面。阿尔喀比亚德寻找的是苏格拉底的行为、他的行事(deeds)
的内在方面。苏格拉底的外在行事是那些有爱欲的人的行事。
它们的内里是什么?

> "从前我去他那里,都不习惯单独同他在一起,总要带个
> 仆人;自从有了这想法,就把仆人打发走,单独和他在一
> 起——我得向你们和盘托出真相,注意啊,苏格拉底,要是我
> 说假话,你随时反驳。这样,我就一对一跟他在一起,哥们儿
> 啊,我想,他会马上与我交谈点一个有情人与自己的情伴单
> 独一起时交谈的那些话,我美滋滋的。但结果才不是那么回
> 事儿。他像往常一样同我交谈,这样同我耗了一整天,然后
> 自己走了。"(217a6-b7)①

[270]这就是[阿尔喀比亚德的]第一次尝试。原先,他遇到
苏格拉底时旁边总是有人。现在他想要发现[苏格拉底的]秘密。
他就单独和他在一起,但什么也没发生。不过,有一件事是清楚
的:他期待或者说预见到(divines),苏格拉底的秘密知识是一种爱
欲类型的知识。

> "打那以后,我邀他和我一起去健身,我和他一起健身,
> 因为我以为这样就会有点儿进展。于是,他和我一起健过好
> 几次身,摔过好几次跤,都没有别人在场。对此,我还有什么
> 好说的? 这对我没任何用处。既然这么做没一点进展,我暗

---

① [译按]在这段引文和上段引文之间,有一段文字未讲解。

自盘算,干脆对这家伙来点硬的,既然已经开了头,总不能半途算了,我得看看这事到底是什么（what the business is）。"（217b7-c6）

["这事"指]苏格拉底的事（the business of Socrates）。那是《申辩》中所用的表述——苏格拉底的事。这事是什么？没人知道。阿尔喀比亚德也有同样的尴尬,但他有特别的概念:这事跟爱欲有关。因此他以一种爱欲的方式探寻。

"于是,我请他来我这儿吃晚饭,就像一个有情人勾引情伴那样。起初他没立即答应我,但后来我总算说服了他。第一次,他来了,可吃完饭马上就要告辞;当时我害羞,就让他走了。但第二次,我想出个新招,等他吃完饭就和他不停说话,一直说到深更半夜,当他要走时,我就借口已经太晚,迫使他留下来了。于是,他就睡在我的睡垫旁边的睡垫上,也就是他吃晚饭时坐的那张垫子。睡在这间房里的没别人,只有我们俩。"（217c7-e1）

这就是最后的阶段,下面将是对其中情景的叙述。阿尔喀比亚德被迫颠倒了角色,扮演起有情人。苏格拉底自称是阿尔喀比亚德的有情人,但这说法没用。阿尔喀比亚德不得不向苏格拉底求爱。[他求爱的过程]有六个阶段:阿尔喀比亚德有仆从陪伴[与苏格拉底相处];阿尔喀比亚德独自[与苏格拉底相处];[与苏格拉底]一起健身,即一起脱光衣服;邀请[苏格拉底]共进晚餐遭拒;没有结果的晚餐;第六步——我不得不用这个难堪的词——[与苏格拉底]一起睡。下面就是这第六步。

"到此为止,这事对任何人讲都没所谓;但接下来的事,你们本来绝不会从我口中听到，要不是因为：第一，俗话说'酒后吐真言，不管有没有小厮们在场'；第二，既然已经答应颂扬苏格拉底，要是隐瞒他的自负的行迹，我看也不正确；第三，我遇到的情形就跟被毒蛇咬过差不多。据说，一个人若遭毒蛇咬了，是不愿[271]对别人说自己的遭遇的，除非那些人自己也遭毒蛇咬过，因为，只有遭毒蛇咬过的人，才能理解和体谅被咬者因苦痛而说的和做的一切。我呢，简直比遭毒蛇咬更惨痛，被咬到的又是人会被咬得最疼的地方——[我的]心或者灵魂或者该叫它什么都可以，我是被哲学的言辞咬伤的，哲学言辞比毒蛇厉害得多，一旦它咬住一个年轻且资禀不坏的灵魂，就会任意支配这灵魂的所有言行。只消看看我跟前的斐德若、阿伽通、厄里克希马库斯、泡赛尼阿斯、阿里斯托得莫斯以及阿里斯托芬——难道我该算上苏格拉底本人？——以及在座的其他各位。你们所有人都分享过哲学的疯狂和酒神信徒的迷醉（bacchic frenzy）。因此你们都可以听，因为你们会体谅我当时所做的，也会体谅我今天所讲的。不过，仆人们，或者有谁是圈子外的、不够档次的，你们得用大门闩把耳朵闩上。"（217e1-218b7）

六个阶段——这是不是能让各位回想起点什么？六篇讲辞，还有第俄提玛所讲的爱欲探求的六个层次。换言之，正如在第俄提玛讲辞中，对美的探求的最高阶段是对美本身的一种视见，阿尔喀比亚德现在要用自己的方式看见苏格拉底的美本身。但那将是对第俄提玛或苏格拉底看到的东西的一种漫画式摹仿（caricature）。阿尔喀比亚德打算讲的是一个秘密故事，只能讲给曾被哲学言辞咬伤过的那些人听，或者说，只能讲给曾参与过哲学的疯狂和迷狂（frenzy）的那些人听。这种疯狂或迷狂当然是节制的对立面。这个秘密故事讲的是阿尔喀比亚德企图在夜里最终掌握苏格拉底的秘密知识。让我们看看他找到了什么。顺便说一句,这个故事非常清楚地表明,阿尔喀比亚德甚至没有声称自己比在场的任何其他人(即便那些他没提及名字的人)更接近哲学。

> "当时,哥们儿,灯熄了,男仆们都出去了,我想,我用不着再和他转弯抹角,不妨把我所想的直说出来;于是我用肘碰了他一下,问道:'苏格拉底,睡着啦?''当然没有',他回答。'你知道我在想什么吗?''想什么?'他说。'我觉得唯有你,'我说,'才配做我的有情人;可我觉得,你好像有顾虑,不肯向我提起这事。我现在是这样想的:若是我不讨你欢心,在这方面以及其他任何你需要的方面——不管是用我的财富或我朋友们的财富,那我就是天大的傻瓜。对我来说,最重要的事情莫过于尽可能让自己变得优秀;依我看,除了你,没有谁能胜任在这方面帮我。因此,要是连像你这样一个人我都讨不得欢心,我肯定会在有智慧的人(the wise [phronimoi])面前羞耻得不行,这远比在傻乎乎的众人面前讨得这种欢心还感到羞耻。'"(218b8-d5)

[272]阿尔喀比亚德说得很清楚,也证明他完全坦率。苏格拉底是不是完全坦率则有待观察。阿尔喀比亚德向苏格拉底求爱的方式,我们只能说是不恰当的,他的问题跟泡赛尼阿斯的问题一样,他也担心得体(decency)[与否]。但与泡赛尼阿斯截然不同的是,阿尔喀比亚德没有建议更改法律。阿尔喀比亚德具备僭主的本性,他看重明智者(the sensible)的意见,不理会法律。明智者将接受他的行为,这就够了,法律无关紧要。

> "听到这番话后,苏格拉底用他惯有的那副装样子口气说:'亲爱的阿尔喀比亚德,很可能你真的不傻,要是你说我

的那番话是真的,要是我确有一种能力能使你变得更好。你知道,你一定在我身上看到一种莫可名状的美,这美让你的模样之美望尘莫及。若是你因看见了这美,便起心要跟我分享它,以[你的]美换[我的]美,那你的算盘就打得很不错,很占了我点便宜。你想用这种意见(表面的东西[seeming; doxa])换取实实在在美的东西,你打的主意其实是以铜换金。不过,我的好乖乖哟,再好好考虑考虑罢,没准你没意识到,我什么都不是!你知道,当肉眼的视力开始昏花,心思的视力才敏锐起来;你离那地步还远着呐。'"(218d6-219a4)

苏格拉底怎样摆脱这种微妙处境?他仿佛是这样说的:你啊,阿尔喀比亚德,你在我身上看到了莫可名状的美,但若你是对的,你恰恰就是在欺骗我。你将获得我真正的美,而我得到的只是你虚假的美,这不公平。这好比《伊利亚特》中格劳库斯(Glaucus)和狄俄墨得斯(Diomedes)的交易,拿铜质武器交换金质武器。另一种可能是:你误解了我的美。在这种情况下,我将会欺骗你。苏格拉底基于正义——鉴于正义与法律之间的关联,或许最终是站在法律一边——拒绝了阿尔喀比亚德的提议。

阿尔喀比亚德当然没意识到这种拒绝的根据,这是他的特质所在,因为他虽有各种各样的品质,但显然没有正义感。我们也绝不能忽视苏格拉底的自私这个因素。苏格拉底也不希望被骗。

"听了这话我说:'就我这方面来说,我说的句句是我想的;在这种情形下,你自己考虑,由你决定怎样对你我才最好。''好吧,'他说,'这说法不错。以后的日子我们是得深思熟虑[273],然后在这事和其他事情上我俩才会做对你我来说最好的事。'一旦我讲完并听他说了这番话,我所有的箭仿佛都射出去了,我相信他已经被射中了。我爬起身,不让他有机会再说什么,而是把我的外套盖在他身上——当时正是冬天——然后钻进他破旧的大氅下面,双臂抱着这个真正命相神灵在身(truly demonic)、令人惊异的人,就这样挨他躺了整整一宿。即便这些,苏格拉底,你也不会说我讲得不实罢。可是,我做了这一切,他却对我盛气凌人,蔑视、取笑,侮辱我的青春美貌——我想,在这方面我至少还是有点资本的罢。哦,诸位法官!你们可得当回法官,评判一下苏格拉底的高傲和目中无人——要知道,我向神们和女神们发誓,我和苏格拉底就这样睡了一夜,直到早上起身,没发生任何不得当,简直就像我跟父亲或哥哥睡了一夜。"(219a5-d2)

这是阿尔喀比亚德的另一个誓言,一个极为不同寻常的誓言。我们可以看到,他是个特别爱发誓的人。他称那些在场的人为陪审员、法官。这是对苏格拉底的一次审判,我们一定看到了阿尔喀比亚德的预言。阿尔喀比亚德知道、预感到,苏格拉底有朝一日将不得不站在陪审团面前。

但阿尔喀比亚德的讲辞既是对苏格拉底的一种控诉,也是对苏格拉底的一个辩护。苏格拉底有肆心之罪(guilty of hubris)。他傲慢地轻视阿尔喀比亚德。但他没犯败坏青年的罪。为什么他没犯败坏青年的罪?因为他是个节制的人。但是,宣告他无罪的理据——节制——同时也是他的肆心的理据。苏格拉底对阿尔喀比亚德的肆心是他的节制的必然结果。现在,让我们把这席话译解成后来人们指控他的条款:因为苏格拉底是节制的,因为他的爱欲得到净化,所以他不信城邦诸神。因此,由于他的节制,他才犯了肆心之罪。如果我们不考虑[苏格拉底之妻]克珊蒂帕,就再没人能像阿尔喀比亚德那样在身体上靠近苏格拉底。不过,关于苏格拉底的事的秘密,阿尔喀比亚德什么也没了解到,他了解到的只是苏格拉底的节制。你们也可以说,苏格拉底根本没什

十二 阿尔喀比亚德 377

么隐秘的事,他没有隐秘的知识。阿尔喀比亚德说到的苏格拉底内里的这些美的雕像,所有人都能通过他的言辞同等地易于获取。这些解释中哪一个才正确,我们只能从后文获悉。这个卧室场景是出现在柏拉图著作中的最为鲁莽的(daring)场景,这场景让人想起另一个卧室场景,但这一次是在苏格拉底的卧室,在《普罗塔戈拉》开头——顺便提一句,《普罗塔戈拉》始于一场简短的对话,而对话的主题正是苏格拉底在爱着阿尔喀比亚德。《普罗塔戈拉》中的卧室场景发生在清晨;这里的卧室场景发生在对话的结尾,在阿尔喀比亚德的卧室里,时间是整个晚上。[274]其中的隐含意味很清楚:《普罗塔戈拉》的私密程度远不及《会饮》。唯有《会饮》揭示了苏格拉底的肆心。

但还有个完全没解决的问题。阿尔喀比亚德说,苏格拉底瞧不起所有人,甚至连阿尔喀比亚德都瞧不起。不过,苏格拉底又在以某种方式关心所有人,尤其关心年轻人。这怎么可能? 在阿尔喀比亚德看来,这是苏格拉底的谜或者说苏格拉底的奇异之处的一个方面。苏格拉底不是个有情人,他也不充满对荣耀或名望的爱。那么,是什么驱使他关心人们? 一个非常简单,或许过于简单但值得考虑的解答是:出于正义。尽管很清楚的是,阿尔喀比亚德不会理解这个动机。这可能就是阿尔喀比亚德无法触及"苏格拉底的事"的理由。我现在没有深入戏剧的情境,尽管戏剧情境当然需加以留意。但你们必须始终留神看他们身处何处。阿尔喀比亚德发现自己身处最尴尬的境地。你们可能不得不把这境地转换成异性恋关系,才能在现代文学中辨认出这种境地。

> "你们想象得到打那以后我的心情会是什么样子吗? 我觉得自己受到鄙薄,可我仍然倾慕他的本性、节制和男子气,我本以为自己绝对碰不见一个如此审慎(prudence[phronesis])、如此忍耐(有抵抗力[resistance])的人,现在真的碰到

了这样一个人。所以,我简直不晓得,是该生他气、与他绝交,还是该想出什么招来吸引他。"(219d3-e1)

阿尔喀比亚德倾慕苏格拉底的天性以及他的节制和男子气,接着他又说:我从不相信自己会遇到在审慎和忍耐方面如此出众的人。他显然将节制等同于审慎,将男子气等同于忍耐。

然而,有一种德性令人瞩目地缺席了:正义。阿尔喀比亚德没在苏格拉底身上找到任何正义;一个理由——这是个充足的理由——是:这种德性不在他身上,不在阿尔喀比亚德身上。我们或许可以说,正义被忍耐取代了。阿尔喀比亚德虽说对正义没感觉,但对高贵或美却有强烈感觉。但那是哪种美?是第俄提玛关于诗人的讲辞臻于高潮时出现的那种美——审慎,政治智慧。阿尔喀比亚德已经把审慎等同于节制,接下来,他还会讲到苏格拉底的忍耐。我的结论是:阿尔喀比亚德讲到的节制等同于忍耐。其间的差别微乎其微。节制涉及对享乐的正确态度,忍耐涉及对痛苦的正确态度。这种德性吞噬了所有东西,包括苏格拉底的男子气。苏格拉底[275]是超人的忍耐与超人的修辞术(因为我们必定不会忘记讲辞的第一部分)的合成体。对阿尔喀比亚德来说,这种超人的、离谱的、命相神灵般的性格可以解释苏格拉底对人的关心。但这在某种意义上跟他看到的两种现象有关,即跟苏格拉底超人的忍耐和超人的修辞术有关。在219d4-5,阿尔喀比亚德提到了"他的本性(nature)、节制和男子气"——我相信,这意味着苏格拉底的德性就是他的本性。他的本性并非某种与他的德性割裂的东西。阿尔喀比亚德暗示了这一点,因为他说苏格拉底是个命相神灵般的人。苏格拉底天生就是有德性的。

"因为我知道得很清楚,钱财一点都沾不到他,比埃阿斯

(Ajax)对付铁矛还厉害;我本来指望,只有靠那个才可以俘获他,结果他照样从我这里溜掉。这下我没辙了,只得听这人使唤,这样的事情没人从任何别人身上遭遇过。"(219e1-5)

阿尔喀比亚德彻底听从苏格拉底使唤(enslaved),这样的事没人从任何别人身上遭遇过。一个最漂亮的人遭受了最不堪的羞辱,更不消说还有那晚之前他因苏格拉底的言辞遭受的羞辱,这让他意识到自己的诸多缺陷——这是很多年前的事。现在的阿尔喀比亚德是个伟人,即将展开他最伟大的政治行动——西西里远征。他不再受使唤,他几乎就是雅典的统治者。他是怎样摆脱那种受使唤状态的? 接下来就会讲这个故事。笼统的回答是:通过军事行动。

　　"所有这些都是老早以前发生在我身上的事情。在那之后,我们一起参加了讨伐波特岱亚(Potidaea)之战,在军中还同桌吃饭。首先得说,他能吃苦耐劳,不仅我比不上,其他所有人都比不上;不管我们什么时候被迫——在某个地方被切断,打仗常有这样的事——陷入断粮之境,没有谁像他那样能忍饥挨饿。反过来,日子好过时,也只有他最会享用佳肴和美酒,虽然他并不嗜酒,但若逼他喝,他[的酒量]比谁都强;最让人惊奇的是,从来没有人见到苏格拉底喝醉过。关于这点,我想,过一会儿诸位就可以看到证据了。"(219e5-220a6)

阿尔喀比亚德首先表明了苏格拉底在饥饿和饮酒方面的忍耐力。各位看到,这里缺乏平行对应;他没说饥饿和干渴,而是说饥饿和饮酒。苏格拉底没有吹嘘说,他吃得比任何人都多。就此,关于苏格拉底忍耐力的大主题在这里开启,下文还将继续。

[276]"再有,他特能耐寒——那地方冬天非常可怕,这方面他的神奇事可不少。有一次,刚降过一场最严重的大霜冻——可怕的程度你不能想象——谁都不敢出门,就是出门也要穿得特别厚,穿上鞋后还得裹上毡、羊皮什么的,他在此时却照旧穿往常穿的外套走出去,打赤脚在冰上走,比穿鞋的还走得轻松。将士们都拿斜眼看他,以为他故意轻蔑他们。"(220a1-c1)

这里阿尔喀比亚德描述了冬天时候的苏格拉底。即便在冬天他也不穿鞋走路。各位还记得,不穿鞋走路也曾用在对爱欲的描述中,从头至尾,整个描述都让人看到:这里无意中以某种方式是对爱欲的一种描述。但这不是主要问题。然而,有一点我想说明:倘若苏格拉底就是爱欲,那么,他对人们的关心,尤其是对青年人的关心,就可得以解释。除非我们还记得:以大写 E 开头的爱若斯不爱,只有人才爱。

"这方面的事就讲这么多。但我还想说说'这位坚忍的勇士历经和忍受的一件事',也在那次军旅中,诸位值得听听。"(220c1-3)

这句引语出自《奥德赛》卷四第 242 行;那是奥德修斯口中的海伦(Helen of Odysseus)说的。阿尔喀比亚德把苏格拉底比作奥德修斯,而——正如我们在此前的一个场合看到的——阿尔喀比亚德则被比作阿基琉斯。有趣的是:苏格拉底也是个受过很多苦的人。他做得多,受苦也多。苏格拉底是个饱受苦难的人,就像奥德修斯一样。

"有一天大清早,他在那里想个什么问题,站在一个地方出神地想，没有想出什么名堂来，就纹丝不动地一直站在那儿想。就这样到了正午，士兵们开始注意到他，于是就惊奇地一个传一个地说：'苏格拉底从天亮就一动不动站在那儿想什么。'最后，到傍晚时，人们吃过晚饭，有几个伊俄尼亚人（Ionian）干脆搬出铺席，睡在露天——当时正是夏天——同时望着他，看他是否还会在那儿站个通宵。直到天亮，太阳升起来，他果然还站在那里；他向太阳做了祷告，才走开。"（220c3-d5）

这里的倾慕对象不是苏格拉底的沉思（contemplation）而是他的忍耐力。这次他的忍耐力表现在夏天，跟上个故事中他[277]在冬天的忍耐力不同。在夏天沉思不同于在冬天沉思。这可能意味着什么？各位如果读过西塞罗（Cicero）的《论共和国》（Republic）和《论法律》（Laws），就能明白这个主题。《论共和国》的对话发生在冬天，在其中，人们寻找太阳，而《论法律》的对话发生在夏天，在其中人们寻找树荫。苏格拉底在阳光最难忍受的夏天寻找太阳；他在阳光最强烈时寻找阳光。与此相应的是，他最后向太阳祈祷。我们不要忘记，太阳是宇宙诸神之一。但为什么观看苏格拉底沉思的是一些伊俄尼亚人而非雅典人？我曾经读到有位注疏者说，雅典人对此[即苏格拉底驻足沉思的事]习以为常，但我认为我们不必理会这种假说。我认为要点在于，阿尔喀比亚德本人没观看过这个场景。正如我们将在下面这段文字中读到的，他观看到的是战斗中的苏格拉底。

"幸许你们还想知道他在战场上怎样——即便在这方面，他也理应受到颂扬——因为，一次战斗之后，将官们想要嘉奖我的勇猛，可来救我一命的没有别人，只有苏格拉底。当时我受了伤，他守着我不肯走，把我连同武器一起带出险境。当时我强烈要求将官们把勇猛奖章发给你,苏格拉底,这你总不至于责备我,或说我在讲谎话罢。可是,当将官们考虑到我的军阶高些,执意要把这枚勇猛奖章给我时,你比他们还更坚持把奖章给我,自己不肯要。"(220d5-e7)

苏格拉底承认自己该得这枚奖章。不要忘记这一点。确实,这枚奖章跟这样的事实有关:阿尔喀比亚德出身最高贵的世家之一,而苏格拉底不是,但尽管如此,出身最高贵的世家之一还是具有某种重要性。由此,阿尔喀比亚德开始摆脱他在苏格拉底面前的自卑状态。

"除此之外,哥们儿,德利乌门(Delium)战役后全军溃退时的苏格拉底,也值得跟你们说说。当时我正巧骑着马,他却是个重装步兵。在士兵们都已作鸟兽散时,他才和拉克斯(Laches)一起撤下来。我正巧撞见他们俩,一看到他们,我马上给他们鼓气,说我绝不会丢下他们。这次与在波特岱亚时不同,我能更好地观看苏格拉底——因为当时我骑着马,不像上次那么害怕——首先,我发现他比拉克斯镇定(keeping cool[emphron])得多,再有,我觉得——阿里斯托芬,借用你的诗句——即便在那里,他走路[的样子]也跟他在这儿[雅典]没什么两样'大模大样走,斜眼看四周',不动声色地把周围的朋友和敌人看在眼里,让人个个老远就晓得,谁要是惹了他,就会吃不了兜着走。所以,他和[278]同伴们最后都安然无恙脱离险境;因为在战场上,像他这样的人谁也不敢冒犯,抱头鼠窜的人才会遭到穷追猛打。"(220e7-221c1)

各位现在看到的是最后的场景:骑在马上的阿尔喀比亚德在字面上比苏格拉底优越。他成了鼓励苏格拉底和拉克斯的人。

"我说我绝不会丢下他们"。这跟上次战斗中发生的场景正好对应,当时是苏格拉底不丢弃他。上次苏格拉底没丢弃他,对一个骄傲的人来说,那种境地并不让人舒服;第二次,他占了上风。阿尔喀比亚德没有简单说苏格拉底镇定自若,他只是说,苏格拉底比拉克斯更镇定。[在撤退时]难免会有些害怕,因为苏格拉底不在马上。苏格拉底在德利乌门战役中的行为证明了他的知情达理(reasonableness),他的合理的算计:抱头鼠窜是愚蠢;如果你在撤退时警觉些,把眼睛睁大些,那你冒的险就小一些。在这整个叙述中,阿尔喀比亚德一次也没提到苏格拉底的男子气。阿尔喀比亚德证实了阿里斯托芬在《云》中对苏格拉底的描述。但在《云》中,这行诗最不起眼。对苏格拉底的其他描述又怎样?比如,苏格拉底说宙斯不存在的那句可怕的话。人们可以说,阿尔喀比亚德心照不宣地从总体上证实了阿里斯托芬对苏格拉底的描述,对任何特定之处都没表示异议。这是阿尔喀比亚德讲辞的第二部分即中间部分的结尾。现在我们要读的是第三部分即最后一部分,这部分要短得多,其主题是苏格拉底及其言辞。

"苏格拉底值得人们颂扬和赞叹的事迹还有的是;在所有其他事迹方面,人们也许会说,其他人也这样。但无论在古人还是今人中间,再也找不出和他一样的人,整个儿值得赞叹。有人可以把布拉斯达斯(Brasidas)或别的什么人同阿基琉斯相比,把涅斯托(Nestor)、安忒诺(Antenor)以及谁谁谁同伯利克勒斯相比,对每个其他人,也都能做同样的类比;可是,说到这人的神奇,无论就他本身还是他的言辞来说,没人——如果有谁找过的话——会找出甚至只是与他近似的人,无论今人还是古人。除非不拿人同他相比,而是像我那样,干脆拿西勒诺斯们和萨图尔们同他这人及他的言辞相比。"(221c2-d6)

"他本人和他的言辞",这是[这一段的]主题。无论苏格拉底的忍耐力多么出众,在今人或古人中总能找到与之相当的人,在这个方面或者也许在任何其他方面。但在有一个方面苏格拉底彻底是独一无二的:他的神奇,他的离谱(absurdity),而这[279]不但适用于他本人,还适用于他的言辞。在这方面他无与伦比,只除了西勒诺斯们和萨图尔们。阿尔喀比亚德在这里列举了一些与英雄们相当的同时代人:布拉斯达斯拿来跟阿基琉斯相比,布拉斯达斯是斯巴达的贤人将军(gentlemen general);伯利克勒斯作为演说家拿来跟涅斯托和安忒诺相比。我顺便说一句:这里没有提到奥德修斯。各位看到,在此,阿尔喀比亚德颠倒了时序。他把阿基琉斯当成同时代人,把伯利克勒斯当成神话中的英雄。在两种情况下,结果都一样。正如阿尔喀比亚德把自己看成一个阿基琉斯,甚或是一个超级阿基琉斯(a super Achilles),他也在苏格拉底身上预见到奥德修斯的某些品质。

> "在第一部分,我略过了这一点——他的言辞与打开身子的西勒诺斯像极了。因为,谁要是听他谈话,开头都会觉得可笑得很:那些话以及措辞外面包裹着的东西——就像一个肆心的萨图尔裹在身上的皮。他谈的尽是什么驴子和驮东西的驴子啦,什么铁匠、鞋匠、皮匠啦之类的,而且显得翻来覆去老说这些,就连没什么阅历、不大明事的人听来都会忍俊不禁。可是,一旦有人把他的话打开深入内部,这人首先会发现这些话骨子里全是道道,其次会晓得,他的言谈实在神明端正,里面藏了一堆各种各样的德性神像,对每个愿意变得美好、高贵的人来说,其中大多或干脆说所有的东西,都值得好好搞清楚。"(221d7-222a6)

阿尔喀比亚德现在专门转向苏格拉底的言辞。苏格拉底的言辞就像西勒诺斯们。这些言辞有丑的外表和美的内里。在阿尔喀比亚德讲辞的第一部分,他主要将苏格拉底比作马尔苏亚,他留意到苏格拉底的外形——他众所周知的丑陋——与他的半内在的箫声即他的言辞——之间的反差。但现在他将要说的是苏格拉底言辞的外表和他的言辞的内里。若是听的话,苏格拉底的言辞是可笑的,容我们说——他的言辞是谐剧性的。但若是有人往里面看,就会发现,他的言辞里装着最美妙的德性的形象。阿尔喀比亚德不再像开始时那样说,[苏格拉底的内里装着]诸神最美妙的形象。苏格拉底的言辞像谐剧。各位还记得,一开始阿尔喀比亚德刚进来时,他很吃惊苏格拉底没跟阿里斯托芬坐一起,阿里斯托芬是苏格拉底的同类。苏格拉底的这些言辞只说些贤人们不会谈论的琐事。这当然是真的。苏格拉底的哲学具有上升的特征,这必然意味着从低处走向最高处,但这些言辞会上升。这些言辞从哪里上升?我们会期待它们从哪里上升,[280]是从我们在第俄提玛那里得知的东西的基础上上升吗?是从美的身体[开始上升]。但苏格拉底说到的这类微不足道的身体是诸如皮革匠等等。成熟的苏格拉底已不是受训于第俄提玛的青年苏格拉底,我们不能忘记这一点。苏格拉底已经认识到不美的、乏味的和无关紧要的事物的重要性。按那个重复的说法,苏格拉底的外在是肆心;苏格拉底的内里是对德性的一种摹仿,是德性的形象,而非德性本身。

在阿尔喀比亚德讲辞的第一部分,他没讲到苏格拉底言辞中的肆心,他只说到这些言辞对每个人的宗教式或肃剧式的影响力。在其讲辞第二部分,阿尔喀比亚德讲到苏格拉底的肆心,但那是一种隐藏的肆心。苏格拉底言辞的外表是爱欲论(eroticism)和无知,我说的爱欲论和无知指两种声称:苏格拉底声称自己是个有情人,他还声称自己无知。苏格拉底言辞的内里肆心,这种肆心在某种意义上等同于节制。我要再次提醒各位:按这两个词的古希腊文含义,节制与肆心相互对立。我以前说过,在古典时期,节制意味着感官享乐——饮、食和性——方面的节制。但在一种更深的意义上,节制的含义要丰富得多,因此,节制的对立面要么是肆心、张狂(insolence)、反叛(rebellion),要么是疯狂或曰疯癫(insanity)。再重复一遍:苏格拉底言辞的内里经证实是肆心及其对立面——节制。现在阿尔喀比亚德说,苏格拉底言辞的外在是谐剧式的,是肆心,他还说,苏格拉底的道德影响力仅限于极少数人。我现在无法——在本课程的这个后期阶段,把所有这些线索整理出来,各位还得自己做些梳理工作。各位还可在 221e5-6 看到一个小小的要点:苏格拉底实际上在同样的论题上并不总说同样的话,这只是表象。这只是苏格拉底的反讽的另一种说法,因为反讽就在于不对每个人讲同样的话。驮东西的驴子(pack-asses)这个词很古怪。柏拉图曾提到过驮东西的驴子吗?我只能说,柏拉图的词汇表中没有给出任何其他例子,色诺芬笔下的苏格拉底也没用过这个词。有趣的是,这个词在色诺芬《居鲁士的教育》(*Education of Cyrus*)卷七第 5 章出现过一次。色诺芬用到这个表述时,正结合对巴比伦的包围描述波斯国王居鲁士的行事,当时是在一个军事语境中,居鲁士被呈现为政治人、军事人。按阿尔喀比亚德的说法,恰恰是政治人和军事人才必定会说这些如此可笑、如此谐剧式的事物。这是最大的反讽。想想现代战争:将军难道不是必定关心工程和运输?因此,阿尔喀比亚德极为不经意间传达的是:苏格拉底如此具有谐剧性,如此没有贤人风度,如此可笑,是因为他谈到了政治事物和军事事物。阿尔喀比亚德在不知不觉中嘲笑了他自己。

[281]"哥们儿,这些就是我颂扬苏格拉底要说的事;当然,我也掺和了一些指责,我对你们说过,他如何伤了我。不过,他不只蒙骗我,对格劳孔的儿子卡尔米德(Charmides),第

俄克利斯(Diocles)的儿子欧蒂德谟,还有别的好些人,他都
这么做过;在蒙骗这些人时,他好像自己是个有情人,到头来
总是由有情人反过来变成情伴。我尤其要对你讲这些,阿伽
通,免得你也受他蒙骗,对他可要小心些。我们吃一堑,你得
长一智,不要像谚语说的,‘吃了亏才学会是傻瓜’。"(222a7-
b7)

　　阿尔喀比亚德说苏格拉底蒙骗人们。这话他说了两遍。什
么东西驱使苏格拉底去骗人? 阿尔喀比亚德确信[苏格拉底骗
人]这个事实;他自己就遭受过。苏格拉底骗人,也就是说,他想
的跟他说的不一样。比如,他说得好像他爱上了阿尔喀比亚德,
尽管他并不爱他。可究竟什么东西驱使他去骗人? 我们找到一
个阿尔喀比亚德完全没注意到的答案:苏格拉底这么做是出于正
义。阿尔喀比亚德在此给出的答案是:苏格拉底想让这些人爱
他。这难道不是个很奇怪的答案? 换言之,阿尔喀比亚德说:苏
格拉底出于被爱的欲望(desire to be loved),才经常做这些事。这
不是对美的欲望,而是被爱的欲望。苏格拉底引领别人认识自己
隐藏的珍宝,认识隐藏在他内里的那些德性的形象或曰雕像,是
为了把他们引向他自己。这有没有让各位想起什么? 谁这样做?
诗人们。诗人们生产这些美的事物只是为了他们自己的不朽。
按第俄提玛的描述,苏格拉底某种程度上是个诗人。但我们必须
马上加一句,如果说苏格拉底是个诗人,他也显然是个谐剧诗人,
因为正像他强调的那样,他的外表是谐剧性的。

　　　阿尔喀比亚德说完这话,在座的都不免笑起来,觉得他
的坦诚说明他还热恋着苏格拉底。(222c1-3)

　　这种微妙关系难道不值得羡慕吗? 他们没有笑阿尔喀比亚

德描绘的鲁莽场景,而是笑他展示自己仍然爱着苏格拉底的天真方式。

> 苏格拉底则说:"我看你清醒得很,阿尔喀比亚德,不然你就不会那么聪明,把你何以说所有这些的理由掩盖起来,让它从众人眼前消失,好像顺便似的把这个理由放到最后,好像你说那一切不是为这个理由——你只不过想离间我和阿伽通,因为你认为,我只可以爱你,别人哪个都不行;阿伽通也只能让你爱,其他任何人都不行。可惜你没有糊弄住我,你的这些萨图尔戏和西勒诺斯戏让人一眼就明白。亲爱的阿伽通哟,[282]可别让他得逞,别让任何人离间咱们俩。"(222c3-d6)

阿尔喀比亚德开始时曾要求苏格拉底,一旦他说任何不实之词就纠正他。苏格拉底从没在任何地方纠正阿尔喀比亚德。他最后甚至于竟然说:你清醒得很;喝醉根本不会让你说错话。

[更换磁带]

我想,阿尔喀比亚德犯了个大错,因为即将发生的恋爱事件是在苏格拉底与斐德若之间,对此他完全没意识到。在各篇讲辞的次序中,我们可以看到这样的安排:阿伽通、苏格拉底、阿尔喀比亚德。这三篇讲辞跟另一个三人组合有关:泡赛尼阿斯、厄里克希马库斯和阿里斯托芬。第一组是苏格拉底在中间,第二组是厄里克希马库斯在中间,出于其他一些理由,这个安排很重要。各位都记得,第一个三人组合的共同主题是男童恋,这个主题在阿里斯托芬讲辞中臻于顶峰,阿里斯托芬把爱欲理解成对属己之物的爱,这一理解等同于造法律的反。但如果说阿尔喀比亚德是这里的三人组合的终结者,就像阿里斯托芬是第一个三人组合的终结者,那我们必须再说一遍:整件事在把爱理解为对属己之物

的爱中臻于顶峰。因为阿尔喀比亚德在其讲辞末尾正是这样说
的:苏格拉底爱他自己,他试图让别人不爱他身上的美,而是爱他
自己。换言之,阿尔喀比亚德不知不觉暗示了苏格拉底与阿里斯
托芬之间的一致,暗示了这部对话两个最高点之间的一致。但两
者间仍有一个重大区别,因为,阿里斯托芬理解的对属己之物的
爱,是某种外在于个体的东西,是另一半(the other half)——无论
这[另一半]可能得到怎样的理解;但在苏格拉底这里,属己之物
并不外在于他。让我们记住这一点。

容我提醒一下各位我在本课程之初提到的一个要点:[刚才
提到]有[两个三人组合的]六篇讲辞;[另外]还有第七篇讲辞,
即开始时斐德若的讲辞,斐德若的讲辞后面是一些略去的讲辞,
这些讲辞插入在斐德若讲辞与所有其他讲辞之间,将双方隔开。
但正如我曾试图表明的,斐德若的观点跟获利或获益有关——
也是对属己之物的爱。这个重大主题在《会饮》中几乎一直处于
地下状态,但仍很有力,它在柏拉图的其他对话中被提
到前台。

苏格拉底把阿尔喀比亚德的讲辞称为一种萨图尔戏(satyric
drama),我们对此必须做出解释。什么是萨图尔戏? 一部肃剧的
终结。从这种说法可以推论出什么? 阿尔喀比亚德讲辞之前的
《会饮》是一部肃剧,这很怪。如果像我说的,苏格拉底没能力进
行肃剧性的讲辞,这[283]怎么可能呢? 我将尝试从四个不同的
方面回答这个问题,尽管它们有可能不够充分。第一,苏格拉底
的评论似乎认可了阿尔喀比亚德起初对他言辞的描述,按阿尔喀
比亚德的说法,苏格拉底的言辞具有肃剧式影响力。因此可以
说,苏格拉底描述这场会饮的着眼点,是它可能对阿尔喀比亚德
具有的影响力。苏格拉底对阿尔喀比亚德的影响力类似于肃剧
的影响力。阿尔喀比亚德这个最杰出的政治人,只有从肃剧影响
力的角度才能理解苏格拉底对他自己的影响。我相信,第二种回

答某种程度上更深刻些:《会饮》并不是只含有苏格拉底的单独一篇讲辞。那是一个学究式(pedantic)评论,但也是一个必要的评论。只有其他五个人的讲辞,如各位所知,苏格拉底的讲辞乃是第俄提玛的讲辞。《会饮》作为整体是一部迷人的作品,而某种迷人正是肃剧的功能。《会饮》作为整体乃是对作为神(至少是作为命相神灵)的爱欲的赞颂,因此,它完全属于肃剧行列。第三个考量:如果我们假设,《会饮》中的苏格拉底跟第俄提玛是同一个人,那他就是青年苏格拉底,是尚未理解丑或低贱事物在世界的运行(the economy of the world)中的位置的苏格拉底。这一个苏格拉底还不理解丑或低贱事物具有一种肃剧式影响力的必然性。我提出的第四个假设是:苏格拉底力所不能及的肃剧严格说来难道不正是惩罚性言辞——即涉及惩罚性诸神的言辞? 但是,惩罚要以法律或曰nomos[礼法]为前提,因此我们可以说,在更极端、更原始的意义上,肃剧是礼法的产物,或说得更确切些,是真正的礼法的产物。我给各位读一段《法义》中的文字。肃剧诗人到来并希望得到城邦接纳。立法者说:

> 应该这样回答:最了不起的异乡人啊,就我们能力所及而言,我们本身是最公平的、最好的肃剧的作者。至少,我们所有的政体都以最公平、最好的生活的体现为框架,我们认为,这种生活在现实中就是最真实的肃剧。因此,我们跟你们是同样事物的作者,作为技艺家、作为最公平的戏剧中的演员,我们是你们的竞争者,我们希望,这戏剧是真正的法律,而且唯有它天生就有能力实现。(817b)

我会说《会饮》是"肃剧式的",因为它提供了事关爱欲的真实礼法,而这种礼法本身,无论多么真实,都是个问题。我相信,《会饮》提供了真实的礼法这点可以从212b5苏格拉底讲辞的结尾处看出来,苏格拉底在那里说:每人都该尊崇爱若斯。《会饮》提供了事关爱欲的真实的礼法,因[284]此,它在"肃剧式的"这个词的最深的意义上是肃剧式的,在《会饮》中,礼法意味着一种美的、有益的但又是虚假的一体。苏格拉底是事关爱欲的立法者,但他只是借助第俄提玛而不是靠他自己的力量才成为立法者。当然,他不是立法者这个事实也通过他在柏拉图《法义》中的缺席得到暗示。但即便苏格拉底有能力制定法律,他也不会恰当地提出违背法律的各种制裁措施。让我们继续。

> 阿伽通回答说,"当真哩,苏格拉底,你这话怕是说对了。其实,阿尔喀比亚德跑到我俩中间来躺下,我也看出他是想把咱俩分开。他可别想得逞,我马上过来,躺你旁边。""这才对,"苏格拉底说,"过来挨我这边(below me)躺。"(222d7-e5)

因此,阿尔喀比亚德希望的座次是:苏格拉底、阿尔喀比亚德,阿伽通。实际的次序是:阿伽通、阿尔喀比亚德,苏格拉底。阿伽通和苏格拉底提议的次序应当是:阿尔喀比亚德、苏格拉底,阿伽通。让我们看阿尔喀比亚德怎样回答。

> "宙斯哟!"阿尔喀比亚德说道,"看哪,这家伙又整我!他觉得必须在所有方面都占我先手。你这神奇透顶的家伙,要是别样不成,至少可以让阿伽通躺我俩中间!"(222e6-9)

因此,阿尔喀比亚德想要的座次是:阿尔喀比亚德、阿伽通,苏格拉底。又一次出现了另一个冲突。我们怎样才能摆脱这个局面?

"但怎么可能，"苏格拉底说，"因为，你刚颂扬了我，现在轮到我赞颂躺我右边的那位。因此，要是阿伽通躺在你右面，我还没有颂扬他，他岂不是又得颂扬我？让他躺过来罢，你这不守规矩的家伙，别妒忌这位少男得到我的颂扬，我实在太想要颂扬他了。"（222e10-223a2）

各位看出来了吧？为什么阿尔喀比亚德的建议不可能？因为这样一来，阿伽通又得颂扬苏格拉底，而苏格拉底又急于颂扬阿伽通。苏格拉底恶化了局势。

"嘿！嘿！"阿伽通说，"阿尔喀比亚德，我没法再待这儿啰，无论如何我得站起来换个地方，好让苏格拉底颂扬我！"（223a3-5）

苏格拉底彻底赢了，跟平常一样——除了在审判中。

"又来了！"阿尔喀比亚德说。"这不是老一套嘛！只要苏格拉底在，哪个都别想沾到美少男。瞧瞧，他要这美少男躺他身边，借口找得多妙，听起来多像回事儿！"阿伽通爬起身，[285]正要挪到苏格拉底身边躺下，突然间，一大群醉醺醺的夜游神出现在门口；因有人正要出门，他们见门开着，一涌而进，在他们中间躺了下来。整个厅闹哄哄的，秩序全乱了，他们互相逼酒，不再守任何规矩，猛喝一气。据阿里斯托得莫斯说，厄里克希马库斯、斐德若和其他几个人起身先走了，他自己困得不行，就在那里一阵好睡——当时夜长；他听到鸡叫醒来时，天都快亮了；醒来一看，剩下的人睡的睡、走的走，只有阿伽通、阿里斯托芬、苏格拉底三人还没睡，用个大碗从左到右轮着喝。当时苏格拉底领着他们在侃。此前

侃了些什么,阿里斯托得莫斯说,他记不大清了,因为没听到
开头,而且脑袋还迷迷糊糊的。不过他说,要点还记得:苏格
拉底逼他们两个同意,一个人可以兼长谐剧和肃剧,通过技
艺成为肃剧诗人的人也会是谐剧诗人。两人好像不得不同
意,其实并没怎么听,都困得不行。阿里斯托芬先睡着了,天
亮时,阿伽通也睡着了。把他俩侃入酣睡后,苏格拉底起身
离开,他[阿里斯托得莫斯]像惯常一样陪着。苏格拉底去到
卢凯宫(Lyceum),在那里洗了个澡,然后度过了一天,与平常
的日子没有两样,快到傍晚才在家歇着。(223b1-d12)

阿尔喀比亚德当然没醒。让我们不要忘记这点。只有三个
最有智慧的人醒着。

古希腊文文本的倒数第二个词是"在家"(at home)。苏格拉
底回家只是为了休息,他从不在家,像无家的爱欲一样。苏格拉
底对属于家的东西没有爱欲。这段尾声中最重要的评论是苏格
拉底关于谐剧和肃剧的说法。让我们先考虑一下这个评论:苏格
拉底逼阿里斯托芬和阿伽通同意,同一个人可以兼作谐剧和肃
剧,通过技艺意味着不只是通过自然禀赋,有这技艺,一个肃剧制
造者也是一个谐剧制作者。这个说法被重复了一次,而[在柏拉
图那里]从来没有一个全然等同的重复。第一种说法的大意似乎
是:在最高的层次上,在有意识的生产的层次上(这个层次当然以
自然天赋为基础),同一个人有能力兼长肃剧和谐剧两者。但第
二种说法对第一种说法进行了修正:它只是说,通过技艺,一个肃
剧制作者也是一个谐剧制作者,但没说反过来也可以。这个说法
在下文得到了证实。谐剧诗人阿里斯托芬在肃剧诗人阿伽通之
前入睡。通过技艺生产肃剧的人,通过生产美的[286]诸神凭技
艺让人着迷的人,恰恰因这个事实而不受迷惑,因此还能让人摆
脱着迷(disenchant)。但能摆脱着迷的人——谐剧诗人,正是出于

这个理由,还不能让人着迷,不能生产具有令人敬畏的美的诸神。因此我认为,苏格拉底原本可以写谐剧,他不能写肃剧;因此他不写作。这暗含了这样的论断(要证明这个论断颇需一些功夫):如果恰切理解的话,柏拉图的著作,某种程度上也包括色诺芬的著作,是更微妙意义上的肃剧。这些肃剧在其自身内部携带了谐剧。

通过这门课程,通过这番努力,我们到了终点,这只是意味着,我们处在一个好位置,稍事停歇后,可以在一个更高的层次上重新开始理解,可以继续进行更多的研读。因为,正如我开始时说的,最终而言,一个人如果还没理解所有柏拉图对话,也就无法认为自己已经充分理解了柏拉图的任何一部对话。在本课程里,我们开始意识到很多难题,对这些难题,我们或无法解释,或只能以一种复杂而且欠说服力的方式来解释。但除了这个显而易见的观察,人们还可以先验地说:还有另一些[柏拉图]对话——《斐德若》《欧蒂德谟》和《法义》等,要理解任何其他[柏拉图]对话,从而尤其是理解《会饮》,这些对话的关键要点必须得到考虑。在这个意义上,柏拉图对话真的就是对我们所说的实在(rea-lity)的摹仿。实在的奥秘(enigma)被柏拉图对话做了限制。人们习惯于把艺术(art)说成摹仿,摹仿是个非常深刻的词。摹仿意味着对实在之谜(riddle)的摹仿,柏拉图通过写作很多对话来摹仿这个谜,每部对话都对其中一个部分给出某种阐明(articulation)。但是,即便关于任何部分的最可能清晰的阐明都只能给出局部真相——那当然只意味着那部对话所讨论的那个部分的局部真相,因此,人们必须继续向前。

听众:苏格拉底身上让阿尔喀比亚德倾慕和爱的东西是什么?

施特劳斯:它肯定跟苏格拉底拥有惊人的才智这个事实相关,这很清楚。但仅有这个还不行,这部分是因为阿尔喀比亚德没有足够的能力和韧性跟随苏格拉底的追求。因此,苏格拉底身上让阿尔喀比亚德倾慕和爱的肯定是另外的东西。用柏拉图的话说,苏格拉底是个命相神灵般的人(a demonic man)。这话什么意思? 你有没有听到过"磁性人格"(a magnetic personality)的说法? 这个说法跟你在那个层次上能给出的任何答案同样能说明问题。苏格拉底必有一种不可言说的魅惑力(fascination),这种魅惑力要么导致强烈的吸引力,要么导致同样强烈的排斥力。一般来说,天性更高贵的人会受苏格拉底吸引,天性更低劣的人会对苏格拉底排斥。阿尔喀比亚德没能力清晰地描述苏格拉底,[287]这很明显。但随后人们一定会问,是否有任何人能够清晰地描述苏格拉底。如果你想一想,比如《斐多》结尾处的陈述,在那儿,有个特别善良特别单纯的人讲了个故事,他说,苏格拉底是人类中最有智慧、最正义、最节制的,这同样没讲清苏格拉底魅惑力的所以然。要回答这个问题,人们必须读遍柏拉图所有著作,寻找苏格拉底身上的命相神灵事物(the demonic thing)。通常的解释说,这种命相神灵事物是某种类似良心的东西,但那不可能是真的,因为良心是某种被假定为对所有人起作用的东西,但 daimonion[命相神灵]却是苏格拉底独有的。第二,命相神灵只是苏格拉底爱欲特征的另一个方面,它一方面指苏格拉底拥有对某些人的奇异吸引力,另一方面指他也会奇异地受人们吸引。苏格拉底对人们的灵魂有一种惊人的感受力。我不知道是否有人能对此说得更多。人们可以更充分地对之进行分析,但它仍是一类谜。或许有人会说,阿尔喀比亚德以不同寻常的能力在苏格拉底身上感受到了这种东西,但他同样不同寻常地没能力洞悉它是什么。在这方面,[《高尔吉亚》中的]卡利克勒斯(Callicles)也很重要,他是个更低级的阿尔喀比亚德。另外,人们还得参考修昔底德对阿尔喀比亚德的描述。

听众:您提到苏格拉底的 daimon[命相神灵],我记得,人们在指控他时,没说他不尊崇城邦诸神,而是说他引进了 daimonia[命相神灵们]。联系这点,我注意到,当阿尔喀比亚德准备揭示苏格拉底的秘密时,他说他只对那些入门的人揭示这秘密。

施特劳斯:你说的这一点很重要。在你提到的东西中,我还想到我开始时提出的一个一般观点:《会饮》是对发生于公元前416年的揭露或亵渎宗教秘仪事件的描述——真实的描述。我认为,决定性的描述部分来自阿里斯托芬,部分来自第俄提玛。我现在无法对何为 daimonion 作出任何更详尽的解释。它显然是超逾了哲人天性本身的一种盈余(an excess)。有些具有哲人天性的人——帕默尼德——并没有 daimonion。《王制》里有一段话说到这个。就苏格拉底所知,从未有任何人具有这种奇异的品质,这种奇异的联结——把纯粹的 theoria[静观/理论生活],纯粹的沉思(contemplation[或"凝视"])以及对纯粹沉思的欲望与人联结起来。人们可以说,daimonion 是严格意义上的哲学生活、严格意义上的沉思生活与人类之间的联结——它也使哲人本身(苏格拉底)区别于他的学说、他的问题,他关注的对象。对此我们有个通俗说法:它是苏格拉底身上的教化因素,这种东西本质上并不属于由哲学的最伟大典范所显示出来的那种哲学,[288]但苏格拉底却拥有这种东西。但是,我们绝不可忽视柏拉图传递的这样一个事实:在 demonic 这个词的古希腊文意义上,一个 demonic man[命相神灵般的人]不是神(not divine);而我几乎可以肯定,柏拉图在这个意义上把自己看成神。这是个很困难的问题,我们这个学期的研究还不足以确立这一点。

听众:您的意思是不是说,青年苏格拉底也是神性的?

施特劳斯:我不知道。我不能说阿里斯托芬有这样的意思。但亚里士多德的说法对此也有些帮助,亚里士多德说,自然是命相神灵般的,而 nous[理智]是神性的。柏拉图的意思也是说:苏格拉底的自然本性,他的 physis[自然]是独一无二哲学式的,跟其他哲人相比,这种本性更少依赖于训练和养成——苏格拉底出于本能意识到种种问题。《克力同》开头有些诙谐的描述:克力同梦

到,苏格拉底在监狱里,克力同闯进来想要劫狱,他想让苏格拉底
逃到忒撒利(Thessaly)去,那地方很远,没有法律,但对一个逃避
审判的逃亡者却很安全。接着苏格拉底向克力同讲了自己的梦。
一个具有超人身份的女子出现在他面前,引了一句出自《伊利亚
特》的诗:三天之后你会在帕提亚(Phthia),那地方离忒撒利不远。
换言之,苏格拉底用一种不可思议的方式预见(divined)到了那个
当时他完全不知情的[逃亡]计划。苏格拉底必定以某种方式拥
有这种预见品质(divinatory quality),这样的方式并不为哲人们所
拥有。当然,对理论的完美来说,这种预见品质并非至关紧要。
但是,苏格拉底除了理论品质之外还有某种东西,这种东西使他
成为一个既有吸引力也有排斥力的人,这一点正是[他身上的]那
种神秘品质的部分内容。

　　[回答问题:]诗人是个过于宽泛的措辞,对我的讲课你能提
出的诸多异议之一就是:我们对这个问题钻研得还不够深入。当
我们谈论肃剧时,我们会情不自禁按这些术语现在被运用的方式
开始理解它们。当我们谈论诸神时,我们知晓诸神吗? 有关事实
的知识无助于我们获知,对一个思考的古希腊人来说神是什么,
或者说,就这个问题而言,有关事实的知识也无助于我们获知对
一个不思考的希腊人来说神是什么。的确,我们今天所指的诗
人,或许也包含艺术家,具有某种命相神灵般的品质。但这种品
质是按柏拉图的方式理解的那种诗艺品质吗? 我认为,人们必须
高度重视来自《高尔吉亚》的信息——《高尔吉亚》指出了苏格拉
底修辞术的种种局限性,以及这些局限性如何与苏格拉底没能生
产非常美妙的言辞这个事实相关。

　　若无其他问题,我就结束这节课和这门课程了。

索　引
（页码为英文原书页码，文中用方括号注明）

Achilles: as contemporary, 279; Diotima's interpretation of, 224; Phaedrus's praise of, 52–53

Adultery: Aristophanes on, 135

Agathon: argument of with Socrates, 180–82; beloved of Pausanias, 61; character of, 32; 254; difference from Aristophanes, 147; on Homer, 157, 159; and "I" (*ego*), 155; inside of, 155; and Phaedrus, 157–58, 162–63; and Socrates, 153–54; softness of, 76; speech of, 156, summarized, 168–69; thesis of in relation to Diotima's, 196, 206; verses of on Eros, 166; victory of, 15

Alcestis: Diotima's interpretation of, 224; praise of, 50–51

Alcibiades: accusation and defense of Socrates, 268, 273; as Achilles, 259; in Athens, 15; character of, 254, 260–61; humiliation of, 268, 275; as raw material for a god, 256–57; "religious" experience of, 265; self-ridicule of, 279–80; six stages of in seduction of Socrates, 270–71; on Socrates' speeches, 279–80; superiority of to Socrates, 269

Al-Farabi: achievement of, 246–47

Ancestors: deified, 217

Ancestral: and the good, 48, 158

Antigone: first words of, 241; praise of Eros in, 46

Aphrodite: in Diotima, 191; in Pausanias, 62–63

Apollo: in Aristophanes' speech, 129–30; defeat of Socrates by, 264

Apollodorus: character of, 14, 20, 22; as soft, 23, 254

Apology of Socrates: as account of Socrates' magnanimity, 263; on business of Socrates, 270; on gods and *daimonia*, 189; on heroes, 190

Aquinas: on beauty, 236; on justice, 86; on natural inclination, 242

Aristodemus: image of Eros, 29; importance of, 13; noblest lover in *Symposium*, 66; silence of, 152; in Xenophon, 21

Aristophanes: absence of in *Protagoras*, 25–26; accuser of Socrates, 40–41; agreement of with Socrates, 282; Alcibiades' interruption of, 255; character of, 254; comedies of, 149–50; difference from Agathon, 147; and Eryximachus, 148–49; and Euripides, 152; on gods, 142; on hierarchy in Eros, 119; on incest, 144–45, 180; laughter of, 121; next greatest not highest, 151; nonpettiness of, 119; and order of speaking, 95; on philosophy, 150; alone praises piety, 127, 132, 142; *Ploutos* of, 194–95; proponent of religious revolution, 122; and Socrates, 140, 257; speech of summarized, 147–48; tragedy and comedy of Eros in, 172. See *also* Eryximachus; Plato

Aristotle, 226; on Empedocles, 107; *Ethics* of, 85; on human nature, 151; on magnanimity, 263; on mind and nature, 288; on moderation and endurance, 266; on polis, 6; *Politics* of, 133; *Rhetoric* of, 77, 160; on Socrates, 229; on time, 220

Art *(technē):* abandonment of by Aristophanes, 119, 132; as controller of chance, 110; and Eros, 97, 100, 111–12; and law, 104; noble or base, 98; and paneroticism, 113–14; theory and practice of, 99, 102

Astronomy: and divination, 106–7

Ate: and Eros, 159

Athens: in Plato, 22; pederasty in, 67, 77–82

Attraction: and repulsion, 112

Barbarism: two forms of, 68

Battle morality: in Athens, 79

Beauty: of actions, 65; of body and soul, 231; of Eros, 160; and good, 238; always imperfect, 155; reflection of immortal in mortal, 206; self-forgetting in love of, 249; and virtue, 161

Beginning: of Aristophanes' and Socrates' speech, 179
Beholding: and being together, 138–39; 238
Being: Plato's notion of, 234
Bentley, A. F.: theories of government in, 70
Bestiality: in Aristotle, 133
Blanckenhage, P. von, vii; suggestion of, 42–43, 131, 254
Body: as being, 101; good and bad, 98; opposites in, 99
Burke, E: quoted, 115

Callicles: in *Gorgias,* 246
Cannibalism: and incest, 133
Chance: absence of in dialogues, 116
Character: abidingness of, 80–81; theme of political science, 84–85
Characters: in *Symposium,* 29; seating arrangement in, 42–43; types of, 43, 60–61
Cicero: *Laws* and *Republic* of, 277
City. *See* Polis
Civilization: as castration, 129–31; character of, 126; not to be trusted, 228; in *Protagoras,* 129–30
Clouds: on incest, 180; Socrates in, 18, 38, 278
Codrus: as lover of fame, 224
Comedy: and tragedy, 170; in Socrates' speeches, 279; and ugliness, 119–20, 123, 134–35. *See also* Agathon; Aristophanes; Tragedy
Communism: in *Republic,* 243
Cooking: and medicine, 103
Cosmos: and chaos, 108, 111–13
Courage: in Phaedrus, 49–53; silence of Diotima on, 226
Critias: parallel in to *Symposium,* 153; Zeus in, 126
Crito: Socrates' divination in, 288
Cyropaedeia: cited, 279

Daimonion: of Socrates, 174, 260
Death: acceptance of, 208, 220–21
Delium: Socrates' conduct at, 278
Dialectic: and rhetoric, 178
Dialogues: abstraction in, 57, 152, 176; within dialogues, 199; divisions among, 11–13, 60; function of, 5; as imitations,

115, 286; reported, 202; theme of, 73; three not narrated by Socrates, 186; titles of, 11
Dionysus: and Aristophanes, 119; as judge, 34, 257
Diotima: addressed as stranger, 198; on Aristophanes' thesis, 203–6; name of, 184; nonmythical speech of, 191, 217–18
Divination: as cosmic medicine, 109, 114. *See also* Astronomy
Division of labor: in Marx, 59–60

Education: as practical music, 103
Eidos: meaning of, 234–36; as nature, 160
Empedocles: on androgynes, 123; on power of art, 115–16; doctrine of in Eryximachus, 107–8; as target of Plato, 153
Endurance: as moderation, 274–75
Epimenides: in *Laws,* 185
Epinomis: connection of with *Symposium,* 128–29
Eros: as action, 165, 171; and agape, 56; antinomianism of, 59; with or without Aphrodite, 74, 140; of the beautiful, 173; birth of, 192–95; not the beloved, 196; as bond, 190; as civilizer, 164; as complete phenomenon of man, 173; as cosmic principle, 97; and death, 60, 208; definition of, 204; delusion in, 148, 234; demotion of, 158; difference of in two parts of *Symposium,* 75; divination in, 249; and essence of man, 152; experience of, 45; of fame, 224; as god, 15, 17, 38, 156, 171; not a god, 187–88; as the good, 167; hierarchy in, 119, 135; homelessness of, 193; as of immortality, 221–22; as incestuous, 145, 18; and law, 152; as madness, 218; as maker of gods, 209; and morality, 92–93; mutual, 100, 143; as natural power, 104; as nature of the whole, 10, 196; and necessity, 158; noble and base, 112; nonsexuality of, 132; as nothing, 165; of one's own, 173, 181; opposed to calculation, 218; without parents, 47, 163; Pausanias' two kinds of, 61, 79; not personified, 215; philanthropy of, 122; and poetry, 165; of politician, 93–94; praise of, 44–46, 119, 239–40; as Prometheus, 130; as pro-

moter of virtue, 49–50; purification of, 213, 240; as rebellion, 127, 137, 145; relation of to politics and philosophy, 58–59; in *Republic,* 10, 58–59, 118; as ruler, 164–65; self-defeating character of, 138–39; as self-extinction, 140; as self-sacrifice, 55, 58, 218–19; shape of, 160, 169; as slavery, 70; Socrates' three kinds of, 90–91, 244; as substance and quality, 162; as tragic, 134–35; tripartition of in *Symposium,* 57, 89; typology of, 116–17; utopianism of, 146; verticality of, 144; virtue and vice in, 74, 160–61; what it is not, 181; wisdom of, 162–64, 222

Eryximachus: agreement of with Pausanias, 97, 118; and Alcibiades, 258–59; and Aristophanes, 95–96, 148–49, 152; on art and Eros, 104–5; character of, 36, 96, 114, 254; implicated in scandal, 14; movement of argument in, 113–14; significance of, 152–53; silence of on male and female, 100; summary of, 110–11; valetudinarian, 218

Euripides: on perjury, 177; and Socrates, 152

Euthydemus: first question in, 185

Euthyphro: problem of, 114

Examples: in Plato, 201

Fame: and Eros, 164, 223; Xenophon on, 165

Female: in names, 146. *See also* Male

Freedom: and consent, 85; and nous in moral virtue, 71, 85 in Pausanias, 69–70, 87

Flower (Anthos): tragedy of Agathon, 160

Friendship: and Eros, 138, 213–14

Frogs: model for *Symposium,* 26–27, 252

Gildin, H., vii, 43, 99, 122

Gods: in Agathon, 156; in Aristophanes, 141–42, 150; of barbarians, 124; as civilizers, 166; of the city, 189; knowledge of, 106; made by poets, 169, 209, 217; Olympian vs. cosmic, 125, 128–29; and sexuality, 132; and Socrates' hubris, 268

Good: and ancestral, 48, 158; and beautiful, 27–28, 200; love of, 249–50; order of, 202–3; in *Republic,* 238

Gorgias: Archesilaos in, 76; on pleasure and good, 104; politician as lover in, 93; on Socratic rhetoric, 246, 288

Gorgias: teacher of Agathon, 175

Gymnastics: and medicine in Plato, 103

Happiness: as right opinion, 200

Hephaestus: in Aristophanes and Homer, 139–40, 159; love in, 164

Heraclitus: correction of, 101–2; on cosmos, 108, 114; on tragedy and comedy, 170

Herodotus: on Homer and Hesiod, 217; on Persian gods, 124

Hiccups: as funny noise, 121

Hippias: in *Protagoras,* 255

Historicism, 2–3

Homer: and Agathon, 157, 159; on Aphrodite, 58; on gods, 210; on Gorgon, 175; hubris of, 28; on Ocean, 7; on physicians, 258–59; on Sirens, 266; on Zeus, 126

Hubris: of man, 134; as moderation, 266–67; of Socrates, 28, 33–34, 44, 252, 264

Humility: not praised by ancients, 263

"I": Agathon begins with, 155

Ideas: in Agathon, 157; and Eros, 196–97; Platonic, 199–200

Ideology: as love of one's own, 183–84

Imagination: and the beautiful, 236

Imitation: represents what is through opinion, 57

Immortality: and Eros, 206–8; issue of, 250–51

Incest: and Eros, 180–81, 208–9; as love of one's own, 147; prohibition of, 133, 144

Individual: mortality and permanence of, 221–22

Interludes: between speeches, 120, 154–55

Irony: in Phaedrus, 6; in Socrates, 5, 33–34, 176

Justice: and Eros, 135, 161; and moderation, 74; in Socrates, 274

Kant, I.: on beauty, 236; on marriage, 214; on moral virtue, 95

Knowledge: as human, 58

Krüger, G.: on Eros as mediator, 191;

Krüger, G.: (*continued*)
 on Eryximachus, 106; interpretation of
 Eros by, 39; on man as temporal being,
 220

Laughter: cause of, 139; as funny noise, 121–
 22; as praise, 153; in *Symposium*, 121, 188
Law: in Aristophanes and Plato, 147; as
 object of contemplation, 231; and Eros
 in Pausanias, 61; and justice, 126–27;
 and man, 144; meaning of as *nomos*, 75;
 on pederasty in Athens, 77–82; sacred,
 127; self-imposed, 67, 76
Laws: art and nature in 101; on Epimenides,
 185; on love of life, 204; on man's begin-
 nings, 158; on poetry, 8, 172; Socrates'
 absence in, 247, 284; theology in, 15,
 38; on tragedy, 283; on virtue of body
 and soul, 161; and walking, 30
Liberalism: not characteristic of Greek cities,
 40
Love: and contemplation, 231; five stages
 of, 233; as noun and verb, 165, 217; of
 soul in body, 241; of truth, 249. *See also*
 Eros

Machiavelli: agreement of with Plato, 229
Magnanimity: in Aristotle, 263
Male: and female, 100; and politics, 136
Man: heterogeneity of, 151; lofty thoughts
 of, 125; misery of, 134; nature of, 123;
 sexual latitude of, 144; as thinking ani-
 mal, 106; unity of, 233; as woman, 205
Marsyas: likeness of Socrates to, 262–63
Marx, K: on communism, 59–60
Mathematics: beauty of, 232; hinted at by
 Eryximachus, 102; neither divine nor
 human, 105–6
Medicine: and Eros, 98, 100
Memorabilia: on fame, 165; on incest, 181
Menexenus: Aspasia in, 184–85
Metaphor: and poetry, 166–67
Mind: and Eros, 140, 143
Minos: spurious oneness of law in, 148
Moderation: of Socrates, 266
Moral virtue: heterogeneity in, 86; as mean,
 85; theme of in Pausanias, 68–71, 74–
 75, 93–94
Music: doubleness in 101–2; and mathe-
 matics, 232; higher than medicine, 105

Mysteries: and Diotima's speech, 230
Myth: character of, 39–40; in Plato, 191

Nakedness: and philosophy, 59
Natural Law: Thomas on, 3
Nature: and manliness in Phaedrus, 50–52;
 and quality of Eros, 156; as virtue in
 Socrates, 275
Nicomachean Ethics: on moderation, 266
Nietzsche, F.: on gods as philosophers, 194;
 on irony of Socrates, 267

Oath: first in *Symposium*, 188
Odysseus: rhetoric of, 179
Odyssey: quoted, 276
Opinion: in Diotima, 195, 197; in Plato,
 187
Opposites: in Eryximachus, 105
Orpheus: criticism of, 51, 224, 226

Parmenides: Socrates in, 219
Parmenides: Eros in, 47–48; and Heracli-
 tus, 102; in Phaedrus' speech, 55
Patriotism: and incest, 147; and treason, 59
Pausanias: addressed by Empedocles, 108;
 character of, 61, 254; deliberative speech
 of, 68–69; on moral neutrality of action,
 64–65, 88; self-interest of, 67, 82–83;
 softness of, 76; silence of about nature,
 74; three themes of, 92
Pederasty, 50; as affirmation of chaos, 108;
 Aristophanes' defense of, 140–41; in
 Crete, 185; defenders of, 120; divination
 in, 111; and law, 148; as love of similars,
 100; Pausanias' defense, 66; in Plato, 72;
 and politics, 136; in Xenophon, 268
Perjury: and noble lie, 93; in Pausanias, 78;
 in Socrates, 177
Phaedo: end of, 287; as purification, 240;
 Socrates laughs in, 121; and *Symposium*,
 60
Phaedrus: Eros in, 218; on madness and
 moderation, 266; nonlover in, 53; rela-
 tion to *Symposium*, 18, 248; on writing,
 246
Phaedrus: and Agathon, 157, 163; character
 of, 46, 248, 254; implicated in scandal,
 14; and Pausanias, 87; relation to
 Socrates, 48, 55–56, 282; varieties of
 Phaedrus' traits, 60–61

Philebus: theme of, 104
Philosopher: as comic figure, 170
Philosophy: and Aristophanes, 150; not a
　making, 229; as means, 237; Pascal on, 4;
　in Pausanias, 82–83; poetic representa-
　tion of, 236, 238, 247–48; and right
　opinion, 195, 197; self-forgetfulness in,
　57–58; as solution in Plato, 90
Phoenix: in Xenophon, 19
Physics: on time, 220
Physics: and rhetoric, 54
Piety: in Aristophanes, 140–42, 145; praise
　of in *Symposium,* 127
Plague: in Athens, 185
Plan: of Agathon's speech, 156; of Socrates'
　speech, 183, 244–45
Plato: and Aristophanes, 150–51; choices
　of, 117; on city and household, 226;
　importance of center in, 47, 135–36;
　lover of Aristophanes, 254; and Machia-
　velli, 230; and relativism, 4; second
　letter of, 29; and Thucydides, 261; on
　writing, 5
Pleasure: and base Eros, 104
Ploutos: of Aristophanes, 194–95
Poetry: demotion of, 242, 244–45; and
　Eros, 201, 217; as making *(poiesis),* 163,
　169; as philosophy's rival, 6–7, 17; *Re-
　public,* 171; and truth, 261
Poets: as begetters, 211, 213, 229
Polis: as closed society, 209; and Eros, 209;
　etymology of, 136; heterogeneity of,
　151; mind and body in, 86, 94; not nat-
　ural, 242; reflection of in Pausanias, 89;
　and wisdom, 96
Political: in Aristophanes, 149–50; charac-
　ter of, 8–9; concern of with body, 85;
　irrationality of, 9; and patriotism, 59; two
　theories of, 61
Politics: of Aristotle, 133, 208–9, 226;
　Lycurgus and Solon in, 229
Polus: in *Gorgias,* 246
Positivism, 1–2
Praise: correct way of, 156, 175–76
Prayer: to Pan in *Phaedrus,* 248
Procreation: and piety, 134; theme of, 117
Prodicus: teacher of Agathon and Pausanias,
　61
Protagoras: beginning of, 273; connection
　with *Symposium,* 25, 175, 255; eunuch

　in, 31; refutation of Protagoras in, 41–
　42; Zeus in, 126
Prudence *(phronesis):* and Eros, 226
Psychology: and rhetoric, 155–56
Psychoanalysis: in political science, 17
Public: and private, 59

Recollection: and Eros, 134, 150–51
Religion: no ancient equivalent of, 265
Repetition: in Plato, 237
Republic: ascent and descent in, 244; cave
　in, 171; *eidos* in, 235; on incest, 181; on
　love of one's own, 222; philosophy as
　means in, 237; on poetry, 8; as purifica-
　tion, 240; silence about procreation in,
　59–60; on Socrates' *daimonion,* 287;
　Sophocles in, 118; soul in, 242–44; the-
　ology in, 15; true city in, 85; trust in, 187
Rhetoric: on beauty, 160
Rhetoric: Plato's understanding of, 155–
　56; of Socrates, 177; two kinds of, 179
Rulers: and ruled, 70

Science: love of, 232; and the science of
　man, 73
Self-knowledge: in Plato, 30
Self-sacrifice: in Eros, 218–19
Servility: in Pausanias, 70, 77, 81–82; in
　philosophy, 93
Sexes: difference of in Plato, 72
Sexuality: antedates Eros, 192; as man's spe-
　cific difference, 132–33, 144; in Pausa-
　nias, 65; and religion, 131
Shame: and politics, 136
Sicilian expedition: background of *Sympo-
　sium,* 14
Simonides: on Eros, 64
Sirens: in Homer and Xenophon, 266
Socrates: accusation against, 38, 189; argu-
　ment of with Agathon, 180–82; in
　Aristophanes, 6; biography of in Plato,
　17–18; business of, 270; as comic poet,
　281; contemplation of, 277; *daimonion*
　of, 174, 260; deceitfulness of, 281; dif-
　ference from Aristophanes, 140; differ-
　ence from Plato, 247; as educator, 227,
　229, 232; endurance of, 275–78; home-
　lessness of, 285; hubris of, 28, 33–34,
　44, 73, 252, 264; irony of, 5, 33–34;
　justice of, 272; lack of anger in, 248–49;

Socrates (*continued*)
  as lover, 252–53; magnetism of, 286; as
  midwife, 227; moderation of, 266; as
  Odysseus, 42, 276; plan of speech, 183,
  216; riddle of, 287; silence of in dia-
  logues, 247; speeches of, 279; way of
  speaking, 179; youthfulness of, 219, 283;
  in Xenophon, 42
Sophist: on being as power, 189–90
Sophists: character of, 39–40; as term of
  praise, 223
Soul: abstraction from, 251; divination of,
  138–39; in Plato, 7–8; tripartition of in
  Phaedrus, Republic, and *Symposium,* 57,
  242–44
Sparta: in Pausanias' speech, 69, 76
Speech: and conversation, 155; punitive,
  246–47; and speaker in Plato, 128, 253–
  55
Spiritedness *(thumos):* in *Republic,* 9–10,
  59, 242–44
Statesman: on city and household, 226; law
  in, 9
Stendhal: on beauty, 236
Strauss: on interpretation, viii; on Plato's
  dialogues, ix; on political philosophy, vii–
  viii; on "values," 211; on Xenophon's
  Hiero, 128
Symposium: all Athenians in, 23–24; as
  contest with poets, 8, 11; and *Critias,*
  153; date of, 14–15; 24; first words
  of, 19, 126; on a god, 16; kinship of
  with *Republic,* 19–20; order of speakers
  in, 73; plan of the whole, 54, 216; and
  profanation of the mysteries, 23–24;
  and *Protagoras,* 25, 33–34, 44, 252,
  273–74; as purification, 240; silent
  guests in, 254; tripartition of Eros in,
  57; as true law, 283–84; uniqueness of
  title, 12

Theaetetus: midwifery of Socrates in, 227
Theodorus: resemblance of to Eryximachus,
  110, 114

Theory: as fulfillment of Eros, 140. *See also*
  Art
Thrasymachus: on justice, 127
Thucydides: on Alcibiades, 259; poetic his-
  tory of, 261–62
Time: and mortality, 220
Tragedy: and comedy, 169–72, 285–86; of
  Eros, 141; experience of, 266, 269; *Sym-
  posium* as, 282–83. *See also* Agathon;
  Aristophanes; Comedy
Triads: of speakers in *Symposium,* 262, 282
Trust: in *Republic,* 187
Truth: and love of beautiful, 183, 250
Tyranny: and Eros, 58–59
Tyrant: Alcibiades as, 258, 272

Ugly: Socrates' discovery of, 186–87
Union: and distance in Eros, 140
Utopianism: of Eros, 146

Valetudinarian: opposite of erotic man,
  218–19
Virtue: not beautiful, 160; and fame, 225;
  and pleasure, 105; true, 239

War: primacy of, 107
Whole: and part, 143
Wine-drinking, 35–37; occasion for, 12
Wisdom: and bodily union, 33; and Eros,
  162–63; and moderation of Socrates,
  267–68; and un-wisdom, 9
Woman: human being as, 205
Writing: and immortality, 252; and Socrates,
  245–46, 250

Xenophon: on Arcadians, 141–42; on di-
  alectic and rhetoric, 178–79; on fame,
  165; on incest, 181; irony of, 176; and
  Plato, 7; on punitive speech, 247; on
  Sirens, 266; Xanthippe in, 73

Zeus: in Aristophanes, 126, 131; and Eros,
  158, 164; in *Gorgias,* 126; in Homer,
  209

图书在版编目（CIP）数据

论柏拉图的《会饮》 / （美）施特劳斯（Leo Strauss）著；（美）伯纳德特（Seth Benardete）编；邱立波译. -- 2 版. -- 北京：华夏出版社有限公司，2020.8（2023.7重印）
（西方传统：经典与解释）
书名原文：Leo Strauss on Plato's *Symposium*
ISBN 978-7-5080-9952-1

Ⅰ.①论… Ⅱ.①施… ②伯… ③邱… Ⅲ.①柏拉图（Platon 前 427-前 347）－哲学思想－研究 Ⅳ.①B502.232

中国版本图书馆 CIP 数据核字（2020）第 092562 号

Leo Strauss on Plato's Symposium by Leo Strauss,
Edited and with a Foreword by Seth Benardete
Licensed by The University of Chicago Press, Chicago, Illions, U. S. A
© 2001 by The University of Chicago.
All rights reserved.

论柏拉图的《会饮》

作　　者　[美]施特劳斯
译　　者　邱立波
责任编辑　李安琴
责任印制　刘　洋

出版发行　华夏出版社有限公司
经　　销　新华书店
印　　装　北京汇林印务有限公司
版　　次　2020 年 8 月北京第 2 版
　　　　　2023 年 7 月北京第 2 次印刷
开　　本　880×1230　1/32
印　　张　13.25
字　　数　338 千字
定　　价　98.00 元

华夏出版社有限公司　地址：北京市东直门外香河园北里 4 号 邮编：100028
网址：www.hxph.com.cn　电话：(010) 64663331 (转)
若发现本版图书有印装质量问题，请与我社营销中心联系调换。

西方传统：经典与解释
Classici et Commentarii
HERMES
刘小枫○主编

古今丛编

克尔凯郭尔 [美]江思图 著

货币哲学 [德]西美尔 著

孟德斯鸠的自由主义哲学 [美]潘戈 著

莫尔及其乌托邦 [德]考茨基 著

试论古今革命 [法]夏多布里昂 著

但丁：皈依的诗学 [美]弗里切罗 著

在西方的目光下 [英]康拉德 著

大学与博雅教育 董成龙 编

探究哲学与信仰 [美]郝岚 著

民主的本性 [法]马南 著

梅尔维尔的政治哲学 李小均 编/译

席勒美学的哲学背景 [美]维塞尔 著

果戈里与鬼 [俄]梅列日科夫斯基 著

自传性反思 [美]沃格林 著

黑格尔与普世秩序 [美]希克斯 等著

新的方式与制度 [美]曼斯菲尔德 著

科耶夫的新拉丁帝国 [法]科耶夫 等著

《利维坦》附录 [英]霍布斯 著

或此或彼（上、下）[丹麦]基尔克果 著

海德格尔式的现代神学 刘小枫 选编

双重束缚 [法]基拉尔 著

古今之争中的核心问题 [德]迈尔 著

论永恒的智慧 [德]苏索 著

宗教经验种种 [美]詹姆斯 著

尼采反卢梭 [美]凯斯·安塞尔-皮尔逊 著

舍勒思想评述 [美]弗林斯 著

诗与哲学之争 [美]罗森 著

神圣与世俗 [罗]伊利亚德 著

但丁的圣约书 [美]霍金斯 著

古典学丛编

赫西俄德的宇宙 [美]珍妮·施特劳斯·克莱 著

论王政 [古罗马]金嘴狄翁 著

论希罗多德 [古罗马]卢里叶 著

探究希腊人的灵魂 [美]戴维斯 著

尤利安文选 马勇 编/译

论月面 [古罗马]普鲁塔克 著

雅典谐剧与逻各斯 [美]奥里根 著

菜园哲人伊壁鸠鲁 罗晓颖 选编

《劳作与时日》笺释 吴雅凌 撰

希腊古风时期的真理大师 [法]德蒂安 著

古罗马的教育 [英]葛怀恩 著

古典学与现代性 刘小枫 编

表演文化与雅典民主政制 [英]戈尔德希尔、奥斯本 编

西方古典文献学发凡 刘小枫 编

古典语文学常谈 [德]克拉夫特 著

古希腊文学常谈 [英]多佛 等著

撒路斯特与政治史学 刘小枫 编

希罗多德的王霸之辨 吴小锋 编/译

第二代智术师 [英]安德森 著

英雄诗系笺释 [古希腊]荷马 著

统治的热望 [美]福特 著

论埃及神学与哲学 [古希腊]普鲁塔克 著

凯撒的剑与笔 李世祥 编/译

伊壁鸠鲁主义的政治哲学 [意]詹姆斯·尼古拉斯 著

修昔底德笔下的人性 [美]欧文 著

修昔底德笔下的演说 [美]斯塔特 著

古希腊政治理论 [美]格雷纳 著

神谱笺释 吴雅凌 撰

赫西俄德：神话之艺 [法]居代·德·拉孔波 等著

赫拉克勒斯之盾笺释 罗逍然 译笺

《埃涅阿斯纪》章义 王承教 选编

维吉尔的帝国 [美]阿德勒 著

塔西佗的政治史学 曾维术 编

古希腊诗歌丛编

古希腊早期诉歌诗人 [英]鲍勒 著

诗歌与城邦 [美]费拉格、纳吉 主编

阿尔戈英雄纪（上、下）
[古希腊]阿波罗尼俄斯 著

俄耳甫斯教祷歌 吴雅凌 编译

俄耳甫斯教辑语 吴雅凌 编译

古希腊肃剧注疏集

希腊肃剧与政治哲学 [美]阿伦斯多夫 著

古希腊礼法研究

希腊人的正义观 [英]哈夫洛克 著

廊下派集

廊下派的苏格拉底 程志敏 徐健 选编

廊下派的神和宇宙 [墨]里卡多·萨勒斯 编

廊下派的城邦观 [英]斯科菲尔德 著

希伯莱圣经历代注疏

希腊化世界中的犹太人 [英]威廉逊 著

第一亚当和第二亚当 [德]朋霍费尔 著

新约历代经解

属灵的寓意 [古罗马]俄里根 著

基督教与古典传统

保罗与马克安 [德]文森 著

加尔文与现代政治的基础 [美]汉考克 著

无执之道 [德]文森 著

恐惧与战栗 [丹麦]基尔克果 著

托尔斯泰与陀思妥耶夫斯基
[俄]梅列日科夫斯基 著

论宗教大法官的传说 [俄]罗赞诺夫 著

海德格尔与有限性思想（重订版）
刘小枫 选编

上帝国的信息 [德]拉加茨 著

基督教理论与现代 [德]特洛尔奇 著

亚历山大的克雷芒 [意]塞尔瓦托·利拉 著

中世纪的心灵之旅 [意]圣·波纳文图拉 著

德意志古典传统丛编

论荷尔德林 [德]沃尔夫冈·宾德尔 著

彭忒西勒亚 [德]克莱斯特 著

穆佐书简 [奥]里尔克 著

纪念苏格拉底——哈曼文选 刘新利 选编

夜颂中的革命和宗教 [德]诺瓦利斯 著

大革命与诗化小说 [德]诺瓦利斯 著

黑格尔的观念论 [美]皮平 著

浪漫派风格——施勒格尔批评文集 [德]施勒格尔 著

美国宪政与古典传统

美国1787年宪法讲疏 [美]阿纳斯塔普罗 著

世界史与古典传统

伊丽莎白时代的世界图景 [英]蒂利亚德 著

西方古代的天下观 刘小枫 编

从普遍历史到历史主义 刘小枫 编

启蒙研究丛编

浪漫的律令 [美]拜泽尔 著

现实与理性 [法]科维纲 著

论古人的智慧 [英]培根 著

托兰德与激进启蒙 刘小枫 编

图书馆里的古今之战 [英]斯威夫特 著

政治史学丛编

自然科学史与玫瑰 [法]雷比瑟 著

地缘政治学丛编

克劳塞维茨之谜 [英]赫伯格-罗特 著

太平洋地缘政治学 [德]卡尔·豪斯霍弗 著

荷马注疏集

不为人知的奥德修斯 [美]诺特维克 著

模仿荷马 [美]丹尼斯·麦克唐纳 著

品达注疏集

幽暗的诱惑 [美]汉密尔顿 著

欧里庇得斯集

自由与僭越 罗峰 编译

阿里斯托芬集

《阿卡奈人》笺释 [古希腊]阿里斯托芬 著

色诺芬注疏集

居鲁士的教育 [古希腊]色诺芬 著

色诺芬的《会饮》 [古希腊]色诺芬 著

柏拉图注疏集

立法与德性——柏拉图《法义》发微 林志猛 编

柏拉图的灵魂学 [加]罗宾逊 著

柏拉图书简 彭磊 译注

克力同章句 程志敏 郑兴凤 撰

哲学的奥德赛——《王制》引论 [美]郝兰 著

爱欲与启蒙的迷醉 [美]贝尔格 著

为哲学的写作技艺一辩 [美]伯格 著

柏拉图式的迷宫——《斐多》义疏 [美]伯格 著

哲学如何成为苏格拉底式的 [美]朗佩特 著

苏格拉底与希琵阿斯 王江涛 编译

理想国 [古希腊]柏拉图 著

谁来教育老师 刘小枫 编

立法者的神学 林志猛 编

柏拉图对话中的神 [法]薇依 著

厄庇诺米斯 [古希腊]柏拉图 著

智慧与幸福 程志敏 选编

论柏拉图对话 [德]施莱尔马赫 著

柏拉图《美诺》疏证 [美]克莱因 著

政治哲学的悖论 [美]郝岚 著

神话诗人柏拉图 张文涛 选编

阿尔喀比亚德 [古希腊]柏拉图 著

叙拉古的雅典异乡人 彭磊 选编

阿威罗伊论《王制》 [阿拉伯]阿威罗伊 著

《王制》要义 刘小枫 选编

柏拉图的《会饮》 [古希腊]柏拉图 等著

苏格拉底的申辩（修订版） [古希腊]柏拉图 著

苏格拉底与政治共同体 [美]尼柯尔斯 著

政制与美德——柏拉图《法义》疏解 [美]潘戈 著

《法义》导读 [法]卡斯代尔·布舒奇 著

论真理的本质 [德]海德格尔 著

哲人的无知 [德]费勃 著

米诺斯 [古希腊]柏拉图 著

情敌 [古希腊]柏拉图 著

亚里士多德注疏集

《诗术》译笺与通绎 陈明珠 撰

亚里士多德《政治学》中的教诲 [美]潘戈 著

品格的技艺 [美]加佛 著

亚里士多德哲学的基本概念 [德]海德格尔 著

《政治学》疏证 [意]托马斯·阿奎那 著

尼各马可伦理学义疏 [美]伯格 著

哲学之诗 [美]戴维斯 著

对亚里士多德的现象学解释 [德]海德格尔 著

城邦与自然——亚里士多德与现代性 刘小枫 编

论诗术中篇义疏 [阿拉伯]阿威罗伊 著

哲学的政治 [美]戴维斯 著

普鲁塔克集

普鲁塔克的《对比列传》 [英]达夫 著

普鲁塔克的实践伦理学 [比利时]胡芙 著

阿尔法拉比集

政治制度与政治箴言 阿尔法拉比 著

马基雅维利集

君主及其战争技艺 娄林 选编

莎士比亚绎读

莎士比亚的历史剧 [英]蒂利亚德 著

莎士比亚戏剧与政治哲学 彭磊 选编

莎士比亚的政治盛典 [美]阿鲁里斯/苏利文 编

丹麦王子与马基雅维利 罗峰 选编

洛克集

上帝、洛克与平等 [美]沃尔德伦 著

卢梭集

论哲学生活的幸福 [德]迈尔 著

致博蒙书 [法]卢梭 著

政治制度论 [法]卢梭 著

哲学的自传 [美]戴维斯 著

文学与道德杂篇 [法]卢梭 著

设计论证 [美]吉尔丁 著

卢梭的自然状态 [美]普拉特纳 等著

卢梭的榜样人生 [美]凯利 著

莱辛注疏集

汉堡剧评 [德]莱辛 著

关于悲剧的通信 [德]莱辛 著

《智者纳坦》（研究版） [德]莱辛 等著

启蒙运动的内在问题 [美]维塞尔 著

莱辛剧作七种 [德]莱辛 著

历史与启示——莱辛神学文选 [德]莱辛 著

论人类的教育 [德]莱辛 著

尼采注疏集

何为尼采的扎拉图斯特拉 [德]迈尔 著

尼采引论 [德]施特格迈尔 著

尼采与基督教 刘小枫 编

尼采眼中的苏格拉底 [美]丹豪瑟 著

尼采的使命 [美]朗佩特 著

尼采与现时代 [美] 朗佩特 著

动物与超人之间的绳索 [德]A.彼珀 著

施特劳斯集

论僭政（重订本） [美]施特劳斯 [法]科耶夫 著

苏格拉底问题与现代性（增订本）

犹太哲人与启蒙（增订本）

霍布斯的宗教批判

斯宾诺莎的宗教批判

门德尔松与莱辛

哲学与律法——论迈蒙尼德及其先驱

迫害与写作艺术

柏拉图式政治哲学研究

论柏拉图的《会饮》

柏拉图《法义》的论辩与情节

什么是政治哲学

古典政治理性主义的重生（重订本）

回归古典政治哲学——施特劳斯通信集

苏格拉底与阿里斯托芬

＊＊＊

施特劳斯的持久重要性 [美]朗佩特 著

论源初遗忘 [美]维克利 著

政治哲学与启示宗教的挑战 [德]迈尔 著

阅读施特劳斯 [美]斯密什 著

施特劳斯与流亡政治学 [美]谢帕德 著

隐匿的对话 [德]迈尔 著

驯服欲望 [法]科耶夫 等著

施米特集

宪法专政 [美]罗斯托 著

施米特对自由主义的批判 [美]约翰·麦考米克 著

伯纳德特集

古典诗学之路（第二版） [美]伯格 编

弓与琴（重订本） [美]伯纳德特 著

神圣的罪业 [美]伯纳德特 著

布鲁姆集

巨人与侏儒（1960-1990）

人应该如何生活——柏拉图《王制》释义

爱的设计——卢梭与浪漫派

爱的戏剧——莎士比亚与自然

爱的阶梯——柏拉图的《会饮》

伊索克拉底的政治哲学

沃格林集

自传体反思录 [美]沃格林 著

大学素质教育读本

古典诗文绎读 西学卷·古代编（上、下）

古典诗文绎读 西学卷·现代编（上、下）

中国传统：经典与解释
Classici et Commentarii

经典与解释

刘小枫 陈少明◎主编

《孔丛子》训读及研究 /雷欣翰 撰

论语说义 /[清]宋翔凤 撰

周易古经注解考辨 / 李炳海 著

浮山文集 /[明]方以智 著

药地炮庄 /[明]方以智 著

药地炮庄笺释·总论篇 / [明]方以智 著

青原志略 / [明]方以智 编

冬灰录 / [明]方以智 著

冬炼三时传旧火 / 邢益海 编

《毛诗》郑王比义发微 / 史应勇 著

宋人经筵诗讲义四种 / [宋]张纲 等撰

道德真经藏室纂微篇 / [宋]陈景元 撰

道德真经四子古道集解 / [金]寇才质 撰

皇清经解提要 / [清]沈豫 撰

经学通论 / [清]皮锡瑞 著

松阳讲义 / [清]陆陇其 著

起凤书院答问 / [清]姚永朴 撰

周礼疑义辨证 / 陈衍 撰

《铎书》校注 / 孙尚扬 肖清和 等校注

韩愈志 / 钱基博 著

论语辑释 / 陈大齐 著

《庄子·天下篇》注疏四种 / 张丰乾 编

荀子的辩说 / 陈文洁 著

古学经子 / 王锦民 著

经学以自治 / 刘少虎 著

从公羊学论《春秋》的性质 / 阮芝生 撰

现代人及其敌人

海德格尔与中国

共和与经纶

现代性与现代中国

现代性社会理论绪论

诗化哲学 [重订本]

拯救与逍遥 [修订本]

走向十字架上的真

西学断章

编修 [博雅读本]

　　凯若斯：古希腊语文读本 [全二册]

　　古希腊语文学述要

　　雅努斯：古典拉丁语文读本

　　古典拉丁语文学述要

　　危微精一：政治法学原理九讲

　　琴瑟友之：钢琴与古典乐色十讲

译著

　　普罗塔戈拉（详注本）

　　柏拉图四书

刘小枫集

民主与政治德性

昭告幽微

以美为鉴

古典学与古今之争 [增订本]

这一代人的怕和爱 [第三版]

沉重的肉身 [珍藏版]

圣灵降临的叙事 [增订本]

罪与欠

儒教与民族国家

拣尽寒枝

施特劳斯的路标

重启古典诗学

设计共和

经典与解释辑刊

1 柏拉图的哲学戏剧
2 经典与解释的张力
3 康德与启蒙
4 荷尔德林的新神话
5 古典传统与自由教育
6 卢梭的苏格拉底主义
7 赫尔墨斯的计谋
8 苏格拉底问题
9 美德可教吗
10 马基雅维利的喜剧
11 回想托克维尔
12 阅读的德性
13 色诺芬的品味
14 政治哲学中的摩西
15 诗学解诂
16 柏拉图的真伪
17 修昔底德的春秋笔法
18 血气与政治
19 索福克勒斯与雅典启蒙
20 犹太教中的柏拉图门徒
21 莎士比亚笔下的王者
22 政治哲学中的莎士比亚
23 政治生活的限度与满足
24 雅典民主的谐剧
25 维柯与古今之争
26 霍布斯的修辞
27 埃斯库罗斯的神义论
28 施莱尔马赫的柏拉图
29 奥林匹亚的荣耀
30 笛卡尔的精灵
31 柏拉图与天人政治
32 海德格尔的政治时刻
33 荷马笔下的伦理
34 格劳秀斯与国际正义
35 西塞罗的苏格拉底

36 基尔克果的苏格拉底
37 《理想国》的内与外
38 诗艺与政治
39 律法与政治哲学
40 古今之间的但丁
41 拉伯雷与赫尔墨斯秘学
42 柏拉图与古典乐教
43 孟德斯鸠论政制衰败
44 博丹论主权
45 道伯与比较古典学
46 伊索寓言中的伦理
47 斯威夫特与启蒙
48 赫西俄德的世界
49 洛克的自然法辩难
50 斯宾格勒与西方的没落
51 地缘政治学的历史片段
52 施米特论战争与政治
53 普鲁塔克与罗马政治
54 罗马的建国叙述
55 亚历山大与西方的大一统
56 马西利乌斯的帝国